falstaff
BARGUIDE

W0463864

DIE BESTEN BARS IN DEUTSCHLAND,
ÖSTERREICH UND DER SCHWEIZ

2025

Die 850 besten Cocktailbars und
440 besten Weinbars,
bewertet von Gästen und Insidern.

Impressum

HERAUSGEBER
Wolfgang M. Rosam

MEDIENINHABER
Falstaff Verlags-GmbH
Schottenring 2–6, 1010 Wien
T: +43 1 9042141
falstaff.com

GESCHÄFTSFÜHRUNG
Mag. Elisabeth Kamper, Wolfgang M. Rosam,
Ronald Tomandl

CHEFREDAKTION
Roland Graf, Benjamin Herzog,
Alexander Thürer, Dominik Vombach

REDAKTION
Julia Hamester, Lisa Ladstätter, Natalia Rebow
(Chefinnen vom Dienst)
Larissa Graf, Sophie Piff, Tristan Ziegler (Redaktionsassistenz)
Georg Morawitz-Holeschofsky, Robert Pleniger (Daten)
Michael André Ankermüller, Philipp Braun, Markus Curin,
Nina Deutschmann, Marie Grüner,
Christina Knauseder-Csipek, Caroline Metzger, Michael Pöppl,
Werner Ringhofer, Annette Sandner, Sophia Schillik,
Ingo Swoboda, Maria Wollburg (Autoren)
Florence Wibowo (Fotoredaktion)

LEKTORAT
Petra Schwaiger

GESTALTUNG UND PRODUKTION
Christoph Luger (Grafik)
Konstantin Riemerschmid (Produktion/Litho)

DRUCK
ppm Fulda GmbH & Co. KG

PEFC
PEFC/04-31-1308

Inhalt

Illustration: Florence Wibowo

DEUTSCHLAND

ÖSTERREICH

SCHWEIZ

Legende Symbole

SYMBOLE COCKTAILBARS

Garten
Kalte Speisen
Warme Speisen
Barrierefreie Toilette
Elektronische Zahlungsmöglichkeit

SYMBOLE WEINBARS

Garten
Kalte Speisen
Warme Speisen
Barrierefreie Toilette
Feinkostverkauf
Elektronische Zahlungsmöglichkeit

SYMBOLE BEWERTUNG

95–100 Punkte
90–94 Punkte
85–89 Punkte
80–84 Punkte

Stoli Espresso
ESPRESSO MARTINI
EINFACH GEMIXT
STOLICHNAYA
IMPORTED
FOR THE PERFECT
ESPRESSO MARTINI
COFFEE FLAVOURED VODKA LIQUEUR

Editorial

Wolfgang M. Rosam
Falstaff-Herausgeber

Liebe Leserinnen, liebe Leser!

Südliche Leichtigkeit hat nördlich der Alpen noch nie geschadet. Daher ist es nur bedingt ein Verlust, wenn Daydrinking mit Stil das nächtliche Um-die-Häuser-Ziehen sukzessive ablöst. Wenn es um die Bar-Trends 2025 geht, ist statt des schummrigen Tresen-Ecks nach Mitternacht das italienische Konzept einer Caffè Bar gefragt: ein nahezu ganztags geöffneter Erlebnisraum, der ein breites Publikum anspricht.
Damit haben sich zugleich auch die Erwartungshaltungen vervielfacht: Vom gemütlichen Stehachterl über italienisch inspirierte Aperitivi und klassische Highballs bis zum flüssigen Pendant des »Fine Dinings« hat alles Platz im anziehenden Neon-Glanz der drei magischen Buchstaben B-A-R.
Es ist also kein Wunder, dass Falstaff als hedonistisches Leitmedium das auch in seinem brandneuen Guide abbildet: 850 beschriebene Cocktailbars bedeuten 50 Einträge mehr gegenüber dem Vorjahr. Bei den Weinbars hat unser Kompendium des gepflegten Trinkens sogar 10 Prozent zugelegt: 440 Weinbars bedeuten 40 empfohlene Adressen mehr als im Barguide 2024 – ein neuer Rekord.
Da ist für jede(n) etwas dabei!

PROF. WOLFGANG M. ROSAM
wolfgang.rosam@falstaff.com

Burschik's
VERMOUTH
WIEN
Burschik's
VERMOUTH
Burschik's
ROSÉ
VERMOUTH
enjoy!
SEIT 1891
www.burschik.com
#burschiksvermouth

Der Guide im Überblick

COCKTAILBARS UND WEINBARS

Über 2300 Cocktailbars und 700 Weinbars aus dem deutschsprachigen Raum standen für die Bewertung durch die Falstaff-Community zur Wahl. Die insgesamt 850 Cocktailbars und 440 Weinbars mit den besten Bewertungen haben es in diesen Guide geschafft. Da bei Cocktailbars und Weinbars unterschiedliche Bewertungskriterien zur Anwendung kommen, wurde in zwei separaten Votings abgestimmt.

Die Listung der Bars erfolgt nach Land: Bei Österreich sind die Bundesländer von Ost nach West (beginnend mit Wien und Niederösterreich), bei Deutschland und bei der Schweiz alphabetisch nach Bundesland beziehungsweise Kanton sortiert. Innerhalb des Bundeslands/Kantons sind die Betriebe nach Ortsnamen und innerhalb des Orts alphabetisch nach Betriebsnamen geordnet. Dabei werden Cocktail- und Weinbars gemeinsam gelistet, der Unterschied ist anhand der Gläsersymbole (Cocktailbar 🍸 oder Weinbar 🍷) und der Bewertungskategorien zu erkennen.

Am Ende dieses Guides finden Sie ein Register (in Länder unterteilt), das es Ihnen zusätzlich erleichtert, jede Bar rasch und einfach zu finden: den Index nach Namen von A bis Z.

BUDWEISER
Budvar
UNSER
SIGNATURE DRINK.
UNVERÄNDERT
SEIT 1895.

Die Bewertung im Überblick

DIE BEWERTUNG

Bewertet hat – wie von anderen Falstaff-Guides gewohnt – die Falstaff-Community. Zudem gab es eine Fachjury aus Insidern: Personen, die hauptberuflich mit Bars, Weinbars und Trinken zu tun haben, und freiberufliche Barflies.

COCKTAILBARS

Die Gesamtbewertung der Cocktailbars ergibt sich aus den folgenden vier Einzelkategorien:

- Drinks (max. 50 Punkte)
- Ambiente (max. 20 Punkte)
- Service (max. 20 Punkte)
- Sortiment (max. 10 Punkte)

Die höchstmögliche Bewertung beträgt 100 Punkte.
Die Cocktailbars sind in sechs Kategorien unterteilt: American Bar, Loungebar, Club, Restaurantbar, Hotelbar und Champagner-Bar.

WEINBARS

Die Gesamtbewertung der Weinbars ergibt sich aus den folgenden vier Einzelkategorien:

- Weinangebot (max. 50 Punkte)
- Service (max. 20 Punkte)
- Essen (max. 20 Punkte)
- Ambiente (max. 10 Punkte)

Die höchstmögliche Bewertung beträgt 100 Punkte.
Die Weinbars sind in vier Kategorien unterteilt: Klassische Weinbar, Weinbar in einer Vinothek, Weinbar in einem Restaurant und Weinbistro.

Die angegebenen Daten wurden von den Betrieben an Falstaff übermittelt. Die aktuellsten Informationen und Öffnungszeiten finden Sie immer in der Falstaff-App, auf www.falstaff.com sowie auf der Website des jeweiligen Betriebs.

RÖMER
QUELLE®
ZU ZWEIT EINMALIG.
RÖMER
QUELLE
PRICKELND
EIN HOCH
AUF DIE TIEFEN.
SCANNEN &
ENTDECKEN

Foto: Florence Wibowo

Cocktail des Jahres

PALOMA

Die Cocktail-Historiker sind sich nicht einig, und so gibt es gleich mehrere Theorien zur Entstehung des köstlichen Grapefruit-Tequila-Mixes. Eine heiße Spur führt dabei zu Don Javier Delgado Corona, den Bartender der La Capilla in Jalisco, der Tequila-Stadt schlechthin. Oder der Cocktail basiert doch auf einem anonymen Geistesblitz. Fakt ist: Die in Mexiko übliche Mischung mit dem Grapefruit-Soda Squirt kam in den 1950er-Jahren beinahe flächendeckend auf. Die Ursprünge des Longdrinks sind also ungewiss, sein herrlich frischer Geschmack ist aber sicher. Als populärer Nachkriegsdrink, der in den USA und Mexiko schnell Fuß fasste, gehört die »Taube« (dt. für Paloma) jedenfalls zu den modernen Longdrinks. Und mit der gestiegenen Qualität – und auch der größeren Auswahl – an Tequilas hat die Bar-Welt in den letzten Jahren mehr Spielraum bekommen, diesen Drink perfekt umzusetzen. Es ist also kein Wunder, dass nun auch hierzulande viele Lokale freudig das Loblied auf »La Paloma« singen.

Schweppes
Schweppes
POMEGRANATE
NEU
EXKLUSIV IN DER GASTRONOMIE
GENUSS AUF DEN ERSTEN BLICK
VOLLMUNDIGE ERFRISCHUNG MIT GRANATAPFEL-GESCHMACK.
Überraschend, feinherb und fruchtig!
WWW.SCHWEPPES.AT
@SCHWEPPES_AT #SCHWEPPES

Foto: Florence Wibowo

Champagnercocktail d. Jahres

MEXICAN 75

Es ist schön zu sehen, dass sich auch der traditionelle Champagner-Cocktail weiterentwickelt und eine neue Generation an Genießern begeistert. Das zeigt sich beim French 75 ja schon in seiner geglückten Emanzipation von seinem Namensgeber. An die französische Kanone aus dem Ersten Weltkrieg denkt niemand mehr. Gut so! Denn für martialische Gedanken ist diese Mischung aus Gin und Champagner auch nicht gedacht. Eher für schwelgerische Momente und eine gute Zeit zusammen. Mit einem »Twist«, wie Abwandlungen klassischer Rezepte in der Bar-Sprache heißen, wurde nun auch der französische Gin-Drink zum mexikanischen Tequila-Cocktail. Unverzichtbar ist aber – wie so oft im Leben – der Champagner dabei. Doch machen wir es kurz: Der neue Blick auf den bekannten French 75 hat das Zeug zum Star! Denn in ihm trifft die Trend-Spirituose der Stunde auf den ewigen Liebling Champagner. Da kann also nicht viel schiefgehen. Darauf ein lautes *¡Viva Francia!*

Foto: Florence Wibowo

Spirituose des Jahres

MEZCAL

Es hat gedauert, bis die Agaven-Begeisterung der amerikanischen Bartender auch über den »großen Teich« geschwappt ist. Vor allem der Mezcal ist dabei unter Profis zum spannenden Impulsgeber für mixologische Kreativität geworden. Der Merksatz zu den beiden großen Agaven-Destillaten ist dabei einfach: »Jeder Tequila ist ein Mezcal, aber nicht jeder Mezcal ein Tequila.« Dass im Bereich des Hochlands weit mehr Sorten zu finden sind als die für Tequila vorgeschriebene Blaue Weber-Agave, trägt zur Vielfalt dieses alten Destillats bei. Das rauchige Erbe der Erdöfen oder die Aromatisierung mit Früchten und Geflügel (!) im »Pechuga«-Stil sorgen für einen Geschmack, der den industriellen Spirituosen überlegen ist. Dazu kommt mit der ursprünglichsten Form der Destillation der Agave (»mezcal ancestral«) ein richtiges Angebot für alle Spirituosen-Nerds. Genau das – und die aromatische Bandbreite – liebt die Barszene, aber auch immer mehr private Genießer, die auf den Mezcal-Geschmack kommen.

VERANDA
BRASSERIE & BAR
WERDE COCKTAIL-ARTIST
BEGINNERS | ADVANCED | MASTER CLASSES
DIE KUNST
DER MIXOLOGIE
3 Cocktails
Tasty Bites
Profi Know-How
Signature Rezepte
JETZT RESERVIEREN
Burggasse 2, 1070 Wien | veranda@sanssouci-wien.com | +43-1-522 2520-194

SIEGER

Foto: Philipp Lipiarski

Lebenswerk

MICHAELA SCHIMANKO, EDEN BAR, WIEN

Es ist lange her, dass es »die Eden« ins Radio schaffte; damals sang noch Helmut Qualtinger vom »Reden in der Eden«. Doch die Bar selbst gibt es sogar noch länger, seit 1911 nämlich. Legendär wurde sie in den Goldenen Zwanzigern unter der Ägide von Emmy Stein. Heute erlebt das langlebige Haus nach der Nachkriegsära unter Gabor Kenézy und seinem unvergessenen Nachfolger Heinz Werner Schimanko also schon seinen vierten Frühling. Dass die alteingesessene Bar auch im neuen Jahrtausend ein wenig Grandezza des alten Wien ausstrahlt, liegt aber an Michaela Schimanko. Sie setzte das Werk ihres Vaters mit Ehrfurcht, aber auch vielen neuen (Getränke-)Ideen fort. Kleinkunst und immer wieder Musik, die sich durch die Geschichte der Eden zog, ergänzten den Barbetrieb. Im runderneuerten Ambiente, das die alten Stärken neu erstrahlen lässt, kommt man wieder »zum Reden in die Eden« – und natürlich, um Champagner oder einen der Cocktails von Barmaestro William zu genießen. Nicht nur Stammgäste rufen angesichts dieser Lebensleistung: »Ad multos annos, Eden!«

Foto: HELGE KIRCHBERGER Photography

Brenner d. Jahres international

HANS REISETBAUER

Vom traditionellen landwirtschaftlichen Betrieb zur Spitzenbrennerei in der internationalen Spirituosenszene: Vor 30 Jahren als Pionier gestartet, setzte Hans Reisetbauer von Beginn an auf hochwertigste Qualität. Kein Fallobst, kein Aufzuckern – nur pure Frucht. Seine Philosophie machte die Flaschen mit dem kleinen »R« schnell zum Qualitätsbegriff und öffnete die Türen zu den besten Restaurants und Bars weltweit. Reisetbauers Blue Gin ist heute ein Klassiker, der von New York bis Tokio Anerkennung findet, und sein 24-jähriger Austro-Whisky gilt als exklusiver Schatz, der nur in München erhältlich ist. Mit einem Team von 17 Mitarbeitern führt Reisetbauer die modernste Brennerei in Mitteleuropa – und bleibt dabei ein unermüdlicher Innovator. Neben Gin und Fruchtbränden nahm er sich auch des Rums an und sicherte damit den Facettenreichtum des Unternehmens. Die jüngste Auszeichnung beweist einmal mehr: Der Oberösterreicher steht für höchsten Genuss – eine Leidenschaft, die inzwischen auch sein Sohn aus vollem Herzen weiterführt.

SIEGER

Foto: PR

Marken-Botschafter

ANDREAS TRATTNER, TOP SPIRIT

Wenn es um Scotch Whisky geht, dann wird es schnell vveinmal zu »nerdig« in Gesprächen. In Andreas Trattner, einem Dauergast auf Publikumsmessen, haben aber auch Whisky-Laien einen Ansprechpartner. Der gebürtige Steirer teilt mit ihnen gerne seine Leidenschaft. Und da sind alle Fragen zulässig, solange sie dem »Lebenswasser« neue Fans bescheren.

Dass allerdings auch die Barprofis des Landes ein versiertes Gegenüber in allen »malzigen« Belangen in ihm finden, liegt an Andi Trattners Vita. Er kennt als international tätiger Tresen-Profi nicht nur die Brennereien, sondern weiß auch, was man aus Torabhaig, Glenfiddich oder The Balvenie am besten mixen kann. Der Mann, der einst für die Cayman Islands beim renommierten »World Class«-Bewerb antrat, freut sich heute, wenn Kollegen mit ihren Kreationen wieder jemandem Whisky näherbringen konnten. Seine Arbeit im Außendienst erfolgt solide, mit Stil und Schmäh – genau so, wie man das von einem »Botschafter« erwartet.

100% NATÜRLICHEN ZUTATEN
JETZT PROBIEREN
Corona Cero
BREWED WITH 100% NATURAL INGREDIENTS
355ml e 0.0% alc./vol.
Corona Cero
mehrweg

frankl 24
der eventausstatter
www.frankl24.at

DIE BESTEN BARS UND WEINBARS IN DEUTSCHLAND

DIE BESTEN COCKTAILBARS

Seiberts 50672 Köln	ΥΥΥΥ Seite 191	98 Punkte
Velvet 12043 Berlin	ΥΥΥΥ Seite 129	98 Punkte
Les Fleurs du Mal 80539 München	ΥΥΥΥ Seite 86	97 Punkte
Little Link 50672 Köln	ΥΥΥΥ Seite 190	96 Punkte
Embury 60311 Frankfurt am Main	ΥΥΥΥ Seite 156	96 Punkte
Le Lion 20095 Hamburg	ΥΥΥΥ Seite 146	96 Punkte
Schumann's Bar am Hofgarten 80539 München	ΥΥΥΥ Seite 91	96 Punkte
Toddy Tapper 50670 Köln	ΥΥΥΥ Seite 193	96 Punkte
Puzzle Bar 20457 Hamburg	ΥΥΥΥ Seite 148	96 Punkte
Suderman 50670 Köln	ΥΥΥΥ Seite 192	96 Punkte
Buck and Breck 10119 Berlin	ΥΥΥΥ Seite 107	95 Punkte
Guts & Glory 76133 Karlsruhe	ΥΥΥΥ Seite 57	95 Punkte
Seven Swans & The Tiny Cup 60311 Frankfurt am Main	ΥΥΥΥ Seite 160	95 Punkte
Spiritus 55116 Mainz	ΥΥΥΥ Seite 197	95 Punkte
The Door 76133 Karlsruhe	ΥΥΥΥ Seite 59	95 Punkte

Die Reihung ergibt sich aus der Gesamtpunktzahl und der Getränkebewertung.

SIEGER

Foto: PR

Gastgeber des Jahres

VOLKER SEIBERT, SEIBERTS, KÖLN

Über 32 Jahre steht Volker Seibert bereits hinter dem Tresen, und manch einer kennt ihn noch aus der legendären Capri Lounge. Sein Denkmal hat er sich aber selbst gesetzt. Hier, in der Liquid Kitchen seiner Seiberts Bar, kann er das tun, was er am besten kann: als vollendeter Gastgeber sagenhafte Drinks aus unnachahmlichen Zutaten kredenzen!

Foto: PR

Barfrau des Jahres

LUISA FRITSCHE, GIN HOUSE, DRESDEN

Vom Frühstücksservice im Taschenbergpalais in den internationalen Bar-Olymp: Luisa Fritsches Aufstieg ist atemberaubend. Mit gerade mal 26 Jahren wird sie Deutschlands »World Class Bartenderin of the Year«, beweist im Dresdner Gin House aber tagtäglich, dass das Kreieren von Cocktails eine Kunst ist, die sie in Perfektion beherrscht.

Foto: PR

Bartender des Jahres

LENNART GEIST, THE DOOR, KARLSRUHE

Lennart Geist ist Überzeugungstäter. Mit seiner Bar belebt er nicht nur seit Jahren die Karlsruher Cocktailszene, sondern lebt auch den Zero-Waste-Gedanken. Sein »Sip the City«-Konzept folgt der Prämisse, Zutaten für Drinks nicht nur lokal und nachhaltig zu sammeln, sondern auch über Monate verfügbar zu machen. Nachhaltig und im Sinne des Gastes.

Foto: Laura Markert

Innovativste Bartender

BENITO OPITZ & PHILIPP SCHMITZ, MONDHUEGEL, BERLIN

Innovation bedeutet auch, Dinge selbst zu machen. Die beiden Inhaber der Mondhuegel Bar treiben diesen Ansatz auf die Spitze: Alles, was sie für ihre Drinks brauchen, stellen sie selbst her. Das gilt auch für die Spirituosen, Sirupe und Tonics. Wer wirklich einzigartige Drinks sucht, ist bei ihnen richtig. Und bezahlt wird nur so viel, wie man möchte.

ÖGUSSA
SEIT 1862
INVESTMENT IN GOLD
bei Österreichs führender Edelmetall-Scheideanstalt
ÖGUSSA
Feingold
999,9
31,10g
• Barren in 11 Größen
• 1 bis 1000 Gramm
• bis 10.000,- € anonym
• umsatzsteuerfrei
FAIRMINED
ÖSTERREICHISCHE GOLD-U.SILBER-SCHEIDEANSTALT GES.M.B.H.
T +43 1 86646, www.oegussa.at
Wien, Linz, Salzburg, Innsbruck
Dornbirn, Graz, Klagenfurt
Faires Gold
zertifiziert konfliktfreie Lieferkette
Ein Unternehmen der umicore

SIEGER

Foto: PR

Rookie-Bartender des Jahres

CEDRIC GOLZE-SCHLIEPER, ROSEBUD, KÖLN

Dass sein Herz für die Bar schlägt, war Cedric sehr früh klar. Seit 2015 steht er hinter dem Tresen, seine Heimat hat er nach mehreren Stationen im Kölner Rosebud gefunden, wo er als Barchef nun seiner Kreativität freien Lauf lassen kann. Mit seinem tiefen Gespür für Geschmackskombinationen gelingt es ihm jeden Tag aufs Neue, seine Gäste zu begeistern.

Foto: PR

Barteam des Jahres

THE COLLAB BAR, HAMBURG

Mitte 2023 realisierten Chloé März und André Lembcke mit der Collab Bar ihr erstes eigenes Barprojekt – und schafften es damit in kürzester Zeit unter die Top-Bars des Landes. Zusammen mit ihrem Team haben sie eine High-End-Nachbarschaftsbar kreiert, in der bewusster Genuss im Fokus steht und auch alkoholfreie Drinks selbstverständlich über den Tresen gehen.

Foto: PR

American Bar

LES FLEURS DU MAL, MÜNCHEN

Sie ist eine Institution, die minimalistisch gehaltene Bar, die sich etwas versteckt im 1. Stock der legendären Schumann's Bar befindet. Sie bietet nicht nur einen unterhaltsamen Blick auf das illustre Treiben im Erdgeschoß, sondern an einem imposanten, 9 Meter langen Holztresen auch Drink-Klassiker auf Top-Niveau – ohne Schnickschnack, Genuss pur.

Foto: Marco Polex

Tagesbar

SCHUMANN'S TAGESBAR, MÜNCHEN

Daydrinking? Für Charles Schumann ein alter Hut, den er aber gerne trägt. Mit seiner Schumann's Bar hat er den Aperitivo zum Teil der Münchner DNA gemacht. Mit seiner Tagesbar in den Fünf Höfen hat er diesem Lifestyle aber eine zusätzliche Heimat gegeben. Ein Kaffee vor der Arbeit oder ein Apero am Nachmittag? Eine Selbstverständlichkeit.

Foto: PR

Hotelbar

JAHRESZEITEN BAR, MÜNCHEN

Edle Holzvertäfelung, ein tiefer Tresen, Samtsessel, opulente Lampen – die Jahreszeiten Bar empfängt ihre Gäste mit gediegenem Ambiente. Als Barchef fungiert der bekennende Single-Malt-Fan Aleksandar Vujin, der seinem klassisch gehaltenen Bar-Menü oft den einen oder anderen Twist verleiht – gern kombiniert mit feinstem Barfood.

Foto: SARAH SCHLOPSNIES

Restaurantbar

BONVIVANT, BERLIN

Brutal lokal geht es im Bonvivant zu. Viele der verwendeten Zutaten stammen aus dem Brandenburger Umland und finden sich sowohl in den Speisen als auch in den begleitenden Cocktails wieder, die auch als alkoholfreie Varianten zu haben sind. Entsprechend dem hohen Niveau der Küche bieten auch die gereichten Drinks eine einzigartige Erfahrung.

SCHLOSS
OTTENSTEIN

SIEGER

Foto: Katja Hiendlmayer

Neueröffnung des Jahres

HIMITSU, BERLIN

Lediglich ein rotes Licht und eine mit Mangas verzierte Tür weisen auf das Kleinod hin, das sich mitten in einem Foodcourt verbirgt. »Himitsu« ist Japanisch für »Geheimnis«, und geheim ist hier nicht nur der Eingang, sondern bis zum Betreten auch die Barkarte der japanisch inspirierten High-End-Bar. Wer sie dennoch fotografiert, tut dies auf eigene Gefahr.

Foto: PR

Bar-Juwel

BARROOM, MÜNCHEN

Münchens kleinste Bar bietet weniger Platz als so manches Wohnzimmer, vereint seit 2008 aber auf kleinem Raum alles, was Cocktail-Enthusiasten suchen. Inhaber Emanuele Ingusci ist ein Meister der persönlichen Beratung und ein Leuchtturm der Münchner Barkultur. Seine Auswahl an Rums ist aller Ehren wert, und das Bar-Menü lockt mit erstaunlicher Vielfalt.

NEUES
PROBIEREN.
360 € jährliches Gourmet-Guthaben
genießen und immer wieder neue
Restaurants entdecken.
鳥居
AMERICAN EXPRESS
7997
MEMBER SINCE
09
C F FROST
© AMEX
Mehr erfahren unter:
amex.at/platinum-entdecken
DON'T live life WITHOUT IT™
AM EX
Es gelten Bedingungen.
Angebot gültig vom 01.10. – 09.12.2024.

DIE BESTEN WEINLOCATIONS

Rutz – Zollhaus 10961 Berlin	Seite 122	97 Punkte
Heimat | Essen & Weine 60311 Frankfurt am Main	Seite 157	97 Punkte
Sansibar 25980 Sylt (Rantum)	Seite 210	96 Punkte
Wein | Kultur | Bar 01277 Dresden	Seite 202	96 Punkte
L'Hommage 70182 Stuttgart	Seite 66	96 Punkte
Rocaille 40476 Düsseldorf	Seite 183	95 Punkte
Saittavini 40545 Düsseldorf	Seite 183	95 Punkte
Vinothek by Geisel 80335 München	Seite 94	95 Punkte
Eiskeller 40213 Düsseldorf	Seite 180	95 Punkte
KaDeWe 10789 Berlin	Seite 115	95 Punkte
HENNE.Weinbar 50672 Köln	Seite 189	95 Punkte
Schmidt Z&KO 12161 Berlin	Seite 123	95 Punkte
baci baci 60318 Frankfurt am Main	Seite 154	94 Punkte
Freundschaft 10117 Berlin	Seite 110	94 Punkte
Grapes 80331 München	Seite 82	94 Punkte

Die Reihung ergibt sich aus der Gesamtpunktzahl und der Getränkebewertung.

BACHHALM
19 ANNO 28
Choco Culture
www.bachhalm.at

Foto: PR

Neueröffnung Weinbar

075, NÜRNBERG

Difan Xu ist eine erfahrene Sommelière und der Kopf hinter der Weinbar 075, ihrem ersten eigenen Projekt. Hier empfängt sie Genießer und Weinfans in edlem Ambiente und setzt auf der gut kuratierten Weinkarte einen Schwerpunkt auf regionale Weine. Dazu gibt es kleine Tapas, eine wechselnde Käseauswahl und Sardinen aus der Dose.

Foto: Justin Leone

Klassische Weinbar

STICKS & STONES, MÜNCHEN

800 Weine im Portfolio sind eindrucksvoll. Noch besser wird es aber, wenn gut 680 davon im Offenausschank zu haben sind. Starsommelier Justin Leone macht das in seiner Mitte 2023 eröffneten Weinbar möglich. Ungewöhnlich ist auch die einzigartige Tiefe an Übersee-Weinen aus den USA und Australien, unter denen sich zahlreiche alte Raritäten befinden.

Foto: PR

Weinbar in einer Vinothek

DAS WEINHAUS, TRIER

Restaurant, Weinbar und Vinothek in einem? Hier funktioniert das bestens! Alle Weine gibt es zu Ab-Hof-Preisen; der Fokus liegt auf den Regionen Mosel, Saar und Ruwer, aber auch andere deutsche Weine sowie Weine aus Italien, Frankreich und Portugal kommen nicht zu kurz. Dazu gibt es für den kleinen Hunger Tapas, für den großen Schnitzel oder Rumpsteak.

Foto: PR

Sonderpreis Special Selection

BUTTE, FRANKFURT

Warum in die Ferne schweifen, wenn das Gute liegt so nah? Dieses Motto hat sich das Team der Weinbar Butte zu eigen gemacht und bietet ausschließlich Weine aus den deutschen Weinbauregionen Nahe, Mosel, Pfalz, Franken, Rheingau und Rheinhessen. Das Angebot reicht vom Traditionsweingut bis zu jungen Wilden und wird von kleinen Snacks begleitet.

Foto: Achim Schmidt

Weinrestaurant/-bistro

GRIABIG, MÜNCHEN

»Griabig«, das bedeutet auf Bayrisch »urgemütlich«, und genau so wird Wein hier inszeniert: unverkopft, zugänglich und ohne Schnickschnack. Gut 15 Weine gibt es im Offenausschank, rund 90 Posten finden sich auf der gut sortierten Karte. Dazu gibt es auch ein paar Sorten Bier und zünftige Brotzeiten mit lokalen, traditionell bayrischen Zutaten. Sauguat!

Foto: Ingo Swoboda

Natural Wine Bar

BACI BACI, FRANKFURT

Ende 2023 hat Davide Emmanuele nur wenige Meter neben seiner Vinothek Wein&Raum mit der Baci Baci einen Hotspot für Naturweine geschaffen, der mit gut 300 Positionen kaum Wünsche offenlässt. Das Sortiment umfasst Weingüter aus ganz Europa, einige davon beliefern Emmanuele sogar exklusiv. Weiterer Clou: Prosecco gibt's »on tap«!

Armando's Bar 🍸🍸🍸 76530 Baden-Baden

Arman Krayt Gülenays Experimentierfreudigkeit kennt keine Grenzen. Genauso kreativ wie die von ihm gemixten Drinks ist auch die Gestaltung seiner jetzt schon kultverdächtigen Bar. Zu Hip-Hop-Klassikern der 90er-Jahre schmecken Kreationen wie »Cypress Kill« oder »Beatnuts« – Rum, Ananas und Erdnussbutter! – doppelt gut.

Kreuzstraße 3
+49 7221 3942732
armandos-bar.de
Kategorie: American Bar

Drinks:	**48** | 50
Ambiente:	**18** | 20
Service:	**18** | 20
Sortiment:	**8** | 10
Gesamt:	92 | 100

Club Bernstein 🍸🍸🍸 76530 Baden-Baden

Im durchgestylten Prunkraum aka Nachtclub des eleganten Casino Baden-Baden wird selten gekleckert, eher ordentlich geklotzt. Bei fetten Beats und catchy Tunes angesagter DJs genießen Nachtschwärmer, Glücksritter und elegante Damen Spotlights, Cocktails und Champagner bis in die frühen Morgenstunden.

Kaiserallee 1
+49 7221 3024696
bernstein-club.com
Kategorie: Club

Drinks:	**45** | 50
Ambiente:	**19** | 20
Service:	**18** | 20
Sortiment:	**8** | 10
Gesamt:	90 | 100

Monte Christo 🍷🍷

76530 Baden-Baden

Probates Mittel gegen Fernweh: ein Besuch in der Lieblings-Tapasbar, sommers im lauschigen Innenhof, winters an der langen Tafel im gemütlichen Gastraum. Bei Vino Tinto, Papas Arrugadas und Co. lässt sich einen Abend lang vergessen, dass man nicht im Süden wohnt.
Schwerpunkt: Spanien

Eichstraße 5
+49 7221 393434
monte-christo-baden-baden.de
Kategorie: Weinbar im Restaurant

Weinangebot:	**44** | 50
Service	**18** | 20
Essen	**18** | 20
Ambiente:	**8** | 10
Gesamt:	88 | 100

Oleander Bar 🍸🍸🍸🍸

76530 Baden-Baden

In der eleganten Cocktailbar – benannt nach dem erfolgreichsten deutschen Galopprennpferd aus der ersten Hälfte des 20. Jahrhunderts – hat man sich auf Vollblut-Klassiker wie Negroni, Gin Fizz oder Espresso Martini spezialisiert. Jeder Drink hat das Potenzial zum persönlichen Champion, dezente Pianomusik begleitet den Genuss.

Schillerstraße 4/6
+49 7221 900890
brenners.com
Kategorie: Hotelbar

Drinks:	**46** | 50
Ambiente:	**20** | 20
Service:	**20** | 20
Sortiment:	**9** | 10
Gesamt:	95 | 100

Roomers Bar 🍸🍸🍸

76530 Baden-Baden

»Drinks with a view« bekommt in dieser Rooftop-Bar noch einmal eine ganz neue Dimension: Der Blick über die Schwarzwaldgipfel und das Dächermeer ist einfach spektakulär. Auch sonst kennt man sich mit Superlativen aus: Classy Drinks, feine Snacks und ein Infinitypool machen den Besuch zu einem berauschenden Erlebnis.

Lange Straße 100
+49 7221 90193920
roomers-badenbaden.com
Kategorie: Hotelbar

Drinks:	**46** | 50
Ambiente:	**19** | 20
Service:	**18** | 20
Sortiment:	**8** | 10
Gesamt:	91 | 100

Schneider's Weinstube

76530 Baden-Baden

An badischer Gastfreundschaft darf nicht gerüttelt werden, ebenso wenig an guter Küche. Dazu zählen Ochsenmaulsalat mit Trüffelvinaigrette, Zanderklößchen auf Hummersauce und Helmut Schneiders Fischsuppe mit Toast und Aioli ebenso wie Burrata auf marinierten Nektarinen.
Schwerpunkt: Deutschland, international

Maria-Viktoria-Straße 2
+49 7221 271188
schneiders-weinstube.de
Kategorie: Weinbar im Restaurant

Weinangebot:	**45** | 50
Service	**18** | 20
Essen	**18** | 20
Ambiente:	**8** | 10
Gesamt:	89 | 100

Maerz

74321 Bietigheim-Bissingen

Doppelt hält bekanntlich besser. Und so haben sich die Brüder Benjamin, leidenschaftlicher Koch, und Christian, passionierter Sommelier, für ihre Vision einer lustvollen regionalen Kulinarik zusammengetan. Neben pfiffiger Wohlfühlküche auch im Fokus: der Spaß im Glas.
Schwerpunkt: international

Kronenbergstraße 14
+49 7142 42004
maerzundmaerz.de
Kategorie: Weinbar im Restaurant

Weinangebot:	**44** | 50
Service	**18** | 20
Essen	**19** | 20
Ambiente:	**8** | 10
Gesamt:	89 | 100

Bartenders

74564 Crailsheim

Crailsheim ist nicht Kopenhagen, die ausgezeichneten Craft Cocktails von Max Illich lassen das aber gelegentlich vergessen – vor allem, wenn man sich vertrauensvoll in die Hände des mit langjähriger Expertise ausgestatteten Top-Barkeepers begibt. Der hat zu Münchner Zeiten schon so manchen V.I.P. beschwipst gemacht.

Bergwerkstraße 2
+49 7951 4723283
meinbartenders.de
Kategorie: Loungebar

Drinks:	**44** | 50
Ambiente:	**17** | 20
Service:	**18** | 20
Sortiment:	**9** | 10
Gesamt:	88 | 100

Weinba(a)r

78166 Donaueschingen

Beef Tatar, Burger und Bordeaux, dazu Service und Ambiente auf hohem Niveau: Auf der Hochebene zwischen Schwarzwald und Schwäbischer Alb kann man es sich richtig gut gehen lassen. Dank Coravin finden sich auch laufend spannende Spitzengewächse im offenen Ausschank.
Schwerpunkt: international, ökologischer Anbau

Burgring 6
+49 771 17510050
burg-aasen.de
Kategorie: Klassische Weinbar

Weinangebot:	**45** | 50
Service	**18** | 20
Essen	**18** | 20
Ambiente:	**8** | 10
Gesamt:	89 | 100

Drexlers Wein und Essen 🍷🍷🍷 79098 Freiburg im Breisgau

In guter Gesellschaft an einem vergnüglichen Ort wie diesem plaudern, lachen und genießen: So in etwa könnte das lukullische Paradies aussehen. Mario Fuchs kocht mediterran beeinflusste badische Schmankerl, Ralph Schmidt zeichnet für die riesige Weinkarte verantwortlich.
Schwerpunkt: Deutschland, Frankreich

Rosastraße 9	Weinangebot:	**47** | 50
+49 761 5957203	Service	**18** | 20
drexlers-restaurant.de	Essen	**17** | 20
Kategorie: Weinbar im Restaurant	Ambiente:	**8** | 10
	Gesamt:	90 | 100

Hemingway 🍸🍸🍸 79098 Freiburg im Breisgau

Man kann eine Bar kaum nach dem leidenschaftlichen Trinker Hemingway – genau genommen seinem einst im Hotel logierenden Sohn – benennen, ohne eine erstklassige Spirituosensammlung im Repertoire zu haben. Die Rohstoffe für das hausgemachte Fine-Tuning stammen aus der Region. Tipp: der Badische Birnen-Fizz.

Eisenbahnstraße 54	Drinks:	**46** | 50
+49 761 20734500	Ambiente:	**18** | 20
hotel-victoria.de	Service:	**19** | 20
Kategorie: Hotelbar	Sortiment:	**9** | 10
	Gesamt:	92 | 100

One Trick Pony 🍸🍸🍸 79098 Freiburg im Breisgau

Heute schon an morgen denken: für das Kreativ-Duo Boris Gröner und Andreas Schöler kein Problem. Wie ihre stets ausgesprochen kunstvoll umgesetzten Barkarten sind auch die beiden immer in Bewegung. Und so gibt es oberirdisch im Chin-Chin-Store spannende Naturweine, unterirdisch weiterhin gigantische Drinks.

Oberlinden 8	Drinks:	**48** | 50
+49 761 61250351	Ambiente:	**19** | 20
onetrickpony.bar	Service:	**18** | 20
Kategorie: American Bar	Sortiment:	**9** | 10
	Gesamt:	94 | 100

Trotte 🍷🍷🍷 79098 Freiburg im Breisgau

Mit Philipp Barho als Frontmann und der Adler'schen Weinkompetenz als Back-up haben die Keller-Söhne Friedrich und Vincent Benedikt eine eigene Weinbar gewagt. Inzwischen gehört sie zu Freiburg wie Badisches Dreierlei und Bächle. Statt Bibiliskäs gibt's Pastramisandwich.
Schwerpunkt: Deutschland, Frankreich

Fischerau 28	Weinangebot:	**47** | 50
+49 761 51464680	Service	**18** | 20
trotte-weinbar.de	Essen	**17** | 20
Kategorie: Klassische Weinbar	Ambiente:	**8** | 10
	Gesamt:	90 | 100

Bent Bar

69117 Heidelberg

In der leicht versteckt, aber doch sehr zentral gelegenen Bar ist der Gemütlichkeitsfaktor so hoch, dass man regelmäßig versucht ist, sein Wohnzimmer links liegen zu lassen. Was Matthias Schallies und Milan Nesin in die Gläser zaubern, ist ohnehin spannender als jede Serie – jeder Drink ein Cliffhanger für den nächsten.

Leyergasse 2
+49 6221 7356848
bentbar.de
Kategorie: Loungebar

Drinks:	**45** | 50
Ambiente:	**19** | 20
Service:	**17** | 20
Sortiment:	**8** | 10
Gesamt:	89 | 100

NEO

69115 Heidelberg

Sushi und Steaks, Spritz und Sours: Das Rundumsorglos-Paket der im ehemaligen Heidelberger Güterbahnhof einquartierten Multifunktionsgastronomie erfüllt so ziemlich jeden Feierabendtraum. Auch rauschende Feste werden hier gerne gefeiert. Dass dazu betörend gute Drinks gehören, versteht sich von selbst.

Zollhofgarten 2
+49 6221 7239099
neo-heidelberg.de
Kategorie: Loungebar

Drinks:	**45** | 50
Ambiente:	**19** | 20
Service:	**18** | 20
Sortiment:	**8** | 10
Gesamt:	90 | 100

Pino's Bar

69117 Heidelberg

Im wiederbelebten Stadtpavillon fühlt man sich sofort wie in New York oder London. Die glamouröse Pino's Bar bietet neben einem sehr breiten Weinangebot – präsentiert im Flaschenpaternoster – auch erstklassige Cocktails. Schafft man es, die Augen von dem opulenten Backboard abzuwenden, lohnt auch ein Blick in den Humidor.

Friedrich-Ebert-Anlage 2
+49 6221 6742959
959heidelberg.com
Kategorie: Restaurantbar

Drinks:	**47** | 50
Ambiente:	**20** | 20
Service:	**19** | 20
Sortiment:	**9** | 10
Gesamt:	95 | 100

Schilling Roofbar

69115 Heidelberg

Die Bar bietet bei sanfter Lounge-Musik einen famosen Blick aus dem 7. Stock auf die Stadt. Die Karte wiederum bietet Klassiker von Negroni bis Vesper Martini sowie kreative Signature Drinks. Unbedingt mal den Momotaro (Tequila, Limette, Sake) probieren. Und natürlich auch das Sushi, das es eine Etage höher zu genießen gibt.

Alte Glockengießerei 9
+49 6221 7333003
schillingroofbar.com
Kategorie: Restaurantbar

Drinks:	**47** | 50
Ambiente:	**19** | 20
Service:	**18** | 20
Sortiment:	**8** | 10
Gesamt:	92 | 100

Club Kaiser Skybar 🍸🍸🍸

74076 Heilbronn

Schöner schlürfen in exklusivem Ambiente mit fabelhaftem Blick auf die umliegenden Weinberge und die Dächer der Stadt. Zum locker-loftigen Gesamtpaket aus Panoramafenstern, Großstadtflair und Loungesofas gehört auch ein reiches Spirituosenangebot sowie eine gut bestückte Sushi-Karte. Samstags wird getanzt.

Gottlieb-Daimler-Straße 9d	Drinks:	**44** I 50
+49 7131 1214043	Ambiente:	**20** I 20
clubkaiser.de	Service:	**18** I 20
Kategorie: Loungebar	Sortiment:	**8** I 10
	Gesamt:	90 I 100

Der KofferRaum 🍸🍸🍸

76133 Karlsruhe

Innovative Trends und globale Moden kommen abseits der großen Metropolen meist mit gemütlicher Verspätung an. Nicht so hier: Roman Koffer ist ein Tüftler par excellence, der kreiert, imaginiert und antizipiert, was das Zeug hält. Von den Sirupen über Liköre und Pürees bis zu feinen Infusionen ist alles selbst gemacht.

Hirschstraße 17	Drinks:	**46** I 50
+49 721 18054803	Ambiente:	**17** I 20
derkofferraum.de	Service:	**18** I 20
Kategorie: American Bar	Sortiment:	**9** I 10
	Gesamt:	90 I 100

Electric Eel 🍸🍸

76137 Karlsruhe

In diesem Mix aus Nachbarschaftscafé, Mini-Galerie und vinylbeschallter Cocktailbar herrscht ein überraschend hohes Maß an berlineskem Flair bei gleichzeitig herrlich un-berlinesker Freundlichkeit. Man muss Inhaber und Mastermind Craig Judkins die Füße küssen für so viel passionierte Gastfreundschaft.

Werderstraße 35	Drinks:	**46** I 50
+49 721 66992906	Ambiente:	**17** I 20
electriceelcafe.de	Service:	**18** I 20
Kategorie: American Bar	Sortiment:	**7** I 10
	Gesamt:	88 I 100

Guts & Glory 🍸🍸🍸🍸

76133 Karlsruhe

Hinter dem Namen könnte auch ein Boxclub stecken. Tatsächlich gibt es reichlich Parallelen: Von der umlaufenden Theke als stilisiertem Ringplatz über die sämtliche Gewichtsklassen umfassende Karte bis hin zur Courage der Barkeeper, dem Gast auch mal eins auf die Zwölf zu geben – natürlich im allerpositivsten Sinn.

Hirschhof 5	Drinks:	**49** I 50
+49 721 90990045	Ambiente:	**19** I 20
gutsandglory.bar	Service:	**19** I 20
Kategorie: American Bar	Sortiment:	**8** I 10
	Gesamt:	95 I 100

Salon Ruppel 🍸🍸🍸

76137 Karlsruhe

Trinkstube, Mix-Schule, Event-Service: Mo Kabas Salon Ruppel ist all das und noch viel mehr. Frei nach dem Motto »Meine Bar, meine Regeln« hat sich der ehemalige Guts-&-Glory-Barchef seinen eigenen Planeten geschaffen. Neuester Geniestreich: galaktische Drinks, inspiriert von den verschiedenen Himmelskörpern.

Amalienstraße 49
+49 178 8001040
salon-ruppel.com
Kategorie: American Bar

Drinks:	**48** I 50
Ambiente:	**17** I 20
Service:	**18** I 20
Sortiment:	**8** I 10
Gesamt:	91 I 100

Santos Cocktailbar 🍸🍸🍸

76137 Karlsruhe

Dass alteingesessen nicht immer angestaubt bedeuten muss, zeigt diese seit über 25 Jahren zum Karlsruher Nachtleben gehörende Hotelbar. Einheimische sitzen neben Reisenden, Barflies neben Frühzubettgehern, die sich noch einen Schlummertrunk genehmigen. Klassiker und interessante Eigenkreationen, samstags wird Piano gespielt.

Karlstraße 69
+49 721 38370
cocktail-karlsruhe.de
Kategorie: Hotelbar

Drinks:	**46** I 50
Ambiente:	**18** I 20
Service:	**18** I 20
Sortiment:	**9** I 10
Gesamt:	91 I 100

The Curtain Bar 🍸🍸🍸

76227 Karlsruhe

Vorhang auf für smarte Drinks in starken Farben. Schwarz-Weiß-Denken? Ist hier fehl am Platz. Das junge Team um Barchef Niklas Strohmenger hat ganz offensichtlich großen Spaß daran, sich gestalterisch wie geschmacklich so richtig auszutoben. Keine Sorge, die guten alten Klassiker beherrscht es ebenfalls.

Amalienbadstraße 16
+49 721 942660
hotelderblauereiter.de
Kategorie: Hotelbar

Drinks:	**47** I 50
Ambiente:	**18** I 20
Service:	**18** I 20
Sortiment:	**8** I 10
Gesamt:	91 I 100

The Door 🍸🍸🍸🍸

76133 Karlsruhe

Stark, wie sich Lennart Geist und Claudia Álamo Masanet stetig weiterentwickeln. Ihr »Sip the City«-Konzept bringt die umliegende Natur ins Glas. Im Fokus steht jeweils eine wild gesammelte Zutat, die etwa mittels Mazeration oder Infusion halt- und im Zusammenspiel mit abgestimmten Komponenten schmeckbar gemacht wird.

Hirschstraße 17
+49 721 47001760
the-door.bar
Kategorie: American Bar

Drinks:	**49** I 50
Ambiente:	**19** I 20
Service:	**19** I 20
Sortiment:	**8** I 10
Gesamt:	95 I 100

Thirty Seats 🍸🍸🍸

76133 Karlsruhe

30 Sitzplätze, 1001 Möglichkeiten: In dieser kleinen Speakeasy ohne feste Karte wird dem Gast das favorisierte Geschmacksprofil von den Lippen abgelesen und der Drink auf den Leib gemixt. So findet neben verschiedenen Sours, Smashes, Fizzes oder Martinis auch die eine oder andere kreative Eigenkreation ins Glas.

Waldstraße 30
+49 173 8749050
thirtyseats.de
Kategorie: American Bar

Drinks:	**46** I 50
Ambiente:	**18** I 20
Service:	**18** I 20
Sortiment:	**8** I 10
Gesamt:	90 I 100

Friedrichs 🍸🍸🍸

78467 Konstanz

Gute Drinks sind mehr als nur die Summe ihrer Teile, und jene von Erim Türkmen ganz bestimmt. Bis zu sieben Stunden steht der zweifach prämierte Cocktailmeister in seiner Liquid Kitchen, denn von der Stange ist hier nichts. Merke: Die geheime Zutat – ob für Classics oder Eigenkreationen – nennt sich Leidenschaft.

Reichenaustraße 17
+49 7531 12749777
restaurant-friedrichs.de
Kategorie: Hotelbar

Drinks:	**46** I 50
Ambiente:	**18** I 20
Service:	**19** I 20
Sortiment:	**8** I 10
Gesamt:	91 I 100

Glorious Bastards / Fotograf: 0049 Production

Glorious Garden 🍷🍷🍷

78462 Konstanz

Das weitläufige Restaurant im Industrial-Style bietet nicht nur eine offene Showküche, eine imposante Deckenkuppel und einen famosen Blick auf den Bodensee, sondern auch eine gut selektierte Weinkarte mit etwa 90 Positionen sowie eine Vielzahl an Cocktails und Craftbeer.
Schwerpunkt: international

Bodanstraße 1
+49 7531 7176152
glorious-bastards.at
Kategorie: Weinbistro

Weinangebot:	**45** | 50
Service	**18** | 20
Essen	**18** | 20
Ambiente:	**10** | 10
Gesamt:	91 | 100

Hagestolz 🍸🍸🍸

68159 Mannheim

Hippe Bar mit altertümlichem Namen, der atmosphärisch vielleicht schon, ansonsten aber nicht so recht zum aufgeschlossenen Wesen passt, schließlich sitzen hier bei Weitem nicht nur kauzige Junggesellen an der Theke. Im Gegenteil: Das Hagestolz ist ein bunter Fixstern in der Jungbuscher Amüsiermeile – Melting Pot pur.

Jungbuschstraße 26

hagestolzbar.de
Kategorie: American Bar

Drinks:	**48** | 50
Ambiente:	**18** | 20
Service:	**18** | 20
Sortiment:	**8** | 10
Gesamt:	92 | 100

Ihro 🍸🍸🍸

68159 Mannheim

Keine Bar für eine Nacht, eher eine fürs Leben, die genau jenes ein Stück weit aufregender macht. Zu 08/15 ist man hier nicht bereit, vielmehr schickt man die Gäste – nach präzisem Abklopfen der jeweiligen Vorlieben – auf eine liquide Abenteuerreise. Dazu gibt es Dumplings und Oliven, man hat schließlich mitgedacht.

Kirchenstraße 28

ihro-bar.de
Kategorie: Loungebar

Drinks:	**48** | 50
Ambiente:	**19** | 20
Service:	**19** | 20
Sortiment:	**8** | 10
Gesamt:	94 | 100

Odeon Bar

68159 Mannheim

Alter Wein in neuen Schläuchen? Von wegen. Hier hat man sowohl das Konzept als auch die Karte des Filsbacher Kult-Cafés ordentlich umgekrempelt und auch die Räumlichkeiten nicht vom Facelift ausgenommen. Mit Sinn für zeitgemäße Ästhetik wurde eine superlässige Bar geschaffen, die richtig gute Laune macht.

G7 10

Kategorie: Restaurantbar

Drinks:	**46** I 50
Ambiente:	**18** I 20
Service:	**19** I 20
Sortiment:	**8** I 10
Gesamt:	91 I 100

Sieferle & KØ Bar

68159 Mannheim

Der smarten Idee, eine Bar mit einem Barbiersalon zu verbinden, hat man wieder den Laufpass gegeben, dafür an Qualität, Kreativität und Genialität der Drinks geschraubt. Mittlerweile zählt die Barkarte zu einer der besten des Landes, und auch der Style des umgestalteten Lebensmittelladens hätte einen Preis verdient.

Neckarvorlandstraße 17a
+49 621 44589434
sieferleundko.de
Kategorie: American Bar

Drinks:	**48** I 50
Ambiente:	**18** I 20
Service:	**19** I 20
Sortiment:	**9** I 10
Gesamt:	94 I 100

Haus Zauberflöte Bar

77652 Offenburg

In dieser kleinen, feinen und intimen Edelkneipe wird Bar-Minimalismus in seiner schönsten Form betrieben, was durchaus Laune macht. Statt Überangebot und Markenkult gelten Kreativität, Service und persönliche Note als oberste Maxime. Für den kleinen Hunger gibt es Nüsschen und Currywurst aus dem Glas.

Lindenplatz 12
+49 781 9666696
haus-zauberfloete.de
Kategorie: Hotelbar

Drinks:	**46** I 50
Ambiente:	**19** I 20
Service:	**18** I 20
Sortiment:	**8** I 10
Gesamt:	91 I 100

Schoellmanns

77652 Offenburg

Gut gemixt ist halb gewonnen: Das gilt hier für die Drinks ebenso wie für Interieur, Publikum und Speisekarte, denn im Schoellmanns kann und darf sich jeder wohlfühlen. Cocktail-Pionier Willi Schöllmann hat einst heimische Obstbrände rehabilitiert und gehört nach wie vor zur Liga der außergewöhnlichen Gastronomen.

Hauptstraße 88
+49 781 9194999
schoellmanns.de
Kategorie: Restaurantbar

Drinks:	**48** I 50
Ambiente:	**18** I 20
Service:	**18** I 20
Sortiment:	**9** I 10
Gesamt:	93 I 100

Bar Buena Vista Club 🍸🍸🍸 77977 Rust

Großes Panoramakino in der 9. Etage des Hotels Castillo Alcazar. Die rustikal aufgerüschte Themenbar erweckt mit Kassettendecke, Holzbalken und viel Rot den Eindruck einer Sepia-Fotografie. Statt Popcorn gibt es Drinks, statt Leinwandflimmern schummrige Töne. Whisk(e)y-Trinker sind hier bestens aufgehoben.

Europa-Park-Straße 4+6
+49 7822 776688
europapark.de
Kategorie: Hotelbar

Drinks:	**44** | 50
Ambiente:	**19** | 20
Service:	**19** | 20
Sortiment:	**9** | 10
Gesamt:	**91** | 100

Bar Colosseo Europa-Park 🍸🍸 77977 Rust

Man muss kein Fan von Erlebnisgastronomie sein, um den ambitionierten Barkonzepten des Europa-Parks zu verfallen, es reicht auch der Blick in die mit allerlei Spirituosen-Preziosen gespickte Karte. Whisk(e)y-, Rum-, Gin- und Brandy-Auswahl lassen keine Wünsche offen. Ganze vier Seiten widmen sich dem niveauvollen Smoke.

Europa-Park-Straße 4+6
+49 7822 8605922
europapark.de
Kategorie: Restaurantbar

Drinks:	**44** | 50
Ambiente:	**18** | 20
Service:	**18** | 20
Sortiment:	**8** | 10
Gesamt:	**88** | 100

Bar El Circo 🍸🍸

77977 Rust

In diesem zauberhaften Mikrokosmos ist die smart illuminierte Bar die Arena, die Drinks sind der Star. Dabei gelingt den Bartendern das Kunststück, ihren Gästen so manchen Wunsch von den Lippen abzulesen. Die atemberaubende Auswahl – von Whisk(e)y über Rum bis zu Cognac und Brandy – lässt das Herz Pirouetten drehen.

Europa-Park-Straße 4+6
+49 7822 776688
europapark.de
Kategorie: Restaurantbar

Drinks:	**44** | 50
Ambiente:	**18** | 20
Service:	**18** | 20
Sortiment:	**9** | 10
Gesamt:	89 | 100

Simon Metzger | GRAFIKSTUEBLE.DE

Bar Eriksson 🍸🍸

77977 Rust

In der zum Erlebnishotel Krønasår gehörenden zweigeschoßigen Bar sind das Interieur wie auch die Getränkekarte dem Entdecker Grönlands gewidmet. Passend dazu gibt es hier neben Classics und Specials auch eine beachtliche Auswahl an Skandinaviens bekanntester Spirituose Aquavit. Jahrgangsraritäten trinkt man pur, Kultiges gemixt.

Roland-Mack-Ring 3
+49 7822 8605922
europapark.de
Kategorie: Hotelbar

Drinks:	**44** | 50
Ambiente:	**18** | 20
Service:	**18** | 20
Sortiment:	**9** | 10
Gesamt:	89 | 100

Eatrenalin 🍸🍸🍸🍸

77977 Rust

Dieser auf schwebenden Stühlen absolvierte Kulinarik-Parcours hebt Erlebnisgastronomie auf ein neues Level – kleine Adrenalinkicks im Glas wie auch auf den Tellern garantiert. Beim anschließenden Cool-down in der Bar kann man, einen High Ball oder Digestif in der Hand, den wilden Ritt Revue passieren lassen.

Roland-Mack-Ring 5
+49 7822 776677
eatrenalin.de
Kategorie: Restaurantbar

Drinks:	**48** | 50
Ambiente:	**19** | 20
Service:	**19** | 20
Sortiment:	**9** | 10
Gesamt:	95 | 100

MarkusGarscha.de

Spirit of St. Louis 🍸🍸

77977 Rust

Ist das noch eine Bar oder schon ein Abenteuerspielplatz für Erwachsene? Man darf sich jedenfalls nicht wundern, wenn man sich angesichts der schier unendlichen Auswahl an Whisk(e)y-Sorten und -Raritäten wie ein Kind im Süßigkeitenladen fühlt. Tipp: Zur Teatime gibt es frische Scones mit Clotted Cream und Marmelade.

Peter-Thumb-Straße 6
+49 7822 8605922
europapark.de
Kategorie: Hotelbar

Drinks:	**45** | 50
Ambiente:	**17** | 20
Service:	**18** | 20
Sortiment:	**9** | 10
Gesamt:	89 | 100

die BAR YYY

70178 Stuttgart

Das kleine Einmaleins der liquiden Freuden beherrscht man im Stuttgarter Westen aus dem Effeff. Betreiber Ralf Groher gehört zu den Spirituosen-Connaisseurs der alten Schule und kann sein Repertoire an Single Malts, Rum, Mezcal, Tequila und Ports mitternachtsformelgleich herunterdeklinieren. Die Atmosphäre ist relaxt.

Augustenstraße 81	Drinks:	45 | 50
+49 711 48988344	Ambiente:	18 | 20
bar-stuttgart.com	Service:	19 | 20
Kategorie: American Bar	Sortiment:	8 | 10
	Gesamt:	90 | 100

Eduard's YYY

70173 Stuttgart

Ob Shoppingpause, Spritz-Spritze oder Afterwork-Relax: Die zum Breuninger-Kosmos gehörende äußerst ästhetische Tages- und Cocktailbar lässt mit ihrem durchdachten Angebot an kleinen Snacks, delikaten Drinks und ausgewählten Spirituosen niemanden im Stich. Die Öffnungszeiten gehen weit über den Ladenschluss hinaus.

Sporerstraße 16	Drinks:	46 | 50
+49 711 2112201	Ambiente:	19 | 20
eduards-bar.de	Service:	18 | 20
Kategorie: American Bar	Sortiment:	8 | 10
	Gesamt:	91 | 100

Fou Fou YY

70182 Stuttgart

Kaum hat man sich in der geschmackvoll illuminierten, mondän-modernen Bar einen Platz erobert, schon steht Popcorn auf dem Tisch – mit Rosmarin gewürzt und so gut, dass man kaum die Finger davon lassen kann. Ähnliches bei den Drinks: Einer jagt den nächsten, denn die Fou-Fou-Crew versteht ihr Handwerk.

Leonhardstraße 13	Drinks:	44 | 50
+49 711 51891511	Ambiente:	19 | 20
bar-foufou.de	Service:	17 | 20
Kategorie: American Bar	Sortiment:	8 | 10
	Gesamt:	88 | 100

Hanky Panky YYY

70180 Stuttgart

»Make classics great again« lautet das Motto dieser mit viel Charme und Expertise geführten American Bar, zu deren Wesen kontinuierliche Klasse und eine gewisse Rezeptur-Etikette gehören. Neben Meilensteinen der Barkultur stehen auch sorgfältig ausgetüftelte Eigenkreationen auf der Karte, dazu gibt es kleine Snacks.

Sophienstraße 3	Drinks:	48 | 50
+49 711 40791161	Ambiente:	18 | 20
hanky-panky.net	Service:	19 | 20
Kategorie: American Bar	Sortiment:	9 | 10
	Gesamt:	94 | 100

High Fidelity

70182 Stuttgart

Bernd Kreis fokussiert sich in seiner Premium-Weinbar auf das, was er am besten kann: Glücksmomente schaffen. Der Ort erfüllt höchste Standards, sei es im Ohr, im Glas oder auf dem Teller, mittlerweile geht die Kulinarik weit über das Sanguchería-Konzept hinaus.
Schwerpunkt: Deutschland, international, Jahrgangstiefe

Brennerstraße 23	Weinangebot: **48** | 50
+49 711 2484330	Service **19** | 20
highfidelity.bar	Essen **19** | 20
Kategorie: Klassische Weinbar	Ambiente: **9** | 10
	Gesamt: 95 | 100

Holzmaler Bar

70182 Stuttgart

Hinter der schlichten Rauputzfassade mitten im Stuttgarter Rotlicht-Viertel vermutet man kaum eine der aufregendsten Bars der Stadt. Innen erschließt sich einem eine spannende Welt aus geschmackvollem Interieur im Stil verschiedener Epochen, classy Drinks und einem bunten Wandgemälde der Künstlerin Elin Doka.

Weberstraße 9	Drinks: **47** | 50
+49 1575 1185580	Ambiente: **18** | 20
holzmaler.de	Service: **18** | 20
Kategorie: American Bar	Sortiment: **8** | 10
	Gesamt: 91 | 100

Jigger & Spoon

70174 Stuttgart

Die in einem ehemaligen Tresor beheimatete Cocktailbar hat schon so manchen Genusssuchenden unter die Erde gebracht. Statt dicker Scheine stehen jetzt unbezahlbare Momente in Form von präzise kalibrierten Drinks im Fokus, unterstrichen von einer Atmosphäre, die man getrost als einzigartig bezeichnen kann.

Gymnasiumstraße 33	Drinks: **48** | 50
+49 711 21952260	Ambiente: **20** | 20
jiggerandspoon.de	Service: **18** | 20
Kategorie: American Bar	Sortiment: **9** | 10
	Gesamt: 95 | 100

L'Hommage

70182 Stuttgart

Mit Gespür für Gemütlichkeit und Talent zum Gastgebertum haben Deniz Sever und Claudia Jais aus der einstigen Bordellbar Leo 6 eine unprätentiöse Wein- und Feinkostbar erschaffen, in der jeder so sein darf, wie er mag. Zu feinen Tropfen gibt es Antipasti und Snacks.
Schwerpunkt: international

Leonhardstraße 6	Weinangebot: **48** | 50
+49 1522 8621303	Service **20** | 20
lhommage-stuttgart.de	Essen **19** | 20
Kategorie: Klassische Weinbar	Ambiente: **9** | 10
	Gesamt: 96 | 100

Le Petit Coq

70178 Stuttgart

Der Mythos der Roaring Twenties lebt – und in dieser charmant geführten Nostalgie-Bar hat er ein ganz besonders schönes Zuhause. Eine herrliche Parallelwelt mit elegantem Dekor und kleinen ästhetischen Einlagen in Form einer regelmäßig stattfindenden Burlesque-Show, die den Glamour der Goldenen Zwanziger zelebriert.

Hauptstätter Straße 59	Drinks:	**46** | 50
+49 152 33604352	Ambiente:	**19** | 20
lepetitcoq.de	Service:	**18** | 20
Kategorie: American Bar	Sortiment:	**8** | 10
	Gesamt:	91 | 100

o.T. Bar

70173 Stuttgart

Das Komplettpaket aus Tagescafé, Panoramarestaurant und im Erdgeschoß untergebrachter Espresso- bzw. Cocktailbar bringt reichlich kosmopolitisches Flair in die Location Kunstmuseum, sommers zusätzlich getoppt von der herrlichen Terrasse, auf der Aperol Spritz oder Gin Tonic gleich doppelt so gut schmecken.

Kleiner Schlossplatz 1	Drinks:	**43** | 50
+49 711 2804439	Ambiente:	**19** | 20
cube-restaurant.de	Service:	**18** | 20
Kategorie: Loungebar	Sortiment:	**8** | 10
	Gesamt:	88 | 100

Paul & George

70182 Stuttgart

Cocktails – von stark bis alkoholfrei – sind ein guter Grund für den Besuch der an Auswahl nicht gerade armen Bar, das von dunklem Holz, Backstein und Kupfer geprägte Ambiente ein weiterer. Wer auf der riesigen Getränkekarte nicht fündig wird, kann sich seine Lieblingsspirituose maßgeschneidert mixen lassen.

Weberstraße 3	Drinks:	**46** | 50
+49 711 72695181	Ambiente:	**18** | 20
paulandgeorge.de	Service:	**17** | 20
Kategorie: American Bar	Sortiment:	**8** | 10
	Gesamt:	89 | 100

San's Bistro & Weinbar

70173 Stuttgart

Fulminante »Vom Sandwichladen zur Weinbar«-Karriere, die in Stuttgart ihresgleichen sucht. Zu lokalen und internationalen Tropfen gesellen sich verschiedene Bruschette, Käse- und Antipasti-Platten, denn egal um welche Uhrzeit man hier startet: Der Abend ist noch jung.

Schwerpunkt: Deutschland, international

Kleiner Schlossplatz 13	Weinangebot:	**46** | 50
+49 711 4101118	Service	**18** | 20
sans-stuttgart.de	Essen	**17** | 20
Kategorie: Weinbistro	Ambiente:	**8** | 10
	Gesamt:	89 | 100

Sardine 🍷🍷🍷

70182 Stuttgart

Spaß im Glas meets Genuss aus der Dose: Klingt frugaler als es ist. Tatsächlich werden feinste Jahrgangssardinen mit knusprigem Baguette, knackigen Blattsalaten und allerlei Feinkostperlen serviert, dazu trinkt man sich quer durch Deutschland, Frankreich oder Portugal.
Schwerpunkt: Deutschland, Portugal

Esslinger Straße 6
+49 711 36087650
sardine-stuttgart.de
Kategorie: Weinbistro

Weinangebot:	**46** | 50
Service	**19** | 20
Essen	**18** | 20
Ambiente:	**9** | 10
Gesamt:	92 | 100

Schwarz Weiß Bar 🍸🍸🍸

70182 Stuttgart

Knud Scheibelts große Leidenschaft heißt Whisk(e)y, dem er mit über 250 Flaschen und eigenen Fassnachreifungen huldigt, außerdem ist er Brand Ambassador der Scotch Malt Whisky Society. Selbstverständlich darf man aber auch als Gin-, Rum- oder Mezcal-Fan seine liebevoll bespielten 28 Quadratmeter betreten.

Wilhelmstraße 8a
+49 171 1288288
schwarz-weiss-bar.de
Kategorie: American Bar

Drinks:	**47** | 50
Ambiente:	**18** | 20
Service:	**18** | 20
Sortiment:	**9** | 10
Gesamt:	92 | 100

Sitt Wein 🍷🍷🍷

70178 Stuttgart

Der berühmten Qual der Wahl ein Schnippchen schlagen: In dieser Kreuzung aus Weinbar und -handel klappt das ganz bestimmt. Frei nach dem Schlaraffenland-Prinzip kann man sich per Knopfdruck über 100 Weine in Probierschluck-, Feierabend- oder Partygröße selbst zapfen.
Schwerpunkt: international

Tübinger Straße 91
+49 711 50475890
sitt-wein.de
Kategorie: Weinbar in Vinothek

Weinangebot:	**47** | 50
Service	**18** | 20
Essen	**18** | 20
Ambiente:	**7** | 10
Gesamt:	90 | 100

Spelunkerei 🍷🍷🍷

70327 Stuttgart

Kleines Wohlfühl-Juwel mit uriger Einrichtung und authentisch gelebten Werten. Zur Wirtshausküche 2.0 – behutsam modernisierte Spezialitäten der schwäbischen Küche – gesellt sich eine ausgezeichnete, hipsterfreie Weinkarte mit Fokus auf Deutschland und die Region.
Schwerpunkt: Deutschland

Wolfeggstraße 2	Weinangebot: **47** I 50
+49 178 6014336	Service **19** I 20
spelunke-stuttgart.de	Essen **19** I 20
Kategorie: Weinbar im Restaurant	Ambiente: **8** I 10
	Gesamt: 93 I 100

TA OS 🍷🍷🍷

70173 Stuttgart

Vollblutgastronom Alexander Dohnt zeigt Respekt vor alten Werten, lässt Lausterer-Klassiker wie das kurz angebratene Beef Tatar oder handgeschabte Spätzle auf der Karte, ergänzt um eine persönlich kuratierte Weinkarte, die mit allen Wassern gewaschen ist.
Schwerpunkt: Deutschland

Bärenstraße 3	Weinangebot: **46** I 50
+49 711 242380	Service **18** I 20
ta-os-weinbar.de	Essen **18** I 20
Kategorie: Weinbar im Restaurant	Ambiente: **9** I 10
	Gesamt: 91 I 100

Walther 🍷🍷🍷

70173 Stuttgart

Der Laden ist nach dem Dackel eines der beiden Inhaber benannt. Entsprechend persönlich geht es auch im Service zu, man fühlt sich bei Kaffee mit süßen oder Sprudel mit pikanten Snacks gleichermaßen bestens aufgehoben. Eine echte City-Oase mit nettem Außenbereich.
Schwerpunkt: Deutschland, Frankreich, Italien

Calwer Straße 64	Weinangebot: **47** I 50
+49 151 41419227	Service **18** I 20
waltherweinhaus.de	Essen **18** I 20
Kategorie: Weinbistro	Ambiente: **8** I 10
	Gesamt: 91 I 100

Weinhaus Stetter 🍷🍷🍷

70182 Stuttgart

Die historische Ausschanktheke hat schon so manches große Gewächs gesehen und wird nach wie vor mit allerlei Preziosen aus Stuttgarts ältester Weinhandlung bestückt. Vom süffigen Gutswein bis zur Rarität ist alles dabei, dazu gibt es Viertele von über 40 offenen Weinen.
Schwerpunkt: regional, international, Deutschland

Rosenstraße 32	Weinangebot: **47** I 50
+49 711 240163	Service **18** I 20
weinhaus-stetter.de	Essen **19** I 20
Kategorie: Weinbar im Restaurant	Ambiente: **8** I 10
	Gesamt: 92 I 100

Bartista

72070 Tübingen

Mit »grande passione« und smarten Ideen hat Gaetano Randone seine kleine Bar zu einer der besten des Landes gemacht. Neben exzellenten Drinks gibt es mittlerweile auch eine liebevoll kuratierte Speisekarte mit authentischem Streetfood, das der sympathische Barkeeper-Gastronom von italienischen Märkten importiert.

Kirchgasse 19	Drinks:	46 | 50
+49 7071 9898919	Ambiente:	19 | 20
bartista.de	Service:	19 | 20
Kategorie: Loungebar	Sortiment:	9 | 10
	Gesamt:	93 | 100

Liquid Kelter

72070 Tübingen

In dem äußerst geschmackvoll gestalteten, denkmalgeschützten Fachwerkhaus sind sowohl ein Restaurant als auch eine Bar untergebracht. Eine Win-win-Situation! Zum einen fallen die ausgezeichneten Drinks hier nun wirklich nicht auf leeren Magen, umgekehrt kann man sich zwischen den Gängen immer mal wieder erfrischen.

Schmiedtorstraße 17	Drinks:	44 | 50
+49 7071 551196	Ambiente:	18 | 20
liquid-kelter.de	Service:	19 | 20
Kategorie: American Bar	Sortiment:	8 | 10
	Gesamt:	89 | 100

Blaupause

89073 Ulm

Hier wird nichts kopiert, höchstens reproduziert und manchmal sogar perfektioniert. Klassiker wie Sours, Smashs und Punchs überraschen mit fulminanter, neuer Schlagkraft, etwa durch den wohldosierten Einsatz von heimischer Quitte oder hausgemachtem Tannenspitzensirup. Dazu eine hübsche Gin-&-Tonic-Karte.

Neue Straße 43	Drinks:	45 | 50
+49 731 9691824	Ambiente:	17 | 20
	Service:	17 | 20
Kategorie: Loungebar	Sortiment:	9 | 10
	Gesamt:	88 | 100

Mudita

89073 Ulm

Alchemie oder Mixologie? Im Zweifelsfall beides, denn was das Team der Ulmer Musik- und Cocktailbar aus scheinbar einfachen Rohstoffen zaubert, darf man durchaus als liquides Gold bezeichnen. Nicht zu vergessen das bereits im Namen steckende Multiplikationsversprechen: Freude verdoppelt sich, wenn man sie teilt.

Neue Straße 100	Drinks:	46 | 50
+49 176 13055132	Ambiente:	18 | 20
mudita-bar.de	Service:	18 | 20
Kategorie: American Bar	Sortiment:	8 | 10
	Gesamt:	90 | 100

Rosebottel 🍸🍸🍸

89073 Ulm

Der Untertitel »Limonadenmanufaktur« verrät es bereits: In dieser traumhaft schönen Nostalgie-Bar ist vom Tonic bis zum Ginger Ale so gut wie alles haus- bzw. handgemacht. Das Ergebnis: maßgeschneiderte Drinks oder auch Haute Couture im Glas aus 100 Prozent natürlichen Zutaten und teils selbst hergestellten Spirituosen.

Zeitblomstraße 21
+49 731 80269425
rosebottel.de
Kategorie: American Bar

Drinks:	**46** | 50
Ambiente:	**18** | 20
Service:	**19** | 20
Sortiment:	**9** | 10
Gesamt:	92 | 100

BAYERN

Dead End 🍸🍸

63739 Aschaffenburg

Für Whisk(e)y-Fans ist hier definitiv kein »Dead End«. Eine echte Entdeckung und seit Jahren schon ein preisgekrönter Geheimtipp. Über 500 Whisk(e)ys warten darauf, verkostet zu werden – hier gehört Fachsimpeln bei Rock- und Blues-Musik selbstverständlich dazu, genauso wie der hauseigene Whisk(e)y-Club und deftiges Barfood.

Kolbornstraße 5
+49 6021 362755
deadend.de
Kategorie: American Bar

Drinks:	**43** | 50
Ambiente:	**17** | 20
Service:	**19** | 20
Sortiment:	**10** | 10
Gesamt:	89 | 100

3M Bar im Maximilian's 🍸🍸🍸 86150 Augsburg

Die 3M Bar ist der selbst ernannte »Place to be« im Augsburger Hotel Maximilian's. Hier spannt man den Spagat zwischen klassischen Anleihen und namensgebenden Größen wie Mozart oder Casanova für die Signature Drinks und urbanem Ambiente für ausgefallene Cocktail-Kreationen. Auch das Barfood ist gut und lohnt sich.

Maximilianstraße 40
+49 821 5036655
bar3m.de
Kategorie: Hotelbar

Drinks:	**46** | 50
Ambiente:	**18** | 20
Service:	**18** | 20
Sortiment:	**8** | 10
Gesamt:	90 | 100

Golden Glimmer Bar 🍸🍸 86152 Augsburg

Mittels (Bar-)Drinks über Kultur erzählen, das möchte die Golden Glimmer Bar, bzw. sie nimmt sich Ernest Hemingways Liebe zur Barkultur als Vorbild. Saisonale Drinks, neu interpretierte Klassiker wie der »Poet and the Alchemist« oder Eigenkreationen wie der »Bitchroot« entstehen bis ins Detail aus besten und hausgemachten Zutaten.

Schmiedberg 3

goldenglimmer.de
Kategorie: Loungebar

Drinks:	**45** | 50
Ambiente:	**18** | 20
Service:	**18** | 20
Sortiment:	**8** | 10
Gesamt:	89 | 100

Kork Genuss 🍷🍷

86152 Augsburg

Persönliche Empfehlungen und eine wohlkuratierte Auswahl sind für Steffen Haase in seiner Weinbar selbstverständlich Teil des Konzepts. Hier genießt man die entspannte Atmosphäre und trifft andere (Wein-) Genießer auf den einen oder anderen Plausch. Gute Verkostungen!
Schwerpunkt: Deutschland, Italien, Österreich

Auf dem Kreuz 8
+49 172 8205636
kork-genuss.de
Kategorie: Klassische Weinbar

Weinangebot:	**44** I 50
Service	**18** I 20
Essen	**17** I 20
Ambiente:	**8** I 10
Gesamt:	87 I 100

Eisvogel Bar 🍸🍸🍸

93333 Bad Gögging

Die Eisvogel Bar in Bad Gögging bei Neustadt an der Donau gehört zum gleichnamigen Hotel, ist aber auch ein beliebter Treffpunkt für gesellige Abende, Cocktail-Kurse, Tastings und Feiern. Barkeeper René und sein Team kümmern sich professionell und herzlich um die Gäste und die handwerklich sehr gut gemachten Drinks!

An der Abens 20
+49 9445 969448
hotel-eisvogel.de
Kategorie: Hotelbar

Drinks:	**47** I 50
Ambiente:	**19** I 20
Service:	**18** I 20
Sortiment:	**8** I 10
Gesamt:	92 I 100

Das schwarze Schaf 🍸🍸🍸

96049 Bamberg

Richtig gute Drinks, Cocktail-Kurse oder Tastings – und all das in cooler Atmosphäre: Dieses schwarze Schaf ist durchaus vorzeigbar. Auch regionale Zutaten finden ihre Rolle in den innovativen Drinks, die in Wohnzimmeratmosphäre serviert werden. Tipp: die Mezcal-Drinks und die aktuellen Empfehlungen des netten Teams!

Schranne 7
+49 1511 0251689
dasschwarzeschafbamberg.de
Kategorie: Loungebar

Drinks:	**47** I 50
Ambiente:	**18** I 20
Service:	**19** I 20
Sortiment:	**9** I 10
Gesamt:	93 I 100

Eastend

96052 Bamberg

Der Name verrät es: Im Osten Bambergs liegt dieser Spot für exklusive Drinks, Tastings und Events. Die Macher des Schwarzen Schaf stehen mit ihrer Philosophie und den handwerklich perfekt gemachten Cocktails wie dem »Six-One-Nine« für Qualität und Innovation. Dazu gefällt die chic-urbane Atmosphäre im Eastend.

Zollnerstraße 36
+49 951 18084730
eastend-bamberg.de
Kategorie: Loungebar

Drinks:	**46** | 50
Ambiente:	**18** | 20
Service:	**18** | 20
Sortiment:	**8** | 10
Gesamt:	90 | 100

Weinraum

85221 Dachau

Im kleinen Weinraum ist mediterrane Küche ganz groß. Köstliche Trüffelpasta, Carpaccio oder Steinbutt werden hier in heimeliger Atmosphäre von ausgesuchten Weinen aus Italien und Österreich begleitet. Selbstverständlich sind diese auch für zu Hause zu erwerben.
Schwerpunkt: Italien, Österreich

Klosterstraße 1a
+49 8131 3183874
weinraum-dachau.de
Kategorie: Weinbar im Restaurant

Weinangebot:	**46** | 50
Service	**18** | 20
Essen	**18** | 20
Ambiente:	**8** | 10
Gesamt:	90 | 100

Miller

84307 Eggenfelden

Aus einer Weinlaune entstanden und dann zum Glück konsequent umgesetzt: ein schöner, entspannter Ort in Eggenfelden für Wein-Genießer und ein bisschen Dolce Vita mitten in Bayern. Dazu gibt es unkomplizierte Snacks, netten Service und gute Musik. Ein guter Wein-Ort!
Schwerpunkt: international, Deutschland

Stadtplatz 7
+49 8721 1271084
miller.bar
Kategorie: Klassische Weinbar

Weinangebot:	**44** | 50
Service	**18** | 20
Essen	**17** | 20
Ambiente:	**8** | 10
Gesamt:	87 | 100

L'angolo Caffè & Vino Bar 🍷🍷

89257 Illertissen

Espresso, Aperitivo, Vino, Prosecco – Marco Arduini betreibt die perfekte italienische Bar in Illertissen, die ein beliebter Treffpunkt auf dem Marktplatz ist. Auch die italienischen Snacks wie Pinsa sind köstlich und genau so, wie sie sein sollen: mit viel Italien-Feeling!
Schwerpunkt: Italien

Hauptstraße 11
+49 7303 1596740

Kategorie: Klassische Weinbar

Weinangebot:	**44** | 50
Service	**18** | 20
Essen	**18** | 20
Ambiente:	**8** | 10
Gesamt:	88 | 100

Weinraum 🍷🍷🍷

85049 Ingolstadt

Wechselnde Weine im offenen Ausschank, Raritäten, Entdeckungen für den eigenen Weinkeller aus aller Welt: Helga und Markus Munz haben für jeden Wein-Liebhaber ein »perfect match«. Dazu gibt es Snacks, Käsefondue, Austern oder Schokolade. Ein Rundum-Genusserlebnis!
Schwerpunkt: Deutschland, Österreich, international

Bei der Schleifmühle 24
+49 841 12814634
weinraum-ingolstadt.de
Kategorie: Klassische Weinbar

Weinangebot:	**48** | 50
Service	**19** | 20
Essen	**17** | 20
Ambiente:	**8** | 10
Gesamt:	92 | 100

Weinschmecker 🍷🍷🍷

85049 Ingolstadt

In dieser Vinothek kauft man bestens beraten ein, und es verweilt sich auch gut für ein Verkostungsglas, hervorragende Antipasti oder feine Pasta. Degustationen, Seminare und das eine oder andere Weinfest runden die Erlebniswelt für »Weinschmecker« ab und machen Spaß.
Schwerpunkt: Deutschland, international

Friedrichshofener Straße 1
+49 841 99397901
weinschmecker-ingolstadt.de
Kategorie: Klassische Weinbar

Weinangebot:	**47** I 50
Service	**18** I 20
Essen	**18** I 20
Ambiente:	**9** I 10
Gesamt:	92 I 100

Apero 🍷🍷

85551 Kirchheim bei München

Ein unkomplizierter Treffpunkt zum Ratschen mit Freunden oder Kollegen, Kaffeetrinken, um den Abend einzuläuten und dann länger zu bleiben, weil es so schön ist. Köstliche hausgemachte Kuchen, ausgesuchte Weine, Spritz und Drinks wie Negroni: Hier ist alles möglich.
Schwerpunkt: Italien, Deutschland

Münchner Straße 1
+49 89 99979797
apero-kirchheim.de
Kategorie: Klassische Weinbar

Weinangebot:	**46** I 50
Service	**18** I 20
Essen	**17** I 20
Ambiente:	**8** I 10
Gesamt:	89 I 100

Portucalis 🍷🍷

84028 Landshut

Weinbar und Laden sind immer eine gute Kombination – egal, ob man beim Einkehren inspiriert werden oder beim Einkaufen schon mal vorverkosten möchte. Der Name verrät es: Hier in der Kirchgasse dreht sich alles um Weine aus Portugal, von Alentejo bis Douro-Tal!
Schwerpunkt: Portugal

Kirchgasse 229
+49 871 27549000
portucalis.de
Kategorie: Weinbistro

Weinangebot:	**44** I 50
Service	**18** I 20
Essen	**17** I 20
Ambiente:	**8** I 10
Gesamt:	87 I 100

Auroom

80469 München

Der Auroom ist ein Klassiker unter den Bars in München. Seit 2010 gehen hier kreative Drinks über den Tresen. Damit hat der eine oder andere schon seine Jugend mitten im Glockenbachviertel verbracht. Das Team spielt gerne mit aromatischen und außergewöhnlichen Zutaten – vom »Snickers Martini« bis zur Zitronengrasinfusion.

Hans-Sachs-Straße 20
+49 89 20009090
auroom.de
Kategorie: American Bar

Drinks:	**47** | 50
Ambiente:	**18** | 20
Service:	**17** | 20
Sortiment:	**8** | 10
Gesamt:	90 | 100

Avin

80469 München

Das Avin versteht sich als eine Mischung aus Weinbar und Restaurant. Aus der kleinen Küche kommen durchaus feine Happen als Tapas. In die Hände des Teams begibt man sich beim »Waiter's Choice«-Menü zum Teilen, und natürlich auch bei der gut durchmischten Weinauswahl.
Schwerpunkt: international

Am Glockenbach 8
+49 89 28940791
avin.restaurant
Kategorie: Klassische Weinbar

Weinangebot:	**47** | 50
Service	**18** | 20
Essen	**18** | 20
Ambiente:	**8** | 10
Gesamt:	91 | 100

Bar Mural

80333 München

Die Bar Mural besticht nicht nur durch den wunderschönen großen Kupfertresen. Auch die Weinkarte sorgt für Glänzen in den Augen der Liebhaber von Naturweinen und außergewöhnlichen Entdeckungen. Sehr gute Brotzeiten und das eine oder andere saisonal wechselnde Gericht.
Schwerpunkt: Raw/Natural Wine

Theresienstraße 1
+49 89 27373380
barmural.com
Kategorie: Weinbar im Restaurant

Weinangebot:	**45** | 50
Service	**17** | 20
Essen	**18** | 20
Ambiente:	**8** | 10
Gesamt:	88 | 100

Barroom

81667 München

Der Barroom ist klein (die wohl kleinste Bar in München), klassisch im Vintage-Feeling gestaltet und vom Chef Emanuele Ingusci auf Rum spezialisiert. Hier lässt sich bestens eine Weltreise mittels Rum-Cocktails unternehmen, die intime Atmosphäre genießen und nebenbei noch einiges über die vielseitige Spirituose erfahren.

Milchstraße 17
+49 89 44142762
barroom-muenchen.de
Kategorie: American Bar

Drinks:	**47** | 50
Ambiente:	**19** | 20
Service:	**19** | 20
Sortiment:	**8** | 10
Gesamt:	93 | 100

Blaue Libelle

80469 München

In der großen Weinkarte der Blauen Libelle kann man sich leicht verlieren. Zum Glück hilft das Team im immer gut besuchten Restaurant gerne weiter. Zum Wein wird wirklich gute neapolitanische Pizza und der eine oder andere mediterrane Snack wie Fritto misto serviert.
Schwerpunkt: Frankreich, international

Hans-Sachs-Straße 3	Weinangebot:	**48** | 50
	Service	**18** | 20
blauelibelle.de	Essen	**17** | 20
Kategorie: Weinbar im Restaurant	Ambiente:	**9** | 10
	Gesamt:	92 | 100

Boilerman

80335 München

Die 25hours Hotels sind immer ungewöhnlich, bunt und kreativ gestaltet, so auch die Boilerman Bar im Hotel direkt am Hauptbahnhof. Ein großer Fokus liegt auf Highballs, die allesamt unkompliziert und schön frisch daherkommen. Auch Wein, klassische Drinks oder Tiki-Cocktails werden hier professionell ins Glas gebracht.

Bahnhofplatz 1	Drinks:	**47** | 50
+49 89 9040010	Ambiente:	**19** | 20
boilerman-muenchen.de	Service:	**18** | 20
Kategorie: Hotelbar	Sortiment:	**8** | 10
	Gesamt:	92 | 100

Call Soul

80802 München

Die Breaking Bar ist natürlich eine Referenz auf Breaking Bad – aber nicht nur Fans der Serie werden hier bestens unterhalten. Die detailverliebten Drinks geizen in ihrer Präsentation nicht mit Show-Effekten, Labor-Equipment und einem Augenzwinkern. Einzigartig und definitiv ein erlebnisreicher Hotspot für Drinks!

Biedersteiner Straße 6	Drinks:	**48** | 50
+49 174 9201674	Ambiente:	**19** | 20
callsoul-breakingbar.de	Service:	**18** | 20
Kategorie: Restaurantbar	Sortiment:	**9** | 10
	Gesamt:	94 | 100

Champagne Characters

80339 München

Die Champagner-Boutique am Alten Messeplatz hat als Tagesbar stets einige Champagner im offenen Ausschank, und natürlich lässt sich der Einkauf auch direkt vor Ort gemeinsam verkosten. Mit kleinen Tischchen, Vintage-Sofas und Sonne auf dem Trottoir ein besonderer Ort.
Schwerpunkt: Champagner

Alter Messeplatz 6	Weinangebot:	**49** | 50
+49 89 51996899	Service	**18** | 20
champagne-characters.com	Essen	**14** | 20
Kategorie: Champagner-Bar	Ambiente:	**8** | 10
	Gesamt:	89 | 100

Charlatan Bar

81675 München

Die Charlatan Bar ist neu und außergewöhnlich. Das Team im roten Kittel serviert vor grellgelb gekachelten Wänden ausgetüftelte Drinks in Tradition der hervorragenden, geschlossenen Ménage-Bar. Dazu: Endlich mal Boazn-Gemütlichkeit wie früher im Schwarzen Dackel – statt viel Schickimicki.

Einsteinstraße 50	Drinks:	45 | 50
	Ambiente:	17 | 20
	Service:	19 | 20
Kategorie: Loungebar	Sortiment:	7 | 10
	Gesamt:	88 | 100

Cœur

80333 München

Am schönen hohen Raum des Cœur mit gold schillernden Wänden und der großen weißen Leuchte kann man sich als Gast kaum sattsehen – aber auch draußen sitzt man toll (und überdacht). Fede kocht einfach herrlich und mediterran, die Drinks sind vom Team des Trisoux entwickelt und haben entsprechend Klasse. Lieblingsort!

Theresienstraße 38	Drinks:	46 | 50
+49 1522 1432938	Ambiente:	19 | 20
	Service:	18 | 20
Kategorie: Loungebar	Sortiment:	8 | 10
	Gesamt:	91 | 100

Dallmayr Bar & Grill

80331 München

Egal, ob eine Auszeit vom Innenstadt-Shopping, beim Einkauf im Dallmayr-Delikatessenhaus, zum Lunch oder vor dem Dinner im Alois Restaurant im ersten Stock: Der Tresen im Dallmayr Bar & Grill ist mit seiner tollen Atmosphäre immer für ein Glas Champagner und ein paar frische Austern mit klassischem Pumpernickel-Brot gut!

Dienerstraße 14–15	Drinks:	44 | 50
+49 89 2135	Ambiente:	18 | 20
dallmayr.com	Service:	18 | 20
Kategorie: Restaurantbar	Sortiment:	9 | 10
	Gesamt:	89 | 100

Das Weinheim

80796 München

Das Weinheim bietet interessierten Wein-Liebhabern einen entspannten Rahmen zum Essen, Trinken, Feiern und Verkosten von Wein-Entdeckungen und Klassikern. Die Wein-Auswahl wechselt regelmäßig, außerdem werden Probierkisten verkauft. Das Essen dazu: gut und bodenständig.
Schwerpunkt: Österreich, Deutschland

Bauerstraße 2	Weinangebot:	46 | 50
+49 89 92655381	Service	18 | 20
dasweinheim.de	Essen	17 | 20
Kategorie: Weinbistro	Ambiente:	8 | 10
	Gesamt:	89 | 100

Deck 21 🍸

80809 München

Ziemlich einmalig ist diese erhöhte Bar im Olympiapark – mit Rundumblick auf die ikonische olympische Architektur von 1972. Laue Sommerabende versprechen »Better days on the Olympic rooftop« und halten das auch. Longdrinks, Wein und Barfood untermalen hier die schönsten Sonnenuntergänge in ganz besonderer Atmosphäre.

Olympiapark, Hans-Jochen-Vogel-Platz	Drinks:	**43** I 50
	Ambiente:	**18** I 20
coubertin-olympiapark.de	Service:	**16** I 20
Kategorie: American Bar	Sortiment:	**7** I 10
	Gesamt:	84 I 100

Die goldene Bar 🍸🍸🍸

80538 München

Die goldene Bar im Haus der Kunst ist zugleich Institution und Statement. Klaus Rainer hat hinter seinem Tresen viele Bar-Talente ausgebildet, und die historischen Wände am Tor zum Englischen Garten erzählen Geschichte. Die große Terrasse ist im Sommer ein echtes Highlight – auch für guten Kaffee, Snacks und Sundowner.

Prinzregentenstraße 1	Drinks:	**48** I 50
+49 89 54804777	Ambiente:	**19** I 20
goldenebar.de	Service:	**18** I 20
Kategorie: American Bar	Sortiment:	**9** I 10
	Gesamt:	94 I 100

Dizzy Daisy 🍷🍷

80337 München

Im Dizzy Daisy geht es locker und unkompliziert zu. Den gemütlichen, einfach eingerichteten Raum mit Tresen kann man auch für private Feiern mieten. Die Weinkarte ist übersichtlich kuratiert, aber groß genug, dass für jeden etwas dabei ist. Easy sind auch die Snacks.
Schwerpunkt: international

Thalkirchner Straße 10	Weinangebot:	**44** I 50
+49 89 23021645	Service	**18** I 20
dizzy-daisy.de	Essen	**16** I 20
Kategorie: Weinbistro	Ambiente:	**9** I 10
	Gesamt:	87 I 100

Drunken Cow 🍸🍸🍸

80333 München

Ins Drunken Cow pilgern viele Gäste wegen der saftigen, abwechslungsreichen Burger, aber auch die Drinks können sich sehen lassen. Die Cocktail-Karte präsentiert viele Eigenkreationen von Aperitif wie Limonata mit hausgemachtem Limoncello bis zu den DC House Cocktails wie das »Maxvorstadtveilchen« mit Pisco und Lillet.

Gabelsbergerstraße 58	Drinks:	**48** I 50
+49 89 54356230	Ambiente:	**17** I 20
drunkencow.de	Service:	**18** I 20
Kategorie: Restaurantbar	Sortiment:	**8** I 10
	Gesamt:	91 I 100

Eduard's Bar 🍸🍸🍸

80331 München

Das Eduard's im Breuninger bietet mitten in der Sendlinger Straße eine schöne Möglichkeit, beim Shoppen eine Pause einzulegen, sich in der Tagesbar zu stärken oder für einen Afterwork-Drink zu verabreden. Frühstück, Smoothies, Cocktail-Klassiker oder Drinks wie der »Fleur Royal« mit Eduard Breuninger Gin: You name it!

Sendlinger Straße 3
+49 89 244422520
e-breuninger.de
Kategorie: Hotelbar

Drinks:	**45** I 50
Ambiente:	**18** I 20
Service:	**19** I 20
Sortiment:	**8** I 10
Gesamt:	90 I 100

Falk's Bar 🍸🍸🍸

80333 München

Die Schritte durch die Lobby des Bayerischen Hofs haben immer etwas erwartungsvolles, bevor man an der exponierten Falk's Bar im ikonischen Saal Platz nimmt. Historischer Charme und ein Schritt in die luxuriöse Moderne, dafür stehen die Drinks in dem Münchner Luxushotel. Wer an dem schönen Tresen wohl schon alles saß?

Promenadeplatz 2–6
+49 89 2120956
bayerischerhof.de
Kategorie: Hotelbar

Drinks:	**47** I 50
Ambiente:	**19** I 20
Service:	**18** I 20
Sortiment:	**9** I 10
Gesamt:	93 I 100

Fitzroy Rooftop Bar 🍸🍸🍸

81671 München

»Just grab a seat« in der Fitzroy Bar im Adina Hotel im Werksviertel – mit Rundumblick auf München, den man wahlweise von der verglasten Indoor-Bar oder dem spektakulären Rooftop aus genießt. Entspannt, locker und mit sonnigem Gemüt agiert das nette Team ganz nach australischem Vorbild. Auch Snacks zu den Drinks gibt es selbstverständlich!

Atelierstraße 22
+49 89 2555519660
fitzroy-munich.de
Kategorie: Hotelbar

Drinks:	**46** I 50
Ambiente:	**19** I 20
Service:	**18** I 20
Sortiment:	**8** I 10
Gesamt:	91 I 100

Frank 🍷🍷🍷

80333 München

In der Münchner Residenz, mit beliebter Terrasse an der Feldherrnhalle auf dem Odeonsplatz, sitzt man hervorragend: Candy und Felix haben aus der Weinbar einen tollen Ort mit fabelhafter (regionaler respektive fränkischer) Wein-Auswahl gemacht. Kulinarisch passt es auch.
Schwerpunkt: Deutschland

Residenzstraße 1
+49 89 23237492
frank-weinbar.com
Kategorie: Weinbistro

Weinangebot:	**47** I 50
Service	**18** I 20
Essen	**18** I 20
Ambiente:	**8** I 10
Gesamt:	91 I 100

Gabányi 🍸🍸🍸

80336 München

Stefan Gabányi und seine Bar sind Ikonen, in München und darüber hinaus. In der gemütlichen Lounge im Souterrain bewirtet das Top-Team seine Gäste wohlkuratiert, immer entspannt und qualitativ makellos: Alles ist ein Statement. Wer schlau ist, isst hier (auch spät nachts), Gulasch und Co. schmecken nämlich köstlich.

Beethovenplatz 2	Drinks:	48 | 50
+49 89 51701805	Ambiente:	18 | 20
bar-gabanyi.de	Service:	17 | 20
Kategorie: American Bar	Sortiment:	9 | 10
	Gesamt:	92 | 100

Garibaldi Marienplatz 🍷🍷🍷

80331 München

Garibaldi ist in erster Linie als Weinhandel mit mehreren Läden in München bekannt. Aber auch offene Weine »by the glass« gibt es hier, mitten in der Münchner Altstadt. Eine gute Gelegenheit für einen Stopp. Und eine gut ausgesuchte Flasche für den Abend findet sich auch.
Schwerpunkt: Deutschland, Italien, international

Burgstraße 2	Weinangebot:	47 | 50
+49 89 21667816	Service	17 | 20
garibaldi.de	Essen	18 | 20
Kategorie: Weinbar in Vinothek	Ambiente:	9 | 10
	Gesamt:	91 | 100

Garçon 🍸🍸

80469 München

Das Garçon ist etwas für Kenner und Genießer, für Minimalisten und Bar-Enthusiasten, für alle, die den Drink dem Tamtam vorziehen. Im schlichten, unauffälligen Raum in einer Seitenstraße hinter dem Viktualienmarkt ist man toll aufgehoben für eine Drink-Entdeckung, ein Glas Wein und ein gutes Gespräch in intimer Atmosphäre.

Utzschneiderstraße 4	Drinks:	45 | 50
	Ambiente:	18 | 20
bar-garcon.de	Service:	18 | 20
Kategorie: American Bar	Sortiment:	8 | 10
	Gesamt:	89 | 100

Grapes 🍷🍷🍷

80331 München

Bernd Großschädel und das ganze Team im Grapes machen die Bar im Cortiina Hotel noch ein Stückchen mehr zu einer guten Adresse. Die große Weinkarte ist abwechslungsreich, hat Rares ebenso wie Überraschungen parat. Risotto, Flammkuchen und Co. sind super. Rundum gelungen.
Schwerpunkt: Deutschland

Ledererstraße 8	Weinangebot:	49 | 50
+49 89 242249504	Service	19 | 20
grapes-weinbar.de	Essen	17 | 20
Kategorie: Weinbar im Restaurant	Ambiente:	9 | 10
	Gesamt:	94 | 100

Griabig

80331 München

Urig, angenehm und urgemütlich will diese zünftige Weinbar im Herzen der Stadt sein, was schon der Name verspricht. Und dieses Versprechen wird eingelöst. Hemdsärmelig und angenehm unprätentiös werden hier wohlkuratierte Weine von typischen bayrischen Brotzeiten begleitet.
Schwerpunkt: Deutschland

Bräuhausstraße 8	Weinangebot:	**47** | 50
+49 89 23239323	Service	**19** | 20
das-griabig.de	Essen	**19** | 20
Kategorie: Weinbistro	Ambiente:	**9** | 10
	Gesamt:	94 | 100

Gürmet

80331 München

An ihrem Stand auf dem Viktualienmarkt verkaufen Sarah und Mete nicht nur handverlesene Weine aus der Türkei und Deutschland, sie bieten dazu auch noch ganz köstliche Kleinigkeiten zum Essen an. Außerdem lohnt es sich, einen Blick auf die Verkostungstermine zu werfen.
Schwerpunkt: international

Viktualienmarkt, Laden Nr. 9, Abt. VI	Weinangebot:	**48** | 50
+49 89 93094877	Service	**18** | 20
gürmet.de	Essen	**18** | 20
Kategorie: Weinbistro	Ambiente:	**9** | 10
	Gesamt:	93 | 100

Herzog

80333 München

Das Herzog ist ein It-Place, das gilt für das Publikum genauso wie für die ambitionierte Küche und die Drinks des hochklassigen Barteams. Schon der Aperitivo macht hier an der Bar oder auf der großen Terrasse Spaß, weiter geht es mit einem Signature Cocktail oder erfrischenden Highball. Auch die Wein-Auswahl ist gut.

Maxburgstraße 4	Drinks:	**46** | 50
+49 89 29161029	Ambiente:	**18** | 20
herzog.bar	Service:	**18** | 20
Kategorie: Restaurantbar	Sortiment:	**9** | 10
	Gesamt:	91 | 100

Isarbar

80335 München

Die schlichte Bar im goldenen Gewand im Sofitel ist immer noch ein relativer Insider-Ort, obwohl das Luxushotel schon lange etabliert ist. Eine gute Zuflucht direkt neben dem Hauptbahnhof für Wartende, für einen schnellen Drink nach der Shopping-Tour oder für einen entspannten Abend in internationaler Atmosphäre.

Bayerstraße 12
+49 89 599480
sofitel-munich.com
Kategorie: Hotelbar

Drinks:	**46** I 50
Ambiente:	**18** I 20
Service:	**18** I 20
Sortiment:	**8** I 10
Gesamt:	90 I 100

Jahreszeiten Bar

80539 München

Opulent, stilvoll und gediegen empfängt die noch recht frisch renovierte Jahreszeiten Bar im Kempinski Hotel ihre Gäste. Beste Voraussetzungen für Barchef Aleksandar Vujin, um mit seinen Signature Drinks zu begeistern. Tipp: Unbedingt den Truffle Negroni probieren – und das exquisite Barfood nicht vergessen!

Maximilianstraße 17
+49 89 21251745
kempinski.com
Kategorie: Hotelbar

Drinks:	**48** I 50
Ambiente:	**19** I 20
Service:	**19** I 20
Sortiment:	**9** I 10
Gesamt:	95 I 100

James T. Hunt

80799 München

Im quirligen Uni-Viertel sitzt man beim James T. Hunt mitten im Geschehen, auf dem Gehweg auch an kleinen Tischchen. Der namensgebende Formel-1-Weltmeister hätte sich sicher in der modern-lässigen, schlichten Bar wohlgefühlt, in der unkomplizierte Highballs, Klassiker, Weine, Pizza und Pasta über den Tresen gehen.

Schellingstraße 32
+49 89 27373038
jameshuntbar.com
Kategorie: Loungebar

Drinks:	**44** I 50
Ambiente:	**18** I 20
Service:	**17** I 20
Sortiment:	**8** I 10
Gesamt:	87 I 100

Josefa

80331 München

Das Platzl Hotel schafft einen guten Spagat zwischen Gemütlichkeit und Urbanität, Stil und Lokalkolorit. So ist das auch in der hauseigenen Bar Josefa, in der die Drinks und Zutaten den lokalen Bezug stolz präsentieren, aber auch nicht zu streng damit sind. Für einen entspannten Zwischenstopp direkt in der Innenstadt.

Sparkassenstraße 10
+49 89 237030
platzl.de
Kategorie: Hotelbar

Drinks:	**45** I 50
Ambiente:	**18** I 20
Service:	**19** I 20
Sortiment:	**8** I 10
Gesamt:	90 I 100

Juliet Rose 🍸🍸🍸

81667 München

Wie der Name vermuten lässt, sind florale Noten und Referenzen in den Drinks der Juliet Rose Bar im Hilton Hotel das übergreifende Thema für die kreativ gemixten Drinks. Das professionelle Team hat in dem hell gestalteten Raum mit Terrasse alles im Blick, und das internationale Publikum schafft eine lockere Atmosphäre.

Rosenheimer Straße 15
+49 89 48048717
julietrosebar.com
Kategorie: Hotelbar

Drinks:	**46** I 50
Ambiente:	**19** I 20
Service:	**18** I 20
Sortiment:	**8** I 10
Gesamt:	91 I 100

Kaminbar 🍸🍸🍸

80335 München

Auf der Durchreise? Hier, direkt gegenüber vom Hauptbahnhof, ist man herzlich willkommen und kann für ein paar Drinks, einen Snack und gute Gespräche in der gediegen-gemütlichen Atmosphäre der Kaminbar abtauchen. Aber auch für Einheimische ist die Bar ein verlässlicher und zentraler Tipp für klassische Drinks, Tatar und Co.

Arnulfstraße 4
+49 89 55115720
eden-hotel-wolff.de
Kategorie: Hotelbar

Drinks:	**45** I 50
Ambiente:	**18** I 20
Service:	**18** I 20
Sortiment:	**9** I 10
Gesamt:	90 I 100

Kubaschewski 🍷🍷🍷

80335 München

Diese Bar (benannt nach der Filmproduzentin Ilse Kubaschewski) im Innenhof des Gloria-Palast-Kinos hat sich auf Schaumweine spezialisiert, es stehen neben Champagner und Sekt aber auch Stillweine auf der Karte. Als Snacks gibt es Flammkuchen und Antipasti.
Schwerpunkt: Schaumwein

Karlsplatz 5
+49 89 998208720
kubaschewski.bar
Kategorie: Klassische Weinbar

Weinangebot:	**47** I 50
Service	**19** I 20
Essen	**18** I 20
Ambiente:	**9** I 10
Gesamt:	93 I 100

Les Fleurs du Mal 🍸🍸🍸🍸

80539 München

Das Fleurs du Mal ist die Bar der Bars innerhalb des absoluten Bar-Klassikers, des Schumann's. Wer hier die Treppen in den ersten Stock steigt und am langen Tresen Platz nimmt, erlebt Barkultur auf allerhöchstem Niveau, mit viel Nähe zum fachkundigen Team. Mehr Stil und Statement im Bar-Bereich ist schwer zu finden.

Odeonsplatz 6–7
+49 89 229060
schumanns.de
Kategorie: American Bar

Drinks:	**50** I 50
Ambiente:	**19** I 20
Service:	**19** I 20
Sortiment:	**9** I 10
Gesamt:	97 I 100

Little London 🍸🍸🍸

80331 München

Das Little London vereint Steakhaus, Wein und Bar – und all das hinter einer relativ unscheinbaren Fassade mitten in der Münchner Innenstadt. Man taucht ab in eine gemütliche, stilvolle Welt mit großer Wein-Auswahl aus Europa und Übersee, Gin und Classics am Tresen und perfekt gegrilltem Porterhouse vom Montague-Grill.

Tal 31
+49 89 122239470
little-london.de
Kategorie: American Bar

Drinks:	**48** I 50
Ambiente:	**18** I 20
Service:	**18** I 20
Sortiment:	**9** I 10
Gesamt:	93 I 100

Loretta Bar 🍸🍸

80469 München

Die Loretta verwöhnt auf der Müllerstraße den ganzen Tag vom Frühstück weg bis in die Nacht, und das seit vielen Jahren. Frühstück, Lunch, Kaffee, Zeitung und gute Gesprächsatmosphäre an schlichten Tischen lösen sich abends ab mit klassischen Drinks, großem Amaro-Sortiment und einer feinen und unkomplizierten Wein-Auswahl.

Müllerstraße 50
+49 89 23077370
loretta-bar.de
Kategorie: Loungebar

Drinks:	**44** I 50
Ambiente:	**18** I 20
Service:	**18** I 20
Sortiment:	**9** I 10
Gesamt:	89 I 100

M'Uniqo Rooftop Bar

80804 München

Die M'Uniqo Bar im Andaz Hotel bietet einen der höchstgelegenen Blicke über die Stadt vom Bartresen aus. Vom 12. und 13. Stockwerk sind die Sonnenuntergänge besonders spektakulär, dazu passen die chic-moderne Atmosphäre, die Panoramafenster und die fancy Drinks. Auch die Barsnacks von Sardinen über Tatar bis Pizza sind gut.

Leopoldstraße 170
+49 899 042194460
hyattrestaurants.com
Kategorie: Hotelbar

Drinks:	**44** I 50
Ambiente:	**18** I 20
Service:	**17** I 20
Sortiment:	**8** I 10
Gesamt:	87 I 100

manu. weinbar & restaurant

80469 München

In dieser Weinbar bei der Reichenbachstraße sitzt man in entspannter Atmosphäre und mit viel Aufmerksamkeit für die besonderen Wein-Entdeckungen auf der Karte, die allesamt mit Geschmack und Verstand ausgewählt sind. Dazu: feine Kleinigkeiten wie Tatar oder Austern.
Schwerpunkt: Deutschland

Rumfordstraße 1
+49 89 26024174
manu-muenchen.de
Kategorie: Weinbar im Restaurant

Weinangebot:	**46** I 50
Service	**18** I 20
Essen	**18** I 20
Ambiente:	**8** I 10
Gesamt:	90 I 100

studio@christophgrothgar.com

Masi Wine Bar

80539 München

Italianità und die Maximilianstraße: Das gehört zusammen. In der Masi Wine Bar kann man nicht nur über 50 Weine des bekannten Weinguts aus dem Valpolicella probieren, auch Jahrgangstiefe und eigens kreierte Wein-Cocktails werden geboten. Inklusive Shop vor Ort.
Schwerpunkt: Italien, international

Maximilianstraße 40
+49 89 23032565
masi.it
Kategorie: Klassische Weinbar

Weinangebot:	**46** I 50
Service	**18** I 20
Essen	**19** I 20
Ambiente:	**8** I 10
Gesamt:	91 I 100

Max & Moritz 🍷🍷

80331 München

Bei Sonnenschein wird es quirlig in der Ecke des Viktualienmarkts zwischen Fischgeschäften und dem Weinstand Max & Moritz. Der Fokus der beiden Betreiber (die wirklich so heißen) liegt auf Südafrika und Deutschland. Auch Tastings vor Ort sind möglich.
Schwerpunkt: Südafrika

Westenriederstraße 9
+49 176 16371609
the-winestore.com
Kategorie: Weinbistro

Weinangebot:	**45** | 50
Service	**18** | 20
Essen	**17** | 20
Ambiente:	**8** | 10
Gesamt:	88 | 100

Montez 🍸🍸🍸

80333 München

Im luxuriösen Rosewood Hotel hat die großzügige Bar Montez einen eigenen Eingang von der Straße ins Tiefparterre des ehemaligen Gebäudes der Bayerischen Staatsbank. In samtigen Sesseln, am glänzenden Tresen und bei gemütlicher Atmosphäre lauscht man jeden Abend Livemusik und erfreut sich an der klassischen Barkultur.

Kardinal-Faulhaber-Straße 1
+49 89 8000198720
rosewoodhotels.com
Kategorie: Hotelbar

Drinks:	**48** | 50
Ambiente:	**19** | 20
Service:	**18** | 20
Sortiment:	**9** | 10
Gesamt:	94 | 100

Negroni Bar 🍸🍸🍸

81667 München

Wenige Drinks haben so viele emotionale Fans wie der Negroni. Michele Fiordoliva hat dem Drink eine ganze Bar gewidmet und betreibt sie seit 1998 mit professioneller Leidenschaft. Selbstverständlich ist auch die übrige Karte ganz beachtlich und bedient die Klassiker souverän. Dazu isst man Antipasti, Pasta und Negroni-Tiramisu!

Sedanstraße 9
+49 89 48950154
negronibar.de
Kategorie: American Bar

Drinks:	**46** | 50
Ambiente:	**18** | 20
Service:	**19** | 20
Sortiment:	**8** | 10
Gesamt:	91 | 100

Ory 🍸🍸🍸

80331 München

Eine der auffälligsten und glamourösesten Bars der Stadt, im Mandarin Oriental Hotel gelegen, steht nicht nur für Sehen-und-gesehen-Werden im chic-modernen Ambiente, sondern auch für besondere Drinks auf höchstem Niveau. Gute Wahl: Signature Drinks wie Crismon River oder zum »Gönnen« der royal-dekadente Luxury Martini.

Neuturmstraße 1
+49 89 588054570
ory.bar
Kategorie: Hotelbar

Drinks:	**46** | 50
Ambiente:	**19** | 20
Service:	**19** | 20
Sortiment:	**9** | 10
Gesamt:	93 | 100

Pacific Times 🍸🍸🍸

80469 München

Das Pacific Times gehört zu den wenigen Bars, die sich zu Recht als Klassiker bezeichnen dürfen. Seit über 25 Jahren führt Andreas Till diesen großzügigen Wohlfühlort mit langem Holztresen und Cajun-Vibes mit Stil, Fachkenntnis und professioneller Lockerheit. Die Drinks sind top – so stellt man sich Barkultur vor.

Baaderstraße 28	Drinks:	**46** | 50
+49 89 20239470	Ambiente:	**18** | 20
pacifictimes.de	Service:	**19** | 20
Kategorie: Restaurantbar	Sortiment:	**9** | 10
	Gesamt:	92 | 100

Pure Wine & Food 🍷🍷

80799 München

Das Pure ist in erster Linie gehobenes Restaurant – mit sehr ausgewählter und beachtenswerter Weinkarte. Zu den mediterran-kreativen Speisen von Claudia De Luca in verschiedenen saisonalen Menükombinationen serviert Patrick Fischbacher naturnahe Weine aus Europa.
Schwerpunkt: Raw/Natural Wine

Neureuther Straße 15	Weinangebot:	**45** | 50
+49 89 399936	Service	**17** | 20
pure-wine-food.de	Essen	**18** | 20
Kategorie: Weinbar im Restaurant	Ambiente:	**8** | 10
	Gesamt:	88 | 100

Pusser's New York Bar 🍸🍸🍸

80331 München

Das Pusser's ist mit seinen mittlerweile 50 Jahren als etablierte Bar in München ein Urgestein und eine echte Institution. Barkultur trifft auf authentische Drinks und klassisches Interieur – hier kann man schon mal Raum, Zeit und Ort vergessen, sich dem einen oder anderen Rum-Drink hingeben und in Erinnerungen schwelgen.

Falkenturmstraße 9	Drinks:	**46** | 50
+49 89 220500	Ambiente:	**19** | 20
pussersbar.de	Service:	**18** | 20
Kategorie: American Bar	Sortiment:	**9** | 10
	Gesamt:	92 | 100

Rio Bar 🍸🍸🍸

81669 München

Eine Bar in einem Kino? Das geht richtig gut! Anne Marx und Nicolai Früchtl kommen hier ganz ohne cineastisches Chichi aus und locken damit nicht nur Kinobesucher an ihren Tresen, an dem es sowohl Klassiker als auch Eigenkreationen gibt. Unbedingt den »Coffee & Cigarettes« mit Single Malt, Espresso und Haselnuss probieren.

Rosenheimer Straße 46	Drinks:	**45** | 50
+49 89 486979	Ambiente:	**18** | 20
	Service:	**19** | 20
Kategorie: American Bar	Sortiment:	**8** | 10
	Gesamt:	90 | 100

Robinson's Bar

80469 München

Die Bar ist eine Institution am Gärtnerplatz und prägt das Flair des Viertels seit über zehn Jahren mit. Hierfür bietet man nicht nur einen selbst kreierten Rum und eigenes Merch, sondern auch stabile Drinks und vor allem rauschende Partynächte. Eine sichere Wahl für alle, die dem Motto der Bar – »Es eskaliert eh!« – folgen möchten.

Corneliusstraße 14	Drinks:	45 | 50
+49 172 8661686	Ambiente:	17 | 20
robinsonkuhlmann.com	Service:	17 | 20
Kategorie: American Bar	Sortiment:	8 | 10
	Gesamt:	87 | 100

Roomers Bar

80339 München

Das übergreifende Bar-Thema im Roomers lehnt sich in asiatischer Inspiration am Izakaya-Restaurant an, lässt aber auch die in schwarzen Lack gegossene, anrüchige Dekadenz des Hotels nicht aus. Die Drinks am schönen langen Tresen sind extravagant und verführen mit Shochu-Infusionen, Pandan-Blättern oder Zitronengras.

Landsberger Straße 68	Drinks:	46 | 50
+49 89 452202730	Ambiente:	19 | 20
roomers-hotels.com	Service:	18 | 20
Kategorie: Hotelbar	Sortiment:	8 | 10
	Gesamt:	91 | 100

Rose

80801 München

Die Rose Brasserie ist ein Ort, an dem alles möglich ist: Frühstück oder Currywurst mit Champagner, Winzerabende und Big-Bottle-Partys. Martina Baumann hält es unkompliziert und sucht ihre über 50 Weine so aus, dass für jeden etwas dabei ist. Auch die Küche macht Spaß!
Schwerpunkt: Frankreich, Deutschland, Österreich, Italien

Konradstraße 1	Weinangebot:	46 | 50
+49 89 44469186	Service	17 | 20
rose-wein-brasserie.com	Essen	18 | 20
Kategorie: Weinbistro	Ambiente:	8 | 10
	Gesamt:	89 | 100

S.Zimmer

80469 München

Ein paar Austern zum Start, Charcuterie mit Brot zum Teilen, dann eine Pasta oder Dry-Aged-Schweinekotelett? Das Essen zur großen Wein-Auswahl im S.Zimmer im Glockenbachviertel ist gut, und in der Weinkarte wird man gerne fündig. Toskanischer Rotwein ist hier ein Tipp!
Schwerpunkt: international

Ickstattstraße 21	Weinangebot:	47 | 50
+49 89 20207390	Service	18 | 20
szimmer-glockenbach.de	Essen	18 | 20
Kategorie: Weinbar im Restaurant	Ambiente:	8 | 10
	Gesamt:	91 | 100

Schumann's Bar am Hofgarten 🍸🍸🍸🍸 80539 München

Die Schumann's Bar ist samt (oder eigentlich wegen) ihres Betreibers Charles Schumann eine Legende. Zu Recht, denn niemals war hier ein Drink nicht perfekt, das Essen ist außerdem hervorragend und die Hofgarten-Terrasse im Sommer eine Oase. Zur richtigen Zeit kommen, jemanden kennen oder freundlich warten gehört dazu.

Odeonsplatz 6–7
+49 89 229060
schumanns.de
Kategorie: Restaurantbar

Drinks:	**49** / 50
Ambiente:	**19** / 20
Service:	**19** / 20
Sortiment:	**9** / 10
Gesamt:	96 / 100

Schumann's Tagesbar 🍸🍸🍸 80333 München

Mittendrin zwischen Marienplatz, Oper und Promenadeplatz hat die Schumann's Tagesbar ihre (Schau-)Fenster. Morgens sieht man den Chef Charles Schumann schon mal persönlich hier frühstücken, bevor er weiter in die große Schumann's Bar geht. Klassische Drinks, guter Kaffee, dazu simple, aber sehr gute Speisen. Alles perfekt eben.

Maffeistraße 6
+49 89 24217700
schumanns.de
Kategorie: Loungebar

Drinks:	**47** / 50
Ambiente:	**19** / 20
Service:	**17** / 20
Sortiment:	**8** / 10
Gesamt:	91 / 100

Sticks & Stones

80803 München

Star-Sommelier Justin Leone hat hier in seiner eigenen Bar sein Zuhause nach Maß gefunden. Genau wie seine Anzüge sind die Weine extravagant und erlesen, hier gibt es viele Juwelen zu entdecken und dank Coravin auch zu probieren. Eine Bar mit viel Terroir und Rock 'n' Roll.
Schwerpunkt: international, Jahrgangstiefe, Deutschland

Clemensstraße 7
+49 175 2224521

Kategorie: Klassische Weinbar

Weinangebot:	**50**	50
Service	**20**	20
Essen	**15**	20
Ambiente:	**8**	10
Gesamt:	93	100

Tantris

80805 München

Wie das ganze Tantris Maison Culinaire ist die Bar ikonisch. Das 70er-Jahre-Design, die roten Lampen und die silber funkelnde Decke bieten einen außergewöhnlichen Rahmen für die enorme Gastfreundlichkeit und das perfekte Cocktail-Handwerk von Jörg Krause und seinem Team. Auch die Bar-Speisekarte und die Tantris-Weinkarte sind top.

Johann-Fichte-Straße 7
+49 89 3619590
tantris.de
Kategorie: Restaurantbar

Drinks:	**48**	50
Ambiente:	**19**	20
Service:	**19**	20
Sortiment:	**9**	10
Gesamt:	95	100

Terra

80469 München

Im Terra sind die Cocktails bereits »bottled«, also vorgemischt. Daraus entstehen verschiedene Kombinationen, die sich im modernen Raum am Tresen oder im Sommer im Schanigarten in der Baaderstraße genießen lassen. Wen das Sortiment interessiert, der kann ein Tasting der Bottled Drinks buchen und sich durchprobieren.

Baaderstraße 1

terra-bar.de
Kategorie: Restaurantbar

Drinks:	**45**	50
Ambiente:	**18**	20
Service:	**18**	20
Sortiment:	**8**	10
Gesamt:	89	100

The Flushing Meadows ỲỲỲ

80469 München

Das Flushing Meadows ist insgesamt ein cooler Ort, inklusive der Bar mit Terrasse, die eine Bühne für schönste Sonnenuntergänge bietet. Die Drinks dazu sind schlicht und stylish, wie der mit Understatement und Stil eingerichtete Raum. Die Eigenkreationen sind erfrischend anders, und auch die Klassiker schmecken immer.

Fraunhoferstraße 32	Drinks:	**45** | 50
+49 89 552791727	Ambiente:	**19** | 20
flushingmeadowshotel.com	Service:	**18** | 20
Kategorie: Hotelbar	Sortiment:	**8** | 10
	Gesamt:	90 | 100

The High ỲỲỲ

80331 München

Im High kann man sich zwischen Pflanzen und coolem Publikum im hippen Großstadtdschungel schon mal »high« fühlen – von der ausgelassenen Atmosphäre oder den tollen Drinks. Klassiker, Highballs und Eigenkreationen wie »Creme Brutale« oder »Paloma« erfrischen und hypen für die Nacht mitten am Puls der Stadt in der Blumenstraße.

Blumenstraße 15	Drinks:	**46** | 50
+49 89 089089	Ambiente:	**18** | 20
	Service:	**18** | 20
Kategorie: American Bar	Sortiment:	**8** | 10
	Gesamt:	90 | 100

The Louis Sparkling Bar ỲỲ

80331 München

Das Louis Hotel direkt am Viktualienmarkt ist ein schöner Zufluchtsort, nicht nur für Hotelgäste. Die Sparkling Bar neben dem Restaurant Grillroom ist spezialisiert auf Sparkling Drinks und natürlich Schaumweine. Hier sitzt man auf samtigen Sesseln und Sofas am Kamin fast wie im eigenen Wohnzimmer, nur etwas stilvoller.

Viktualienmarkt 6	Drinks:	**44** | 50
+49 89 4111908111	Ambiente:	**18** | 20
thelouisgrillroom.com	Service:	**18** | 20
Kategorie: Hotelbar	Sortiment:	**8** | 10
	Gesamt:	88 | 100

Trader Vic's ỲỲỲ

80333 München

Das Trader Vic's eine Institution zu nennen, ist schlicht untertrieben. Seit über 50 Jahren entführt dieser »Place to be« im Keller des Bayerischen Hofs in eine andere Welt – um genau zu sein nach Polynesien. Die verwinkelten, holzvertäfelten Räume im Tiki-Stil waren immer schon beliebt bei Stars und Sternchen. Absoluter Must-try: Menehune Juice!

Promenadeplatz 2–6	Drinks:	**48** | 50
+49 89 2120995	Ambiente:	**16** | 20
bayerischerhof.de	Service:	**18** | 20
Kategorie: Restaurantbar	Sortiment:	**9** | 10
	Gesamt:	91 | 100

Trisoux

80469 München

Die imposante Designer-Holzdecke lässt einen kurz nachdenken, ob man träumt oder wach ist. Die hervorragenden Drinks im Trisoux sind aber ganz real. Bei Gastgebern wie Philipp Fröhlich kann man sich getrost auf die Signature Drinks einlassen – die werden jedes halbe Jahr neu entwickelt und haben Hand und Fuß.

Müllerstraße 41	Drinks:	**48** I 50
+49 89 23027755	Ambiente:	**19** I 20
trisoux.com	Service:	**19** I 20
Kategorie: American Bar	Sortiment:	**8** I 10
	Gesamt:	94 I 100

Usagi

80337 München

Das Usagi ist eine eigene Welt: japanisches Izakaya, dunkle Bar mit wenigen Plätzen am Tresen, offene Küche, Treffpunkt bei Sake und Asahi-Bier. Drinks wie der Spicy Cucumber gehören genauso auf den Tisch wie eine Flasche Mosel-Riesling und dazu Unagi, Gyoza und Co. Freitag mittags: »Dirty Ramen«-Special zum Lunch.

Thalkirchner Straße 16	Drinks:	**44** I 50
+49 89 55293581	Ambiente:	**18** I 20
usagi.bar	Service:	**18** I 20
Kategorie: Restaurantbar	Sortiment:	**8** I 10
	Gesamt:	88 I 100

Valentin

80331 München

Karl Valentin hätte die nach ihm benannte Bar bestimmt gefallen. Die Kuriositäten durften in der Einrichtung und auch im Glas Einzug finden und es herrscht stets locker-gelöste Atmosphäre. Trotzdem ist alles in Bahnen, gut gemacht und hält der bayerischen Gemütlichkeit stand. Ein schöner Ort mitten in der Innenstadt.

Pfisterstraße 9+11	Drinks:	**46** I 50
+49 160 96360332	Ambiente:	**18** I 20
barvalentin.de	Service:	**18** I 20
Kategorie: Restaurantbar	Sortiment:	**8** I 10
	Gesamt:	90 I 100

Vinothek by Geisel

80335 München

Die Vinothek by Geisel entzieht sich der Modernität hipper Weinbars und setzt auf konsequentes Gastgebertum, gemütliche Atmosphäre im Landhaus-Stil und eine enorm große Weinkarte. Am langen Tresen isst der Stammgast Kartoffelpuffer mit Lachs oder Prosciutto mit Burrata!
Schwerpunkt: international

Schützenstraße 11	Weinangebot:	**50** I 50
+49 89 551377140	Service	**18** I 20
excelsior-hotel.de	Essen	**18** I 20
Kategorie: Weinbar im Restaurant	Ambiente:	**9** I 10
	Gesamt:	95 I 100

Zephyr

80469 München

Das Zephyr ist Schmiede für innovative Drinks und erstklassige Ideen im Glas – aus besten Spirituosen, Kräutern und Gewürzen. Das Interieur ist »as simple as it can be« – eigentlich eine etwas rohe Kneipe, die den Fokus auf die liquiden Highlights wie Mellow Yellow mit Gin, Bitter, Yuzu, Vermouth und Chicorée lenkt.

Baaderstraße 68
+49 171 3284040

Kategorie: American Bar

Drinks:	**48** | 50
Ambiente:	**18** | 20
Service:	**19** | 20
Sortiment:	**8** | 10
Gesamt:	93 | 100

Zum Wolf

80469 München

Der Wolf ist eine Emotion. Schummrig in Rot und viel Holz gehalten, mit gerahmten Soul-Legenden an den Wänden und der enormen Bourbon-Sammlung und -Kenntnis des Wirts fühlt sich hier wohl, wer es gerne entspannt hat und Stil über Chic präferiert. Die Drinks und die Barkultur sind hochprofessionell, und man wird stets bestens beraten.

Pestalozzistraße 22
+49 89 55278573
zumwolf.com
Kategorie: American Bar

Drinks:	**46** | 50
Ambiente:	**18** | 20
Service:	**18** | 20
Sortiment:	**9** | 10
Gesamt:	91 | 100

Hannes

63843 Niedernberg

»Seeblick für die Seele« bietet das Hannes im Seehotel Niedernberg. Dazu gibt es tagsüber Kaffee, Kuchen oder hausgemachte Limonaden, später empfehlen sich auch die Drinks mit Whisk(e)y- und Gin-Schwerpunkt oder natürlich die Klassiker. Ein paar herzhafte Snacks wie Panini und Obazda stehen auch auf der Karte.

Leerweg
+49 6028 9990
seehotel-niedernberg.de
Kategorie: Hotelbar

Drinks:	**43** | 50
Ambiente:	**18** | 20
Service:	**17** | 20
Sortiment:	**8** | 10
Gesamt:	86 | 100

075

90403 Nürnberg

Edles Ambiente und eine erfahrene Sommelière, das sind die Säulen dieses neu eröffneten Weinjuwels. Difan Xu hat sich damit einen Traum erfüllt und am Nürnberger Weinmarkt einen neuen Hotspot für Weinfans geschaffen. Tipp: Unbedingt die Sardinen probieren.
Schwerpunkt: international

Weinmarkt 14
+49 911 30020322
075-wein.de
Kategorie: Weinbar in Vinothek

Weinangebot:	**49** | 50
Service	**20** | 20
Essen	**14** | 20
Ambiente:	**10** | 10
Gesamt:	93 | 100

achtzehn97 🍷🍷

90443 Nürnberg

Die Weinbar im Szeneviertel Gostenhof hält es bewusst entspannt, nach dem eigenen Motto »Chillen und ne Flasche killen …«. Im schönen 1897 erbauten Jugendstilhaus trifft Backstein auf modernes Interieur und modern-mediterrane Küche auf eine unkomplizierte Wein-Auswahl.
Schwerpunkt: Deutschland, Italien

Gostenhofer Hauptstraße 73
+49 911 66463990
achtzehn97.de
Kategorie: Weinbistro

Weinangebot:	**45** | 50
Service	**19** | 20
Essen	**17** | 20
Ambiente:	**8** | 10
Gesamt:	89 | 100

BMF Bar 🍸🍸🍸

90419 Nürnberg

Klassische Barkultur at its best, das ist die BMF Bar in Nürnberg neben dem Museum der Bayerischen Metallwarenfabrik. Das nette Team pflegt in weißen Kitteln im schlichten, atmosphärischen Raum mit Retro-Charme das Mixologen-Handwerk mit Akribie. Nur an ausgewählten Freitagen geöffnet, Reservierung ist auf jeden Fall ratsam.

Wiesentalstraße 34
+49 911 8919100
bmf-bar.de
Kategorie: American Bar

Drinks:	**46** | 50
Ambiente:	**18** | 20
Service:	**19** | 20
Sortiment:	**8** | 10
Gesamt:	91 | 100

Die Blume von Hawaii 🍸🍸🍸

90403 Nürnberg

Die Blume von Hawaii ist seit vielen Jahren ein Klassiker in der Nürnberger Barszene und widmet sich wiederum den Klassikern rund um den Rum. Tiki-Drinks und farbenfrohes Südsee-Feeling, über 160 Rum-Sorten (plus andere Spirituosen), und das direkt in der Nürnberger Altstadt. Wenn schon Südsee und Mai Tai, dann bitte hier.

Weinmarkt 16
+49 911 91946090
blumevonhawaii.com
Kategorie: Loungebar

Drinks:	**47** | 50
Ambiente:	**19** | 20
Service:	**19** | 20
Sortiment:	**8** | 10
Gesamt:	93 | 100

Die Rote Bar

90403 Nürnberg

In der Roten Bar begegnet einem viel buntes Neon und Schwarz an den Wänden, eine eigene Welt: »Zuflucht vom Normalen und ein Tempel der Gelassenheit«. Die Drinks unterliegen hier höchstem handwerklichen und qualitativen Anspruch. Das Team ist bis spät in die Nacht mit einem letzten Drink vor dem Heimweg für seine Gäste da.

Peter-Vischer-Straße 3
+49 911 9928956
dierotebar.net
Kategorie: Loungebar

Drinks:	**46** | 50
Ambiente:	**18** | 20
Service:	**17** | 20
Sortiment:	**8** | 10
Gesamt:	89 | 100

Europa Bar

90403 Nürnberg

Wer liebt sie nicht, die Europa Bar. 150 mit Liebe und Handwerk professionell gemachte Drinks stehen auf der Karte. Die Atmosphäre gediegen, der Qualitätsanspruch hoch, das Ambiente schlicht. Gastro-Urgestein Karel Jahns versteht sein Handwerk – und auch seine Gäste. Ein Klassiker für Menschen, die gute Drinks schätzen.

Innere Laufergasse 31
+49 911 2355363
Kategorie: American Bar

Drinks:	**46** | 50
Ambiente:	**17** | 20
Service:	**19** | 20
Sortiment:	**8** | 10
Gesamt:	90 | 100

Gelbes Haus

90419 Nürnberg

Hinter dem Gelben Haus steckt Bar-Geschichte seit 1989, und damit entsprechende Erfahrung. Oliver Kirschner und seine Bar sind über die Grenzen der Stadt hinaus geschätzt und bekannt, genauso wie seine Kurse und Tastings. Barchefin Sigi Klein widmet sich gern kreativen Drinks mit Kräutern, Gewürzen und Obstbränden.

Johannisstraße 40
+49 911 390390
gelbes-haus.de
Kategorie: American Bar

Drinks:	**46** | 50
Ambiente:	**18** | 20
Service:	**19** | 20
Sortiment:	**9** | 10
Gesamt:	92 | 100

Gin & Julep Bar

90403 Nürnberg

Barmeister Gianni Ripa wollte hier »etwas Besonderes schaffen«, und das ist ihm gut gelungen. Sein Speakeasy betritt man durch eine Telefonzelle und begibt sich dahinter auf einen Streifzug durch die Barkultur mit jahreszeitlich wechselnden Drinks. Die nicht zu große Auswahl ist gut kuratiert und bestens umgesetzt.

Bindergasse 12
+49 1525 9992374
ginandjulep.de
Kategorie: American Bar

Drinks:	**47** | 50
Ambiente:	**18** | 20
Service:	**19** | 20
Sortiment:	**8** | 10
Gesamt:	92 | 100

Herrengedeck

90402 Nürnberg

Am dunklen Holztresen oder im schönen Patio: Die Drinks spielen die Hauptrolle im Herrengedeck – sind aber ein ganzes Stück kreativer als die namensgebende Kombination aus Bier und Kurzem. Ein Wohnzimmer mit überaus nettem Service und hochwertigem Handwerk hinter der Theke und im Glas. Ein toller Ort zum Wiederkommen.

Schlotfegergasse 36
+49 911 47881210

Kategorie: American Bar

Drinks:	**47** | 50
Ambiente:	**17** | 20
Service:	**18** | 20
Sortiment:	**8** | 10
Gesamt:	90 | 100

Lange Kante 16

90403 Nürnberg

Hier spielt sich alles am Tresen ab. Denn die Magie der Bar vermittelt das Team mit Leidenschaft – gerne mit Kreationen nach Gästewunsch, »off menu«. Ansonsten wird Durst auf Neues mit Highballs der Oberklasse gestillt. Fürs Auge darf die Espuma auf den Espresso Martini, ein Hit der Bar in der Sebalder Altstadt.

Weißgerbergasse 16
+49 911 20297231
langekante16.bar
Kategorie: American Bar

Drinks:	**45** | 50
Ambiente:	**18** | 20
Service:	**18** | 20
Sortiment:	**9** | 10
Gesamt:	90 | 100

Vineria

90408 Nürnberg

Vinothek, Restaurant, 800 Weine zur Auswahl: Das klingt nach einem Ort für Wein-Liebhaber. Die Atmosphäre ist entspannt, sowohl in der schönen Location als auch im Weingarten draußen. Auch für Events ist die Vineria ein beliebter Anlaufpunkt mit gutem Essen zum Wein.
Schwerpunkt: Deutschland, Europa

Kleinreuther Weg 87
+49 911 935851265
vineria.de
Kategorie: Weinbar in Vinothek

Weinangebot:	**49** | 50
Service	**18** | 20
Essen	**19** | 20
Ambiente:	**8** | 10
Gesamt:	94 | 100

Vintage ỲỲỲ

90403 Nürnberg

In der Vintage Bar wird getreu dem Thema klassische Barkultur großgeschrieben. Der Einlass erfolgt nach dem Klingeln. Gemütlich platziert, genießt man vorwiegend Drinks, die zwischen 1805 bis 1940 entwickelt wurden und mit Know-how in Perfektion zubereitet sind. Auch Service, Glas- und Eiskultur stimmen und machen den Abend rund.

Irrerstraße 5	Drinks:	**46** / 50
+49 911 99287039	Ambiente:	**18** / 20
vintage-bar.de	Service:	**18** / 20
Kategorie: American Bar	Sortiment:	**9** / 10
	Gesamt:	91 / 100

à Boire ỲỲ

90403 Nürnberg

Aus der Heinrichs Bar ist Mitte 2024 das à Boire geworden. Seitdem heißt das Motto hier »Drink & Dance«. Ein solides Cocktailangebot trifft auf eine Wein- und Schaumweinkarte mit gut 60 Positionen. Freitags und samstags kommt dann der Dance-Aspekt zum Tragen, wenn DJs auflegen. Ein kleines Speisenangebot gibt es on top.

Hauptmarkt 16	Drinks:	**45** / 50
+49 911 21102244	Ambiente:	**18** / 20
aboire.de	Service:	**17** / 20
Kategorie: Club	Sortiment:	**8** / 10
	Gesamt:	88 / 100

Weingut Passau ỲỲỲ

94032 Passau

Im Weingut schlägt das Herz derer höher, die etwas für gute Weine und Feinkost übrighaben. Die Weinbar ist ein Treffpunkt mit Neuem und Bewährtem im Glas, dazu gibt es Snacks von der kleinen Karte, und der Einkauf ist in der Vinothek mit Feinkost-Laden auch gesichert.
Schwerpunkt: Österreich, international

Theresienstraße 28	Weinangebot:	**46** / 50
+49 851 37930500	Service	**18** / 20
weingut-passau.de	Essen	**18** / 20
Kategorie: Weinbar im Restaurant	Ambiente:	**8** / 10
	Gesamt:	90 / 100

Barock ỲỲỲ

93047 Regensburg

Die Barock-Bar in der Regensburger Innenstadt wird als schönes Gewölbe ihrem Namen ansolut gerecht. Gemütlich und stilvoll hat man es hier als Gast, die Cocktails sind innovativ und professionell – es werden auch Cocktail-Kurse und Tastings angeboten. Für daheim gibt es die Drinks auch »bottled« und fast fertig zum Mitnehmen.

Krauterermarkt 2	Drinks:	**45** / 50
+49 172 8442934	Ambiente:	**18** / 20
barock-bar.com	Service:	**19** / 20
Kategorie: American Bar	Sortiment:	**8** / 10
	Gesamt:	90 / 100

Chin Chin

93047 Regensburg

Chin-chin mit einem Glas Wein, Spritz, Bellini oder einem frischen Cocktail? Das ist hier mitten in Regensburg in schöner Atmosphäre und bei etwas Sehen-und-gesehen-Werden ziemlich gut möglich. Dazu passen eine Dose Jahrgangssardinen, Panini und ein paar Oliven.
Schwerpunkt: Deutschland, international

Gesandtenstraße 12
+49 941 46189630
chin-chin-bar.de
Kategorie: Klassische Weinbar

Weinangebot:	**46** | 50
Service	**18** | 20
Essen	**18** | 20
Ambiente:	**8** | 10
Gesamt:	90 | 100

KA5PER

93047 Regensburg

Das Team des KA5PER will mit jungen, kreativen Ideen punkten und setzt dabei auf lockeren Service, gute Musik zur Feierlaune und tolle Drinks, die hauptsächlich Eigenkreationen sind. Auch einige alkoholfreie Cocktails, die außergewöhnliche Präsentation und das einmalige Ambiente in einer historischen Synagoge überzeugen.

Hinter der Grieb 5
+49 941 59579099
ka5per.de
Kategorie: American Bar

Drinks:	**45** | 50
Ambiente:	**18** | 20
Service:	**18** | 20
Sortiment:	**8** | 10
Gesamt:	89 | 100

nineOfive

93055 Regensburg

Das Konzept nineOfive (905 Grad Fahrenheit, die perfekte Ofentemperatur zum Pizzabacken) steht für neapolitanische Pizza mit besten Zutaten und 72 Stunden Teigruhe – und für eine progressive, gut kuratierte Wein-Auswahl. Eine perfekte Kombination im urbanen Ambiente.
Schwerpunkt: Deutschland, Italien

Babostraße 113
+49 941 60015656
nineofive.de
Kategorie: Weinbar im Restaurant

Weinangebot:	**47** | 50
Service	**19** | 20
Essen	**18** | 20
Ambiente:	**9** | 10
Gesamt:	93 | 100

Palletti 🍸🍸🍸

93047 Regensburg

Das »alles paletti«-Wortspiel liegt natürlich auf der Zunge – stimmt aber auch. Die Apéros und Gin Tonics machen Spaß, der Espresso ist gut, und auch die Küche kann was – egal, ob zum Snack zwischendurch oder beim Vier-Gänge-Menü am Mittwochabend. Regensburg ist nicht Italien, aber hier ist es mindestens genauso entspannt.

Gesandtenstraße 6	Drinks:	**45** | 50
+49 941 51593	Ambiente:	**18** | 20
palletti-bar.de	Service:	**19** | 20
Kategorie: Restaurantbar	Sortiment:	**8** | 10
	Gesamt:	**90** | 100

The Byrdcave 🍸🍸🍸

93047 Regensburg

Ganz besonders im Fokus steht hier in der gemütlich-stilvollen Gewölbe-»Höhle« der Whisk(e)y, aber auch andere Spirituosen finden selbstverständlich in die hochwertigen Drinks wie Devil's Daughter, die mit Kreativität und Originalität punkten. Tipp: Auch Cocktail-Kurse und Caterings bietet das Byrdcave-Team an.

Keplerstraße 11	Drinks:	**46** | 50
+49 941 38207825	Ambiente:	**18** | 20
thebyrdcave.de	Service:	**19** | 20
Kategorie: American Bar	Sortiment:	**8** | 10
	Gesamt:	**91** | 100

Lausa 🍸🍸🍸

83022 Rosenheim

Hier treffen sich die »Lausa«, Nachtschwärmer und coolen Rosenheimer. Das Lausa ist eine Wohnzimmer-Bar mit guter Musik und entspanntem Vibe, in der tolle Drinks über den Tresen gehen – vom Mule bis zum Spritz, aber auch außergewöhnlichen Cocktailkreationen. Hier fühlt sich jeder wohl und bekommt einen kühlen Drink ins Glas.

Kaiserstraße 5	Drinks:	**45** | 50
+49 1577 1347667	Ambiente:	**18** | 20
	Service:	**19** | 20
Kategorie: Loungebar	Sortiment:	**8** | 10
	Gesamt:	**90** | 100

Olmorisi 🍷🍷🍷

91126 Schwabach

Die Enoteca Olmorisi in Schwabach steht für Dolce Vita und ein breites Wein-Sortiment von Friaul bis Sizilien. Handverlesene Flaschen von ausgewählten Weingütern werden direkt importiert. In der Weinbar kann alles vor Ort verkostet werden, auch die Speisen sind köstlich.
Schwerpunkt: Italien

Königstraße 18	Weinangebot:	**45** | 50
+49 171 7538561	Service	**19** | 20
weine-olmorisi.de	Essen	**18** | 20
Kategorie: Klassische Weinbar	Ambiente:	**8** | 10
	Gesamt:	**90** | 100

Milians 🍷🍷🍷

94315 Straubing

Die Delikatessenhandlung von Patricia Brücker und Steffen Schubert ist ein kulinarisches Kleinod. Hier gibt es alles, was das Herz begehrt zwischen ausgesuchten Weinen, Feinkost und Präsenten – und zum Verweilen das eine oder andere offene Glas, dazu Charcuterie und gutes Brot.
Schwerpunkt: international

Fraunhoferstraße 22
+49 9421 9298317
milians.de
Kategorie: Weinbar in Vinothek

Weinangebot:	**46** | 50
Service	**18** | 20
Essen	**18** | 20
Ambiente:	**8** | 10
Gesamt:	90 | 100

Fahr Away 🍷🍷

97332 Volkach

Mittendrin in der Weinregion Franken und weit weg von angestaubten Laubengängen und altbackenem Look pflegt die Winzerfamilie Braun charmant die regionale Weinkultur auf modern-gemütliche Weise. Dazu gibt es Tapas, pikante Snacks und gute Gespräche.
Schwerpunkt: Franken

Hauptstraße 34
+49 9381 7174277
weinbar-fahraway.de
Kategorie: Klassische Weinbar

Weinangebot:	**45** | 50
Service	**18** | 20
Essen	**16** | 20
Ambiente:	**9** | 10
Gesamt:	88 | 100

glouglou 🍷🍷🍷

97070 Würzburg

Egal, ob im glouglou Essen oder Wein auf den Tisch kommt – alles ist mit Herz und Hirn ausgewählt und spricht für Qualität und Herkunft. Ohne viel Chichi isst und trinkt man hier sehr gut und ist in sympathischer Atmosphäre und gemütlichen Räumlichkeiten bestens beraten.
Schwerpunkt: Deutschland, Österreich, international

Karmelitenstraße 31
+49 931 45228568
glouglou.de
Kategorie: Weinbar in Vinothek

Weinangebot:	**48** | 50
Service	**19** | 20
Essen	**19** | 20
Ambiente:	**8** | 10
Gesamt:	94 | 100

Juliusspital Weingut 🍷🍷

97070 Würzburg

Wenn man so will, ist das Juliusspital als eines der größten Weingüter Deutschlands und Platzhirsch in Würzburg ein Wein-Imperium. Dazu gehört natürlich auch eine fränkische Weinstube mit den Weinen des Juliusspitals und einigen fränkischen Obstbränden auf der Karte.
Schwerpunkt: Deutschland, Franken

Klinikstraße 1
+49 931 3931400
juliusspital.de
Kategorie: Weinbar im Restaurant

Weinangebot:	**44** | 50
Service	**18** | 20
Essen	**17** | 20
Ambiente:	**9** | 10
Gesamt:	88 | 100

100 Gramm 🍸🍸

10119 Berlin

Bar-Hotspot am Rosenthaler Platz, wo sich (Neo-)Klassiker von Negroni bis Espresso Martini in entspannter Atmosphäre genießen lassen, inklusive spannender Twists. Richtig lebendig wird es hier ab 23 Uhr, wenn DJs auflegen und die Nightlife-Vibes an den Tresen holen. Tipp: der Matcha Martini mit Matcha-Weiße-Schokolade-Espuma!

Weinbergsweg 25
+49 30 89652057
100grammbar.com
Kategorie: American Bar

Drinks:	**46** | 50
Ambiente:	**18** | 20
Service:	**17** | 20
Sortiment:	**8** | 10
Gesamt:	89 | 100

Adlon Lobby Bar 🍸🍸🍸🍸

10117 Berlin

Der Pianist spielt Mozart, und würde jetzt noch heiße Schokolade aus dem Elefantenbrunnen fließen, wäre der dekadente Luxus perfekt. In der Lobby des edlen Adlon herrscht heile Welt, dazu werden edle Cocktails gereicht, die an historische Zeiten erinnern. Die heiße Schokolade bekommt man übrigens auch so – im silbernen Kännchen.

Unter den Linden 77
+49 30 22611959
kempinski.com
Kategorie: Hotelbar

Drinks:	**46** | 50
Ambiente:	**20** | 20
Service:	**20** | 20
Sortiment:	**9** | 10
Gesamt:	95 | 100

Altrovino 🍷🍷🍷

10967 Berlin

Hervorragende Weine aus Italien findet man bei Altrovino in Kreuzberg. Mit einer Auswahl an rund 200 Weinen und über 100 verschiedenen traditionellen Rebsorten bekannter und kleinerer Winzer ist der Weinhandel mit Weinbar die Anlaufstelle für beste Weine in Berlin.
Schwerpunkt: Italien

Grimmstraße 17	Weinangebot:	**48** | 50
+49 30 98323693	Service	**18** | 20
altrovino.de	Essen	**16** | 20
Kategorie: Weinbar in Vinothek	Ambiente:	**8** | 10
	Gesamt:	90 | 100

AMANO Bar 🍸🍸🍸

10119 Berlin

Das Gefühl, über den Dächern Berlins zu schweben und ausgefallene Cocktails zu trinken, findet man nicht überall. Zum Glück gibt es die AMANO Bar mit direktem Blick auf den Fernsehturm, gemütlich-schickem Ambiente und aufregenden Drinks wie dem »Carrot« – ein Mix aus Karotte, weißer Schokolade und Amaretto.

Auguststraße 43	Drinks:	**45** | 50
+49 30 8094150	Ambiente:	**19** | 20
amanogroup.de	Service:	**18** | 20
Kategorie: Hotelbar	Sortiment:	**8** | 10
	Gesamt:	90 | 100

Apartment Bar 🍸🍸

10557 Berlin

Beats und Drinks über den Dächern Berlins: Die Apartment Bar im Amano Hotel am Hauptbahnhof lockt mit einem grandiosen Blick über die Skyline Berlins. An der Bar werden Cocktailklassiker und Signature Drinks gemixt. Am Wochenende legen dazu etablierte DJs auf und die Bar verwandelt sich in einen Club.

Heidestraße 62	Drinks:	**45** | 50
+49 152 32180907	Ambiente:	**18** | 20
amanogroup.de	Service:	**18** | 20
Kategorie: Hotelbar	Sortiment:	**7** | 10
	Gesamt:	88 | 100

Bademeister 🍸🍸

13088 Berlin

Auch im ruhigen Weißensee gibt es beste Barkultur. Fußläufig vom beliebten gleichnamigen Gewässer haben Dustin Franke und Johann Lautenschlager, zwei Berliner Barprofis, ein wunderbares Waterhole für Kenner und Cocktail-Neulinge eröffnet. Tipp: der »Weisse See« mit Wodka, Rum, Triple Sec, Ananas, Kokos und Limette.

Bizetstraße 143	Drinks:	**45** | 50
+49 30 92900040	Ambiente:	**18** | 20
bademeisterbar.de	Service:	**18** | 20
Kategorie: American Bar	Sortiment:	**8** | 10
	Gesamt:	89 | 100

Baden im Wein

10435 Berlin

Im Herzen von Prenzlauer Berg befindet sich das Weinlokal Baden im Wein. In familiärer Atmosphäre werden hier über 90 Winzerweine, vorwiegend aus Deutschland, aber auch aus Europa, gereicht. Dazu sollte man unbedingt eine der berühmten badischen Vesperplatten bestellen.
Schwerpunkt: Deutschland

Schönhauser Allee 155	Weinangebot: **47** / 50
+49 172 1557465	Service **19** / 20
badenimwein.de	Essen **15** / 20
Kategorie: Klassische Weinbar	Ambiente: **8** / 10
	Gesamt: 89 / 100

Bar am Steinplatz

10623 Berlin

Schick ist das Interieur, schick sind auch die Drinks: Alles in dieser Hotelbar am Steinplatz ist schön anzusehen. Und köstlich ist es auch noch: Auf der Karte finden sich sowohl Eigenkreationen als auch in Vergessenheit geratene Cocktailklassiker wie der Champs Élysée 1925 oder der Bobby Burns 1930.

Steinplatz 4	Drinks: **47** / 50
+49 30 5544440	Ambiente: **18** / 20
morecravings.com	Service: **19** / 20
Kategorie: Hotelbar	Sortiment: **9** / 10
	Gesamt: 93 / 100

Bar Tausend

10117 Berlin

Das Ambiente der Clubbar kann man als »edgy« bezeichnen. Trotz DJ-Sets und gedimmtem Licht werden hier weder Drinks noch Barfood vernachlässigt. Zu essen gibt es asiatisch-südamerikanische Plates, zu trinken ein ständig wechselndes Angebot an House Specials. Wer hier rein will, muss allerdings erst am Türsteher vorbei!

Schiffbauerdamm 11	Drinks: **46** / 50
+49 30 27582070	Ambiente: **19** / 20
tausendberlin.com	Service: **17** / 20
Kategorie: Club	Sortiment: **8** / 10
	Gesamt: 90 / 100

Bar Zentral

10623 Berlin

Im stilvollen und zeitlosen Ambiente wird in der Bar Zentral in einem der alten S-Bahn-Bögen in Charlottenburg die Westberliner Trinkkultur zelebriert. Auf der Karte stehen klassische Shortdrinks wie Whisk(e)y Sour und exzellente Drei-Komponenten-Drinks, die von kompetenten Mixologen zubereitet werden.

Lotte-Lenya-Bogen 551	Drinks: **45** / 50
+49 30 37433079	Ambiente: **18** / 20
barzentral.de	Service: **18** / 20
Kategorie: American Bar	Sortiment: **8** / 10
	Gesamt: 89 / 100

Beavis.Bar 🍸🍸

10119 Berlin

Von Calvados über Obstbrände bis hin zu außergewöhnlichen Likören: In der Beavis.Bar in Mitte findet man über 1400 Spirituosen von kleinen Produzenten aus Europa und der ganzen Welt. Die Mixologen sind berühmt für ihre ungewöhnlichen Drink-Kreationen, ein Paradies für jeden Craft-Spirituosen-Liebhaber.

Veteranenstraße 11	Drinks:	46 | 50
+49 30 89545111	Ambiente:	17 | 20
beavis.bar	Service:	18 | 20
Kategorie: Loungebar	Sortiment:	8 | 10
	Gesamt:	89 | 100

Becketts Kopf 🍸🍸🍸

10437 Berlin

In der »Bar zur Verfeinerung der Sinne« legt man seit über 20 Jahren Wert auf guten Geschmack, bewusst, ohne Konzessionen mit Beliebigem einzugehen. Jede Zutat ist besonders und wird mit viel Expertise eingesetzt (wie beim »Barnim Ridge«), jeder Cocktail ein Gedicht – nicht nur als Beschreibung in der poetischen Barkarte.

Pappelallee 64	Drinks:	48 | 50
+49 30 44035880	Ambiente:	18 | 20
becketts-kopf.de	Service:	18 | 20
Kategorie: American Bar	Sortiment:	8 | 10
	Gesamt:	92 | 100

Bijou Bar 🍸🍸

10178 Berlin

Old fashioned ist auch ein freundliches Lob: In dem schicken Boutique-Hotel nahe der Museumsinsel legt man Wert auf unaufgeregte Klasse, in der schönen Bar über den Dächern des Scheunenviertels ebenso. Klassische Highballs und exquisite Cocktails im London-Style begleiten das feine Barfood aus dem Hotelrestaurant.

Monbijouplatz 1	Drinks:	44 | 50
+49 30 61620300	Ambiente:	18 | 20
monbijouhotel.com	Service:	17 | 20
Kategorie: Hotelbar	Sortiment:	8 | 10
	Gesamt:	87 | 100

Bonvivant 🍸🍸🍸

10781 Berlin

Fine Dining trifft auf anspruchsvolle Cocktailkreationen. Im Bonvivant in Schöneberg werden die Drinks individuell auf jeden Gang abgestimmt: Salbei verbindet sich dabei mit Birne, Agricole mit Apfel, Salbei, Verjus und Riesling Kabinett oder beim »Paprika & Chili« Gin mit Limette, Chili und gelber Paprika.

Goltzstraße 32	Drinks:	46 | 50
+49 176 61722602	Ambiente:	18 | 20
bonvivant.berlin	Service:	18 | 20
Kategorie: Restaurantbar	Sortiment:	8 | 10
	Gesamt:	90 | 100

Booze Bar 🍸🍸🍸

10245 Berlin

Raum und Zeit vergessen, dass ist die Mission von Lutz Rau mit seiner Booze Bar. Mit einigen Auszeichnungen in der Tasche werden in der kleinen Bar im Boxhagener Kiez klassische Drinks, aber auch individuelle Kreationen serviert. Viele Zutaten werden vor Ort selbst gemixt, und auch Liköre stellt man hier her.

Boxhagener Straße 105	Drinks: **47** I 50
+49 30 95591145	Ambiente: **18** I 20
boozebarberlin.business.site	Service: **18** I 20
Kategorie: Loungebar	Sortiment: **8** I 10
	Gesamt: 91 I 100

Briefmarken 🍷🍷

10243 Berlin

Im ehemaligen Briefmarkengeschäft auf der Karl-Marx-Allee findet man die gemütliche Weinbar der beiden Freunde Nicola und Alessandro. Handverlesene Weine traditioneller Winzer und kleinere Gerichte stehen auf der Karte, getreu dem Motto »Große Weine, kleine Küche«.
Schwerpunkt: Italien

Karl-Marx-Allee 99	Weinangebot: **44** I 50
+49 30 42025292	Service **18** I 20
briefmarkenweine.de	Essen **18** I 20
Kategorie: Klassische Weinbar	Ambiente: **8** I 10
	Gesamt: 88 I 100

Bryk Bar 🍸🍸🍸

10405 Berlin

»Fine Drinking« ist das Motto dieser gemütlichen Bar im »Prenzlberg«. Auf feine Qualität der Zutaten wird hier sehr geachtet, zu diesem Zweck entwickelte die Bar sogar einen eigenen Gin. Außerdem wird auf Innovation gesetzt: Jede Woche stehen zwei neue Specials auf der Karte. Also unbedingt öfter vorbeischauen!

Sredzkistraße 65	Drinks: **46** I 50
+49 30 22468055	Ambiente: **18** I 20
bryk-bar.com	Service: **18** I 20
Kategorie: American Bar	Sortiment: **9** I 10
	Gesamt: 91 I 100

Buck and Breck 🍸🍸🍸🍸

10119 Berlin

Seit 2010 ist das Buck and Breck eine feste Instanz der Berliner Barkultur. Mit Auszeichnungen wie »The World's best 50 Bars« ist die Bar bis heute einzigartig. Neben Eigenkreationen hat sich das Team auf Klassiker aus dem späten 19. Jahrhundert spezialisiert, die man in intimer Atmosphäre genießen kann.

Brunnenstraße 177	Drinks: **50** I 50
+49 30 40555994	Ambiente: **18** I 20
buckandbreck.com	Service: **18** I 20
Kategorie: American Bar	Sortiment: **9** I 10
	Gesamt: 95 I 100

Bürkner Eck 🍸🍸

12047 Berlin

Gelungene Mischung aus Kiezkneipe und professioneller Bar: Im Bürkner Eck trifft sich die international gemischte Nachbarschaft zum gepflegten Sundowner bei soften Cocktails wie dem »Amerikanchen«, der alkoholfreien Version des Americano, später wird es seröser bei Signature Drinks wie dem straighten »Morgan Le Fay«.

Hobrechtstraße 39

buerkner-eck.de

Kategorie: American Bar

Drinks:	**46** | 50
Ambiente:	**17** | 20
Service:	**18** | 20
Sortiment:	**8** | 10
Gesamt:	89 | 100

Château Royal Bar 🍸🍸

10117 Berlin

Die Bar im Château Royal ist ein einziger Traum. Warme Holzböden und gemütliche Vertäfelung, Sessel zum drinnen Versinken, Austern, Sous-Vide-Negronis, Käseplatten, Pisco Old Fashioned, Burrata und hausgemachter Sake: hier am besten den ganzen Tag verbringen und die Bar erst am späten Abend glücklich und satt verlassen!

Mittelstraße 41
+49 30 330060760
chateauroyalberlin.com

Kategorie: Hotelbar

Drinks:	**44** | 50
Ambiente:	**19** | 20
Service:	**17** | 20
Sortiment:	**7** | 10
Gesamt:	87 | 100

Die Apotheken Bar 🍸🍸

10997 Berlin

Über den Tresen der ehemaligen Mariannen-Apotheke gehen heute feinste Drinks anstelle von Medikamenten. Die Vergangenheit spielt aber auch heute noch eine wichtige Rolle: Die hausgemachten Zutaten werden zu kreativen Cocktailkreationen gemixt und können auf den gemütlichen Loungesofas genossen werden.

Mariannenplatz 6
+49 30 69518108
apothekenbar.de

Kategorie: American Bar

Drinks:	**45** | 50
Ambiente:	**18** | 20
Service:	**18** | 20
Sortiment:	**8** | 10
Gesamt:	89 | 100

Ezsra 🍷🍷

12043 Berlin

Brandenburg in Neukölln: Victor Hausladen verbindet in seinem Weinbistro Ezsra nordische Kulinarik mit den Aromen des östlichen Mittelmeerraums. Die Zutaten stammen zum Großteil aus Berlin und der Region. Dazu werden Naturweine und regionale Biere serviert.

Schwerpunkt: Italien, Piemont

Schönstedtstraße 14
+49 30 28633979
ezsra-berlin.com

Kategorie: Weinbistro

Weinangebot:	**45** | 50
Service	**18** | 20
Essen	**16** | 20
Ambiente:	**7** | 10
Gesamt:	86 | 100

FABELEI Cocktailbar 🍸🍸🍸

10781 Berlin

Hier gibt es eine große Auswahl an wirklich ausgezeichneten Signature Drinks und Twists. Mit guten Cocktails begnügt sich das Team der FABELEI aber nicht, denn es gibt auch noch exzellentes Barfood mit passender Getränkeempfehlung zu entdecken. Unser Tipp: Unbedingt donnerstags das Tatar-Special probieren!

Kyffhäuserstraße 21	Drinks:	**48** | 50
+49 30 20859200	Ambiente:	**17** | 20
fabelei.com	Service:	**19** | 20
Kategorie: American Bar	Sortiment:	**8** | 10
	Gesamt:	92 | 100

Fairytale Bar 🍸🍸🍸

10407 Berlin

Märchenhafte Einrichtung, märchenhafte Drinks in Friedrichshain: In einem dunkel-gemütlichen Wunderland gibt es tolle Cocktails wie »Frau Holle« oder »Mermaid&Seaman« zu entdecken. Ebenfalls wie aus dem Märchen ist der aufmerksame Service, der die Gäste auf dieser traumhaften Reise liebevoll umsorgt.

Am Friedrichhain 24	Drinks:	**48** | 50
+49 170 2195155	Ambiente:	**19** | 20
fairytale.bar	Service:	**18** | 20
Kategorie: American Bar	Sortiment:	**8** | 10
	Gesamt:	93 | 100

Fjord 🍷🍷🍷

10781 Berlin

Mit mehr als 100 Weinen primär aus Deutschland und Europa lockt das Fjord in Schöneberg zu nordischen Tapas mit ausgewählten Weinen. Im rustikalen Restaurant genießt man entweder ein Menü oder man kommt nur auf ein Glas Wein und einen Happen vorbei.

Schwerpunkt: Deutschland, international

Eisenacher Straße 86	Weinangebot:	**47** | 50
+49 30 23005220	Service	**18** | 20
fjord-nordicrestaurant.de	Essen	**17** | 20
Kategorie: Weinbar im Restaurant	Ambiente:	**8** | 10
	Gesamt:	90 | 100

Franzotti 🍸🍸🍸

10965 Berlin

Einen Abend wie Don Draper aus »Mad Men« verbringen – für viele ein Traum. Ein Traum, den man sich dank der klassisch-coolen Einrichtung in der Franzotti Bar erfüllen kann. Was Draper sicherlich auch gefallen hätte, ist die separate Whisk(e)y-Karte: Von Schottland über Irland bis Taiwan sind hier tolle Flaschen vertreten.

Kreuzbergstraße 71	Drinks:	**46** | 50
+49 172 3935704	Ambiente:	**19** | 20
barfranzotti.de	Service:	**18** | 20
Kategorie: American Bar	Sortiment:	**9** | 10
	Gesamt:	92 | 100

Fredericks 🍸🍸 13351 Berlin

Auch im Wedding gibt es wunderbare Bars und Kneipen, selbst wenn der oft prophezeite Hype um den Stadtteil ausgeblieben ist. Im Fredericks wird man in gemütlicher Wohnzimmeratmosphäre freundlich im Kiez aufgenommen, die spannende Getränkeauswahl ist überraschend, die Cocktails sind großzügig und mit viel Liebe gemischt.

Cornelius-Fredericks-Straße 10	Drinks:	**45** I 50
+49 157 88162886	Ambiente:	**17** I 20
	Service:	**18** I 20
Kategorie: American Bar	Sortiment:	**8** I 10
	Gesamt:	88 I 100

Frederick's 🍸🍸🍸 10785 Berlin

Im historischen Kaisersaal des einstigen Grandhotels am Potsdamer Platz wird wieder gehobener Genuss zelebriert. Die hippe Bar wird vom bekannten Experten Arnd Henning Heissen geleitet, der hier auch (wie beim Tequila-basierten »42« mit einem Hauch von Miso-Butter) seine unglaubliche Kreativität ausleben kann.

Bellevuestraße 1	Drinks:	**47** I 50
+49 30 31196736	Ambiente:	**18** I 20
fredericksberlin.com	Service:	**18** I 20
Kategorie: American Bar	Sortiment:	**10** I 10
	Gesamt:	93 I 100

Freundschaft 🍷🍷🍷 10117 Berlin

In der Bar Freundschaft, die gemeinsam von den Österreichern Johannes Schellhorn und Willi Schlögl gegründet wurde, dreht sich alles um die Liebe zum Wein. Über 600 Positionen befinden sich auf der Karte. Als kommunikativer Mittelpunkt dient der lange Tresen.
Schwerpunkt: Deutschland

Mittelstraße 1	Weinangebot:	**49** I 50
+49 30 80492444	Service	**18** I 20
istdeinbesterfreund.com	Essen	**18** I 20
Kategorie: Klassische Weinbar	Ambiente:	**9** I 10
	Gesamt:	94 I 100

Galander Charlottenburg 🍸🍸🍸 10627 Berlin

Wer heute am »Stutti« ankommt, ahnt kaum, welche verrufene rote Meile hier pulsierte. In einem der einstigen Bordelle verbirgt sich heute eine der besten Bars Charlottenburgs, gediegen und modern zugleich. Die meisten Zutaten der fantastischen Cocktails wie dem Pornstar Martini sind hausgebraut oder handverarbeitet.

Stuttgarter Platz 15	Drinks:	**47** I 50
+49 30 36465363	Ambiente:	**18** I 20
galander.berlin	Service:	**19** I 20
Kategorie: American Bar	Sortiment:	**9** I 10
	Gesamt:	93 I 100

Galander Haifischbar

10965 Berlin

Die dritte Bar im kleinen Imperium des Cocktail-Enthusiasten Dominik Galander liegt im Chamissokiez und ist heute wieder genauso beliebt wie in den wilden 90ern. Dem Aufbruch jener Jahre folgte nämlich die Lethargie, und diese vertreiben heute wiederum geniale Drinks wie der »Galander Rum Sour« aus Dark Rum, Ananas und Limette.

Arndtstraße 25
+49 30 6911352
galander.berlin
Kategorie: Loungebar

Drinks:	**46** I 50
Ambiente:	**18** I 20
Service:	**18** I 20
Sortiment:	**8** I 10
Gesamt:	90 I 100

Galander Kreuzberg

10965 Berlin

Schön schummrig, sehr relaxt und bestens eingerichtet – gehobene Barkultur im Stil der Golden Zwanziger des vorigen Jahrhunderts. Das Galander Kreuzberg ist ein stets zu empfehlendes Waterhole für Kenner, die Cocktail-Karte ist übersichtlich, doch man kann stets den besonderen Tipps des Tresenpersonals vertrauen.

Großbeerenstraße 54
+49 30 28509030
galander.berlin
Kategorie: American Bar

Drinks:	**46** I 50
Ambiente:	**18** I 20
Service:	**18** I 20
Sortiment:	**9** I 10
Gesamt:	91 I 100

George R

10551 Berlin

Eine wirklich gelungene Mischung aus coolem Hangout und gemütlichem Kieztreff im an Bars eher armen Moabit. Namensgeber George Remus, einem berüchtigten Schnapsschmuggler aus Prohibitionszeiten, hätte der Laden aber sicher gefallen. Neben gut variierten Cocktailklassikern beeindruckt die Auswahl an Whisk(e)y, Rum und Gin.

Wilhelmshavener Straße 57
+49 30 52666933
george-r.de
Kategorie: American Bar

Drinks:	**45** I 50
Ambiente:	**18** I 20
Service:	**18** I 20
Sortiment:	**9** I 10
Gesamt:	90 I 100

Gin Chilla Bar

10243 Berlin

Bester Gin in Friedrichshain: In der Gin Chilla Bar werden Cocktailkreationen aus über 500 verschiedenen Gin-Sorten gemixt. Klassiker wie Gin Tonic, Tom Collins und Gimlet stehen auf der Karte. Das Team steht beratend zur Seite, und die feinen Tropfen kann man bei den regelmäßig stattfindenden Gin-Tastings verkosten.

Warschauer Straße 33
+49 30 76748476
gin-chilla-bar.de
Kategorie: Loungebar

Drinks:	**45** I 50
Ambiente:	**18** I 20
Service:	**18** I 20
Sortiment:	**8** I 10
Gesamt:	89 I 100

Goldfisch Bar 🍸🍸🍸

10245 Berlin

Dieser entspannt-schummrige Ort für Cocktailfans liegt etwas abseits der Friedrichshain'schen Touristenpfade. Und wer gerne Neues probiert, wird bei der »Crazy Shit«-Karte von Roman Lewandowski und Kai Wolschke (beide früher Booze Bar) sowieso glücklich, denn Drinks wie der »Goldfisch Mule« sind von allerbesten Eltern.

Grünberger Straße 67	Drinks:	46 | 50
	Ambiente:	17 | 20
	Service:	19 | 20
Kategorie: American Bar	Sortiment:	8 | 10
	Gesamt:	90 | 100

Golvet Restaurant 🍸🍸🍸

10785 Berlin

Wenn man mal keine Lust auf ein Sternemenü hat, kann man stattdessen Drinks auf Sterneniveau genießen: Barmanager José Kolbe greift mit dem »Cuisine Bartending« bewusst das Konzept der Küche auf und übersetzt dieses in ein eigenes, komplementäres Barkonzept. Falls man doch noch Hunger bekommt, ist mit kleinen Gerichten vorgesorgt.

Potsdamer Straße 58	Drinks:	46 | 50
+49 30 89064222	Ambiente:	19 | 20
golvet.de	Service:	18 | 20
Kategorie: Restaurantbar	Sortiment:	8 | 10
	Gesamt:	91 | 100

Green Door 🍸🍸🍸

10781 Berlin

Im Jahr 2025 wird sie tatsächlich schon 30! Die Green-Door-Bar gehört zum Pflichtprogramm für durch die Nacht cruisende Cocktail-Forscher, ob sie aus aller Welt oder nur aus dem Nachbarbezirk anreisen. Achtung: An der Green Door muss man klingeln; schafft man es auf Anhieb nicht, hereingebeten zu werden, liegt's meist nur am Platz.

Winterfeldtstraße 50	Drinks:	48 | 50
+49 30 2152515	Ambiente:	18 | 20
greendoor.de	Service:	19 | 20
Kategorie: American Bar	Sortiment:	9 | 10
	Gesamt:	94 | 100

Habel 🍷🍷

10117 Berlin

Habel in der Hauptstadt: Das Restaurant Habel am Reichstag serviert gutbürgerlich-regionale Küche, und das bereits seit 1779. Hier trifft sich ganz Berlin in entspannter Atmosphäre bei gutem Essen und hervorragendem Wein. Die Weinkarte umfasst über 100 Positionen.
Schwerpunkt: Deutschland, international

Luisenstraße 19	Weinangebot:	45 | 50
+49 30 28098484	Service	18 | 20
wein-habel.de	Essen	18 | 20
Kategorie: Weinbar im Restaurant	Ambiente:	8 | 10
	Gesamt:	89 | 100

Hefner Bar 🍸🍸

10623 Berlin

Seit 2001 eine Kantstraßen-Institution, bietet die Hefner Bar Plätze auf der Terrasse zum People-Watching oder intime Atmosphäre im elegant-verruchten Innenraum. Zu trinken gibt es jeden Cocktail-Klassiker, den das Herz begehrt, sowie eine Reihe an ausgezeichneten Eigenkreationen. Ein Ort, den man erlebt haben muss!

Kantstraße 146	Drinks:	**43** I 50
+49 30 31017520	Ambiente:	**19** I 20
hefnerbar.de	Service:	**17** I 20
Kategorie: Loungebar	Sortiment:	**9** I 10
	Gesamt:	88 I 100

Herr Lindemann 🍸🍸🍸

12055 Berlin

Kräuter, Kräuter für alle: Das ist das Konzept hinter Herr Lindemanns schöner Bar am Richardplatz. Sämtliche Drinks werden hier auf der Basis von heilenden Kräutern gemischt. Ein Abend auf der sommerlichen Terrasse oder im gemütlichen Inneren der Bar kann ohne Zweifel Wehwehchen heilen, von denen man vorher gar nichts wusste.

Richardplatz 16	Drinks:	**47** I 50
	Ambiente:	**18** I 20
herr-lindemann.de	Service:	**18** I 20
Kategorie: American Bar	Sortiment:	**8** I 10
	Gesamt:	91 I 100

Hildegard 🍸🍸🍸

10789 Berlin

Barchef Thomas Pflanz hat für Herbie Hancock vor mehr als 30 Jahren einen Cocktail erfunden: den Watermelon Man nach dem Song des Jazzmusikers. Der inzwischen zum Klassiker gereifte Drink gehört zum Repertoire dieser charmanten und kuscheligen Bar im alten Westberlin, ebenso wie die Songs des Altmeisters auf Vinyl.

Marburger Straße 3	Drinks:	**47** I 50
+49 30 21963283	Ambiente:	**18** I 20
hildegardbar-berlin.de	Service:	**18** I 20
Kategorie: Loungebar	Sortiment:	**8** I 10
	Gesamt:	91 I 100

Himitsu 🍸🍸🍸🍸

10785 Berlin

Eine Speakeasy mitten in einem Foodcourt? Wenn nicht hier verstecken, wo dann – denn hier vermutet wirklich niemand eine japanische Highend-Bar, noch dazu betrieben von einem Mexikaner. Diego Aspra bietet im Himitsu rund 25 Gästen Platz, die Barkarte ist geheim und sie zu fotografieren ein Tabu.

Alte Potsdamer Straße 7	Drinks:	**49** I 50
	Ambiente:	**18** I 20
	Service:	**19** I 20
Kategorie: American Bar	Sortiment:	**9** I 10
	Gesamt:	95 I 100

Il Calice

10629 Berlin

Die Aromen Italiens werden in der Enoiteca Il Calice erlebbar gemacht. Sommelier Louis Bragato wählt die feinen Weine aus, während Alessio Landi mit seinem Team die dazupassenden Speisen zubereitet. Probieren sollte man unbedingt die frischen Austern und Antipasti.
Schwerpunkt: Italien

Walter-Benjamin-Platz 4	Weinangebot: **46** | 50
+49 30 3242308	Service **18** | 20
enoiteca-il-calice.de	Essen **19** | 20
Kategorie: Weinbar im Restaurant	Ambiente: **9** | 10
	Gesamt: 92 | 100

Immertreu

10405 Berlin

Drinks sind nicht nur eine spaßige Angelegenheit, nein, man muss ihnen auch mit Ernsthaftigkeit begegnen. Deshalb hat sich Barchef Ricardo Albrecht dem »Serious Drinking« verschrieben. Das kann man am langen Tresen wirklich schön (und durchaus mit Spaß!). Vorher sollte man jedoch reservieren und an Bargeld denken.

Christburger Straße 6	Drinks: **46** | 50
+49 157 85921221	Ambiente: **18** | 20
bar-immertreu.de	Service: **18** | 20
Kategorie: American Bar	Sortiment: **9** | 10
	Gesamt: 91 | 100

India Club

10117 Berlin

Nicht nur indische Küche wird in dem edlen Ambiente geboten, auch eine Vielzahl an Drinks und Cocktails gehören zum Repertoire der angesagten Location im Adlon Palais nahe dem Brandenburger Tor. Neben den internationalen Klassikern stehen natürlich auch Mumbai Martini und Bombay Club Crushed auf der Karte.

Behrenstraße 72	Drinks: **45** | 50
+49 30 20628610	Ambiente: **18** | 20
india-club-berlin.com	Service: **19** | 20
Kategorie: Hotelbar	Sortiment: **9** | 10
	Gesamt: 91 | 100

JAJA

12043 Berlin

Die kleine JAJA-Weinbar in Neukölln hat sich auf Naturweine, insbesondere aus Frankreich, spezialisiert. Im gemütlichen Inneren mit kleinen Tischen und warmem Licht genießt man 200 verschiedene und vor allem unkonventionelle Naturweine und kleine Speisen.
Schwerpunkt: Raw/Natural Wine

Weichselstraße 7	Weinangebot: **46** | 50
+49 30 52666911	Service **17** | 20
jajaberlin.com	Essen **17** | 20
Kategorie: Weinbistro	Ambiente: **8** | 10
	Gesamt: 88 | 100

KaDeWe 🍷🍷🍷🍷

10789 Berlin

Im sechsten Stock des KaDeWe lockt die Weinbar mit langem Tresen. Ausgeschenkt werden französische Weine wie Châteaux Latour und Margaux ebenso wie die italienischen Klassiker Sassicaia und Ornellaia. Abgerundet wird die Auswahl mit Weinen von kleineren Winzern.
Schwerpunkt: Deutschland, Frankreich

Tauentzienstraße 21–24	Weinangebot: **49** I 50
+49 30 21210	Service **19** I 20
kadewe.de	Essen **17** I 20
Kategorie: Klassische Weinbar	Ambiente: **10** I 10
	Gesamt: 95 I 100

Kauz und Kiebitz 🍸🍸

12047 Berlin

Eine Speisekneipe, wie sie jeder Kiez braucht: gemütlich, mit leckeren Fassbieren, exzellenten Drinks und gutem Essen. Hier finden außerdem die coolsten Food- und Cocktail-Pop-ups der Stadt statt. Wer einfach entspannt ein paar Bier trinken oder etwas ganz Neues ausprobieren möchte, ist hier am richtigen Ort!

Reuterstraße 47	Drinks: **44** I 50
+49 174 84612341	Ambiente: **18** I 20
kauzundkiebitz.de	Service: **18** I 20
Kategorie: American Bar	Sortiment: **7** I 10
	Gesamt: 87 I 100

Kink 🍸🍸🍸

10119 Berlin

Handwerk und Leidenschaft fürs Detail bestimmen nicht nur die Menüs im hippen Restaurant, auch hinter dem Bartresen kommt vor allem Selbstfermentiertes und -destilliertes in die Gläser. Das Ergebnis sind spannende und berückende Drinks wie »Naked Lunch« – Makers Mark Bourbon redestilliert mit Erdnuss, Banane, Ahorn und Salz.

Schönhauser Allee 176	Drinks: **47** I 50
+49 30 41207344	Ambiente: **18** I 20
kink-berlin.de	Service: **18** I 20
Kategorie: Restaurantbar	Sortiment: **8** I 10
	Gesamt: 91 I 100

Krass Böser Wolf 🍸🍸🍸

10245 Berlin

Die Barchefs Dustin Franke und Johann Lautenschläger haben auch an diesem eher abgelegenen Ort ihre geschickten Finger drin. Wie im Bademeister und zwei anderen ihrer Bars feiert der Krass Böse Wolf Spaß am Genuss und Freude am Experiment, vom krass leckeren »Marrakesch Mojito« bis zum alkoholfreien »Yoga Mum«.

Markgrafendamm 36	Drinks: **49** I 50
+49 157 39662585	Ambiente: **18** I 20
krassboeserwolf.de	Service: **19** I 20
Kategorie: American Bar	Sortiment: **8** I 10
	Gesamt: 94 I 100

Küche Bar YYY

10963 Berlin

Wer häufiger auf Hauspartys unterwegs ist, weiß, dass die eigentliche Party immer in der Küche stattfindet. Das ist auch in der legendären Küche Bar der Fall: Hier mixt Chefin Nina Zilvar ausgezeichnete Drinks wie die »Birne im Gin«. Wer Hunger hat, braucht sich keine Sorgen machen: Auch für Barfood ist gesorgt.

Tempelhofer Ufer 16	Drinks: **46** | 50
+49 30 23542926	Ambiente: **19** | 20
kueche-bln.com	Service: **18** | 20
Kategorie: Loungebar	Sortiment: **8** | 10
	Gesamt: 91 | 100

Kurpfalz Weinstuben YY

10629 Berlin

Seit 84 Jahren gibt es die Kurpfalz Weinstuben am Adenauer Platz, und seit jeher werden hier deutsche Weine ausgeschenkt. Auf der Schoppenkarte stehen über 50 offene Wein-Klassiker aus Rheinhessen, der Pfalz und Franken. Das Ambiente ist rustikal und gemütlich.
Schwerpunkt: Deutschland

Wilmersdorfer Straße 93	Weinangebot: **46** | 50
+49 30 8836664	Service **17** | 20
kurpfalz-weinstuben.de	Essen **17** | 20
Kategorie: Weinbar im Restaurant	Ambiente: **8** | 10
	Gesamt: 88 | 100

Lamm Bar YYY

10439 Berlin

Unverputzte Wände treffen auf cognacfarbenes Leder – die Lamm Bar bietet eine coole, entspannte Atmosphäre mit sehr aufregenden Drinks: Egal, ob man sich für den Matcha-Pisco oder den wöchentlich wechselnden Sommerdrink aus der Slushy-Maschine entscheidet, hier kann man immer etwas Außergewöhnliches probieren.

Wisbyer Straße 1	Drinks: **47** | 50
+49 30 44675366	Ambiente: **19** | 20
lammbar.de	Service: **19** | 20
Kategorie: American Bar	Sortiment: **9** | 10
	Gesamt: 94 | 100

Le Jardin YYY

10178 Berlin

Es grünt und blüht im Entree dieser Bar: Eine eigene Indoor-Farm sorgt für die Zutaten der überraschenden Kreationen des weitgereisten Barchefs Yannik Walter. Im offenen Labor darf man sogar zusehen, wie aus Minze oder Amarettokraut spannende Ingredienzien für die Cocktails werden. Lassen Sie sich einfach überraschen.

Kleine Präsidentenstraße 4	Drinks: **47** | 50
+49 157 50999418	Ambiente: **19** | 20
lejardin-bar.de	Service: **19** | 20
Kategorie: American Bar	Sortiment: **8** | 10
	Gesamt: 93 | 100

Liberate

10178 Berlin

Das goldene Sofa ist der Hingucker schlechthin. Kein Wunder, dass die Bar auch ein beliebter Spot für Privatpartys ist. Gott sei Dank steht sie aber in der Regel allen Besuchern offen, die in den Genuss der zahlreichen Specials, Twists und Klassiker kommen. Ein Abend hier wird garantiert unvergesslich!

Kleine Präsidentenstraße 4
+49 30 88677778
theliberate.com
Kategorie: American Bar

Drinks:	**44** I 50
Ambiente:	**18** I 20
Service:	**18** I 20
Sortiment:	**8** I 10
Gesamt:	88 I 100

Liesl Weinwirtschaft

12051 Berlin

Im gemütlichen Wirtshaus in Neukölln gibt es ausgewählte Natur- und Orangeweine aus Österreich und Südosteuropa sowie gutes Bier. Und weil Betreiber Wolfgang Baumeister aus München stammt, darf eine zünftige Brotzeit aus regionalen Produkten dazu nicht fehlen.
Schwerpunkt: Deutschland, Raw/Natural Wine

Nogatstraße 30

Kategorie: Weinbar im Restaurant

Weinangebot:	**45** I 50
Service	**17** I 20
Essen	**16** I 20
Ambiente:	**8** I 10
Gesamt:	86 I 100

Limonadier

10961 Berlin

Eine klassische Cocktailbar im Stil der 20er, aber mit einer ordentlichen Prise Kreativität: Auf der Karte finden sich Neuinterpretationen wie ein »Chocolate Old Fashioned«, aber auch Eigenkreationen wie der »Kreuzberg Spritz« mit hausgemachtem Hibiskussirup. Der perfekte Drink für einen Abend im Bergmannkiez!

Nostitzstraße 12
+49 170 6012020
limonadier.de
Kategorie: Loungebar

Drinks:	**47** I 50
Ambiente:	**19** I 20
Service:	**19** I 20
Sortiment:	**8** I 10
Gesamt:	93 I 100

Lutter & Wegner

10117 Berlin

Unweit der Staatsoper, direkt am Gendarmenmarkt, wird im Restaurant mit Historie alpenländische Küche auf Spitzen-Niveau gekocht. Dazu genießt man feinste Weine aus Deutschland und Österreich, die man auch in der dazugehörigen Weinhandlung verkosten kann.
Schwerpunkt: Deutschland, Italien

Charlottenstraße 56
+49 30 20295492
l-w-weine.de
Kategorie: Weinbar in Vinothek

Weinangebot:	**46** | 50
Service	**18** | 20
Essen	**19** | 20
Ambiente:	**9** | 10
Gesamt:	92 | 100

Lützow Bar

10785 Berlin

Diese elegante Bar gibt es fast so lange wie das (wieder-)vereinte Berlin. Das klassisch-moderne Interieur strahlt aber wie eh und je. Unter den Augen David Bowies genießt man hier fantastische Signature Highballs. Wer es etwas stärker mag, kann sich auf Drink-Kreationen wie den »Dillicious« verlassen!

Lützowplatz 7
+49 30 53670020
luetzow-bar.de
Kategorie: American Bar

Drinks:	**44** | 50
Ambiente:	**18** | 20
Service:	**17** | 20
Sortiment:	**8** | 10
Gesamt:	87 | 100

Mauerwinzer

10435 Berlin

Direkt an der ehemaligen Mauer in Mitte liegt der Mauerwinzer und sorgt mit einer erstklassigen Weinkarte, die über 180 Positionen umfasst, für einen perfekten Abend in guter Gesellschaft. Dazu werden kleine Speisen wie Käse, Landjäger und Flammkuchen serviert.
Schwerpunkt: Deutschland

Wolliner Straße 20
+49 30 48491501
mauerwinzer.de
Kategorie: Weinbistro

Weinangebot:	**45** | 50
Service	**18** | 20
Essen	**17** | 20
Ambiente:	**8** | 10
Gesamt:	88 | 100

meisterschueler

10117 Berlin

Feierabend, ein Drink am Spreeufer – das Leben kann so schön sein! Für solche Momente der besonderen Art ist die meisterschueler Bar der ideale Ort. Von der Terrasse schaut man direkt aufs Wasser und die vorbeiziehenden Boote. Zu trinken gibt es exquisite Cocktailklassiker und interessante Eigenkreationen. Cheers!

Friedrichstraße 105b
+49 30 22002288
meisterschueler.bar
Kategorie: Loungebar

Drinks:	**45** | 50
Ambiente:	**18** | 20
Service:	**18** | 20
Sortiment:	**8** | 10
Gesamt:	89 | 100

Mondhuegel YYYY

12047 Berlin

»Alles handgemacht« bekommt hier eine ganz neue Bedeutung, und zwar eine besonders köstliche. Benito Opitz und Philipp Schmitz setzen bei ihren kreativen und perfekt gemixten Drinks komplett auf eigens hergestellte Zutaten – die Spirituosen inklusive. Und die Preise? Ebenso ungewöhnlich, denn es gilt: Pay what you want!

Bürknerstraße 6	Drinks:	**49** I 50
+49 174 2111053	Ambiente:	**18** I 20
	Service:	**20** I 20
Kategorie: American Bar	Sortiment:	**8** I 10
	Gesamt:	95 I 100

Monkey Bar YYY

10787 Berlin

Über den Dächern Berlins hat man in der Monkey Bar einen grandiosen Blick auf die City West und das Affenhaus des Zoos. Der Trubel der Großstadt ist hier im zehnten Stock des 25hours Hotel Bikini Berlin schnell vergessen. Die gemixten Drink-Klassiker, aber auch Neuinterpretationen sind super, das Ambiente ist hip und urban.

Budapester Straße 40	Drinks:	**46** I 50
+49 30 120221210	Ambiente:	**19** I 20
25hours-hotels.com	Service:	**17** I 20
Kategorie: Hotelbar	Sortiment:	**9** I 10
	Gesamt:	91 I 100

Mr. Susan YYY

10115 Berlin

Um dieses Bar-Paradies zu erreichen, muss man sich ein paar Stufen nach unten in den Keller wagen. Dort erwartet einen nämlich das Mr. Susan, eine Bar mit Geschmackserlebnissen der Extraklasse. Shiso-Martini, Cucumber-Cooler oder Floatie: Die Drinks hier machen einfach Spaß und halten allerlei Überraschungen bereit.

Krausnickstraße 1	Drinks:	**46** I 50
	Ambiente:	**18** I 20
mrsusan.com	Service:	**19** I 20
Kategorie: Loungebar	Sortiment:	**8** I 10
	Gesamt:	91 I 100

Neiro 🍸🍸🍸

10179 Berlin

Etwas versteckt liegt diese besondere Bar, in der Klang und Genuss ihre symbiotische Beziehung ausleben. Smoother Livesound oder Vinylplatten in perfekter Tonqualität sorgen für entspannenden Seelensound, man trinkt japanisch inspirierte Cocktails wie Red & Butter – Red Miso-washed Rye Whisky, Amaro und Ahornsirup.

Ohmstraße 11	Drinks:	**45** | 50
	Ambiente:	**19** | 20
barneiro.com	Service:	**19** | 20
Kategorie: American Bar	Sortiment:	**7** | 10
	Gesamt:	90 | 100

Nö! 🍷🍷

10117 Berlin

Es lässt sich wunderbar verweilen in den über 100 Jahre alten Räumlichkeiten oder im kleinen Garten der Nö!-Weingalerie direkt im alten Regierungsviertel. Über 150 Weine aus aller Welt stehen auf der Karte. Darauf abgestimmt gibt es täglich wechselnde Gerichte.
Schwerpunkt: international

Glinkastraße 23	Weinangebot:	**45** | 50
+49 30 2010871	Service	**17** | 20
cafe-noe.de	Essen	**17** | 20
Kategorie: Weinbar im Restaurant	Ambiente:	**8** | 10
	Gesamt:	87 | 100

Noble Rot 🍷🍷

10245 Berlin

Im Boxhagener Kiez in Friedrichshain schenkt das Team der Noble-Rot-Weinbar Weine von kleinen, noch unbekannten, aber auch von den großen, berühmten Winzern aus Deutschland und Ungarn aus. Zum Wein gibt es deftige Wurst- oder Käseplatten und hausgemachte Antipasti.
Schwerpunkt: Deutschland

Gärtnerstraße 6	Weinangebot:	**46** | 50
+49 30 22600377	Service	**19** | 20
weinbar-berlin.com	Essen	**16** | 20
Kategorie: Klassische Weinbar	Ambiente:	**8** | 10
	Gesamt:	89 | 100

Orania.Bar 🍸🍸🍸

10999 Berlin

Die richtige Hotelbar-Atmosphäre kreieren ist so etwas wie eine vergessene Kunst. Nicht so im Orania, denn hier versteht man sich noch auf die richtige Jazz-Untermalung, ein schickes Interieur und die perfekten Oliven. Die Drinks sind allerdings noch spannender, als man es von der durchschnittlichen Hotelbar erwartet!

Oranienplatz 17	Drinks:	**47** | 50
+49 30 69539680	Ambiente:	**18** | 20
orania.berlin	Service:	**19** | 20
Kategorie: Hotelbar	Sortiment:	**8** | 10
	Gesamt:	92 | 100

Pawn Dot Com 🍸🍸🍸

10115 Berlin

Graffiti und Neonlicht: Das Pawn Dot Com ist eine Hommage an das Berlin der 1990er-Jahre. Die Cocktails sind allerdings geschliffen und eignen sich perfekt für einen gepflegten Absacker, denn hier ist jeder Drink zwei Drinks in einem: Alle Cocktails kommen mit einem kleinen, geschmacklich abgestimmten Begleiter. Prost!

Torstraße 164
+49 30 62924947
pawndotcombar.berlin
Kategorie: American Bar

Drinks:	46 | 50
Ambiente:	18 | 20
Service:	18 | 20
Sortiment:	8 | 10
Gesamt:	90 | 100

Provocateur Bar 🍸🍸🍸

10707 Berlin

Nicht umsonst heißt diese Bar Provocateur, denn hier geht es ganz schön provokant zu! Das Interieur ist Burlesque-Bars nachempfunden, dementsprechend gibt es viele rote Samtsofas, in denen man versinken kann. Auch die Drinks sind provokativ: Vor Zutaten wie Quinoa und Roter Bete wird nicht haltgemacht. Ein Erlebnis.

Brandenburgische Straße 21
+49 30 22056060
provocateur-hotel.com
Kategorie: Hotelbar

Drinks:	47 | 50
Ambiente:	20 | 20
Service:	18 | 20
Sortiment:	9 | 10
Gesamt:	94 | 100

Rhinoçéros 🍸🍸🍸

10437 Berlin

In den Jazz Kissa Bars in Tokio herrscht vor allem konzentriertes Schweigen, sie sind dem Musikgenuss – Vinyl, nichts als Vinyl – gewidmet. Die Betreiber des Rhinoçéros legen auch Wert aufs Zuhören, dazu werden leise Weine von besonderen Winzern ausgeschenkt, alle Cocktails sind detailliert komponierte Eigenkreationen.

Rhinower Straße 3

rhinoceros-berlin.com
Kategorie: Club

Drinks:	45 | 50
Ambiente:	19 | 20
Service:	18 | 20
Sortiment:	8 | 10
Gesamt:	90 | 100

Root Bar

10117 Berlin

Mit dem imposanten Hotel im ehemaligen Telegrafenamt hat Gastropapst Roland Mary (Borchard) mitten in Corona-Zeiten einen echten Coup gelandet. Zwei Jahre später haben sich Restaurant und Bar bereits etabliert, ein junges und solventes Publikum trifft sich zwischen DJ-Sound und Casual Dinner zu akribisch komponierten Getränken.

Monbijoustraße 11	Drinks:	**44** I 50
+49 30 994059150	Ambiente:	**19** I 20
root-restaurant.com	Service:	**17** I 20
Kategorie: Restaurantbar	Sortiment:	**8** I 10
	Gesamt:	88 I 100

Rum Trader

10719 Berlin

»Klein, gemütlich, intelligent und nett« oder »eng, voll und unfreundlich«, die Meinungen über den Rum Trader gingen immer schon auseinander. Doch Berliner Schnauze muss man aushalten, und »Happy Hour Großgruppenrabatt« ist woanders. Und so bleibt der Rum-lastige Laden seit knapp 50 Jahren besonders und grandios zugleich.

Fasanenstraße 40	Drinks:	**47** I 50
+49 176 24232545	Ambiente:	**18** I 20
rumtrader.com	Service:	**19** I 20
Kategorie: American Bar	Sortiment:	**9** I 10
	Gesamt:	93 I 100

Rutz – Zollhaus

10961 Berlin

Im Rutz Zollhaus direkt am Landwehrkanal wird authentische Berliner Küche von Küchenchef Florian Mennicken und Küchendirektor Marco Müller modern interpretiert. Gastgeber Steffen Kellner serviert die dazu passenden Weine. Ein Ort, an dem es sich verweilen lässt.
Schwerpunkt: Deutschland

Carl-Herz-Ufer 30	Weinangebot:	**50** I 50
+49 30 233276670	Service	**19** I 20
rutz-zollhaus.de	Essen	**19** I 20
Kategorie: Weinbar im Restaurant	Ambiente:	**9** I 10
	Gesamt:	97 I 100

Salut!

10781 Berlin

Rustikales Interieur, großzügige Sofaecke, schummriges Licht: Es ist gemütlich in der Salut!-Bar im Akazienkiez in Schöneberg. Barbetreiber Dejan Spasovski belebt die Berliner Barkultur bereits seit 17 Jahren mit ausgezeichneten Drink-Klassikern, die drinnen ebenso wie auf der Terrasse genossen werden können.

Goltzstraße 7	Drinks:	**46** I 50
+49 30 74698504	Ambiente:	**18** I 20
salut-berlin.de	Service:	**19** I 20
Kategorie: American Bar	Sortiment:	**9** I 10
	Gesamt:	92 I 100

Saphire Bar

10407 Berlin

In purem Gold erstrahlt die Theke dieser Bar im Bötzowkiez. Ebenfalls Ausstrahlung haben die rund 50 Eigenkreationen, die Barchef Roland Hoppenheit für die Karte entwickelt hat: Rätselhaften Namen wie »Herz der Bitternis« muss erst einmal durch Probieren auf den Grund gegangen werden. Eine dankbare Arbeit!

Bötzowstraße 31	Drinks:	**46** | 50
+49 172 3138140	Ambiente:	**18** | 20
saphirebar.de	Service:	**18** | 20
Kategorie: Loungebar	Sortiment:	**8** | 10
	Gesamt:	90 | 100

Schmidt Z&KO

12161 Berlin

Das Schmidt Z&KO in Friedenau vereint Genussschule, Weinhandel und erstklassiges Restaurant. In deckenhohen Weinregalen aus Kirschholz werden vorwiegend deutsche und europäische Weine von bekannten und kleineren Winzern gelagert. Ein Paradies für Wein-Liebhaber.
Schwerpunkt: international, Deutschland

Rheinstraße 45–46	Weinangebot:	**48** | 50
+49 30 200039570	Service	**19** | 20
schmidt-z-ko.de	Essen	**19** | 20
Kategorie: Weinbar im Restaurant	Ambiente:	**9** | 10
	Gesamt:	95 | 100

Schwarze Traube

10997 Berlin

Backsteinwände, schummriges Licht – in der Schwarzen Traube findet man echte Kreuzberg-Atmosphäre. Barchef Atalay Aktas hat jeden Abend vier Drinks im Angebot, die er speziell für diesen Tag entwickelt hat. Es lohnt sich also, häufig vorbeizukommen, um sich einmal durch das ganze Repertoire zu trinken.

Wrangelstraße 24	Drinks:	**45** | 50
+49 30 23135569	Ambiente:	**18** | 20
	Service:	**18** | 20
Kategorie: American Bar	Sortiment:	**8** | 10
	Gesamt:	89 | 100

Serenity Rooftop

10623 Berlin

Berlin hat eine neue Rooftop-Bar bekommen! Der Serenity Rooftop im Waldorf Astoria bietet einen fantastischen Ausblick auf die Gedächtniskirche und leckere Drink-Klassiker wie Espresso Martini. Außerdem kann man hier zum Sundowner auch wunderbar Champagner genießen. Bei gutem Wetter Anlaufpunkt Nummer 1!

Hardenbergstraße 28	Drinks:	**46** | 50
+49 15560 492065	Ambiente:	**20** | 20
	Service:	**18** | 20
Kategorie: Hotelbar	Sortiment:	**8** | 10
	Gesamt:	92 | 100

Sharlie Cheen Bar

10119 Berlin

Wie der Mann, dem die Bar ihren Namen verdankt, hat das Team hinter der Bar Erfahrung damit, wie man einen guten Partyabend organisiert. Die wichtigsten Bausteine: feinste Spirituosen und hausgemachte Zutaten. Wenn man einen köstlichen Espresso Martini mit Erdbeere bestellt, kommt der Rest sowieso ganz von allein.

Brunnenstraße 196
+49 30 55527425
sharliecheenbar.berlin
Kategorie: Loungebar

Drinks:	**46** | 50
Ambiente:	**18** | 20
Service:	**18** | 20
Sortiment:	**8** | 10
Gesamt:	90 | 100

Sicilia

10623 Berlin

Getreu dem Motto »kleine Winzer, große Weine« umfasst das Weinsortiment im Restaurant & Weinbar Sicilia 250 Positionen. Dabei ist die Qualität entscheidend: Die Weine stammen von ausgewählten Winzern, die die Betreiber persönlich kennen und die Nachhaltigkeit leben.
Schwerpunkt: Italien

Knesebeckstraße 29
+49 30 42082318
restaurant-sicilia.de
Kategorie: Weinbar im Restaurant

Weinangebot:	**45** | 50
Service	**17** | 20
Essen	**17** | 20
Ambiente:	**8** | 10
Gesamt:	87 | 100

Sohnemann Bar

10247 Berlin

So kiezig der Name klingt, so angenehm vertraut präsentiert sich auch diese Bar und Kneipe, in der sich eine ausgewogene Mischung aus Friedrichshainern, Zugezogenen und Touris trifft. Für den Genuss sorgen Sohnemann Samir und seine nette Crew mit tollen Eigenkreationen wie »Knusper« aus Wodka, Erdnuss, Salz, Zitrone und Karamell.

Niederbarnimstraße 23
+49 30 25783303
sohnemann-bar.de
Kategorie: American Bar

Drinks:	**45** | 50
Ambiente:	**17** | 20
Service:	**18** | 20
Sortiment:	**8** | 10
Gesamt:	88 | 100

Stagger Lee YYY

10777 Berlin

Nicht nur was für Cowboys: Auch wenn sich das Stagger Lee ästhetisch dem Wilden Westen verschrieben hat, schmecken die Cocktails in dieser ikonischen Bar auch Normalsterblichen. Drinks wie die »Pink Marshmallow Lemonade« werden mit selbst infusierten Spirituosen gemixt. Tolle Auswahl und ein besonderes Erlebnis!

Nollendorfstraße 27	Drinks:	**46** | 50
+49 30 29036158	Ambiente:	**18** | 20
staggerlee.de	Service:	**18** | 20
Kategorie: American Bar	Sortiment:	**8** | 10
	Gesamt:	90 | 100

Stairs YYY

10717 Berlin

Cooles Speakeasy im Berliner Westen mit besten Drinks und einer Zukunftsvision. Nicht nur einfallsreiche, auch nachhaltige Cocktails wollen Konstantin Hennrich und seine Crew kreieren. Ihr »Future Drinks Konzept« nutzt gerettete Lebensmittel: beste Qualität, die sonst im Container gelandet wäre. Einfach probieren.

Uhlandstraße 133	Drinks:	**47** | 50
+49 30 37467688	Ambiente:	**19** | 20
stairsbar-berlin.com	Service:	**19** | 20
Kategorie: Loungebar	Sortiment:	**9** | 10
	Gesamt:	94 | 100

Stue Bar YY

10787 Berlin

Das Ambiente der Bar kann man am besten als »Zen« bezeichnen. Durch den Blick auf den Berliner Zoo fühlt man sich wie in einen fernen Garten versetzt. Die schöne Holztheke, an der klassische Cocktails serviert werden, verstärkt diesen Eindruck, genauso wie die gedämpfte Jazzmusik. Eine Bar der anderen Art!

Drakestraße 1	Drinks:	**45** | 50
+49 30 3117220	Ambiente:	**18** | 20
so-berlin-das-stue.com	Service:	**18** | 20
Kategorie: Hotelbar	Sortiment:	**8** | 10
	Gesamt:	89 | 100

The Coven YY

10178 Berlin

Im The Coven beim Hackeschen Markt in Mitte bekommt man kreativ und raffiniert gemixte Drinks in ungezwungener Atmosphäre. Elektronische Beats, die charmanten Betreiber und ein stylishes und zugleich mysteriöses Interior – designt vom Berliner Architekten Thilo Reich – machen das Bar-Konzept stimmig.

Kleine Präsidentenstraße 3	Drinks:	**45** | 50
+49 151 14982524	Ambiente:	**18** | 20
thecovenberlin.com	Service:	**18** | 20
Kategorie: American Bar	Sortiment:	**8** | 10
	Gesamt:	89 | 100

The Curtain Club ♀♀♀♀ 10785 Berlin

Pure Extravaganz: Barchef Alexander Affeldt verzaubert seine Gäste nicht nur mit einem atemberaubenden Sortiment, einem Martini-Trolley, Livemusik und Humidor, sondern vor allem mit flüssigen Kunstwerken. Stilvoll beginnt man den Abend mit einem »Graf von Brandenburg« mit Holunder, Marille, Quitte, Apfel und – natürlich – Champagner!

Potsdamer Platz 3	Drinks:	**49** | 50
+49 30 337775196	Ambiente:	**18** | 20
curtainclubberlin.com	Service:	**18** | 20
Kategorie: Hotelbar	Sortiment:	**10** | 10
	Gesamt:	95 | 100

THE GIN ROOM ♀♀♀ 10707 Berlin

Wacholder heißt die Beere, um die sich hier alles dreht. Vom Wild Child Berlin bis zum Iron Balls Gin aus Thailand stehen rund 250 internationale Sorten Gin bereit und werden für Cocktails wie Negroni Sour oder beste Longdrinks verwendet. Falls Sie die Auswahl überfordert: einfach das Fachpersonal fragen.

Pariser Straße 38	Drinks:	**46** | 50
+49 30 81307019	Ambiente:	**18** | 20
theginroom.de	Service:	**18** | 20
Kategorie: American Bar	Sortiment:	**8** | 10
	Gesamt:	90 | 100

The Grand Bar ♀♀♀ 10178 Berlin

Für das Wohlbefinden seiner Gäste sorgt das Team in der Grand Bar in Berlin-Mitte. Umgeben von den kulturellen Hotspots und architektonischen Schönheiten der Stadt kann sich auch das elegant-rustikale Ambiente der Bar sehen lassen. Klassiker wie Old Fashioned und Negroni stehen auf der Karte.

Hirtenstraße 4	Drinks:	**46** | 50
+49 30 2789099555	Ambiente:	**19** | 20
the-grand-berlin.com	Service:	**18** | 20
Kategorie: Loungebar	Sortiment:	**8** | 10
	Gesamt:	91 | 100

The Hat Bar ♀♀♀ 10623 Berlin

Jazz und Drinks in Wohlfühl-Atmosphäre: Direkt unter dem S-Bahn-Bogen liegt die Hat Bar, die vor allem für ihre Jazz-Jamsessions bekannt ist. Aufstrebende, aber auch renommierte Jazzer zeigen dort jeden Abend ihr Können. Dazu gibt es vorab gemischte und in Flaschen abgefüllte Cocktails.

Lotte-Lenya-Bogen 550	Drinks:	**45** | 50
	Ambiente:	**18** | 20
thehatbar.de	Service:	**18** | 20
Kategorie: American Bar	Sortiment:	**9** | 10
	Gesamt:	90 | 100

The Wash Bar 🍸🍸🍸 — 10119 Berlin

Auf den ersten Blick passt die Bar ganz gut in die umliegende Partyzone, aber lassen Sie sich nicht von der Discokugel täuschen: Drinnen an der Theke wird ernsthaft gemischt, auch wenn die Cocktails mit irritierenden Namen wie »Funky Kong«, »Don't give a Sip« oder gar »Hipster Paloma« daherkommen. Irony's not over.

Brunnenstraße 163
+49 30 26301372
thewashbar.berlin
Kategorie: American Bar

Drinks:	**46** | 50
Ambiente:	**18** | 20
Service:	**18** | 20
Sortiment:	**8** | 10
Gesamt:	90 | 100

TiER 🍸🍸🍸 — 12045 Berlin

Keine Fotos! Erst ab 21 Jahren! Und draußen stehen schiefe Flohmarktstühle. So rüde kann man neugierige Gäste nur vertreiben, wenn man sie nicht nötig hat (weil ohnehin immer voll) und über das notwendige Selbstbewusstsein verfügt, einen richtig guten Tresenjob und ausgezeichnete Drinks zu machen. Trauen Sie sich einfach rein!

Weserstraße 42
tier.bar
Kategorie: American Bar

Drinks:	**47** | 50
Ambiente:	**18** | 20
Service:	**18** | 20
Sortiment:	**8** | 10
Gesamt:	91 | 100

Tiger Bar 🍸🍸 — 10785 Berlin

Auf der Terrasse im idyllischen Innenhof kommen Urlaubsgefühle auf: Unter den großen Sonnenschirmen genießt man erfrischende Eigenkreationen. Falls das Wetter einen Abend auf der Terrasse nicht zulassen sollte, kann man sich getrost in den schick gefliesten Innenraum zurückziehen und weitere coole Drinks probieren.

Potsdamer Straße 91
+49 30 983208435
oh-panama.com
Kategorie: American Bar

Drinks:	**44** | 50
Ambiente:	**18** | 20
Service:	**18** | 20
Sortiment:	**8** | 10
Gesamt:	88 | 100

Timber Doodle YYY

10245 Berlin

Gentlemen's Club in Friedrichshain: Die Timber Doodle Bar von Susanne Baró Fernández ist ein Ort, der Kultur- und Bargeschichte vereint. Auf Chesterfield-Sofas und Sesseln bekommt man Drinks, die eine Geschichte erzählen und mit eigens hergestellten Sirupen und Essenzen aus Kräutern und Blüten verfeinert werden.

Wühlischstraße 37	Drinks:	**46** | 50
+49 152 53133786	Ambiente:	**18** | 20
timberdoodle.de	Service:	**19** | 20
Kategorie: American Bar	Sortiment:	**8** | 10
	Gesamt:	91 | 100

Troya YY

10119 Berlin

Der Promi-Hype war hoch, als Agenturboss Jung von Matt zusammen mit Dramatikertochter Anna Müller und Allroundkünstler Friedrich Lichtenstein eine Bar eröffnete. Heute ein undramatischer Szenetreff mit guter Bar, die neben viel Champagner auch gestandene Cocktails wie Dark & Cozy oder Breakfast Martini serviert.

Brunnenstraße 10	Drinks:	**44** | 50
	Ambiente:	**18** | 20
troya-bar.de	Service:	**17** | 20
Kategorie: American Bar	Sortiment:	**8** | 10
	Gesamt:	87 | 100

Truffle Pig YYY

12047 Berlin

Die Truffle Pig Bar ist ein echter Goldschatz, was coole Drinks und intime Atmosphäre angeht. Um Cocktails wie den »White Ferrari« oder »Midsommar« genießen zu können, muss man sich erst mal durch das Kauz&Kiebitz wagen und an der Tür klingeln. Einmal geschafft, eröffnet sich auf der anderen Seite der Barhimmel.

Reuterstraße 47	Drinks:	**46** | 50
+49 174 1916697	Ambiente:	**18** | 20
trufflepigberlin.de	Service:	**18** | 20
Kategorie: American Bar	Sortiment:	**8** | 10
	Gesamt:	90 | 100

Velvet 🍸🍸🍸🍸

12043 Berlin

Fantastische Handarbeit am lebenden Objekt, denn viele der Zutaten, die fermentiert, verdampft oder destilliert werden und am Ende in den spannenden Cocktails landen, kommen aus dem eigenen Garten oder der nahen Umgebung. Die Drinks selbst werden liebevoll drapiert und erinnern an barocke Kunstwerke von Arcimboldo.

Ganghoferstraße 1	Drinks:	**50** | 50
	Ambiente:	**19** | 20
velvet-bar-berlin.de	Service:	**19** | 20
Kategorie: American Bar	Sortiment:	**10** | 10
	Gesamt:	98 | 100

Vesper Bar 🍸🍸

10709 Berlin

Inspiriert vom Lieblingsdrink von James Bond, dreht sich in der Vesper Bar am Ku'damm alles um den legendären Dry Martini. Und auch das Ambiente versprüht Bond-Vibes und erinnert an ein 60er-Jahre-Filmset wie in »Casino Royal«. Gemixt werden natürlich verschiedene Martini-Twists, aber auch andere Drink-Klassiker.

Kurfürstendamm 160	Drinks:	**45** | 50
+49 30 85606356	Ambiente:	**18** | 20
vesper-bar.de	Service:	**18** | 20
Kategorie: American Bar	Sortiment:	**8** | 10
	Gesamt:	89 | 100

Victoria Bar 🍸🍸🍸

10785 Berlin

Hier versteht man sich auf klassische Barkultur. Nicht nur hat die Victoria Bar 25 Champagnercocktails im Angebot, auch Hungrige kommen auf ihre Kosten: Club Sandwiches, Roastbeef und Caesar Salad sind genau das, was einen Abend voller Cocktails perfekt abrundet. Chapeau an diese Legende der Berliner Szene!

Potsdamer Straße 102	Drinks:	**47** | 50
+49 30 25759977	Ambiente:	**19** | 20
victoriabar.de	Service:	**18** | 20
Kategorie: American Bar	Sortiment:	**9** | 10
	Gesamt:	93 | 100

Vinothek Berlin

10115 Berlin

Mit über 1300 Weinen, Schaumweinen und Spirituosen ausgesuchter Weingüter überzeugt die Vinothek in Berlin-Mitte durch die beachtliche Auswahl. Im Mittelpunkt stehen Weine aus Deutschland, Österreich, Italien und Südafrika, die vor Ort verkostet werden können.
Schwerpunkt: Deutschland, Österreich, Italien

Gartenstraße 102
+49 30 28886460
vinothek-berlin.de
Kategorie: Weinbar in Vinothek

Weinangebot:	**44** / 50
Service	**17** / 20
Essen	**17** / 20
Ambiente:	**8** / 10
Gesamt:	86 / 100

Vox Bar

10795 Berlin

Die Bar im Hyatt-Hotel hat vor allem für Whisk(e)y- und Zigarrenliebhaber einiges zu bieten. Ganze acht Seiten umfasst die Whisk(e)y-Karte, für den Genuss von Zigarren steht eine eigene Raucherlounge mit angeschlossenem Humidor zur Verfügung. Für alle anderen gibt es aber auch eine gute Auswahl an klassischen Drinks.

Marlene-Dietrich-Platz 2
+49 30 25531772
vox-restaurant.de
Kategorie: Hotelbar

Drinks:	**45** / 50
Ambiente:	**18** / 20
Service:	**18** / 20
Sortiment:	**8** / 10
Gesamt:	89 / 100

Wax On

12047 Berlin

Zentrifuge, Kaltauszüge, Rotationsverdampfer ... Wer die Vielfalt der modernen Barkunst erleben möchte, ist hier richtig. Viele Drinks (die Karte umfasst gerade mal acht Varianten von Klassikern) werden Pre-Batched oder fassgereift serviert, so zum Beispiel der Freezer Negroni mit Grüntee-Destillat, Sake, Wermut-Blend und Campari.

Weserstraße 208

Kategorie: American Bar

Drinks:	**49** / 50
Ambiente:	**18** / 20
Service:	**19** / 20
Sortiment:	**9** / 10
Gesamt:	95 / 100

Weinlobbyist 🍷🍷🍷

10827 Berlin

Serhat Aktas zählt zu den Top-50-Sommeliers in Deutschland und beweist im Weinlobbyist seinen guten Geschmack. Die Sektkarte alleine umfasst 70 Positionen von deutschen Winzern, die Aktas alle persönlich kennt. Dazu kocht Küchenchef Ronny verschiedene Vier-Gänge-Menüs.
Schwerpunkt: Deutschland, Österreich

Kolonnenstraße 62	Weinangebot:	**48** | 50
+49 30 30640772	Service	**18** | 20
derweinlobbyist.de	Essen	**17** | 20
Kategorie: Weinbistro	Ambiente:	**8** | 10
	Gesamt:	91 | 100

Windhorst 🍸🍸🍸

10117 Berlin

In der elegant-schummrigen American Bar nahe der Friedrichstraße sorgt Chef Günter Windhorst schon seit zweieinhalb Jahrzehnten für angenehme Gästebetreuung. Feiner Jazz, intelligent variierte Klassiker und Signature Drinks wie der Westwood Cocktail oder Bitter Giuseppe sorgen für einen garantiert gelungenen Abend.

Dorotheenstraße 65	Drinks:	**46** | 50
+49 177 2392908	Ambiente:	**18** | 20
windhorst-bar.de	Service:	**18** | 20
Kategorie: American Bar	Sortiment:	**8** | 10
	Gesamt:	90 | 100

Würgeengel 🍸🍸

10999 Berlin

Wer die Erinnerung an den letzten Spanienurlaub mit einem Barbesuch auffrischen will, ist im Würgeengel genau richtig. Neben einer tollen Auswahl an Wermut gibt es ein großes Angebot an perfekt gemixten Cocktailklassikern. Die dazu gereichten Tapasteller mit Manchego und Parmaschinken machen den Abend perfekt.

Dresdener Straße 122	Drinks:	**45** | 50
+49 30 6155560	Ambiente:	**18** | 20
wuergeengel.de	Service:	**17** | 20
Kategorie: Loungebar	Sortiment:	**8** | 10
	Gesamt:	88 | 100

Zyankali Bar 🍸🍸🍸

10961 Berlin

Diese Bar ist nichts für schwache Nerven. Die Atmosphäre oszilliert zwischen Kräuterlabor und Kurklinik, was die Bar nur noch cooler macht. Unbedingt probieren sollte man die Drinks mit Absinth, denn auf diese Spirituose legt man hier besonders großen Wert. Auch die hausgemachten Liköre sind ein echtes Highlight.

Gneisenaustraße 17	Drinks:	**46** | 50
+49 30 68830170	Ambiente:	**17** | 20
zyankalibar.chayns.site	Service:	**18** | 20
Kategorie: Loungebar	Sortiment:	**9** | 10
	Gesamt:	90 | 100

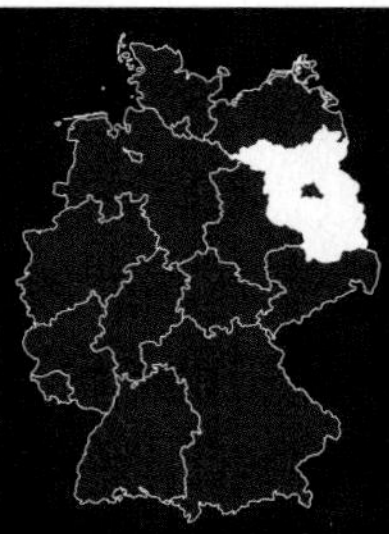

BRANDENBURG

Greenhouse 🍸🍸

16548 Glienicke/Nordbahn

Auch der Berliner Norden treibt schöne Cocktail-Blüten: Nahe der Stadtgrenze liegt dieses ehemalige Gewächshaus, in dem zum einen gut gemachte Tex-Mex-Küche serviert wird, andererseits am Bartresen professionell gestandene Drinks wie der feine Tommy's Margarita oder der gefährliche Long Island Ice Tea gemixt werden.

Oranienburger Chaussee 10–11
+49 33056 246800
greenhouse-california.de
Kategorie: Restaurantbar

Drinks:	**44** I 50
Ambiente:	**18** I 20
Service:	**18** I 20
Sortiment:	**8** I 10
Gesamt:	88 I 100

Bar Fritz'n 🍸🍸🍸

14467 Potsdam

Die Bar Fritz'n belebt mit ihrem stylish-gemütlichen und gut besuchten Laden die Cocktailszene in der Potsdamer Stadtmitte. »Wer Fritz'n will, muss freundlich sein!«, empfiehlt die ansehnliche Barkarte ebenso wie den Old Cuban oder den Madstop Daiquiri. Der in Potsdam allgegenwärtige »olle Fritz« würde hier trinken.

Dortustraße 6
+49 173 2479353
barfritzn.de
Kategorie: Loungebar

Drinks:	**46** I 50
Ambiente:	**18** I 20
Service:	**19** I 20
Sortiment:	**8** I 10
Gesamt:	91 I 100

Bar-O-meter 🍸🍸

14467 Potsdam

Es ist die älteste Cocktailbar Potsdams, seit rund 30 Jahren wird hier in stimmungsvoller Atmosphäre Barkultur gelebt. Eine traditionelle Karte gibt es nicht, die Drinks werden von den kompetenten Barkeepern nach individuellen Wünschen und Stimmungen zubereitet – oder kommen ganz klassisch in die Gläser.

Gutenbergstraße 103
+49 331 2702880
barometer.eatbu.com
Kategorie: American Bar

Drinks:	**44** I 50
Ambiente:	**18** I 20
Service:	**18** I 20
Sortiment:	**8** I 10
Gesamt:	88 I 100

Lewy Wein-Bistro 🍷🍷

14467 Potsdam

Der Umzug nach Babelsberg hat zur Folge, dass man im liebenswerten Bistro von Lesya Richter nun schon mittags europäische Klassiker genießen kann. Österreichisches Backhendl oder ukrainische Wareniki finden sich ebenso auf der Karte wie eine sehr gute Wein-Auswahl.
Schwerpunkt: Deutschland, Frankreich, Italien

Dortustraße 17
+49 331 2008802
lewy-potsdam.de
Kategorie: Weinbar im Restaurant

Weinangebot:	**45** I 50
Service	**18** I 20
Essen	**17** I 20
Ambiente:	**8** I 10
Gesamt:	88 I 100

Rankelmut 🍸🍸🍸

14471 Potsdam

Die Bar von Ronny Rammelt mit den charakteristischen Kacheln an den Wänden hat erst vor rund einem Jahr eröffnet. Gestartet wird am Nachmittag, dann stehen Kaffee und hausgemachte Kuchen auf dem Programm. In den Abendstunden werden Drinks und Cocktails serviert, ein buntes Programm aus der internationalen Barwelt.

Sellostraße 28

rankelmut.de
Kategorie: American Bar

Drinks:	**46** I 50
Ambiente:	**19** I 20
Service:	**19** I 20
Sortiment:	**8** I 10
Gesamt:	92 I 100

Schech's 🍸🍸

14467 Potsdam

Ein Fixpunkt in Potsdam mit freundlicher Bedienung, guten Cocktails und leckerem Craftbeer. Bei der Rezeptur der Cocktails setzt man hier auf Inspiration, und so entstehen coole Sommerdrinks wie »Meadow« mit Matcha, Limette, Rosenwasser und Tonic oder »Dünenvergnügen« mit Sanddornlikör, Wodka, Zitrone, Rosmarin und Secco.

Dortustraße 68
+49 331 58392666

Kategorie: Loungebar

Drinks:	**45** | 50
Ambiente:	**17** | 20
Service:	**19** | 20
Sortiment:	**8** | 10
Gesamt:	89 | 100

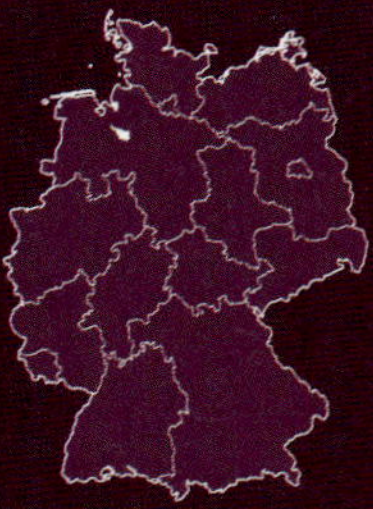

BREMEN

Blauer Fasan 🍸🍸🍸

28195 Bremen

Bei chilliger Musik kommen Liebhaber hochwertiger Cocktails und Spirituosen ebenso wie Feierabendbier-Genießer auf ihre Kosten. Bar-Klassiker und raffinierte Signatures wie »La Trinidad Sissi« mit Cranberrypulver und Angostura oder »Fasanenblut« mit Gin, Carpano Bitter und Himbeeren werden gekonnt gemixt. Cocktail-Kurse und Tastings.

Böttcherstraße 3–5
+49 421 40896781
blauerfasan.de
Kategorie: Loungebar

Drinks:	**47** | 50
Ambiente:	**18** | 20
Service:	**19** | 20
Sortiment:	**8** | 10
Gesamt:	92 | 100

Bobby Lane Bar

28209 Bremen

In die Welt des Wachmanns »Bobby« eintauchen heißt, Barkultur in Reinform erleben. Der Schwerpunkt liegt auf Gin- und Rum-Sorten, aber auch die Signature Drinks wie Bananarama mit Bananenpüree und Vanillesirup überzeugen. Ab in den Orient geht's mit Marrakesh Mule (Schwarz- und Grüntee-Gin-Infusion, Limette, Ginger Beer und Zimt).

Wachmannstraße 47
+49 421 5178885
bobby-lane.de
Kategorie: American Bar

Drinks:	**46** | 50
Ambiente:	**18** | 20
Service:	**18** | 20
Sortiment:	**9** | 10
Gesamt:	91 | 100

Engel Weincafé

28203 Bremen

Gemütlicher Rückzugsort für Wein-Liebhaber im nostalgischen Ambiente einer alten Apotheke. Der Tag startet um 10 Uhr mit (Sekt-) Frühstück, mittags gibt es Lunch oder Torte und abends Wein – vom einfachen Qualitätswein bis zum Großen Gewächs, von Europa bis Übersee.
Schwerpunkt: Deutschland, international

Ostertorsteinweg 31/33
+49 421 69642390
engelweincafe-bremen.de
Kategorie: Weinbar im Restaurant

Weinangebot:	**47** | 50
Service	**18** | 20
Essen	**17** | 20
Ambiente:	**9** | 10
Gesamt:	91 | 100

Lemon Lounge 🍸🍸🍸

28195 Bremen

Große Auswahl an exzellenten Whisk(e)ys, Rum und Gin. Die Drinks sind nach Entstehungsjahrhundert sortiert, und es gibt auch echte Raritäten wie die Barrel Aged Cocktails. Highlights sind die Cocktailbar-Quizze. Spirituosen-Fans erfahren in Spezialkursen alles über ihre Lieblingsgetränke und deren optimale Zubereitung. Schöne Außenterrasse.

Am Wall 177
+49 421 57705364
lemonlounge.de
Kategorie: Loungebar

Drinks:	**45** | 50
Ambiente:	**18** | 20
Service:	**18** | 20
Sortiment:	**9** | 10
Gesamt:	90 | 100

Ludwig's 🍷🍷🍷

28209 Bremen

Das schicke Interieur bietet die perfekte Bühne für feine Tropfen aus aller Welt und begleitende Speisen wie Austern, Tatar de Bœuf und Quiche Lorraine. Perfekter Ort, um das Leben zu genießen, besonders auf der Terrasse. Geheimtipp: die Mini-Hot-Dogs und der Ofenkäse.
Schwerpunkt: international

Wachmannstraße 47
+49 421 5178885
ludwigs-weinbar.de
Kategorie: Klassische Weinbar

Weinangebot:	**46** | 50
Service	**18** | 20
Essen	**19** | 20
Ambiente:	**9** | 10
Gesamt:	92 | 100

Olive – Brot und Wein 🍷🍷

28205 Bremen

Hier dreht sich alles um die Steinfrucht, im Glas und auf dem Teller: Zum Wein geröstetes Brot mit Olivenöl oder Käsebrett. Die Weinkarte bietet eine breite Auswahl, überwiegend mit europäischen Tropfen sowie passende Perlen und Portweine. Mediterranes Lebensgefühl pur!
Schwerpunkt: Europa, Italien

Hamburger Straße 189
+49 421 22297588
olive-weinbar.de
Kategorie: Klassische Weinbar

Weinangebot:	**44** | 50
Service	**17** | 20
Essen	**16** | 20
Ambiente:	**8** | 10
Gesamt:	85 | 100

HAMBURG

Amaranto — 22085 Hamburg

Weine bis unter die Decke im geschmackvollen Ambiente geben die Richtung vor: Die Auswahl spanischer Weine, ergänzt um internationale Tropfen, macht Spaß. Ebenso gut: die hausgemachten Tapas. Wohnzimmeratmosphäre mit vielen begeisterten Stammgästen auf der Uhlenhorst.
Schwerpunkt: Spanien, international

Winterhuder Weg 146	Weinangebot:	**45** | 50
+49 40 22691111	Service	**18** | 20
amaranto.de	Essen	**16** | 20
Kategorie: Weinbistro	Ambiente:	**7** | 10
	Gesamt:	86 | 100

OLIVER HELBIG

Atlantic Bar — 20099 Hamburg

Gekonnt renoviert kommt die Atlantic Bar herrschaftlich daher und strahlt hanseatische Gemütlichkeit aus. Leinen los und mit Cocktails, Gewürzen und Kräutern auf Tour um die Welt. Wie wäre es mit einem Abstecher nach Irland mit »Sir James« aus Jameson, Irish Mist, Champagner, feinen Orangenzesten und Orangen Bitters?

An der Alster 72–79	Drinks:	**45** | 50
+49 40 2888862	Ambiente:	**19** | 20
brhhh.com	Service:	**18** | 20
Kategorie: Hotelbar	Sortiment:	**8** | 10
	Gesamt:	90 | 100

Bar du Nord 🍸🍸

22301 Hamburg

Im quirligen Klein-Venedig von Hamburg ist die Bar du Nord als Bar-Institution ein beliebter Anlaufpunkt zum Start in die Nacht oder für einen Absacker. Sours, Cocktails und Longdrinks sind hervorragend, Highballs werden gekonnt zubereitet. Die Tresencrew kümmert sich versiert um die Gäste, die das gemütliche Ambiente schätzen.

Dorotheenstraße 33
+49 172 4195608
bardunord.de
Kategorie: American Bar

Drinks:	**43** / 50
Ambiente:	**18** / 20
Service:	**17** / 20
Sortiment:	**8** / 10
Gesamt:	86 / 100

Bar Noir 🍸🍸🍸

20355 Hamburg

Das Hotel Tortue mit seinen stylishen Restaurants ist für Gourmets ein vielfältiger Anlaufpunkt. Und auch die flüssigen Kompositionen überzeugen. Die Bar Noir begeistert immer wieder mit raffinierten Interpretationen von Klassikern und Innovativem wie »Basil Spritz« mit Yuzu und Basilikum, sogar an Sangria wagt sich das Barteam.

Stadthausbrücke 10
+49 40 33441400
tortue.de
Kategorie: Hotelbar

Drinks:	**46** / 50
Ambiente:	**20** / 20
Service:	**19** / 20
Sortiment:	**9** / 10
Gesamt:	94 / 100

Berglund 🍸🍸🍸

22303 Hamburg

Früher wurde hier bodenständige Hausmannskost serviert, heute werden in der skandinavisch angehauchten Bar edle Drinks kredenzt. Gin-lastige Cocktails und Highballs stehen im Fokus, wie etwa der herbe »Gentlemen's Tonic« (auch für Ladies). Inklusiv: »Hamburg United« mit Helbing Kümmel, Basilikum, Zitrone und Soda. Gemütliche Atmosphäre.

Gertigstraße 14
+49 40 60430208
berglund-bar.com
Kategorie: American Bar

Drinks:	**46** / 50
Ambiente:	**18** / 20
Service:	**18** / 20
Sortiment:	**8** / 10
Gesamt:	90 / 100

Berliner Bahnhof 🍸🍸🍸

20095 Hamburg

Bahnhofsatmosphäre? Fehlanzeige im ultraschicken Bistro-Bar-Ambiente mit retromodernem Charme. Das Konzept: zum Cocktail eine Kleinigkeit essen und mehrere Runden genießen. Etwa mit »Watermelon-Negroni«, »Berlini« mit Birne, Chinotto Nero und Crémant oder einem besonderen Tropfen aus der feinen Weinkarte.

Deichtorstraße 1–2	Drinks:	**47** | 50
+49 40 20982392	Ambiente:	**19** | 20
berlinerbahnhof.com	Service:	**18** | 20
Kategorie: Restaurantbar	Sortiment:	**8** | 10
	Gesamt:	92 | 100

Black Forest Bar 🍸🍸🍸

20251 Hamburg

Ein Stück Bayern in Eppendorf: dunkle Holzvertäfelung, Kuckucksuhren und das Barteam von Tobias Henn mit Trachtdetails – ohne Kitsch richtig gut. Als Grundlage schwäbische Tapas mit Rothaus Tannenzäpfle, dann gerne Hochprozentigeres: kreative Cocktails mit Black-Forest-Note wie der »Bollenhut« oder »Sauerkirsch Old Fashioned«.

Curschmannstraße 9	Drinks:	**46** | 50
+49 40 30031400	Ambiente:	**19** | 20
blackforest-bar.de	Service:	**18** | 20
Kategorie: American Bar	Sortiment:	**8** | 10
	Gesamt:	91 | 100

Blick 🍸🍸🍸

20457 Hamburg

Auf Etage acht der Fünf-Sterne-Herberge Westin in der Elphi geht es gediegen zu. Nachmittags Teatime, abends feine Naschereien und dazu eine Barkarte, die keinen Wunsch unerfüllt lässt: Hier gibt's das Who's who der Cocktail-Elite, gerne mit individueller Note wie »Barrel Aged Lady Negroni« mit einem Schuss mallorquinischem Orangenlikör.

Platz der Deutschen Einheit 2	Drinks:	**45** | 50
+49 40 8000103114	Ambiente:	**19** | 20
blick-hamburg.de	Service:	**18** | 20
Kategorie: Hotelbar	Sortiment:	**8** | 10
	Gesamt:	90 | 100

Boilerman 🍸🍸🍸

20253 Hamburg

Kleine, stylishe Bar mit besonderem Vibe, der sofort zum Wohlfühlen einlädt. Die Cocktails sind kleine Meisterwerke – kreativ, überraschend und auf den Punkt gemixt. Besonders die Highballs sollte man probiert haben – etwa den »New York Sour Highball« mit Rotwein! Entspannte Musik und freundliches Personal machen den Abend perfekt.

Eppendorfer Weg 211	Drinks:	**46** | 50
+49 40 42102135	Ambiente:	**18** | 20
boilermanbar.net	Service:	**19** | 20
Kategorie: American Bar	Sortiment:	**9** | 10
	Gesamt:	92 | 100

Boilerman ΥΥΥ

20457 Hamburg

Wenn der alte Seebär reden könnte, würde der Wandgemäldehaudegen so manchen Schnack wiedergeben und von perfekten Highballs schwärmen. Ob Parma Negroni, Gin Basil oder Mezcalin, ganz ohne Shaker, dafür mit zwei Eiskugeln kommen die beliebten Drinks daher. Ganz Boilerman, heizen die Bartender den Gästen gerne mit Varianten ein.

Osakaallee 12
+49 40 555575440
boilerman-hafenamt.de
Kategorie: Hotelbar

Drinks:	**45** | 50
Ambiente:	**18** | 20
Service:	**19** | 20
Sortiment:	**9** | 10
Gesamt:	91 | 100

Bootshaus ΥΥΥ

20457 Hamburg

Die wellenförmige Decke und das moderne Ambiente spiegeln den Style der Hafencity. Wer das Restaurant betritt, wird von der eleganten Bar mit großer, beleuchteter Getränkewand verführt. Darf es ein »Delicious Bootshaus« vor dem Dinner sein? Auch appetitanregend: der »Grilled Pineapple Mojito« oder »Mixical Basil« mit Tequila und Agave.

Am Kaiserkai 19
+49 40 33473744
bootshaus-hafencity.de
Kategorie: Restaurantbar

Drinks:	**45** | 50
Ambiente:	**19** | 20
Service:	**18** | 20
Sortiment:	**8** | 10
Gesamt:	90 | 100

Botanic District ΥΥΥ

20251 Hamburg

Eintauchen in den urbanen Dschungel mit einer Auswahl an Highballs, Tapas, Burgern und Bowls. Drinks bis spät in die Nacht. Eine Besonderheit: Die Spirituosen sind mit verschiedenen Kräutern aromatisiert und eröffnen neue botanische Aromenwelten. Hunger mitgebracht? Hausgemachte Currywurst mit Fries is(s)t die Antwort.

Hegestraße 14–16
+49 40 46095310
botanic-district.de
Kategorie: American Bar

Drinks:	**46** | 50
Ambiente:	**18** | 20
Service:	**18** | 20
Sortiment:	**8** | 10
Gesamt:	90 | 100

Botanist Bar ΥΥ

20354 Hamburg

Eben noch im City-Trubel, taucht man hier in eine andere, elegante Welt ein. Fast jeder Cocktail hat einen Botaniktouch, die Karte ist originell nach Kräutergarten, Gewürzregal, Minze, Zitronenthymian oder Rosmarin unterteilt. Raffiniert scharf der »Blueberry Radish« mit Gin und Radieschen, »Mild Lady Marmelade« auf Pisco-Basis.

Drehbahn 49
+49 40 30999595
meatery.de
Kategorie: Restaurantbar

Drinks:	**45** | 50
Ambiente:	**18** | 20
Service:	**18** | 20
Sortiment:	**8** | 10
Gesamt:	89 | 100

Brooklyn Burger Bar 🍸🍸

20457 Hamburg

Stylisher Mix aus Industrie- und New-York-Schick, die lange Bar gibt die Richtung vor. Noch rasch einen Hangover-Burger und Fries, bevor man sich den Main Acts widmet: Cocktails und Craftbeer! »Salted Caramel Popcorn Sour«, »Bottermelk Fresh Margarita«, »Choco Brownie Rum Punch« – die kreative Crew tobt sich gekonnt am Shaker aus.

Alter Fischmarkt 3	Drinks:	**44** I 50
+49 40 34994866	Ambiente:	**17** I 20
brooklynburgerbar.de	Service:	**18** I 20
Kategorie: American Bar	Sortiment:	**8** I 10
	Gesamt:	87 I 100

Bā Nomu 🍸🍸🍸

20095 Hamburg

Die asiatisch inspirierte Cocktailbar macht sich perfekt in der City. Umami, boozy, fruity – die Karte hilft bei der Auswahl. Und die hat es in sich: raffinierte Signature Cocktails und Drinks wie der »Black Dot« mit Gin, Sake und Sesam-Shochu oder der »Re:Porn« mit Vodka, Yuzu-Sake und Lime-Passionfruit. Dazu eine feine Sake-Auswahl.

Schauenburger Straße 35	Drinks:	**48** I 50
+49 40 56122698	Ambiente:	**17** I 20
nomu-hamburg.de	Service:	**19** I 20
Kategorie: Loungebar	Sortiment:	**8** I 10
	Gesamt:	92 I 100

Carls Weinbar 🍷🍷

20457 Hamburg

Santé! Die sorgfältig zusammengestellte Weinkarte von Thomas Martin und seiner Crew umfasst sowohl lokale als auch internationale Weine. Der Elphi-Blick inspiriert, während Kleinigkeiten wie Baguette, Käse und Wurst zu den edlen Tropfen harmonieren. Französische Lebensart pur.
Schwerpunkt: Frankreich

Am Kaiserkai 69	Weinangebot:	**44** I 50
+49 40 300322400	Service	**17** I 20
carls-brasserie.de	Essen	**17** I 20
Kategorie: Weinbistro	Ambiente:	**8** I 10
	Gesamt:	86 I 100

Christiansen's 🍸🍸🍸

20359 Hamburg

Das St.-Pauli-Urgestein mischt seit einem Vierteljahrhundert die Barszene auf und mixt die feinsten Drinks und Cocktails, wie zahlreiche Auszeichnungen in der gemütlichen Bar eindrucksvoll belegen. Am besten lässt man sich auf die fachkundige Beratung von Uwe Christiansen ein und wird mit in Perfektion zubereiteten Kreationen belohnt.

Pinnasberg 60	Drinks:	**47** I 50
+49 40 3172863	Ambiente:	**18** I 20
christiansens.de	Service:	**19** I 20
Kategorie: American Bar	Sortiment:	**10** I 10
	Gesamt:	94 I 100

Ciu' 🍸🍸

20095 Hamburg

Im Sommer von der Terrasse aus herrlicher Blick auf die Binnenalster, perfekt, um nach dem Office oder der Shopping-Runde den Tag ausklingen zu lassen. Die Karte bietet Cocktails, Highballs oder Sours, dazu eine schöne Weinauswahl und kleine Speisen. Klassiker und Abwandlungen wie der »Oreo Colada« oder »Smash de Pimientos« mit grüner Paprika.

Ballindamm 14–15	Drinks:	45 | 50
+49 40 32526060	Ambiente:	18 | 20
ciudiebar.de	Service:	17 | 20
Kategorie: American Bar	Sortiment:	8 | 10
	Gesamt:	88 | 100

Clockers 🍸🍸🍸

22767 Hamburg

Wer die Bar auch ohne Hinweisschild findet, wird mit Waldambiente, Mooswand und Lichterketten in den Zweigen belohnt. Stilwechsel dann im oberen Barbereich – der Songerie – mit Lounge-Ledersofas und Individuellem vom Bartender. Ins Glas kommen Signature Drinks wie »Mrs. Garfield« mit Gin, Himbeergeist, Rote-Bete-Geist, Sour Mix und Zucker.

Paul-Roosen-Straße 27	Drinks:	48 | 50
+49 179 9769435	Ambiente:	18 | 20
clockers.hamburg	Service:	19 | 20
Kategorie: American Bar	Sortiment:	8 | 10
	Gesamt:	93 | 100

Clouds 🍸🍸🍸

20359 Hamburg

Hoch hinaus für einen besonderen Abend, schick machen lohnt sich! Die Namen der Drinks sind eine Hommage an die Hansestadt: »Übel und Gefährlich«, »St. Pauli Ice Tea«, »Perfect Kiez« oder »Hamburger Sonne«, deren Untergang man von hier oben bestens bewundern kann. Die spektakuläre Rooftop-Bar ist von Frühling bis Herbst geöffnet.

Reeperbahn 1	Drinks:	46 | 50
+49 40 30993280	Ambiente:	19 | 20
clouds-hamburg.de	Service:	19 | 20
Kategorie: Restaurantbar	Sortiment:	8 | 10
	Gesamt:	92 | 100

Collab Bar 🍸🍸🍸🍸

20359 Hamburg

Nachbarschaft und Miteinander werden hier auf St. Pauli großgeschrieben, Gastro-Kollegen schauen bei Chloé Merz vorbei. Fluffiges Pita-Brot, ofenwarm serviert zu Hummus und Baba Ganoush, macht Durst. Raffinierte Low- und Non-Alcohol-Drinks. Wie wär's mit »Out of Office«? Kokosrum, Litschi, Sake und Lemongrass lassen den Job vergessen.

Hein-Hoyer-Straße 63	Drinks:	49 | 50
+49 172 4133306	Ambiente:	18 | 20
collab-bar.de	Service:	20 | 20
Kategorie: Loungebar	Sortiment:	8 | 10
	Gesamt:	95 | 100

DaCaio im Hotel The George 🍸🍸🍸 22087 Hamburg

Das große Bar-Buch gibt den Ton vor, lesen lohnt, probieren ebenso. Neben einer großen Auswahl an Spirituosen, Weinen und Bieren begeistern die Drinks. Ob als Aperitivo oder Digestif (das hoteleigene Restaurant ist buonissimo!). Klassisch: Negroni oder Espresso Martini. Ausgefallen: »Mr & Mrs Smith« (Pussanga, Acqua Bianca und Madagascar Air).

Barcastraße 3	Drinks:	**48** I 50
+49 40 2800301810	Ambiente:	**18** I 20
thegeorge-hotel.de	Service:	**18** I 20
Kategorie: Hotelbar	Sortiment:	**9** I 10
	Gesamt:	93 I 100

Die alte Druckerei 🍷🍷🍷 20095 Hamburg

Weinbar und Lifestyle gekonnt kombiniert. Richtig gute und vor allem interessante Weine, eine Handvoll ausgewählter Signature Drinks und kleine Bites im cool-rustikalen Industrial-Design, am Wochenende begleitet von guten Beats. Besonders beliebt bei der jüngeren Crowd.
Schwerpunkt: international

Kattrepel 2	Weinangebot:	**47** I 50
+49 170 7013786	Service	**17** I 20
die-alte-druckerei.de	Essen	**18** I 20
Kategorie: Klassische Weinbar	Ambiente:	**9** I 10
	Gesamt:	91 I 100

Drilling 🍸🍸🍸 22763 Hamburg

Café, Bar und Destille in der alten Marzipanfabrik in Bahrenfeld. Selbst hergestellte Sirupe, Drips und Infusionen werden von den Clockers-Machern aus St. Pauli mit den eigenen Spirituosen zu ausgesuchten Signature Drinks und Klassikern gemixt. Unbedingt probieren: eine Kreation mit dem selbst gebrannten Gin! Dreifach lecker!

Friesenweg 4	Drinks:	**47** I 50
+49 179 9769435	Ambiente:	**18** I 20
drilling.hamburg	Service:	**19** I 20
Kategorie: American Bar	Sortiment:	**8** I 10
	Gesamt:	92 I 100

Dripbar 🍸🍸🍸 20359 Hamburg

Fancy Drinks, und zwar Tropfen für Tropfen. In den Cold Dripper wird oben die Spirituose eingefüllt, in der Mitte ein Filter mit Ingredienzien von Gewürz über Obst bis Kaffee, unten heraus drippt in bis zu 24 Stunden das köstliche Ergebnis. Auch die auf hochwertigem koffeinfreiem Kaffee basierenden Drinks sind sehr gelungen.

Antonistraße 4	Drinks:	**47** I 50
	Ambiente:	**18** I 20
	Service:	**18** I 20
Kategorie: Loungebar	Sortiment:	**9** I 10
	Gesamt:	92 I 100

Fabbro 🍷🍷

20253 Hamburg

Benvenuti e salute. Das Ristorante mit den herrlichen Stuckdecken ist ein beliebter Anlaufpunkt für Wein-Liebhaber. Die hohen, offenen Weinregale inspirieren, Chef Leonardo berät gerne zum passenden Tropfen – vor allem aus Italien. Tipp: private Weinproben inklusive Menü.
Schwerpunkt: Italien

Eppendorfer Weg 176	Weinangebot: **46** I 50
+49 40 87098849	Service **17** I 20
dalfabbrowinebar.de	Essen **18** I 20
Kategorie: Weinbar im Restaurant	Ambiente: **8** I 10
	Gesamt: 89 I 100

Fontenay Bar 🍸🍸🍸

20354 Hamburg

Ob bei Livemusik mit einem Glas Wein oder bei Sonnenschein auf der spektakulären Terrasse mit einem »Fontenay Finest« – hier wird Barkultur zelebriert. Kreative Cocktails mit hausgemachten Zutaten und saisonalen Einflüssen als Aromen-Vielfalt aus aller Welt neben Klassikern aus dem 19. Jahrhundert. Das Highlight: herrlicher Alster-Panoramablick.

Fontenay 10	Drinks: **47** I 50
+49 40 60566050	Ambiente: **20** I 20
thefontenay.com	Service: **18** I 20
Kategorie: Hotelbar	Sortiment: **9** I 10
	Gesamt: 94 I 100

Freudenhaus 🍸🍸🍸

20359 Hamburg

Ein Freudenhaus auf St. Pauli? Kann nur eine coole Bar sein. Mit einer Auswahl an seltenen Whisk(e)ys, Gin- und Rum-Sorten sowie erstklassiger Beratung bietet die Bar ein stilvolles Ambiente für Genießer abseits des Partytrubels auf dem Kiez. Für einen tieferen Einblick finden regelmäßige Gin-, Rum- und Whisk(e)y-Tastings statt.

Hein-Hoyer-Straße 7–9	Drinks: **44** I 50
+49 40 314642	Ambiente: **18** I 20
stpauli-freudenhaus.de	Service: **19** I 20
Kategorie: Restaurantbar	Sortiment: **10** I 10
	Gesamt: 91 I 100

Fünfviertel Bar 🍸🍸

20354 Hamburg

Bunt-fröhliches Tamtam, spektakulär die Bar unter der 14 Meter hohen Hanseviertel-Glaskuppel. Das Barteam hat für jeden der fünf Food-Stände des angesagten Food-Markts Drinks mit und ohne Alkohol maßgeschneidert, etwa »Spicy Paloma« mit Tequila und Hibiskus, »Bambule Spritz« mit Craftbeer oder »Yeahboy Lemonade». Klingt nach Wiederkommen.

Große Bleichen 32	Drinks: **44** I 50
+49 40 808020220	Ambiente: **19** I 20
lebigtamtam.com	Service: **18** I 20
Kategorie: American Bar	Sortiment: **7** I 10
	Gesamt: 88 I 100

Heritage Rooftop Bar
20099 Hamburg

Ein Blick aus den bodentiefen Fenstern und Alster-Hamburg liegt einem zu Füßen. Die Barcrew ruht sich nicht auf dem Panorama aus, sondern zaubert Kreatives: Der Old Fashioned wird direkt am Tisch mit Buchenholz geräuchert. Partystimmung bei den angesagten Afterwork-Events und Vacation-Vibes auf der wunderschönen Rooftop-Terrasse.

An der Alster 52–56
+49 40 21001080
heritage-restaurant.de
Kategorie: Restaurantbar

Drinks:	**45** | 50
Ambiente:	**18** | 20
Service:	**18** | 20
Sortiment:	**8** | 10
Gesamt:	89 | 100

HYGGE
22607 Hamburg

Gemütlichkeit geht in Hamburg ja immer, erst recht skandinavische mit urbanem Flair im früheren Pferdestall. Ein Highlight ist die hochgelobte Küche, das andere die meisterhaft zubereiteten Cocktails von Barmanager Cyril Hauschild. Der »Hygge Spritz« ist nur eine der vielen Eigenkreationen, die Kategorie »Soul of North« hat sogar eine Extra-Seite im Menu.

Baron-Voght-Straße 179
+49 40 82274160
hygge-hamburg.de
Kategorie: Restaurantbar

Drinks:	**46** | 50
Ambiente:	**19** | 20
Service:	**18** | 20
Sortiment:	**9** | 10
Gesamt:	92 | 100

Jahreszeiten Bar
20354 Hamburg

Die zweigeschoßige Bar mit Blick auf die Binnenalster vereint edlen Luxus und hanseatischen Stil. Rolls-Royce-Ledersitze, ein beeindruckender Tresen und die kuratierte Auswahl von 70 Whisk(e)ys und 25 Gin-Sorten sorgen für ein exklusives Erlebnis. Seltene Branntweine und kreative Cocktails. Ein Ort, der Genuss und Geschichte miteinander verbindet.

Neuer Jungfernstieg 9–14
+49 40 34940
hvj.de
Kategorie: Hotelbar

Drinks:	**48** | 50
Ambiente:	**19** | 20
Service:	**19** | 20
Sortiment:	**9** | 10
Gesamt:	95 | 100

Kinfelts Kitchen & Wine 🍷🍷🍷🍷 20457 Hamburg

In Elphi-Nachbarschaft überzeugen die französische Gourmetküche und die erstklassige Weinkarte. Die monatlichen Weinproben im Tasting-Studio gegenüber sind ein Highlight für Weinfreunde. Perfekte Food-and-Wine-Pairings und entspannte Atmosphäre für besondere Abende.
Schwerpunkt: Deutschland, international

Am Kaiserkai 56	Weinangebot:	48 | 50
+49 40 30068369	Service	19 | 20
kinfelts.de	Essen	19 | 20
Kategorie: Weinbistro	Ambiente:	9 | 10
	Gesamt:	95 | 100

Kleines Phi 🍸🍸 20357 Hamburg

Gut gelaunte Bartender geben in der Szene-Bar im bunten Karoviertel am Shaker den Ton an. Pisco Sour passt perfekt zu den kleinen Gerichten wie Tacos oder Ceviche. »Spicy Mango Boy« mit hausgemachtem Jalapeño-Tequila und abgerundet mit Mangopüree, Agavennektar und Limettensaft schmeckt scharf-würzig. Perfekter Auftakt für einen Partyabend.

Feldstraße 42	Drinks:	45 | 50
	Ambiente:	18 | 20
kleinesphi.eatbu.com	Service:	18 | 20
Kategorie: American Bar	Sortiment:	8 | 10
	Gesamt:	89 | 100

Le Lion 🍸🍸🍸🍸 20095 Hamburg

Das Brüllen des Löwen reicht weit über Hamburg hinaus, so gut sind die Drinks von Jörg Meyer. In der Geburtsstätte des Gin Basil Smash sind alle Details aufeinander abgestimmt und die Drinks feinst ausjustiert. »Sparkling Bee's Knees« schafft die seltene Synthese aus Gin und Champagner mit Honig und Zitronensaft. Große Kunst und gut gebrüllt.

Rathausstraße 3	Drinks:	49 | 50
+49 40 334753780	Ambiente:	19 | 20
	Service:	19 | 20
Kategorie: American Bar	Sortiment:	9 | 10
	Gesamt:	96 | 100

Liquid Garden 🍸🍸🍸 20095 Hamburg

Flüssig einmal rund um die Welt durch die schönsten Aromengärten des Planeten. Die Mixologen Charles Kanteh und Conor Furphy verfeinern die Kunst des gepflegten Trinkens immer weiter. Geschmacksprofile und Kontinente helfen bei der Auswahl. Im Glas begeistern »Loosey Goosey aus dem Norden«, »Bad Bunny aus Lateinamerika« und viele mehr.

Mohlenhofstraße 6	Drinks:	47 | 50
	Ambiente:	19 | 20
liquidgarden.de	Service:	18 | 20
Kategorie: American Bar	Sortiment:	8 | 10
	Gesamt:	92 | 100

MASH

22767 Hamburg

Mash begeistert mit erstklassigen Steaks. Neben dem modernen Design überzeugt auch die exzellente Wein-Auswahl. Die Cocktails sind ein weiteres Highlight: der »French Martini« mit Himbeerwodka oder der Signature Cocktail »Mash Margarita« mit Eukalyptussirup. Für Mutige gibt es die Margarita auch in der »Spicy Version«.

Große Elbstraße 148	Drinks: **46** | 50
+49 40 809008111	Ambiente: **18** | 20
mashsteak.de	Service: **18** | 20
Kategorie: Restaurantbar	Sortiment: **8** | 10
	Gesamt: 90 | 100

Nakama

20457 Hamburg

Japanische Tradition verbunden mit minimalistischer Eleganz. Neben extravaganten Sushi-Kreationen gibt es auch superleckere Drinks. Der frische »King Coco« mit Apfel, Limette und Gurke ist perfekt für warme Abende, während der »Breakfast in Okinawa« mit Vanille und Schokolade intensive Aromen liefert. Da grinsen nicht nur die Winkekatzen.

Willy-Brandt-Straße 51	Drinks: **45** | 50
+49 40 49205111	Ambiente: **18** | 20
nakama-hamburg.de	Service: **18** | 20
Kategorie: Restaurantbar	Sortiment: **8** | 10
	Gesamt: 89 | 100

Neumanns Bistro

20146 Hamburg

Entspannt trifft man hier Freunde, Nachbarn und Geschäftspartner. Rund 50 offene Weine aus aller Welt plus Prosecco, Champagner und frisch gezapftes Bier. Gute Hausmannskost rundet das Ganze ab. Wer den Lieblingswein gefunden hat, nimmt ihn flaschen- oder kistenweise mit.

Schwerpunkt: international, Deutschland

Grindelhof 77	Weinangebot: **45** | 50
+49 40 38076567	Service **17** | 20
neumanns-bistro.de	Essen **18** | 20
Kategorie: Weinbistro	Ambiente: **8** | 10
	Gesamt: 88 | 100

Nikkei Nine

20354 Hamburg

Glamouröse Bar für den großen Auftritt. Natürlich Klassiker, große Auswahl an japanischen, oft jahrzehntealten Whiskys und Sake. Barchef Enrico Wilhelm und sein Team mixen auf höchstem Niveau »Japanese Bellini« (Pfirsich-Sake und Champagner) oder »Yeah!« (Nikka Miyagikyo Whisky, PX Sherry, Azuki, Kirsch Bitter und Apfelaroma).

Neuer Jungfernstieg 9–14	Drinks: **47** | 50
+49 40 34943399	Ambiente: **18** | 20
nikkei-nine.de	Service: **18** | 20
Kategorie: Restaurantbar	Sortiment: **8** | 10
	Gesamt: 91 | 100

Paolas 🍸🍸🍸

20249 Hamburg

Fast wie in Italien fühlt man sich in der nach Starköchin Cornelia Polettos Tochter Paola benannten Bar. Neben einer ausgewählten Weinkarte und feinem Barfood gibt's an dem stylishen Marmortresen auch innovative Drinks, etwa den »Born in the USA« mit Bacon-Bourbon, rotem Wermut und Cacao-Bitters.

Goernestraße 1A	Drinks:	**46** | 50
+49 40 46002740	Ambiente:	**18** | 20
cornelia-poletto.de	Service:	**18** | 20
Kategorie: Restaurantbar	Sortiment:	**8** | 10
	Gesamt:	90 | 100

Patio 🍸🍸

22301 Hamburg

Im Wintergarten oder im Sommer auf der Terrasse ist Wohlfühlen angesagt. Auf die Teller kommt mediterrane Fusion-Küche, in die Gläser feine Weine und gut gemixte Cocktails. Champagner-Cocktails zum Auftakt, klassisch als Kir oder 50 Shades of Goose und zum Abschluss einen Espresso Martini Banana. Groß die Auswahl »für dazwischen«.

Poelchaukamp 33	Drinks:	**44** | 50
+49 40 41498842	Ambiente:	**18** | 20
patio.hamburg	Service:	**18** | 20
Kategorie: Restaurantbar	Sortiment:	**8** | 10
	Gesamt:	88 | 100

Poletto Winebar 🍷🍷🍷

20251 Hamburg

Remigio Poletto und Luigi Francia verstehen ihr Handwerk: Rund 900 Positionen umfasst die Weinkarte, auch feine Raritäten. Dazu munden italienische Köstlichkeiten von Salumi über Antipasti, Pizza, Pasta bis Pesce und Carne. Wie wäre es mit einer Beerenauslese zum Dolce?

Schwerpunkt: Italien

Eppendorfer Weg 287	Weinangebot:	**47** | 50
+49 40 38644700	Service	**18** | 20
poletto-winebar.de	Essen	**18** | 20
Kategorie: Klassische Weinbar	Ambiente:	**8** | 10
	Gesamt:	91 | 100

Puzzle Bar 🍸🍸🍸🍸

20457 Hamburg

Wie die Teile eines Puzzles baut die Barcrew raffinierte Drinks zusammen und interpretiert Kevin Fehlings Dreisterneküche im Glas. Perfekt dazu die spektakuläre Aussicht aus dem 15. Stock über die Hafencity. Yummy: der »Tom Kha Gai Milkpunch«. Raffiniert: hausgemachter Alba-Trüffel-Vodka mit Creme de Cacao White, Molke und Walnuss-Bitter-Salz.

Versmannstraße 2	Drinks:	**48** | 50
+49 40 32082838	Ambiente:	**20** | 20
puzzle-bar.de	Service:	**19** | 20
Kategorie: American Bar	Sortiment:	**9** | 10
	Gesamt:	96 | 100

Sands Bar

20354 Hamburg

Außergewöhnliches Ambiente in der ehemaligen Polizeiwache mitten in der Hamburger Innenstadt. Über 500 Spirituosen werden zu fantastischen Drinks und Cocktails verarbeitet. Besonders beliebt: das legendäre Sands Open Air mit DJ-Sets im Freien, die vorzüglichen Highballs sowie die Happy Hour ab 16 Uhr. American-Cocktailbar-Feeling pur!

Dammtordamm 2
+49 40 34994431
sands-bar.de
Kategorie: American Bar

Drinks:	**45** | 50
Ambiente:	**18** | 20
Service:	**18** | 20
Sortiment:	**8** | 10
Gesamt:	89 | 100

Skyline Bar 20up

20359 Hamburg

Elbe und Hafen aus 90 Metern Höhe kommen besonders gut mit einem Getränk in der Hand. Ob Sonnenuntergang bei fruchtiger »Wolke 7«, spicy »Dancing Chili« oder kreativem »Mai Tai Sankt Pauli Style« ist Geschmackssache, gut gemacht sind sie alle. Die Bar ist elegant, der Blick aus den Panoramafenstern auf das helle Lichtermeer unvergesslich.

Bernhard-Nocht-Straße 97
+49 40 3111970470
empire-riverside.de
Kategorie: Hotelbar

Drinks:	**46** | 50
Ambiente:	**20** | 20
Service:	**18** | 20
Sortiment:	**8** | 10
Gesamt:	92 | 100

Standard

22767 Hamburg

Die Standard Bar verbindet das einzigartige Flair von Sankt Pauli mit der entspannten Atmosphäre der Amalfi-Küste. Die Auswahl an Weinen, Spritz und Negronis ist erstklassig. Besonders ist das Konzept der Stuzzichini: Zu jeder Runde Drinks gibt es eine wechselnde Auswahl an köstlichen Snacks. Ein außergewöhnliches Erlebnis!

Große Freiheit 90
+49 40 36946633
standard.hamburg
Kategorie: American Bar

Drinks:	**47** | 50
Ambiente:	**19** | 20
Service:	**18** | 20
Sortiment:	**9** | 10
Gesamt:	93 | 100

The Bohemian Bar

20459 Hamburg

Pinsel, Farbe, Staffelei – fertig ist der »Michelangelo«-Drink! Perfekte Illumination aus dem Lichtertunnel mit seinen 300 Lampen. »Heisenberg« prostet dem Serienjunkie in uns zu. »Dirty Sprite« und »Döner mit Alles« sind außergewöhnlich. In den Eigenkreationen tobt sich die Crew unfassbar kreativ aus, Klassikern verleiht sie einen besonderen Twist.

Deichstraße 36
+49 40 36098439
thebohemian.de
Kategorie: American Bar

Drinks:	**47** | 50
Ambiente:	**18** | 20
Service:	**18** | 20
Sortiment:	**9** | 10
Gesamt:	92 | 100

The Chug Club 🍸🍸🍸

20359 Hamburg

Perfekt für alle Experimentierfreudigen: »Chugs« sind kreative Cocktails im Miniformat, die zum Durchprobieren verführen. Besonders Tequila- und Mezcal-Fans kommen hier auf ihre Kosten. Der »Spicy Mangorita« mit Chili-Tequila-Reposado ist ein echtes Highlight. Oder eine Runde mit »Kressekonferenz«, »Death by Erdnuss« und »Kung Fu Pandan«.

Taubenstraße 13
+49 40 35735130
thechugclub.bar
Kategorie: American Bar

Drinks:	**48** I 50
Ambiente:	**18** I 20
Service:	**19** I 20
Sortiment:	**9** I 10
Gesamt:	94 I 100

The Local 🍸🍸🍸

22767 Hamburg

In der Bar am Wohlers Park trifft sich Family-Vibe mit Old-School-Hip-Hop und Casual-Fine-Drinking. Die Barkeeper zaubern präzise Drinks und kreative Eigenkreationen, vom Espresso Martini bis zum »Mince Pie« mit Bourbon und Sour Apple – ein absolutes Highlight! Die regelmäßig wechselnde Karte bietet für jeden Geschmack etwas.

Wohlers Allee 10
+49 40 52166821
thelocal.bar
Kategorie: Loungebar

Drinks:	**46** I 50
Ambiente:	**18** I 20
Service:	**19** I 20
Sortiment:	**8** I 10
Gesamt:	91 I 100

The Rabbithole 🍸🍸🍸

22767 Hamburg

Für gute Drinks ab in den Hasenbau. Eigenkreationen wie »Mary in the Mirror« (Meerrettich-Infusions-Wodka, Tomatensaft, Zitrone, Zucker und Gewürze) oder »No Bunny Knows« (Mezcal, Heidelbeer-Shrub, Verjus und pflanzliches Eiweiß). Auch fein: der Haus-Shot »Carrot Cake« aus Aquavit, Karottensirup, Zitrone, Kokos und weißer Schokolade.

Kleine Freiheit 42	Drinks:	47 | 50
	Ambiente:	18 | 20
the-rabbithole.de	Service:	19 | 20
Kategorie: American Bar	Sortiment:	8 | 10
	Gesamt:	92 | 100

Theo's Bar 🍸🍸

20148 Hamburg

Barmanager Ceiron Gedigk ist der Herr über die Theo's Bar und bietet seinen Gästen neben Drinks wie Espresso Martini oder einem veganen Whisk(e)y Sour auch regelmäßige Cocktail-Workshops, bei denen man selbst den Shaker schwingen kann. Gedigks Kreationen kann man zudem im angeschlossenen Steak-Restaurant genießen.

Rothenbaumchaussee 10	Drinks:	45 | 50
+49 40 414120	Ambiente:	18 | 20
grand-elysee.com	Service:	18 | 20
Kategorie: Hotelbar	Sortiment:	7 | 10
	Gesamt:	88 | 100

Tipsy Baker Bar 🍸🍸

20354 Hamburg

Hier wird mit Herrengedeck angestoßen! Direkt gegenüber vom Casino Esplanade gibt es die bewährte Kombination aus Bier und Schnaps: Neben dem norddeutschen Klassiker Lütt un Lütt mit Pils und Helbing Kümmel gibt es neun Kombinationen aus (Craft-)Bier und perfekt abgestimmten Spirituosen. Zu jedem Set kommt eine kleine Brotzeit.

Esplanade 29/30	Drinks:	45 | 50
	Ambiente:	17 | 20
tipsy-baker.de	Service:	18 | 20
Kategorie: American Bar	Sortiment:	8 | 10
	Gesamt:	88 | 100

TWOSIX 🍸🍸

20355 Hamburg

In Hamburgs höchstgelegene Weinbar geht es in den 26. Stock auf 118 Meter Höhe. Spektakulärer Fast-Rundumblick über Alster, City und Hafen von der Terrasse und durch bodentiefe Fenster. Je 26 Sorten Gin und Wein machen den Namen zum Programm. Leckeres für den kleinen Hunger mit Hummus und Pita, aber auch Garnelen und Rib-Eye.

Congressplatz 2	Drinks:	45 | 50
+49 40 35023826	Ambiente:	18 | 20
twosix.hamburg	Service:	18 | 20
Kategorie: Hotelbar	Sortiment:	7 | 10
	Gesamt:	88 | 100

W die Weinbar

22299 Hamburg

W wie Weinkartons, Weinflaschen und ganz viel Weinwissen. Die Weinkarte mit über 500 Weinen versammelt namhafte Weingüter aus aller Welt – vor allem Frankreich, Deutschland und Italien. Aber auch Mazedonien, Israel oder Georgien sind vertreten. Viele Weine glasweise.
Schwerpunkt: international, Jahrgangstiefe

Dorotheenstraße 180	Weinangebot:	48 | 50
+49 40 87973368	Service	18 | 20
w-die-weinbar.de	Essen	18 | 20
Kategorie: Klassische Weinbar	Ambiente:	8 | 10
	Gesamt:	92 | 100

Weinladen St. Pauli

22767 Hamburg

Wein ohne Allüren und mit ganz viel Geschmack und Substanz ist das Erfolgsrezept. »Schluck für Schluck schlauer« – es gibt viel zu lernen rund um Rebe und Keller und noch mehr zu probieren. Regelmäßig werden Verkostungen, Winzerabende und Vorträge angeboten.
Schwerpunkt: international, Deutschland

Paul-Roosen-Straße 29	Weinangebot:	47 | 50
+49 40 22859407	Service	18 | 20
weinladen.de	Essen	17 | 20
Kategorie: Weinbar in Vinothek	Ambiente:	8 | 10
	Gesamt:	90 | 100

© Matthias Stoewer

Witwenball

20357 Hamburg

Azurblaue Bänke und eine markante weiße Marmortheke – the Golden 20s are back. Die Weinkarte hat mit ihren über 500 Positionen ausschließlich von Individualisten ordentlich was zu bieten. Zu den edlen Tropfen werden Kabeljau und sonntags Wiener Schnitzel serviert.
Schwerpunkt: Deutschland, Österreich, international, Frankreich

Weidenallee 20	Weinangebot:	47 | 50
+49 40 53630085	Service	18 | 20
witwenball.com	Essen	18 | 20
Kategorie: Weinbar im Restaurant	Ambiente:	9 | 10
	Gesamt:	92 | 100

Yakshi's

20359 Hamburg

Großartiges Ambiente in der ehemaligen Eisengießerei. Lebhaft, wie es sich für die indische Göttin der Geselligkeit gehört, geht es hier zu. Wie wäre es mit etwas Handfestem mit Twist? Bitteschön, »BÆtles Juice« mit Helbing, Orangen Cordial, Rote Bete, Zitrone und Karamell. 250 Drinks und Getränke warten darauf, genossen zu werden.

Simon-von-Utrecht-Straße 31
+49 40 309933
east-hamburg.de
Kategorie: Hotelbar

Drinks:	**45** | 50
Ambiente:	**18** | 20
Service:	**17** | 20
Sortiment:	**8** | 10
Gesamt:	88 | 100

Soul4Drinks

61231 Bad Nauheim

Schön gemütlich eingerichtet, stimmiges Ambiente und eine gute Auswahl an Smoothies, hausgemachten Limos und Cocktails, mit und ohne Alkohol. Die kleine Bar in der Trinkkuranlage ist ein beliebter Treffpunkt für Genießer, die sich zum Getränkeangebot mit Soulfood, frischen Bowls und Salaten verwöhnen lassen.

Ernst-Ludwig-Ring 1
+49 6032 6070536
soul4drinks.de
Kategorie: Loungebar

Drinks:	**45** | 50
Ambiente:	**19** | 20
Service:	**18** | 20
Sortiment:	**8** | 10
Gesamt:	90 | 100

Vinocentral

64293 Darmstadt

Die Darmstädter Weinhandlung ist bestens sortiert – kaum eine europäische Anbauregion, die hier nicht mit ihren Gewächsen vertreten ist. Und das in vielen Qualitäten und Geschmacksrichtungen – und in unterschiedlichen Preisklassen. Außerdem: gutes Feinkost-Sortiment.
Schwerpunkt: Frankreich, Deutschland, international

Platz der Deutschen Einheit 21
+49 6151 80940
vinocentral.de
Kategorie: Weinbar in Vinothek

Weinangebot:	**47** | 50
Service	**18** | 20
Essen	**17** | 20
Ambiente:	**8** | 10
Gesamt:	90 | 100

Y Wine & Kitchen 🍷🍷🍷

65343 Eltville

Bunt ist in der kleinen Weinbar mit Restaurant die Lieblingsfarbe, auch die in modernem Design ausgestatteten Flaschen haben farbige Etiketten. Dahinter steckt Patron Ahmet Yildirim, aus seiner Wein-Manufaktur kommen die aromatischen und erfrischenden Gewächse.
Schwerpunkt: Deutschland, Rheingau

Rheingauer Straße 22	Weinangebot:	**47** I 50
+49 6123 7096563	Service	**18** I 20
y-wineandkitchen.com	Essen	**19** I 20
Kategorie: Weinbar im Restaurant	Ambiente:	**9** I 10
	Gesamt:	93 I 100

22nd Lounge & Bar 🍷🍷

60311 Frankfurt am Main

In exklusiver Atmosphäre im 22. Stock des Hotel Innside genießen die Gäste mit atemberaubendem Blick auf die Frankfurter Skyline ein internationales Bar-Programm vom Feinsten. »Captain Barbarossa«, »Western Highball« und »Lady in Red« heißen die frisch gemixten Signature Drinks. Dazu werden leckere kleine Snacks serviert.

Neue Mainzer Straße 66–68	Drinks:	**43** I 50
+49 69 21088350	Ambiente:	**19** I 20
22nd-frankfurt.de	Service:	**17** I 20
Kategorie: Hotelbar	Sortiment:	**8** I 10
	Gesamt:	87 I 100

baci baci 🍷🍷🍷

60318 Frankfurt am Main

Optisch ein Minimalist, aber in Sachen Sortiment ein echtes Schwergewicht: Rund 300 Weine umfasst die umsichtig zusammengestellte Karte, und zwar alles ausschließlich Naturweine. Begleitet werden diese von Peroni-Bier, Prosecco on tap und kleinen Snacks.
Schwerpunkt: Raw/Natural Wine

Koselstraße 42	Weinangebot:	**50** I 50
+49 69 95644216	Service	**20** I 20
raumundwein.de	Essen	**15** I 20
Kategorie: Klassische Weinbar	Ambiente:	**9** I 10
	Gesamt:	94 I 100

Balthasar Ress 🍷🍷

60311 Frankfurt am Main

Mit einer gemütlich-schicken Weinbar und Vinothek ist das Rheingauer Weingut Ress in der Neuen Frankfurter Altstadt vertreten. Vorwiegend stehen gutseigene Rieslinge auf der Karte, aber auch Gewächse befreundeter Weingüter und Champagner werden hier ausgeschenkt.
Schwerpunkt: Deutschland, Rheingau, ökologischer Anbau

Am Markt 13	Weinangebot:	**45** I 50
+49 69 87208956	Service	**18** I 20
balthasar-ress.de	Essen	**16** I 20
Kategorie: Weinbar in Vinothek	Ambiente:	**9** I 10
	Gesamt:	88 I 100

Bar Shuka

60329 Frankfurt am Main

Eine unkonventionelle Location und Treffpunkt für Nachtschwärmer und Tagträumer, die einfach nur einen erstklassigen Cocktail oder eine abgefahrene Spirituose trinken möchten. Das Angebot ist attraktiv, man bestellt einen japanischen Whisky und dazu eine kleine Leckerei aus der orientalischen Fashion-Küche.

Niddastraße 56
+49 69 2566772280
barshuka.com
Kategorie: Restaurantbar

Drinks:	**47** | 50
Ambiente:	**18** | 20
Service:	**18** | 20
Sortiment:	**8** | 10
Gesamt:	91 | 100

Blumen

60316 Frankfurt am Main

Das kleine Restaurant im Nordend verfügt nur über wenig Plätze, im gemütlich-schicken Ambiente bietet Micha Mayer wechselnde Fünf-Gänge-Menüs an. Immer aus besten saisonalen Zutaten, und immer kreativ zubereitet. Das gilt auch für die erstklassigen Drinks, ob Klassiker, Evergreens oder kreative Newcomer.

Rotlintstraße 60
+49 69 49086510
blumen.restaurant
Kategorie: Restaurantbar

Drinks:	**45** | 50
Ambiente:	**18** | 20
Service:	**19** | 20
Sortiment:	**7** | 10
Gesamt:	89 | 100

Butte

60316 Frankfurt am Main

Nahe, Mosel, Pfalz, Franken, Rheingau und Reinhessen: Der Fokus liegt in der Butte glasklar auf heimischen Tropfen, mit viel Sachverstand in der umfangreichen Karte zusammengestellt. Tipp für alle Wein-Rookies: Jeden Mittwoch gibt es eine kuratierte Weinprobe zum Reinschnuppern.
Schwerpunkt: Deutschland, Jahrgangstiefe

Friedberger Landstraße 63
+49 69 69596706
weinbar-butte.de
Kategorie: Klassische Weinbar

Weinangebot:	**50** | 50
Service	**20** | 20
Essen	**14** | 20
Ambiente:	**9** | 10
Gesamt:	93 | 100

Die Rote Bar

60311 Frankfurt am Main

Die am Mainufer gelegene kleine Bar hat längst Kultstatus und ist ein beliebter Treffpunkt, nicht nur für Nachtschwärmer. Allein die Auswahl an Whisk(e)y ist gigantisch, doch der Fokus der angesagten Szenebar liegt auf den Cocktails, die hier in allen Varianten von coolen Barkeepern handwerklich zubereitet werden.

Mainkai 7
+49 69 293533
rotebar.com
Kategorie: American Bar

Drinks:	**46** | 50
Ambiente:	**18** | 20
Service:	**18** | 20
Sortiment:	**8** | 10
Gesamt:	90 | 100

Drinksmith Bar 🍸🍸

60594 Frankfurt am Main

Mr. Smith ist Barkeeper aus Leidenschaft, in seiner Neighbourhood-Bar geht es unkompliziert zu. Alte Bänke und schräge Bilder geben dem Interieur einen besonderen Touch, die Auswahl an Cocktails und Highballs umfasst Klassiker ebenso wie Newcomer. Gesnackt wird dazu hausgemachtes South African Style Biltong.

Wallstraße 14	Drinks:	**44** | 50
	Ambiente:	**18** | 20
drinksmithbar.com	Service:	**19** | 20
Kategorie: American Bar	Sortiment:	**8** | 10
	Gesamt:	89 | 100

East Grape 🍷🍷🍷

60314 Frankfurt am Main

Am großen Stammtisch treffen sich Weinfreaks und solche, die es werden möchten, zum unkomplizierten Tasting und vinologischen Plausch. Ralf Müller-Arnold hat in seiner stylishen Bar einiges an guten Weinen zu bieten, dazu gibt es hausgemachte Snacks und Tapas.

Schwerpunkt: Deutschland

Louis-Appia-Passage 12	Weinangebot:	**49** | 50
+49 69 17526232	Service	**19** | 20
eastgrape.de	Essen	**15** | 20
Kategorie: Klassische Weinbar	Ambiente:	**8** | 10
	Gesamt:	91 | 100

Embury 🍸🍸🍸🍸

60311 Frankfurt am Main

Warme Holztöne, Leder, Kerzenschein und indirekte Beleuchtung. Das Ambiente der angesagten Bar versprüht designten Wohlfühlcharakter inmitten der quirligen Main-Metropole. Das kompetente Team um Dominik Falger ist vor allem auf Whisk(e)y-Cocktails spezialisiert, dazu stehen rund 40 Sorten Tequila auf der Barkarte.

Kirchnerstraße 6–8	Drinks:	**49** | 50
+49 1515 1793046	Ambiente:	**18** | 20
embury.bar	Service:	**19** | 20
Kategorie: American Bar	Sortiment:	**10** | 10
	Gesamt:	96 | 100

Frank W. 🍷🍷

60329 Frankfurt am Main

Der gelernte Designer Philipp Degenhart hat seiner Weinbar bewusst einen puristischen Touch gegeben. In Sachen Wein setzt er vollends auf Europa, die glasweise angebotenen Gewächse gehören zur ersten Liga. Dazu gibt es tolle Gerichte aus der europäische Fusionsküche.

Schwerpunkt: international

Gutleutstraße 15	Weinangebot:	**46** | 50
+49 178 2974842	Service	**18** | 20
gutleut15.de	Essen	**17** | 20
Kategorie: Klassische Weinbar	Ambiente:	**8** | 10
	Gesamt:	89 | 100

Gerbermühle

60594 Frankfurt am Main

Schon lange eine Frankfurter Institution und Kultstätte am Mainufer, ist die Bar im historischen Gemäuer der alten Mühle gleichermaßen ein Treffpunkt für Einheimische und internationales Publikum. Im urigen Ambiente bestellt man Gerbermühle-Klassiker wie »Goethe goes Wild« oder »Liquid Maincourse«.

Gerbermühlstraße 105	Drinks:	**44** I 50
+49 69 68977790	Ambiente:	**18** I 20
gerbermuehle.de	Service:	**18** I 20
Kategorie: Restaurantbar	Sortiment:	**7** I 10
	Gesamt:	87 I 100

Gregor's

60325 Frankfurt am Main

In der schicken Bar wird die Weinwelt zur Erlebniswelt. Denn hier kann man in der riesigen Auswahl neue Weine entdecken, sich mit Weinfreunden austauschen oder einfach kompetent vom Team beraten lassen. Weineinkauf mit Genuss und Lifestyle, eine gelungene Symbiose.
Schwerpunkt: Frankreich, Deutschland

Bockenheimer Landstraße 47	Weinangebot:	**48** I 50
+49 69 50927455	Service	**18** I 20
gregors-wein.de	Essen	**18** I 20
Kategorie: Weinbar in Vinothek	Ambiente:	**9** I 10
	Gesamt:	93 I 100

Heimat | Essen & Weine

60311 Frankfurt am Main

Der Spirit der 1960er-Jahre zeichnet die Architektur des Restaurants aus, das mit seiner ambitionierten, modern ausgerichteten Küche punkten kann. Nicht weniger attraktiv ist das durchdachte, abwechslungsreiche Weinangebot, das viele Geschmäcker und Budgets bedient.
Schwerpunkt: Deutschland, Europa

Berliner Straße 70	Weinangebot:	**49** I 50
+49 69 29725994	Service	**19** I 20
heimat-restaurant.de	Essen	**20** I 20
Kategorie: Weinbar im Restaurant	Ambiente:	**9** I 10
	Gesamt:	97 I 100

Hunky Dory

60329 Frankfurt am Main

Richtiges Bargefühl ist hier garantiert, die cool ausgestattete Location hat Flair und einen ein bisschen schummrigen Charme. Da schmecken die Drinks noch einmal so gut, ohnehin ist das Angebot der Bartender durchdacht und attraktiv, hier kommt jeder auf den Geschmack. Einer der besten Drinks: »Mi & Yu« mit Gin.

Baseler Straße 10	Drinks:	**47** I 50
+49 69 27240111	Ambiente:	**19** I 20
hunkydorybar.com	Service:	**19** I 20
Kategorie: American Bar	Sortiment:	**8** I 10
	Gesamt:	93 I 100

Omonia

60318 Frankfurt am Main

Griechischer Wein hat in dem Restaurant seinen festen Platz, denn er passt zu den mediterranen Gerichten, die hier mit Liebe und Können zubereitet werden. Doch auch deutsche Gewächse machen eine gute Figur zur Mittelmeerküche, folgt man den Empfehlungen des Service.
Schwerpunkt: Griechenland, Deutschland

Eckenheimer Landstraße 126
+49 69 593314
restaurant-omonia.de
Kategorie: Weinbar im Restaurant

Weinangebot:	**45** I 50
Service	**19** I 20
Essen	**17** I 20
Ambiente:	**9** I 10
Gesamt:	90 I 100

Oost Bar

60314 Frankfurt am Main

Der Tag kann in der angesagten Location und im entspannten Ambiente mit einem erstklassigen Frühstück beginnen. In den Abendstunden wird die Musik etwas lauter, jetzt ist Bar-Time angesagt. Die gut sortierte Karte bietet Wein und Bier, aber natürlich vor allem Drinks und Cocktails aus der internationalen Bar-Welt.

Hanauer Landstraße 127
+49 69 4058689280
25hours-hotels.com
Kategorie: Hotelbar

Drinks:	**45** I 50
Ambiente:	**18** I 20
Service:	**18** I 20
Sortiment:	**8** I 10
Gesamt:	89 I 100

Paris' Bar

60596 Frankfurt am Main

Pariser Flair in Sachsenhausen? Die schick-gemütliche Weinbar bereichert seit zwei Jahrzehnten den Frankfurter Stadtteil und bietet ihren Gästen ein buntes Potpourri an ausgesuchten Weinen aus Frankreich und dem Rest der Welt. Passend dazu gibt es kleine Snacks.
Schwerpunkt: Frankreich

Oppenheimer Landstraße 27
+49 69 96233811
parisbar-frankfurt.de
Kategorie: Weinbistro

Weinangebot:	**47** I 50
Service	**18** I 20
Essen	**17** I 20
Ambiente:	**9** I 10
Gesamt:	91 I 100

Pearly Gates

60313 Frankfurt am Main

Am Wochenende knallen hier die DJs genauso wie die Shots an der Bar. Die Frankfurter Institution bietet authentisches Bar-Feeling vom Feinsten, keine Frage, dass hier alles in die Gläser kommt, was in der Szene Rang und Namen hat. Die Cocktail-Klassiker sind gesetzt, die abgefahrenen Eigenkreationen ein Muss.

Kleine Hochstraße 20	Drinks: **46** | 50
+49 69 96869683	Ambiente: **18** | 20
pearlygates-bar.de	Service: **18** | 20
Kategorie: American Bar	Sortiment: **8** | 10
	Gesamt: 90 | 100

Peysk

60325 Frankfurt am Main

David Eisenberg konzentriert sich in seinem Restaurant im Frankfurter Westend auf frischen Fisch. Und auf Weine – das Duo läuft bei dem engagierten Gastronomen zur Höchstform auf. Eingeschenkt werden vorwiegend biodynamisch produzierte Gewächse aus kleinen Weingütern.
Schwerpunkt: Raw/Natural Wine

Westendstraße 73	Weinangebot: **45** | 50
+49 162 2056073	Service **17** | 20
peysk.com	Essen **18** | 20
Kategorie: Weinbar im Restaurant	Ambiente: **8** | 10
	Gesamt: 88 | 100

Raum & Wein

60316 Frankfurt am Main

Klassiker und Newcomer aus der nationalen und internationalen Weinszene? Kein Problem. Die gibt es hier in vielen Qualitäten und Preisklassen. Alles, nur keine Massenware. Dafür sorgsam ausgesuchte Gewächse, von denen die meisten vor Ort verkostet werden können.
Schwerpunkt: international, Raw/Natural Wine

Friedberger Landstraße 86	Weinangebot: **45** | 50
+49 69 95644216	Service **18** | 20
raumundwein.de	Essen **16** | 20
Kategorie: Weinbar in Vinothek	Ambiente: **8** | 10
	Gesamt: 87 | 100

Roomers Bar

60329 Frankfurt am Main

Die sehenswert schicke Bar ist ein Highlight in Frankfurts Nachtleben. Besonders geschmackvoll ist auch das Angebot, das sich nicht nur am klassischen Bar-Portfolio bedient, sondern auch Eigenkreationen der Bartender anbietet, die immer wieder für Furore im Glas sorgen. Die Snackkarte ist ein weiterer Pluspunkt.

Gutleutstraße 85	Drinks: **47** | 50
+49 69 271342815	Ambiente: **19** | 20
roomers-frankfurt.com	Service: **18** | 20
Kategorie: Hotelbar	Sortiment: **9** | 10
	Gesamt: 93 | 100

Rot & Vogel

60316 Frankfurt am Main

Familiäres Flair und ein kreatives Angebot an hausgemachten Drinks zeichnen die beliebte Bar im Frankfurter Nordend aus. Die Cocktail-Klassiker kommen auf Nachfrage auch ins Glas, doch der Fokus des Barteams liegt auf innovativen Eigenkreationen. Natürlich immer aus besten, teils selbst produzierten Zutaten gemixt.

Rotlintstraße 28	Drinks:	**45** | 50
+49 179 42734998	Ambiente:	**17** | 20
rotundvogel-frankfurt.de	Service:	**18** | 20
Kategorie: Loungebar	Sortiment:	**8** | 10
	Gesamt:	88 | 100

Seven Swans & The Tiny Cup

60311 Frankfurt/Main

Es ist wohl die kleinste Bar in Deutschland, nur 15 Sitzplätze stehen in dem schmalen Haus, das auch ein Restaurant beherbergt, zur Verfügung. Nichtsdestotrotz wird hier groß aufgefahren, Cocktails vom Feinsten serviert und Drinks gemixt, die es in sich haben. Auch individuelle Wünsche bleiben nicht unerfüllt.

Mainkai 4	Drinks:	**49** | 50
+49 178 8539718	Ambiente:	**19** | 20
thetinycup.de	Service:	**19** | 20
Kategorie: Loungebar	Sortiment:	**8** | 10
	Gesamt:	95 | 100

Soemmerring

60322 Frankfurt am Main

Bestens sortiert ist die Karte der kleinen Weinbar. Das Angebot reicht vom einfachen Gutswein bis zum international renommierten Spitzengewächs. Spezialitäten des Hauses sind Raritäten aus dem Bordelais und dem Barolo, ebenso japanischer Sake, Champagner und Sekt.
Schwerpunkt: Deutschland, international, Jahrgangstiefe

Sömmerringstraße 1	Weinangebot:	**45** | 50
+49 69 21006677	Service	**17** | 20
soemmerring-weinbar.de	Essen	**17** | 20
Kategorie: Klassische Weinbar	Ambiente:	**8** | 10
	Gesamt:	87 | 100

Sullivan

60311 Frankfurt am Main

Klassik pur, das Ambiente der Frankfurter Bar versprüht urbanes Flair. Die Getränkekarte bietet eine gute Auswahl an Drinks, die in der kosmopolitischen Barszene angesagt sind. Ob »Hemingway Daiquiri« oder »Apple Pie Mule«, das Barteam versteht sein Handwerk und mixt Erstklassiges. Gute Auswahl an Barfood.

Kaiserstraße 12	Drinks:	**44** | 50
+49 69 92884900	Ambiente:	**18** | 20
sullivan-bar.de	Service:	**18** | 20
Kategorie: American Bar	Sortiment:	**8** | 10
	Gesamt:	88 | 100

VAIVAI

60322 Frankfurt am Main

Die Gäste schätzen an der Szenebar nicht nur die familiäre Atmosphäre im urban-industriellen Dekor, sondern vor allem das kleine, aber feine Angebot an italienischer Landhausküche sowie die Spezialitäten vom Grill. Das durchdachte Weinangebot hält immer wieder Neuentdeckungen und Überraschungen parat.

Grüneburgweg 16	Drinks: **45** I 50
+49 69 90559305	Ambiente: **19** I 20
vaivai.de	Service: **19** I 20
Kategorie: Restaurantbar	Sortiment: **7** I 10
	Gesamt: 90 I 100

Westlage

60323 Frankfurt am Main

Die Pfalz in Frankfurt? Im Herzen des Westens hat der gebürtige Pfälzer Andreas Dresch seine Zelte aufgeschlagen und bietet dort heimische Produkte an – vorwiegend natürlich Weine bekannter und renommierter Winzer, aber auch handwerklich produzierte Delikatessen.
Schwerpunkt: Pfalz

Grüneburgweg 92	Weinangebot: **46** I 50
+49 69 95509470	Service **18** I 20
westlage-frankfurt.de	Essen **15** I 20
Kategorie: Klassische Weinbar	Ambiente: **9** I 10
	Gesamt: 88 I 100

wineLOUNGE

60313 Frankfurt am Main

Dass Probieren über Studieren geht, ist in der lässigen wineLOUNGE gesetzt. Wer möchte, kann aus einer Vielzahl von offenen Weinen einen Favoriten herauskosten. Natürlich unter fachkundiger Beratung: Im freundlichen Team ist kompetentes Weinwissen versammelt.
Schwerpunkt: international

Meisengasse 9	Weinangebot: **46** I 50
+49 1575 8506526	Service **18** I 20
bottle-shock.de	Essen **18** I 20
Kategorie: Weinbar in Vinothek	Ambiente: **8** I 10
	Gesamt: 90 I 100

Yaldy

60329 Frankfurt am Main

Glasweise oder Flasche? Das Getränkeangebot der coolen Frankfurter Bar ist so oder so attraktiv, qualitativ wie auch preislich. Das gilt auch für die Drinks. Es sind vor allem Klassiker, die gekonnt aus besten, teils selbst gemachten Zutaten gemixt werden. Für den kleinen Hunger hat die Küche einiges zu bieten.

Moselstraße 15	Drinks: **48** I 50
+49 69 24005716	Ambiente: **19** I 20
yaldy.bar	Service: **19** I 20
Kategorie: Loungebar	Sortiment: **9** I 10
	Gesamt: 95 I 100

Tayfuns 🍸🍸🍸

35390 Giessen

Mitte 2022 erfüllte sich Tayfun Toptas seinen Traum von der eigenen Bar. Wie dieser aussieht, lässt sich nun in der Plockstraße erleben: In mondäner Atmosphäre serviert er Classics, gerne auch mit individuellem Twist sowie spannende Signatures wie den »Pineapple Highball« mit hausgemachtem Ananas-Rum. Regelmäßig Cocktail-Kurse und Tastings.

Plockstraße 10	Drinks:	**45** / 50
+49 162 2375265	Ambiente:	**18** / 20
tayfuns.de	Service:	**19** / 20
Kategorie: American Bar	Sortiment:	**8** / 10
	Gesamt:	**90** / 100

Switch 🍸🍸🍸

65795 Hattersheim am Main

Bei Meike Finke kann man Schwellenangst vor der Bar abbauen. Mit klaren Rubriken (»Fancy/Fruchtig« oder »Prickelndes«) orientiert man sich schnell. Und es gibt für jeden Gusto etwas. Für fortgeschrittene Barfliegen wartet etwa ein »Bijou« oder sogar der »Royal Bermuda Yachtclub« – Letzterer fast schon zum Kampfpreis!

Am Kirchgarten 11	Drinks:	**45** / 50
+49 173 6513360	Ambiente:	**18** / 20
switch-diecocktailbar.de	Service:	**18** / 20
Kategorie: Loungebar	Sortiment:	**9** / 10
	Gesamt:	**90** / 100

Orientierbar 🍸🍸🍸

65719 Hofheim am Taunus

Um gute Ideen ist das Barteam in der heimeligen Location nie verlegen. Die freundlichen Tender mixen gerne nach Wunsch oder lassen ihren eigenen Ideen freien Lauf. Die Resultate können sich schmecken lassen, ebenso natürlich die Klassiker, die hier gleichermaßen mit Leidenschaft und Können zubereitet werden.

Kirschgartenstraße 15	Drinks:	**47** / 50
+49 6192 9772374	Ambiente:	**17** / 20
orientierbar-hofheim.de	Service:	**19** / 20
Kategorie: Loungebar	Sortiment:	**8** / 10
	Gesamt:	**91** / 100

Bar Seibert 🍸🍸🍸

34117 Kassel

Gedeckte Farben und sanftes Licht erzeugen ein schickes urbanes Ambiente, die ideale Kulisse für ein internationales Angebot an Drinks, Cocktails und Spirituosen. Ob Klassiker oder neue Kreationen, hier findet jeder das passende Getränk. Dazu werden attraktive Snacks und Speisen angeboten, alles hausgemacht.

Friedrich-Ebert-Straße 47	Drinks:	**47** / 50
+49 561 69022715	Ambiente:	**18** / 20
barseibert.de	Service:	**19** / 20
Kategorie: Loungebar	Sortiment:	**9** / 10
	Gesamt:	**93** / 100

King Schulz Bar 🍸🍸🍸

34117 Kassel

Hippe Musik, dunkler Holzfußboden, Möbel aus den 1960er-Jahren und Bier aus der Flasche. Die angesagte Bar hat längst Kultstatus, entsprechend stehen auch alle Drinks, die zur weltweiten Barkultur fix dazugehören, auf der umfangreichen Karte. Hier muss man immer mit einem vollen Haus rechnen, auch das gehört zum Konzept.

Weigelstraße 14	Drinks:	**47** | 50
+49 561 50347565	Ambiente:	**18** | 20
kingschulz.de	Service:	**18** | 20
Kategorie: American Bar	Sortiment:	**8** | 10
	Gesamt:	91 | 100

Verve Bar 🍸🍸

34117 Kassel

In den ehemaligen Räumen der Drei.bar befindet sich nun die Verve Bar. An der Wohnzimmeratmosphäre hat sich nichts geändert, lediglich die Karte, in der auch lokales Bier und Wein zu finden sind, ist um einige Signature Cocktails reicher geworden – darunter der »Farmboy« mit Hopfen, Roter Bete und alkoholfreiem Wermut.

Theaterstraße 3	Drinks:	**45** | 50
	Ambiente:	**18** | 20
	Service:	**18** | 20
Kategorie: American Bar	Sortiment:	**8** | 10
	Gesamt:	89 | 100

Sandra Fehr; Heroes of Riesling

Fine Sparklings 🍸🍸

65399 Kiedrich

Angefangen hat Sabine Ratzer mit dem Ausschank von Champagnern und Winzersekten, längst ist die ehemalige Scheune aber auch eine beliebte Location für Events und Tagungen; und ab und zu gibt es dort auch Weine zu probieren. Bei gutem Wetter sitzen die Gäste auf der Terrasse und genießen die vinologischen Entdeckungen.

Aulgasse 10	Drinks:	**43** | 50
+49 172 6138566	Ambiente:	**18** | 20
fine-sparklings.de	Service:	**18** | 20
Kategorie: American Bar	Sortiment:	**8** | 10
	Gesamt:	87 | 100

360° BAR & Lounge 🍸🍸

35037 Marburg

Ein Hauch Großstadtflair in einem Retro-Ambiente der 1970er-Jahre. Dazu passen die Bar-Klassiker aus aller Welt, die hier gekonnt gerührt und geschüttelt werden. Neben bekannten Cocktails und Longdrinks wird eine ganze Serie von modernen Eigenkreationen angeboten. Barkultur vom Feinsten!

Anneliese-Pohl-Allee 7–17	Drinks:	**44** | 50
+49 6421 60050	Ambiente:	**18** | 20
rosenpark.com	Service:	**17** | 20
Kategorie: Hotelbar	Sortiment:	**7** | 10
	Gesamt:	86 | 100

5 Jahreszeiten 🍸🍸

35037 Marburg

Karsten Peter und Kosta Ziogas servieren in ihrer gemütlich gestylten Bar und auf der Dachterrasse ein bestens sortiertes Angebot an Klassikern, Evergreens und News aus der internationalen Barszene. Die Auswahl an Gin-Sorten ist beachtlich, gegen den Hunger hat die Küche klassische griechische Gerichte aus der Pfanne.

Reitgasse 5	Drinks:	**44** | 50
+49 6421 8868988	Ambiente:	**19** | 20
das5.de	Service:	**18** | 20
Kategorie: Restaurantbar	Sortiment:	**8** | 10
	Gesamt:	89 | 100

Villa Biedermeier 🍸🍸

35037 Marburg

Seit mehr als 20 Jahren gibt es dieses Kleinod in Marburg direkt an der Lahn, eine gemütliche Cocktailbar mit viel Flair und noch mehr Charme. Die angebotenen Cocktails, natürlich aus frischen Zutaten gemixt, überzeugen mit ausgewogenem Geschmack. Für Sonderwünsche hat der freundliche Service immer ein offenes Ohr.

Gerhard-Jahn-Platz 3	Drinks:	**45** | 50
+49 6421 1769698	Ambiente:	**18** | 20
	Service:	**18** | 20
Kategorie: Loungebar	Sortiment:	**8** | 10
	Gesamt:	89 | 100

Breuer's Rüdesheimer Schloss 🍷🍷🍷

65385 Rüdesheim

Familie Breuer betreibt nicht nur ein renommiertes Rheingauer Weingut in Rüdesheim, ihr familiengeführtes Hotel mit Restaurant ist ein Hort feinster Rieslinge und besonderer Raritäten. Selbst ausgewiesene Weinkenner kommen hier ob des Angebots ins Staunen.
Schwerpunkt: Rheingau, Deutschland

Steingasse 10	Weinangebot:	**49** | 50
+49 6722 90500	Service	**18** | 20
ruedesheimer-schloss.com	Essen	**17** | 20
Kategorie: Weinbar im Restaurant	Ambiente:	**8** | 10
	Gesamt:	92 | 100

Balthasar Ress

65183 Wiesbaden

Längst ein Wiesbadener Klassiker ist die Weinbar in der kleinen Mauergasse. An sechs Tagen werden hier Ress-Weine ausgeschenkt, dazu gibt es ein attraktives Angebot an Weinen von befreundeten Winzern. Verkostungen, Themenabende und Livemusik machen die Sache rund.
Schwerpunkt: Deutschland, Rheingau

Mauergasse 10
+49 611 5058469
balthasar-ress.de
Kategorie: Weinbar in Vinothek

Weinangebot:	**45** I 50
Service	**18** I 20
Essen	**16** I 20
Ambiente:	**8** I 10
Gesamt:	87 I 100

Lenz – Genuine Drinks

65183 Wiesbaden

Sascha Lenz ist Gastronom mit Herzblut, seine Bar ein Hort klassischer Barkultur und ein beliebter Treffpunkt für alle, die gerne mal ins Glas schauen. Denn dort entdecken sie erstklassig gemixte Cocktails, auch in alkoholfreier Variante, Gin und Rum aus vielen Ländern und Whisk(e)y aus Schottland, den USA und Japan.

Wagemannstraße 17
+49 611 88003931
lenz-genuine-drinks.de
Kategorie: Loungebar

Drinks:	**45** I 50
Ambiente:	**17** I 20
Service:	**18** I 20
Sortiment:	**8** I 10
Gesamt:	88 I 100

Manoamano

65183 Wiesbaden

Die einen kommen wegen den erstklassigen ofenfrischen Pizzen, die anderen schätzen die Auswahl an innovativen Drinks und sind Fans von »Mystic Sky« und »Dystopia«, zwei Special Drinks der angesagten Wiesbadener Bar. Alles zusammen ergibt eine Location, in der auch Klassiker der Barszene zu neuen Ehren kommen.

Taunusstraße 31
+49 611 17245818
manoamano-bar.de
Kategorie: Loungebar

Drinks:	**46** I 50
Ambiente:	**18** I 20
Service:	**19** I 20
Sortiment:	**9** I 10
Gesamt:	92 I 100

Wine in the Hood

65183 Wiesbaden

Nicht Robin ist der Chef im Hood, in der angesagten Location verwöhnt das Team um Kai Kenngott die Gäste – und zwar mit einem kleinen, aber gut sortierten Angebot an Weinen zu absolut fairen Preisen. Die Flaschen kann man auch »to go« erwerben. Dazu kleine Snacks, perfekt!
Schwerpunkt: Deutschland, international

Obere Webergasse 49
+49 152 52673085
wineinthehood.de
Kategorie: Weinbistro

Weinangebot:	**46** I 50
Service	**17** I 20
Essen	**18** I 20
Ambiente:	**8** I 10
Gesamt:	89 I 100

#Bornbar

17094 Groß Nemerow

Sport, Spa und Natur an der Mecklenburgischen Seenplatte. Abends entspannt man beim exklusiven Fine Dining im Restaurant Rätro, den Aperitiv davor genießt man idealerweise in der schicken Bornbar. Barchef Sami Fathallah zaubert kreative Klassiker und Signature Drinks wie den exotischen »Forgotten Dreams« auf Rum-Basis.

Bornmühle 35
+49 39605 600
bornmuehle.de
Kategorie: Hotelbar

Drinks:	**44** I 50
Ambiente:	**17** I 20
Service:	**18** I 20
Sortiment:	**8** I 10
Gesamt:	87 I 100

Weinander

17424 Heringsdorf

Im besten Weinladen Usedoms gibt es eine beneidenswerte Auswahl deutscher, europäischer und speziell ungarischer Weine. Das kompetente Team berät gerne und hat auch immer noch einige spannende Geheimtipps, die man unbedingt zu den Bistrogerichten probieren sollte.
Schwerpunkt: Deutschland, Frankreich, Ungarn

Friedenstraße 13	Weinangebot: **44** | 50
+49 177 8667035	Service **19** | 20
weinander.de	Essen **16** | 20
Kategorie: Weinbar in Vinothek	Ambiente: **8** | 10
	Gesamt: 87 | 100

Weinander

17033 Neubrandenburg

Mehr als ein guter Weinladen: Bei Rita Beller findet man ausgesuchte deutsche und europäische Weine, aber auch Spannendes aus Osteuropa. Im gemütlichen Bistro werden passende feine Snacks serviert, und regelmäßig finden auch Wein-Tastings oder Kulturveranstaltungen statt.
Schwerpunkt: Deutschland, Ungarn

Turmstraße 26	Weinangebot: **45** | 50
+49 1573 5854446	Service **18** | 20
weinander.de	Essen **17** | 20
Kategorie: Weinbar in Vinothek	Ambiente: **8** | 10
	Gesamt: 88 | 100

NIEDERSACHSEN

Geeske & der swarte Roelf

26757 Borkum

Im Hintergrund dudelt entspannte Musik, während die Gäste in lockerer Atmosphäre mit Urlaubsflair erstklassige Fischbrötchen, knusprigen Backfisch und die legendäre Sanddorn-Currywurst genießen. Und dazu natürlich entweder einen Wein bestellen oder sich vom kompetenten Barteam einen Drink oder Cocktail mixen lassen.

Jann-Berghaus-Straße 1	Drinks: **44** | 50
+49 162 4691488	Ambiente: **19** | 20
diegeeske.de	Service: **17** | 20
Kategorie: Restaurantbar	Sortiment: **7** | 10
	Gesamt: 87 | 100

Hide and Seek 🍸🍸🍸

38100 Braunschweig

Das Herz der Karibik schlägt in Braunschweig: Über 60 Rum-Sorten warten in dieser Speakeasy darauf, sowohl pur als auch in hochwertigen Drinks entdeckt zu werden. Wem das nicht reicht, dem seien die Rum-Schokolade-Pairings und regelmäßigen Workshops empfohlen. Rum-Herz, was willst du mehr?

Altstadtmarkt 1 +49 531 28793389 hideandseek-bar.de **Kategorie: Loungebar**	Drinks: Ambiente: Service: Sortiment:	**47** I 50 **19** I 20 **18** I 20 **8** I 10
	Gesamt:	92 I 100

Monkey Rosé 🍷🍷🍷

38100 Braunschweig

Hinter der Weinbrasserie steckt die Idee, Genuss ins Glas zu bringen, ohne abzuheben, und Überraschungen auf die Teller zu zaubern, ohne kompliziert zu sein. Ein stimmiges und erfolgreiches Konzept, das Angebot an Weinen ist entsprechend vielfältig und durchdacht.
Schwerpunkt: Deutschland, international

Altstadtmarkt 1 +49 531 28793388 monkey-rose.de **Kategorie: Weinbistro**	Weinangebot: Service Essen Ambiente:	**45** I 50 **18** I 20 **18** I 20 **9** I 10
	Gesamt:	90 I 100

Vielharmonie 🍸🍸

38100 Braunschweig

Welcher Wein am besten zu den regional und saisonal inspirierten Gerichten passt, weiß der kompetente und freundliche Service. Die Auswahl ist klein, aber gut sortiert. Wer lieber einen Cocktail möchte, wird ebenfalls auf der Karte fündig, die dazu jede Menge Gin-Sorten, Drinks und verschiedene Biere anbietet.

Bankplatz 7 +49 531 41611 vielharmonie-bs.de **Kategorie: Restaurantbar**	Drinks: Ambiente: Service: Sortiment:	**44** I 50 **18** I 20 **18** I 20 **9** I 10
	Gesamt:	89 I 100

Esprit 🍸🍸🍸

37073 Göttingen

Tagsüber spielen ausgesuchte Café- und Tee-Spezialitäten die Hauptrolle in der etwas versteckt liegenden Location, erst in den Abendstunden bis spät in die Nacht dominieren die Cocktails und Drinks das Geschehen. Auf der Karte stehen bewährte Klassiker, Eigenkreationen und Evergreens der internationalen Barszene.

Lange-Geismar-Straße 19 +49 551 50766600 cafe-bar-esprit.de **Kategorie: Loungebar**	Drinks: Ambiente: Service: Sortiment:	**46** I 50 **18** I 20 **18** I 20 **8** I 10
	Gesamt:	90 I 100

Herbarium Bar 🍸🍸🍸🍸

37073 Göttingen

Die Pflanzenwelt stand Pate für die angesagte Bar, die mit ihren kreativen und ausgetüftelten Drinks überzeugt. Immer eine gute Wahl ist einer der 16 Signature Drinks, die mit frischen Kräutern aus dem vertikalen Beet an der Bar-Rückwand zubereitet werden. Einfallsreich und kreativ sind auch die alkoholfreien Drinks.

Berliner Straße 30	Drinks:	**48** | 50
+49 551 999530	Ambiente:	**19** | 20
freigeist-goettingen.de	Service:	**19** | 20
Kategorie: Hotelbar	Sortiment:	**9** | 10
	Gesamt:	95 | 100

Adesso 🍷🍷🍷

30163 Hannover

Sizilianische Gastfreundschaft, mit Herz und Leidenschaft zubereitete Antipasti und hausgemachte Pasta, dazu die passenden Weine. Die gemütlich eingerichtete Location ist eine angesagte italienische kulinarische Oase mit familiärem Flair mitten in Hannover.
Schwerpunkt: Italien

Listerstraße 2	Weinangebot:	**46** | 50
+49 511 54545342	Service	**18** | 20
adesso-feinkost.de	Essen	**18** | 20
Kategorie: Weinbar im Restaurant	Ambiente:	**9** | 10
	Gesamt:	91 | 100

Aresto 🍷🍷🍷

30159 Hannover

Mit Blick auf die Leine ist das Restaurant ein beliebter Treffpunkt mitten in der City. Die ambitionierte Küche ist mediterran angehaucht, die dazu passende Weinauswahl ist riesig und lässt kaum Wünsche offen. Auch Raritäten stehen auf der gut sortierten Karte.
Schwerpunkt: Deutschland

Klostergang 2	Weinangebot:	**49** | 50
+49 511 323759	Service	**18** | 20
aresto.de	Essen	**18** | 20
Kategorie: Weinbar im Restaurant	Ambiente:	**8** | 10
	Gesamt:	93 | 100

Brechts Pizza & Vino 🍷🍷

30171 Hannover

Original italienische Pizza aus dem Steinofen gibt es in der schicken Location mit Stuck und Kronleuchtern in vielen attraktiven Varianten – alles natürlich von Hand zubereitet und mit besten Zutaten belegt. Dazu klassische Antipasti und natürlich die passenden Weine.
Schwerpunkt: Italien

Stolzestraße 40	Weinangebot:	**46** | 50
+49 511 4503220	Service	**17** | 20
brechts-hannover.de	Essen	**18** | 20
Kategorie: Weinbistro	Ambiente:	**8** | 10
	Gesamt:	89 | 100

Bukowski's 🍸🍸

30175 Hannover

In gediegener Highclass-Bar-Atmosphäre geht es locker und entspannt zu. Die freundlichen Bartender schicken handwerklich perfekt gemachte Drinks über die Theke, gemixt mit hausgemachten Sirups und ausschließlich frischen Säften. Die riesige Auswahl an Tequila, Gin und Whisk(e)y beeindruckt auch Bar-Profis.

Königstraße 45	Drinks:	**45** | 50
+49 511 86641950	Ambiente:	**17** | 20
bukowskis-hannover.de	Service:	**18** | 20
Kategorie: American Bar	Sortiment:	**8** | 10
	Gesamt:	88 | 100

Feiters WeinZeit 🍷🍷

30449 Hannover

George Feiter und sein Team haben immer eine Idee, welcher Wein gerade und warum passen würde. Auf ihrer Weinkarte steht nicht nur eine Vielzahl an attraktiven offenen Weinen, jeden Tag gibt es dazu auch neue Empfehlungen. Abends werden feine Snacks und Speisen serviert.
Schwerpunkt: Deutschland, international

Lichtenbergplatz 2	Weinangebot:	**47** | 50
	Service	**18** | 20
	Essen	**16** | 20
Kategorie: Weinbar in Vinothek	Ambiente:	**8** | 10
	Gesamt:	89 | 100

IhmeRauschen 🍷🍷🍷

30449 Hannover

Gute Stimmung ist garantiert in der angesagten Wein-Location. Das liegt nicht nur am gemütlich-schicken Ambiente, sondern vor allem an dem gut sortierten, riesigen Angebot, das kaum Wünsche offenlässt. Und nicht zuletzt an der Freundlichkeit und Kompetenz des Barteams.
Schwerpunkt: Deutschland, Frankreich

Am Küchengarten 13A	Weinangebot:	**47** | 50
+49 511 5901111	Service	**18** | 20
ihmerauschen.de	Essen	**18** | 20
Kategorie: Klassische Weinbar	Ambiente:	**8** | 10
	Gesamt:	91 | 100

Kröpcke

30159 Hannover

Ausgiebig frühstücken mit ofenfrischen Produkten aus der hauseigenen Bäckerei, oder mittags und abends die bodenständige, regional orientierte Küche genießen. Im Kröpcke hat das Tradition, ebenso die gute Auswahl an Weinen aus deutschen und internationalen Kellern.
Schwerpunkt: Deutschland

Georgstraße 35
+49 511 32628445
cafe-kroepcke.com
Kategorie: Weinbar im Restaurant

Weinangebot:	**47** I 50
Service	**17** I 20
Essen	**18** I 20
Ambiente:	**8** I 10
Gesamt:	90 I 100

L'AperitiVino

30175 Hannover

Italien wird ganz groß geschrieben in der kleinen Location im Zentrum von Hannover. Eine gute Auswahl an klassischen italienischen Gerichten steht auf der kleinen, aber feinen Speisekarte, dazu gibt es eine Vielzahl an passenden Weinen, zu denen auch Raritäten gehören.
Schwerpunkt: Italien

Hinüberstraße 4
+49 511 70810140
laperitivino.de
Kategorie: Weinbistro

Weinangebot:	**44** I 50
Service	**18** I 20
Essen	**18** I 20
Ambiente:	**8** I 10
Gesamt:	88 I 100

LaSall

30171 Hannover

Feine saisonale und regionale Gerichte, dazu die passenden Weine und eine entspannte und lockere Atmosphäre, die Genuss ganz groß schreibt. Rund 150 ausgesuchte und fair kalkulierte Flaschenweine, dazu eine Vielzahl an offenen Gewächsen stehen zur Auswahl.
Schwerpunkt: Deutschland, Frankreich, international

Sallstraße 79
+49 511 816663
lasall-hannover.de
Kategorie: Weinbar im Restaurant

Weinangebot:	**44** I 50
Service	**18** I 20
Essen	**18** I 20
Ambiente:	**8** I 10
Gesamt:	88 I 100

Lieblingsbar

30419 Hannover

Wer hier einmal zu Gast war, wird den Namen bestätigen. Und das nicht nur wegen der ambitionierten Küche, die mit Burgern und Pasta auftrumpft. In der angesagten Location mixt die Kreativität persönlich Drinks und Cocktails, die Auswahl ist erstklassig. Die Zutaten dafür kommen fast ausschließlich aus der Region.

Herrenhäuser Markt 5
+49 511 76809126
lieblingsbar.de
Kategorie: Restaurantbar

Drinks:	**46** I 50
Ambiente:	**18** I 20
Service:	**18** I 20
Sortiment:	**9** I 10
Gesamt:	91 I 100

Little Cortile

30169 Hannover

Viele Gäste kommen wegen der hausgemachten Pasta, die in dem charmanten kleinen Restaurant in vielen Varianten angeboten wird. Doch auch die Wein-Auswahl kann sich sehen lassen und hat ihre Fangemeinde. Alles aus Italien, ein attraktives und durchdachtes Sortiment.
Schwerpunkt: Italien

Goethestraße 22	Weinangebot: **45** | 50
+49 511 47396083	Service **18** | 20
little-cortile.de	Essen **18** | 20
Kategorie: Weinbistro	Ambiente: **8** | 10
	Gesamt: 89 | 100

Little H

30167 Hannover

Für einen Kaffee ist in der heimeligen Location genauso gesorgt wie für ein frisch gezapftes Bier und ausgesuchte europäische Weine. Zu der guten Auswahl an Gewächsen aus Österreich, Deutschland und Portugal gibt es leckere Kleinigkeiten und Snacks aus der Küche.
Schwerpunkt: Deutschland, Österreich, Portugal

Callinstraße 10	Weinangebot: **44** | 50
+49 511 21584013	Service **18** | 20
little-h.cafe	Essen **17** | 20
Kategorie: Klassische Weinbar	Ambiente: **8** | 10
	Gesamt: 87 | 100

Lucky 7

30161 Hannover

Rien ne va plus? In der Bar der Spielbank Hannover ist erst spät in der Nacht Feierabend. Bis dahin mixen die freundlichen Barkeeper hinter der 17 Meter langen Theke klassische Cocktails wie Singapore Sling, Highballs und Longdrinks und empfehlenswerte Eigenkreationen; einen Teil davon auch in alkoholfreien Varianten.

Raschplatz 5	Drinks: **45** | 50
+49 511 23557812	Ambiente: **18** | 20
lucky7-bar.de	Service: **18** | 20
Kategorie: Loungebar	Sortiment: **8** | 10
	Gesamt: 89 | 100

Mon Bonheur

30163 Hannover

Welch ein Glück, mon bonheur. Im schicken Ambiente werden traditionelle französische Spezialitäten aus der bodenständigen Küche serviert, immer begleitet von den passenden Weinen oder auch mal einem Cocktail. Die empfiehlt der freundliche Service, der sich bestens auskennt und so manchen Geheimtipp parat hat.

Voßstraße 53	Drinks: **43** | 50
+49 511 53078717	Ambiente: **18** | 20
monbonheur.de	Service: **18** | 20
Kategorie: Loungebar	Sortiment: **8** | 10
	Gesamt: 87 | 100

Oscar's Bar

30159 Hannover

Tradition wird hier großgeschrieben, zumindest das Ambiente lässt die Gäste in eine klassische Barwelt eintauchen. In Sachen Getränke ist man absolut auf der Höhe der Zeit: Angesagte Weine, kreative Cocktails und Longdrinks stehen hier ebenso zur Auswahl wie großartige Whisk(e)ys und hochwertige Spirituosen.

Georgstraße 54	Drinks:	**46** | 50
+49 511 2352434	Ambiente:	**18** | 20
oscarsbar.de	Service:	**18** | 20
Kategorie: American Bar	Sortiment:	**8** | 10
	Gesamt:	90 | 100

Pelikan Bar im Sheraton Hotel

30177 Hannover

Die Bar mit ihrem historischen Interieur hat Flair und Charme. Eine schöne Kulisse für das Getränke-Programm, das sich aus dem Portfolio der internationalen Barwelt bedient. Doch die hauseigenen Spezialitäten sind Drinks mit Sepia-Tinte, eine Hommage an das Unternehmen, das mit Tinte zu Weltruhm gelangte.

Pelikanplatz 31	Drinks:	**45** | 50
+49 511 9093899	Ambiente:	**18** | 20
pelikanbar.de	Service:	**18** | 20
Kategorie: American Bar	Sortiment:	**8** | 10
	Gesamt:	89 | 100

Rebe – Wein und Brot

30173 Hannover

Am Wochenende wird in der kleinen Bar ein Frühstück serviert, alles in entspannter und lockerer Atmosphäre. Ansonsten dominiert hier der Wein, dessen durchdachtes Angebot ständig wechselt, weswegen es keine Weinkarte gibt. Den Empfehlungen kann man blind folgen.
Schwerpunkt: international

Rehbergstraße 1	Weinangebot:	**45** | 50
+49 511 54447795	Service	**17** | 20
rebeundbrot.de	Essen	**18** | 20
Kategorie: Weinbistro	Ambiente:	**8** | 10
	Gesamt:	88 | 100

Tropeano Di-Vino

30559 Hannover

Italienische Grandezza wird im schicken Restaurant mit viel Herzblut gelebt. Der Fokus liegt auf traditionellen Gerichten, die aus frischen Zutaten zubereitet werden. Mit großer Kompetenz und Passion pflegt Patrone Biagio Tropeano seine bestens sortierte Weinkarte.
Schwerpunkt: Italien

Kleiner Hillen 4	Weinangebot:	**47** | 50
+49 511 3533138	Service	**18** | 20
restaurant-tropeano.de	Essen	**19** | 20
Kategorie: Weinbar im Restaurant	Ambiente:	**8** | 10
	Gesamt:	92 | 100

VINCE Vinoteca

30159 Hannover

Das sinnliche Ambiente ist die perfekte Kulisse für Champagner und edle Weine, die in der schick gestylten Bar ausgeschenkt werden. Ein idealer Ort, um abzuschalten, bei feinem Barfood oder einem Duzend Austern den Tag ausklingen zu lassen und die Nacht einzuläuten.
Schwerpunkt: Deutschland, Italien, Frankreich

Theaterstraße 1	Weinangebot: **47** | 50
+49 511 89884405	Service **18** | 20
vince-weinbar.de	Essen **18** | 20
Kategorie: Weinbar im Restaurant	Ambiente: **8** | 10
	Gesamt: 91 | 100

Wild Side

30449 Hannover

Eine cool gestylte Bar mit Flair, im angesagten Wild Side wird natürlich gemixt, gerührt und geschüttelt, was das Zeug hält. Aber auch Wein kommt hier in die Gläser, die Auswahl ist klein, aber fein. Ebenso das Essen, etwa handgemachte Fischstäbchen oder Currywurst.
Schwerpunkt: Deutschland, international

Haasemannstraße 13	Weinangebot: **46** | 50
+49 511 5901111	Service **18** | 20
wildside-hannover.de	Essen **17** | 20
Kategorie: Weinbistro	Ambiente: **8** | 10
	Gesamt: 89 | 100

Weinperle

26465 Langeoog

Rum ist die zweite Leidenschaft von Bernd Frech, entsprechend gut ist das Angebot in seiner schmucken Vinothek. Auch in Sachen Wein spielt die Insel-Location ganz vorne mit, der gelernte Winzer bietet in der Weinperle ein breites Sortiment guter und bester Gewächse.
Schwerpunkt: Deutschland, international

Barkhausenstraße 7	Weinangebot: **47** | 50
+49 174 3828958	Service **18** | 20
weinperle-langeoog.de	Essen **17** | 20
Kategorie: Weinbar in Vinothek	Ambiente: **10** | 10
	Gesamt: 92 | 100

Milchbar Norderney

26548 Norderney

Wo die Nordseewellen rauschen, tut ein Glas Milch oder ein heißer Kaffee bei jedem Wetter gut. An der geschwungenen Theke der Strandbar bestellt man den legendären Milchreis, der selbstverständlich hausgemacht ist. Dazu trinkt man einen »Sanddorn Ipanema« und Norderney wird nach dem zweiten Cocktail zu Hawaii.

Damenpfad 33	Drinks: **44** | 50
+49 4932 927344	Ambiente: **19** | 20
milchbar-norderney.de	Service: **18** | 20
Kategorie: Restaurantbar	Sortiment: **8** | 10
	Gesamt: 89 | 100

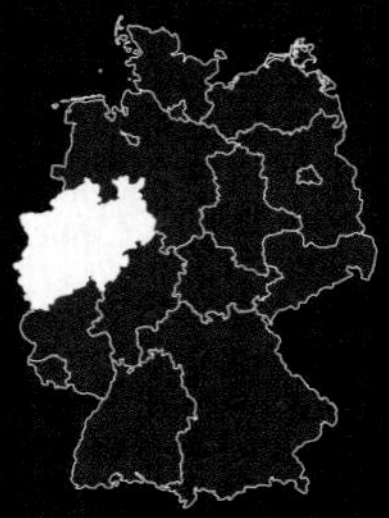

NORDRHEIN-WESTFALEN

Gin Library Bar ΥΥΥ

52062 Aachen

Natürlich spielt Gin die erste Geige in der kleinen, gemütlichen Bar im Zentrum der Altstadt und wird in vielen der kreativen und fantasievollen Cocktails verwendet. Doch auch die Auswahl an anderen hochwertigen Spirituosen kann sich sehen lassen, aus den die freundlichen Bartender einfallsreiche Drinks mixen.

Am Büchel 11	Drinks:	**46** | 50
+49 160 94454665	Ambiente:	**17** | 20
theginlibrary.de	Service:	**18** | 20
Kategorie: American Bar	Sortiment:	**9** | 10
	Gesamt:	90 | 100

Spirit of India ΥΥΥ

32105 Bad Salzuflen

Die exklusive Cocktailbar nimmt mit auf eine Lustreise in die exotische Welt indischer Aromen, im aufwendig dekorierten Interieur wird der Spirit des fernen Subkontinents lebendig. Sechs klassische Cocktails und ebenso viele Longdrinks stehen auf der Karte, dazu hochwertige Spirituosen wie Rum, Wodka und Gin.

Schießhofstraße 20	Drinks:	**45** | 50
+49 5222 534534	Ambiente:	**19** | 20
spirit-of-india.de	Service:	**17** | 20
Kategorie: Hotelbar	Sortiment:	**9** | 10
	Gesamt:	90 | 100

LIV ΥΥΥ

33607 Bielefeld

Lebendige Barkultur, und die vom Feinsten. Das hat sich das engagierte LIV-Team auf die Fahne geschrieben, und die Gäste profitieren von erstklassig gemachten und kreativen Drinks und Cocktails. Alles, was in der Barszene Rang und Namen hat, kommt in die Gläser, gegen den Hunger werden ofenfrische Pizzen serviert.

Boulevard 1	Drinks:	**46** | 50
+49 177 5471776	Ambiente:	**18** | 20
liv-bielefeld.de	Service:	**18** | 20
Kategorie: American Bar	Sortiment:	**8** | 10
	Gesamt:	90 | 100

VIN PUR

33615 Bielefeld

In der puristisch eingerichteten Weinbar von Torben Bunte kann man nicht nur Weine kaufen, sondern auch glasweise probieren, darüber reden und diskutieren, oder mit Freunden ein Tasting genießen. Zum perfekten kulinarischen Glück werden kleine Snacks angeboten.
Schwerpunkt: Raw/Natural Wine

Rolandstraße 20
+49 521 89724499
vinpur.de
Kategorie: Weinbar in Vinothek

Weinangebot:	**46** | 50
Service	**18** | 20
Essen	**17** | 20
Ambiente:	**8** | 10
Gesamt:	89 | 100

Barzani

44787 Bochum

Gepflegte Barkultur ist das Motto der Location, die alles mitbringt, was eine klassische Bar ausmacht. Serkar Barzani mixt denn auch erstklassige Drinks und Cocktails, sein Angebot ist breit gefächert und lässt kaum Wünsche offen. Und wenn, bespricht man die mit Serkan und bekommt dann seinen Lieblingsdrink.

Kortumstraße 3
+49 162 6974413
barzani.bar
Kategorie: American Bar

Drinks:	**46** | 50
Ambiente:	**18** | 20
Service:	**18** | 20
Sortiment:	**8** | 10
Gesamt:	90 | 100

Yamas Mezé

44787 Bochum

Das Konzept basiert auf der griechischen Esskultur. Die wiederum verwendet frisches Gemüse, Fisch, Molkereiprodukte und viel Olivenöl. In Tapas-Form serviert, passt dazu am besten ein griechischer Wein. Die Auswahl ist riesig, darunter sind auch Bio- und Naturweine.
Schwerpunkt: Griechenland

Massenbergstraße 1
+49 234 5309643
yam.as
Kategorie: Weinbar im Restaurant

Weinangebot:	**45** | 50
Service	**18** | 20
Essen	**18** | 20
Ambiente:	**8** | 10
Gesamt:	89 | 100

Kinkel-Stuben

53227 Bonn

In der traditionellen Weinstube kommen vor allem Liebhaber deutscher Weine auf ihre Kosten. Wer Rieslinge mag, ist hier bestens aufgehoben und kann durchaus spannende vertikale Proben erleben. Im offenen Ausschank sind auch reife Gewächse, einfach großartig!
Schwerpunkt: Deutschland, Süßwein

Kinkelstraße 1	Weinangebot: **48** / 50
+49 228 441558	Service **19** / 20
kinkelstuben.de	Essen **18** / 20
Kategorie: Weinbistro	Ambiente: **9** / 10
	Gesamt: 94 / 100

Shaker's

53111 Bonn

Rund 20 Meter lang ist die Theke, dahinter geht die Post ab. Denn die ambitionierten Barkeeper haben 400 verschiedene Cocktails im Programm, die immer frisch zubereitet werden. Dazu stehen 100 unterschiedliche Whisk(e)ys in den Regalen, das Angebot von 50 Rum- und 40 Wodka-Sorten bringt selbst Bar-Profis zum Staunen.

Bornheimer Straße 26	Drinks: **44** / 50
+49 228 9814490	Ambiente: **18** / 20
shakersbonn.de	Service: **17** / 20
Kategorie: American Bar	Sortiment: **9** / 10
	Gesamt: 88 / 100

The Old Jacob

53111 Bonn

Der »alte Jakob« ist eine ziemlich lebendige Bar im Imperial-Jungle-Stil mit einem engagierten Team, das in jeder Beziehung auf der Höhe der Zeit agiert. Mit ihm eine Reise durch die Welt der Spirituosen und der kreativen Cocktails zu erleben, ist immer ein genussvolles Erlebnis. Geschmack und Ästhetik vom Feinsten!

Kesselgasse 1a	Drinks: **46** / 50
	Ambiente: **18** / 20
theoldjacob.com	Service: **18** / 20
Kategorie: Loungebar	Sortiment: **9** / 10
	Gesamt: 91 / 100

Balke

44139 Dortmund

Mit Leidenschaft wird hier gemixt, das engagierte Barteam macht die schicke Location in Sachen Drinks und Cocktails zu einem »Place to be«. Im monatlichen Tasting werden regelmäßig neue, spannende Spirituosen vorgestellt, der Balke Gin ist eine Eigenproduktion und wird von Hand destilliert und abgefüllt.

Hohe Straße 127	Drinks: **45** / 50
+49 231 22611022	Ambiente: **17** / 20
fussballermodelszivilisten.de	Service: **18** / 20
Kategorie: American Bar	Sortiment: **8** / 10
	Gesamt: 88 / 100

Cabernet & Co.

44139 Dortmund

Ausschließlich aus europäischen Anbauregionen kommen die Weine, die in der gut sortierten Vinothek angeboten werden. Eine vinologische Fundgrube, in der neben Gewächsen von namhaften Winzern auch Weine von Newcomern und kleinen Betrieben gelistet sind.
Schwerpunkt: Saar, Mosel, Portugal

Essener Straße 13	Weinangebot:	46 | 50
+49 231 1206420	Service	19 | 20
cabernet-und-co.de	Essen	14 | 20
Kategorie: Klassische Weinbar	Ambiente:	8 | 10
	Gesamt:	87 | 100

Vida

44229 Dortmund

Barchef Fabio Rizzo ist ein Meister seines Fachs. Was unter seinen Händen entsteht, sind Drinks und Cocktails wie »Woodford Smash« oder »Jungle Bird«. »Flüssige Küche« nennt er sein Handwerk, gekonnt gespickt mit Esprit und Kreativität. Aus der Küche kommen derweil leckere Snacks und erstklassiges Barfood.

Hagener Straße 231	Drinks:	46 | 50
+49 231 95009940	Ambiente:	18 | 20
vida-dortmund.com	Service:	18 | 20
Kategorie: Restaurantbar	Sortiment:	7 | 10
	Gesamt:	89 | 100

20° Restobar

40213 Düsseldorf

Großstadtflair inklusive, in der schick gestylten Bar trifft sich ein bunt gemischtes Publikum bei erstklassigen Cocktails, Longdrinks und Highballs aus dem internationalen Bar-Programm. Die freundlichen Barkeeper haben auch Eigenkreationen auf Lager, kleine Snacks wie Tapas oder Cocas machen die Sache rund.

Mutter-Ey-Platz 3	Drinks:	44 | 50
+49 172 8902320	Ambiente:	18 | 20
20grad.com	Service:	18 | 20
Kategorie: Restaurantbar	Sortiment:	8 | 10
	Gesamt:	88 | 100

Alexander

40219 Düsseldorf

Im eher unscheinbaren Ortsteil Bilk gelegen, hat die gemütliche Bar eine feste Fangemeinde. Denn hier können die Gäste aus rund 90 verschiedenen Cocktails ihren Lieblingsdrink wählen. Dazu gibt es eine gute Auswahl an nationalen und internationalen Spirituosen und regelmäßig Schulungen rund um Cocktails.

Düsselstraße 71	Drinks:	44 | 50
+49 211 8763759	Ambiente:	18 | 20
bar-alexander.com	Service:	19 | 20
Kategorie: American Bar	Sortiment:	9 | 10
	Gesamt:	90 | 100

BEUYS Bar

40213 Düsseldorf

Die kleine Bar im Herzen der Stadt ist längst kein Geheimtipp mehr. Was in der coolen Location in die Gläser kommt, sind nicht nur Klassiker und Evergreens der internationalen Barszene. Die freundlichen Barkeeper bietet auch einfallsreiche und erstklassige Eigenkreationen an, tolle Mixturen mit Pep und Klasse.

Neubrückstraße 2	Drinks:	46 / 50
+49 173 7633337	Ambiente:	18 / 20
beuys-bar.com	Service:	18 / 20
Kategorie: American Bar	Sortiment:	8 / 10
	Gesamt:	90 / 100

Boothby's

40215 Düsseldorf

Was für eine schöne Bar! Im schicken Wohnzimmerambiente lehnt man sich einfach zurück und genießt die gepflegte Barkultur, die eine Hommage an William Thomas Boothby, genannt »Cocktail Bill«, ist. Cocktails sind denn hier auch die Spezialitäten, neben einer reichhaltigen Auswahl an Spirituosen aus aller Welt.

Hüttenstraße 44	Drinks:	46 / 50
+49 211 15811495	Ambiente:	18 / 20
boothbys-bar.com	Service:	18 / 20
Kategorie: American Bar	Sortiment:	8 / 10
	Gesamt:	90 / 100

Bouchon

40477 Düsseldorf

Zwar ist Frankreich ein gutes Stück von Düsseldorf entfernt, doch in dem sympathischen Restaurant wird französische Küche und die dazu passenden Weine aufs Feinste zelebriert. Gewächse mit großen Namen sind auf der Weinkarte ebenso zu finden wie spannende Entdeckungen.
Schwerpunkt: Frankreich

Blücherstraße 70	Weinangebot:	44 / 50
+49 211 97713417	Service	19 / 20
lebouchon-duesseldorf.de	Essen	18 / 20
Kategorie: Klassische Weinbar	Ambiente:	8 / 10
	Gesamt:	89 / 100

Concept Riesling

40213 Düsseldorf

Stolze 1500 Positionen umfasst das attraktive Angebot der Düsseldorfer Vinothek, die ausgesuchten Weine kommen alle aus handwerklich perfekt arbeitenden Familiengütern. Neben den aktuellen Gewächsen findet man hier auch Jahrgangstiefe. Events und Tastings runden das Programm ab.
Schwerpunkt: Deutschland

Carlsplatz, Stand A5	Weinangebot:	49 / 50
+49 151 16587478	Service	19 / 20
conceptriesling.com	Essen	14 / 20
Kategorie: Weinbar in Vinothek	Ambiente:	8 / 10
	Gesamt:	90 / 100

Eiskeller

40213 Düsseldorf

Im historischen Ambiente des alten Eiskellers kommen Weine für jeden Geschmack und jedes Budget in die Gläser. Rund 250 Positionen umfasst das durchdachte Angebot – Gewächse aus handwerklich erstklassig arbeitenden Gütern, teils in Bioqualität und biodynamisch produziert.
Schwerpunkt: Deutschland, Frankreich

Eiskellerberg 1–3	Weinangebot:	**49** I 50
+49 211 20052686	Service	**20** I 20
eiskellerbar.de	Essen	**17** I 20
Kategorie: Klassische Weinbar	Ambiente:	**9** I 10
	Gesamt:	95 I 100

Elephant Bar

40213 Düsseldorf

Längst eine Institution in der Düsseldorfer Altstadt ist die Bar im Stil der 1960er-Jahre. Im Ambiente aus Holz und Marmor wird Barkultur vom Feinsten gepflegt, klassische und moderne Cocktails mit Leidenschaft und Können gemixt, und Drinks aus der internationalen Barszene zu hipper Musik über den Tresen gereicht.

Kurze Straße 3	Drinks:	**45** I 50
+49 1520 2000409	Ambiente:	**18** I 20
	Service:	**18** I 20
Kategorie: American Bar	Sortiment:	**8** I 10
	Gesamt:	89 I 100

Finns Wine & Kitchen

40476 Düsseldorf

Kreativ, inspirierend und gemütlich. Dieser Dreiklang findet im Finns seine Umsetzung, die attraktiv und modern gestylte Weinbar bietet nicht nur eine durchdachte Auswahl an besten europäischen Weinen, sondern auch kreatives Barfood aus der Küche von Sven-Niklas Nöthel.
Schwerpunkt: Österreich, international, Deutschland

Tannenstraße 23a	Weinangebot:	**45** I 50
+49 211 20081860	Service	**19** I 20
finnswinebar.de	Essen	**18** I 20
Kategorie: Weinbistro	Ambiente:	**8** I 10
	Gesamt:	90 I 100

Galerie am Karlplatz

40213 Düsseldorf

Das künstlerisch gestaltete Lokal hat ein ganz besonderes Flair und eine Weinkarte, die man erlebt haben muss. Denn in dem schicken Ambiente werden Weine aus aller Welt angeboten, rund 90 davon sind im offenen Ausschank. Dazu gibt es kleine, weintaugliche Leckereien.
Schwerpunkt: Deutschland

Benrather Straße 6b	Weinangebot:	**46** I 50
+49 211 86399990	Service	**18** I 20
galerie-am-karlplatz.de	Essen	**18** I 20
Kategorie: Klassische Weinbar	Ambiente:	**8** I 10
	Gesamt:	90 I 100

Hideaway ΥΥΥ

40215 Düsseldorf

Yuto Nagasawa kennt sich in der internationalen Barszene bestens aus und beherrscht sein Fach wie kaum ein Zweiter. In seiner modern gestylten Bar mit Backstein-Interieur schüttelt und mixt der Meister klassische Drinks ebenso souverän wie neue Kompositionen und kreative Cocktails aus besten Zutaten.

Jahnstraße 6	Drinks:	**47** | 50
+49 211 15854853	Ambiente:	**18** | 20
bar-hideaway.de	Service:	**18** | 20
Kategorie: American Bar	Sortiment:	**8** | 10
	Gesamt:	91 | 100

LiQ ΥΥΥ

40477 Düsseldorf

»Magnum seine Colada«, »Spruch Lee« und »Cuba Libre Spezi Style« heißen drei der populären Cocktails, die an die 1980er- und 1990er-Jahre erinnern. Signature Drinks, die mit Liebe und Kreativität entwickelt wurden, und die in der modern gestylten Bar von David Rippen und seinem Team über den Tresen gereicht werden.

Parkstraße 26	Drinks:	**48** | 50
+49 211 46959239	Ambiente:	**17** | 20
liqbar.de	Service:	**18** | 20
Kategorie: American Bar	Sortiment:	**8** | 10
	Gesamt:	91 | 100

Mojito's Fine Cocktailbar ΥΥ

40219 Düsseldorf

Fine Drinking heißt die Devise der angesagten Düsseldorfer Location. Kein Problem, denn die modern gestylte Bar hat rund 210 Cocktails auf der Karte, dazu 80 verschiedene Rum-Sorten, 70 Whisk(e)ys, 40 Wodka- und ebenso viele Gin-Sorten. Da fällt die Wahl schwer, aber das kompetente und freundliche Barteam weiß immer Rat.

Hammer Straße 29–31	Drinks:	**43** | 50
+49 211 1682210	Ambiente:	**18** | 20
mojitos.net	Service:	**18** | 20
Kategorie: American Bar	Sortiment:	**8** | 10
	Gesamt:	87 | 100

nine0five ΥΥ

40233 Düsseldorf

Pizza und Wein? In der angesagten Location ist die Kombination mittlerweile Kult, hinter dem Casual-Dining-Konzept steckt Sommelier Sebastian Georgi. Alles, was aus Ofen und Keller kommt, ist qualitativ spitze, ein stimmiges Konzept mit Genuss-Garantie.

Schwerpunkt: international, Jahrgangstiefe, Champagner

Ackerstraße 181	Weinangebot:	**44** | 50
+49 211 94218181	Service	**17** | 20
nineofive-flingern.de	Essen	**17** | 20
Kategorie: Weinbar im Restaurant	Ambiente:	**8** | 10
	Gesamt:	86 | 100

Parlin

40213 Düsseldorf

Trinken und essen in eleganter, aber entspannter Atmosphäre. Die beliebte Düsseldorfer Weinbar mit der sehenswerten Stuckdecke ist längst ein »Place to be« für Feinschmecker und Weinfreaks, die abseits des Alltags rundum genießen und sich dabei wohlfühlen möchten.
Schwerpunkt: Frankreich, Deutschland

Altestadt 12–14
+49 211 87744595
parlin-weinbar.de
Kategorie: Weinbistro

Weinangebot:	**46** I 50
Service	**18** I 20
Essen	**18** I 20
Ambiente:	**9** I 10
Gesamt:	91 I 100

Petit Punch

40477 Düsseldorf

Gin mit Fenchel, Orange und Limette, aufgefüllt mit Tonic. In der angesagten Bar im Stadtteil Pempelfort ist das einer der beliebten Klassiker. Doch Sandra Carrar Rey und Marcel Dalbeck haben noch viel mehr kreative Drinks und ideenreiche Cocktails auf Lager, dabei spielen rund 50 Sorten Rum eine wichtige Rolle.

Jülicher Straße 9
+49 174 8631219
Kategorie: American Bar

Drinks:	**47** I 50
Ambiente:	**19** I 20
Service:	**18** I 20
Sortiment:	**8** I 10
Gesamt:	92 I 100

Pommes & Wein – Pelican Fly

40213 Düsseldorf

Mit ihrer unkonventionellen Weinbar haben Toni und Elisavet Askitis einen vinologischen Hotspot in Düsseldorf installiert. Rund 400 verschiedene europäische Weine von bekannten und unbekannten Winzern werden hier angeboten, dazu gut gemachte Imbiss-Gerichte.
Schwerpunkt: Deutschland, international

Graf-Adolf-Platz 1
Kategorie: Weinbistro

Weinangebot:	**44** I 50
Service	**18** I 20
Essen	**17** I 20
Ambiente:	**8** I 10
Gesamt:	87 I 100

Qomo

40221 Düsseldorf

Der Blick zum Horizont ist Tag und Nacht beeindruckend, schließlich liegt die modern gestylte Bar in einer Höhe von rund 170 Metern. Claus Liebscher hat hier sein Revier und mixt Cocktails und Drinks vom Feinsten. Dazu bietet die Küche japanischen Fusion-Style. Höchster Genuss, im wahrsten Sinne des Wortes.

Stromstraße 20
+49 211 86320018
qomo-restaurant.com
Kategorie: Restaurantbar

Drinks:	**45** I 50
Ambiente:	**20** I 20
Service:	**18** I 20
Sortiment:	**8** I 10
Gesamt:	91 I 100

RheinTon

40479 Düsseldorf

Wohnzimmerlokal nennt sich die Weinbar im Stadtteil Pempelfort, die Genuss und Wohlfühlen ideal miteinander verbindet. Sein Angebot hat Binali Ihtiyar wohl durchdacht, hier bekommt man erstklassige Weine und dazu eine leckere Auswahl an Snacks und Hauptgerichten.
Schwerpunkt: Frankreich

Gartenstraße 28
+49 179 7512046
wein-rheinton.de
Kategorie: Klassische Weinbar

Weinangebot:	**46** I 50
Service	**18** I 20
Essen	**16** I 20
Ambiente:	**8** I 10
Gesamt:	88 I 100

Rocaille

40476 Düsseldorf

Wo rund 1000 Weine angeboten werden, findet sich immer der richtige Tropfen. Bei Rocaille, einer gut funktionierenden Kombination aus Café, Bistro und Weinbar, stimmt obendrein die Beratung und es wird zielgenau jener Wein empfohlen, der zur marktfrischen Küche passt.
Schwerpunkt: Italien, Österreich, international

Weißenburgstraße 19
+49 211 97711737
rocaille.de
Kategorie: Weinbistro

Weinangebot:	**50** I 50
Service	**18** I 20
Essen	**19** I 20
Ambiente:	**8** I 10
Gesamt:	95 I 100

Saittavini

40545 Düsseldorf

Italienische Lebensart vom Feinsten, la Dolce Vita mitten in Düsseldorf. Zur klassischen mediterran angehauchten Küche gehören auch die passenden Weine, von denen Michelangelo Saitta rund 10.000 Bouteillen im Weinkeller liegen hat. Eine wahre Fundgrube, großartig!
Schwerpunkt: Italien

Luegallee 79
+49 211 57797918
saittavini.de
Kategorie: Weinbar in Vinothek

Weinangebot:	**50** I 50
Service	**18** I 20
Essen	**18** I 20
Ambiente:	**9** I 10
Gesamt:	95 I 100

Sir Walter 🍸🍸

40213 Düsseldorf

Eine eigene Welt mit künstlerischen und kosmopolitischen Attitüden eröffnet sich in der Bar direkt neben der Kunsthalle. Eine exzentrische Bühne für den Auftritt von Bar-Klassikern und Evergreens auf höchstem Niveau. Dazu kommen Weine aus weltweit renommierten Gütern, alles auf Wunsch begleitet von kreativem Barfood.

Heinrich-Heine-Allee 12	Drinks: **45** | 50
+49 174 7117154	Ambiente: **18** | 20
	Service: **17** | 20
Kategorie: Club	Sortiment: **8** | 10
	Gesamt: 88 | 100

Squarebar 🍸🍸🍸

40476 Düsseldorf

In der kleinen Bar wird es schnell gemütlich, die entspannte Atmosphäre ist ansteckend und fördert die Kommunikation. Man trifft sich hier auf einen coolen Drink oder einen klassischen Cocktail, plaudert mit dem Barkeeper und lässt ihn auch mal seine Kreativität im Glas ausleben. Am Ende ergibt alles einen Gin.

Collenbachstraße 57	Drinks: **48** | 50
+49 211 93078770	Ambiente: **18** | 20
squarebar.online	Service: **19** | 20
Kategorie: American Bar	Sortiment: **9** | 10
	Gesamt: 94 | 100

The Paris Club 🍸🍸🍸

40211 Düsseldorf

Den Eiffelturm kann man von der 17. Etage aus nicht sehen, dafür geht der Blick aber über ganz Düsseldorf. Französisch ist allerdings das einzigartige Flair in der Rooftop-Bar mit ihren hohen Decken und der Glasfront. Französisch inspiriert ist auch der Küchenstil, ebenso alles, was in die Gläser kommt. À vôtre santé!

Louis-Pasteur-Platz 1	Drinks: **45** | 50
+49 211 900910263	Ambiente: **20** | 20
25hours-hotels.com	Service: **18** | 20
Kategorie: Hotelbar	Sortiment: **8** | 10
	Gesamt: 91 | 100

The View — 40221 Düsseldorf

Der Blick ist gigantisch, schließlich liegt die Skylounge im 16. Stockwerk. Gute Aussichten, wohin man schaut, auch die Karte bietet attraktive Genüsse. Beliebte Starters und Main Courses aus der ambitionierten Küche, dazu einfallsreiche Drinks und Cocktails wie Riesling Kabinett mit Gin, Honig und Lavendel.

Speditionstraße 9
+49 211 447171665
theview-duesseldorf.de
Kategorie: Hotelbar

Drinks:	**43** I 50
Ambiente:	**18** I 20
Service:	**18** I 20
Sortiment:	**8** I 10
Gesamt:	87 I 100

Venerie — 40479 Düsseldorf

Herzstück des MUZE Hotels ist die Bar mit ihrem warmen Dekor und den Galeriefenstern mit Blick nach draußen. In den Morgenstunden triumphiert hier die Café-Welt, in den Abendstunden hat die Barszene im urbanen Interieur ihren Platz. Die Wein-Auswahl ist attraktiv, das Angebot an Cocktails abwechslungsreich.

Prinz-Georg-Straße 126
+49 211 3611560
muzehotel.de
Kategorie: Hotelbar

Drinks:	**49** I 50
Ambiente:	**18** I 20
Service:	**18** I 20
Sortiment:	**8** I 10
Gesamt:	93 I 100

Williams Bar & Kitchen — 40217 Düsseldorf

Wie man gehobene Barkultur mit einer frischen, unkomplizierten Küche ideal verzahnen kann, zeigt die schicke Düsseldorfer Location mit Bravour. Im cool gestylten Ambiente kommen ebenso coole Drinks und Cocktails ins Glas, die ambitionierte Küche trumpft mit fein gemachten Weltklassikern und Seafood auf. Alles top!

Friedrichstraße 115 a
+49 211 93372800
williams-bar.com
Kategorie: Restaurantbar

Drinks:	**45** I 50
Ambiente:	**19** I 20
Service:	**18** I 20
Sortiment:	**8** I 10
Gesamt:	90 I 100

Emma 2 — 45130 Essen

Rainer Podzuck hat den Überblick über rund 800 Weine, die er in seiner Weinbar mit angeschlossenem Ladenlokal bereithält. Und die sind glasweise zu genießen, vom Lambrusco bis zu Mouton-Rothschild. Großartig. Begleitet wird der Weingenuss von kleinen Leckereien.
Schwerpunkt: Deutschland, Frankreich, Italien, Österreich

Emmastraße 2
+49 201 74927278
emma2.de
Kategorie: Klassische Weinbar

Weinangebot:	**49** I 50
Service	**18** I 20
Essen	**17** I 20
Ambiente:	**9** I 10
Gesamt:	93 I 100

Richter's Bar

32052 Herford

Erstklassige Zutaten und Premium-Spirituosen sind die Basis, aus der Nuredin Bytyci seine Drinks zubereitet. Sein Angebot ist breit gefächert, der westdeutsche Meister im Cocktailmixen ist ein Profi hinter dem Tresen, und seine vielen Stammgäste schätzen die Kreativität, mit der er jeden seiner Drinks aufpeppt.

Radewiger Straße 28
+49 5221 1760840

Kategorie: American Bar

Drinks:	**45** I 50
Ambiente:	**18** I 20
Service:	**19** I 20
Sortiment:	**8** I 10
Gesamt:	90 I 100

Botanik

50676 Köln

Aufwendig mit Pflanzen geschmückt ist die schicke Rooftop-Bar im alten Kölner Wasserturm. Ein grünes Wohlfühlambiente, das sich auch im Angebot der Drinks und Cocktails widerspiegelt. Mit Kräutern, Beeren und Früchten verfeinert, kommen in der gemütlichen Location besonders aromatische Getränke in die Gläser.

Kaygasse 2
+49 221 20080
wasserturm-hotel-cologne.com
Kategorie: Hotelbar

Drinks:	**45** I 50
Ambiente:	**19** I 20
Service:	**18** I 20
Sortiment:	**8** I 10
Gesamt:	90 I 100

Charles Bar

50667 Köln

Ein klassisches Hotel mit der dazu passenden Bar. Im Excelsior treffen sich nicht nur internationale Gäste, auch die Kölner schätzen das bestens sortierte Bar-Angebot mit erlesenen Weinen und Champagnern, klassischen Cocktails und bewährten Drinks. Auch Limited Special Editions werden hier angeboten.

Trankgasse 1–5
+49 221 2701
excelsiorhotelernst.com
Kategorie: Hotelbar

Drinks:	**46** I 50
Ambiente:	**18** I 20
Service:	**18** I 20
Sortiment:	**9** I 10
Gesamt:	91 I 100

Cork & Bottle 🍷🍷

50933 Köln

Klein und fein, die gemütliche Location ist ein beliebter Treffpunkt für Weinfreunde und solche, die es werden möchten. Aber auch ein klassisches Kölsch ist hier zu haben. Dazu bestellt man kleine Snacks wie hausgebackene Knallereien, Tartes oder die Käsevariationen.
Schwerpunkt: international

Aachener Straße 527	Weinangebot:	**46** | 50
+49 221 31067635	Service	**18** | 20
corkandbottle.eu	Essen	**17** | 20
Kategorie: Klassische Weinbar	Ambiente:	**8** | 10
	Gesamt:	89 | 100

Crevette Rosé 🍸🍸

50825 Köln

Der Name ist Programm, in der gemütlich-schicken Kölner Brasserie und Bar steht frisches Seafood ganz oben auf der Karte. Austern, Hummer, Jahrgangssardinen und natürlich Crevetten mit Cocktailsauce. Begleitend gibt es eine kleine, feine Auswahl an Weinen und hausgemachte Cocktails wie »Sweet Pepper« oder »Clover Club«.

Venloer Straße 437	Drinks:	**44** | 50
+49 173 3935331	Ambiente:	**18** | 20
	Service:	**18** | 20
Kategorie: American Bar	Sortiment:	**8** | 10
	Gesamt:	88 | 100

Die Bredouille 🍷🍷

50672 Köln

Wer in die Bredouille kommt, trifft mit Sicherheit weinbegeisterte Menschen. Denn was in der modern gestylten Bar geboten wird, ist eine attraktive Auswahl an Weinen. Nicht zu vergessen die kleinen und großen Leckereien, ein rundum gelungenes Weinbar-Konzept.
Schwerpunkt: Deutschland, Frankreich, Österreich

Venloer Straße 22	Weinangebot:	**46** | 50
+49 176 87973583	Service	**17** | 20
die-bredouille.de	Essen	**17** | 20
Kategorie: Klassische Weinbar	Ambiente:	**8** | 10
	Gesamt:	88 | 100

Die hängenden Gärten von Ehrenfeld 🍸🍸

50823 Köln

Abhängen in den Hängenden Gärten hat einen besonderen Charme. Unter dem Blumenmeer, das in dieser Szenebar an der Decke hängt, sitzt man in gemütlichen Sofas, lauscht der Musik des DJs und trinkt Bier aus der Flasche. Oder eine der vielen Spirituosen, zu denen die freundlichen Barkeeper immer eine Story erzählen können.

Vogelsanger Straße 140	Drinks:	**44** | 50
+49 221 5892338	Ambiente:	**18** | 20
haengendegaerten.de	Service:	**18** | 20
Kategorie: Loungebar	Sortiment:	**7** | 10
	Gesamt:	87 | 100

Friesen Barkultur 🍸🍸🍸

50670 Köln

Mit einer exklusiven Auswahl an Drinks und Spirituosen setzt die Cocktailbar Akzente im Kölner Nachtleben. Im rustikal-stylishen Ambiente wird klassisch und kreativ gleichermaßen gemixt, die freundlichen Barkeeper beherrschen ihr Metier aus dem Effeff. Das Ganze untermalt von angesagter Musik, drink and dance!

Friesenstraße 41	Drinks:	**47** | 50
+49 177 4140802	Ambiente:	**18** | 20
friesen-bar.com	Service:	**18** | 20
Kategorie: American Bar	Sortiment:	**9** | 10
	Gesamt:	92 | 100

Frohnatur 🍷🍷🍷

50672 Köln

Seit dem Jahr 2020 geht hier die Post ab, zumindest die vinologische. Das engagierte junge Team empfiehlt kreuz und quer kompetent durch das attraktive Wein-Angebot, das immer wieder für Überraschungen gut ist. Dazu werden richtig gut gemachte Gerichte serviert.
Schwerpunkt: Raw/Natural Wine

Friesenwall 84	Weinangebot:	**46** | 50
	Service	**19** | 20
frohnatur.wine	Essen	**19** | 20
Kategorie: Weinbar in Vinothek	Ambiente:	**8** | 10
	Gesamt:	92 | 100

Grace & Grape 🍷🍷🍷 — 50674 Köln

Mitten im Herzen der Domstadt liegt die gemütlich gestylte Bar, die neben erfrischenden Cocktails eine sehr gute Auswahl an besten Weinen anbietet. In entspannter Atmosphäre bestellt man dazu erstklassig gemachtes Barfood, Flammkuchen oder hausgemachte Antipasti.
Schwerpunkt: international

Kyffhäuserstraße 17	Weinangebot: **47** I 50
	Service **18** I 20
graceandgrape.de	Essen **18** I 20
Kategorie: Klassische Weinbar	Ambiente: **8** I 10
	Gesamt: 91 I 100

Harry's New York Bar 🍷🍷🍷 — 50667 Köln

Ein kultiger Klassiker in der Barszene, der für alle Geschmäcker den passenden Drink bereithält, sei es ein Cocktail-Evergreen aus dem Portfolio der internationalen Barwelt oder eine Eigenkreation der kompetenten Barkeeper aus frischen Zutaten. Ein Augenmerk der Bar liegt auf der Vielfalt alkoholfreier Cocktails.

Pipinstraße 1	Drinks: **45** I 50
+49 221 280601210	Ambiente: **18** I 20
hotel-koeln-city.dorint.com	Service: **18** I 20
Kategorie: Hotelbar	Sortiment: **9** I 10
	Gesamt: 90 I 100

HENNE.Weinbar 🍷🍷🍷🍷 — 50672 Köln

Die umfangreiche Weinkarte ist nach Rebsorten geordnet, das Sortiment weitreichend, innovativ und kenntnisreich zusammengestellt. Neben Klassikern sind es Newcomer und Entdeckungen, die zu vernünftigen Preisen angeboten werden. Die Küche bietet tagesfrische Speisen.
Schwerpunkt: Österreich, Frankreich, international

Pfeilstraße 31	Weinangebot: **48** I 50
+49 221 34662647	Service **19** I 20
henne-weinbar.de	Essen **19** I 20
Kategorie: Weinbar im Restaurant	Ambiente: **9** I 10
	Gesamt: 95 I 100

Le Moissonnier 🍷🍷 — 50670 Köln

Die Kölner Institution hat sich zwar aus der Gourmetwelt verabschiedet, doch im Bistro wird nach wie vor erstklassig aufgetischt. Dazu gibt es in der gemütlichen Location eine Weinauswahl, die vom einfachen Wein bis zum internationalen Spitzengewächs alles bietet.
Schwerpunkt: Frankreich

Krefelder Straße 25	Weinangebot: **44** I 50
+49 221 729479	Service **18** I 20
lemoissonnier.de	Essen **18** I 20
Kategorie: Weinbistro	Ambiente: **8** I 10
	Gesamt: 88 I 100

Little Link 🍸🍸🍸🍸 50672 Köln

Steinpilz-Whisk(e)y oder lieber Hagebutten-Shrub? Die Cocktailbar von Stephan Hinz bietet abgefahrene Drinks, die der Kreativität neue Akzente verleihen. Aber auch die klassischen Drinks kommen hier in die Gläser, etwa der perfekt zubereitete Manhattan. Dazu bestellt man eines der legendären Grilled Cheese Sandwiches.

Maastrichter Straße 20
+49 162 7833366
littlelink.de
Kategorie: American Bar

Drinks:	**50** | 50
Ambiente:	**18** | 20
Service:	**19** | 20
Sortiment:	**9** | 10
Gesamt:	96 | 100

Lorbass 🍸🍸 50672 Köln

New York lässt grüßen. Hinter dem dicken Samtvorhang verbirgt sich eine Bar im Stil der Goldenen Zwanziger mit urbanem Flair. Egal, ob Klassiker oder Eigenkreationen des Chefs, jeder Cocktail besticht durch aromatische Ausgewogenheit und Harmonie. Daneben gibt es 50 Sorten Gin, verschiedene Biere und Softdrinks.

Antwerpener Straße 34
+49 173 2777797
lorbass-bar.de
Kategorie: American Bar

Drinks:	**45** | 50
Ambiente:	**18** | 20
Service:	**18** | 20
Sortiment:	**8** | 10
Gesamt:	89 | 100

Maulvoll 🍷🍷 50678 Köln

In der lauschigen Location kann man nicht nur entspannt Weine probieren, sondern sich auch kompetent beraten lassen. Auf der umfangreichen Karte stehen rote und weiße Klassiker aus der internationalen Weinwelt neben Newcomern und Gewächsen aus jungen Betrieben.
Schwerpunkt: Deutschland

Im Ferkulum 30
+49 221 16852257

Kategorie: Weinbar in Vinothek

Weinangebot:	**47** | 50
Service	**18** | 20
Essen	**16** | 20
Ambiente:	**8** | 10
Gesamt:	89 | 100

Ona Mor Bar Köln

50674 Köln

Eine Bar wie aus dem Bilderbuch. In kosmopolitischer Atmosphäre wird ein Programm angeboten, das einen weiten Bogen über die internationale Barszene spannt. Cocktails vom Feinsten, dazu ideenreiche Drinks aus besten Zutaten und hochwertige Spirituosen lassen keine Wünsche offen. Ein Ort des Genusses und des Wohlfühlens.

Roonstraße 94	Drinks:	**48** | 50
+49 221 16874524	Ambiente:	**18** | 20
onamor.de	Service:	**18** | 20
Kategorie: American Bar	Sortiment:	**8** | 10
	Gesamt:	92 | 100

Rosebud

50674 Köln

Die angesagte Neighbourhood-Bar lässt es locker angehen. Entweder man fragt nach der Empfehlung des Hauses oder lässt die Bartender gleich zum Mixer greifen und einen ihrer Bestseller zubereiten. Zum Beispiel einen »Razzmatazz« oder einen »Watermelon Julep«. Ein echtes Kölsch wird hier natürlich auch serviert.

Heinsbergstraße 20	Drinks:	**46** | 50
+49 221 27207412	Ambiente:	**18** | 20
rosebudbar.de	Service:	**18** | 20
Kategorie: Loungebar	Sortiment:	**8** | 10
	Gesamt:	90 | 100

Seiberts

50672 Köln

Das historische Ambiente mit seinen vielen liebenswerten Details ist die ideale Kulisse für die charmante Bar, die Volker Seibert mit Passion betreibt. Neben einer handverlesenen Champagner- und Spirituosenauswahl schätzen die Gäste vor allem seine vielen Eigenkreationen wie »Sakura Night« oder »Die wilde Henne«.

Friesenwall 33	Drinks:	**50** | 50
+49 221 30195013	Ambiente:	**19** | 20
seiberts-bar.com	Service:	**19** | 20
Kategorie: American Bar	Sortiment:	**10** | 10
	Gesamt:	98 | 100

Spirits

50674 Köln

Barkultur auf höchstem Niveau, hier findet sie statt. Immer unterlegt mit coolen Sounds und lockeren Grooves, die ein wesentlicher Bestandteil des Konzepts von Inhaber Dominique Simon sind. Auch in den Cocktails ist Musik drin: Was im Spirits in die Gläser kommt, ob klassisch oder New Wave, hat Klasse und Stil.

Engelbertstraße 63	Drinks:	**47** | 50
+49 221 20538044	Ambiente:	**18** | 20
spiritsbar.de	Service:	**19** | 20
Kategorie: American Bar	Sortiment:	**9** | 10
	Gesamt:	93 | 100

Suderman 🍸🍸🍸🍸 50670 Köln

Rund 300 Spirituosen stehen in den Regalen der angesagten Bar mit ihren gemütlichen Sofas. Daraus zaubern die ambitionierten Bartender jede Menge hochklassige Drinks und Cocktails, handwerklich perfekt gemacht und immer mit dem besonderen Pfiff ins Glas gebracht. Dazu werden fein gemachte kleine Speisen angeboten.

Sudermanplatz 3
+49 221 96265506
sudermanbar.de
Kategorie: American Bar

Drinks:	**48** | 50
Ambiente:	**19** | 20
Service:	**19** | 20
Sortiment:	**10** | 10
Gesamt:	96 | 100

Tanica 🍷🍷🍷 50674 Köln

Klassische Pasta und eine Crossover-Küche, die nachhaltigen Genuss zum Thema hat. Im Tanica können die Gäste im schicken Interieur raffinierte Gerichte genießen und dazu aus einem attraktiven Angebot den passenden Wein oder einen hausgemachten Cocktail bestellen.
Schwerpunkt: international

Engelbertstaße 31a
+49 221 2405271
rosticceria-massimo.de
Kategorie: Weinbar im Restaurant

Weinangebot:	**45** | 50
Service	**18** | 20
Essen	**19** | 20
Ambiente:	**9** | 10
Gesamt:	91 | 100

The Grid Bar 🍸🍸🍸🍸 50670 Köln

Marian Krause und sein Team sind immer zur Stelle, wenn es in der klassischen Bar um hochwertige und erstklassige Drinks geht. Aus frischen Zutaten gemixt und geschüttelt, sind die Bartender auch für individuelle Wünsche der Gäste offen und zaubern unvergessliche Genüsse ins Glas. Am Wochenende sogar mit Musik.

Friesenstraße 62	Drinks:	**49** | 50
+49 221 99875058	Ambiente:	**18** | 20
thegridbar.de	Service:	**19** | 20
Kategorie: American Bar	Sortiment:	**9** | 10
	Gesamt:	95 | 100

Toddy Tapper 🍸🍸🍸🍸 50670 Köln

Die angesagte Bar ist bekannt für ihr freundliches Ambiente. Und natürlich für Cocktails, die in Eigenregie entstehen und immer wieder für aromatische Überraschungen sorgen, etwa der »Kalamansi Smash« mit Zitrusnoten, Gin und Noilly Prat oder der »Under the clouds« mit schottischem Whisky, Yuzu und Zitronen.

Schillingstraße 27	Drinks:	**49** | 50
+49 221 44707408	Ambiente:	**19** | 20
toddytapper.de	Service:	**19** | 20
Kategorie: Loungebar	Sortiment:	**9** | 10
	Gesamt:	96 | 100

Woods 🍸🍸🍸 50670 Köln

Simon Bach ist ein ideenreicher Bartender, mehr als 20 Eigenkreationen gehen auf sein Konto. Probieren geht über studieren, Bachs außergewöhnliche Cocktails haben immer Pfiff und Esprit. Auch die Klassiker kommen in der gemütlichen Bar zu ihren Ehren, das engagierte Team geht dazu gerne auf individuelle Wünsche ein.

Friesenstraße 49	Drinks:	**46** | 50
+49 221 42336672	Ambiente:	**19** | 20
woods-cologne.de	Service:	**19** | 20
Kategorie: American Bar	Sortiment:	**8** | 10
	Gesamt:	92 | 100

Bungertshof Weinstube 🍷🍷 53639 Königswinter

Mitten in den Weinbergen gelegen, ist die gemütliche Location ein beliebtes Ausflugsziel, wenn es um Weingenuss geht. Denn das Angebot ist riesig und umfasst alle Qualitätsstufen und Preisklassen deutscher Weine. Großartig! Dazu werden herzhafte Leckereien angeboten.
Schwerpunkt: Deutschland

Heisterbacher Straße 149	Weinangebot:	**47** | 50
+49 2223 3010	Service	**16** | 20
bungertshof.com	Essen	**16** | 20
Kategorie: Weinbar im Restaurant	Ambiente:	**9** | 10
	Gesamt:	88 | 100

GOOD times

59555 Lippstadt

Good times, der Name ist Programm. In der stimmungsvollen, gemütlichen Bar mit der nostalgisch anmutenden Theke reicht das gut sortierte Angebot an Drinks und Cocktails von den Klassikern aus den 1920er-Jahren bis zu modernen Eigenkreationen. Individuelle Wünsche erfüllt das freundliche Team gerne.

Geiststraße 4	Drinks:	45 | 50
+49 2941 9226144	Ambiente:	18 | 20
times-lp.de	Service:	18 | 20
Kategorie: American Bar	Sortiment:	8 | 10
	Gesamt:	89 | 100

Balthazar

48155 Münster

Ein engagiertes Team, das sich mit Leidenschaft der Barkultur widmet und seine Gäste mitnimmt in die Welt der tausend Geschmäcker. Drinks gibt es hier in vielen Varianten, mal klassisch und bewährt, mal modern und neu, immer aber aus besten Zutaten hergestellt. Viele Sirupe und Infusionen sind hausgemacht.

Bremer Platz 12	Drinks:	45 | 50
	Ambiente:	18 | 20
balthazar-bar.de	Service:	18 | 20
Kategorie: American Bar	Sortiment:	8 | 10
	Gesamt:	89 | 100

K&D wine stories

48167 Münster

Es ist richtig gemütlich in der Weinbar von Kerstin und Danyel Elferink, die für ihr durchdachtes Angebot an sehr guten Gewächsen bekannt ist. EinSchwerpunkt des Sortiments sind Weine aus Südafrika, dazu ausgesuchte Gewächse aus Spanien, Italien und dem Rest der Welt.

Schwerpunkt: Südafrika, Spanien, Italien

Schlesienstraße 3	Weinangebot:	49 | 50
+49 251 97206505	Service	19 | 20
kd-winestories.de	Essen	14 | 20
Kategorie: Weinbar in Vinothek	Ambiente:	9 | 10
	Gesamt:	91 | 100

Lux

48143 Münster

Leidenschaft im Glas: Mit Passion mixen und schütteln die Bartender in der modern-schicken Location Drinks, Cocktails und Highballs. Die aufregende Fusion aus Aromen und ein innovativer Zutatenmix zeichnen die Eigenkreationen der Barkeeper aus. Wer mehr über Mixologie erfahren möchte, bucht einen der Cocktail-Kurse.

Domplatz 10	Drinks:	45 | 50
+49 251 98161030	Ambiente:	18 | 20
das-lux.de	Service:	17 | 20
Kategorie: Restaurantbar	Sortiment:	8 | 10
	Gesamt:	88 | 100

Goldstück

45657 Recklinghausen

Kleine Auszeit vom Alltag? Dann ab ins Goldstück, hier ist die Stimmung immer gut und das Angebot an Getränken hervorragend. Im heimeligen Wohnzimmerambiente gibt es nicht nur kühles Blondes, sondern auch ausgesuchte Weine, Whisk(e)ys, prickelnde Champagner-Cocktails und Strong Drinks wie »Smugglers Cove Zombie« mit Rum.

Reitzensteinstraße 58–60	Drinks:	**45** | 50
+49 2361 8484906	Ambiente:	**18** | 20
goldstück-recklinghausen.de	Service:	**18** | 20
Kategorie: Loungebar	Sortiment:	**9** | 10
	Gesamt:	90 | 100

Rex Bar

42279 Wuppertal

Barkeeper Jawid Nazar hat nicht nur für Cocktails den richtigen Dreh raus. Das attraktive Angebot der farbenfroh gestylten Bar im Stil der 1920er-Jahre umfasst neben einem guten Champagnersortiment auch jede Menge ausgesuchte Weine aus aller Welt. Ein »Place to be«.
Schwerpunkt: international

Wittener Straße 288	Weinangebot:	**44** | 50
+49 202 26533779	Service	**18** | 20
restaurant-shiraz.com	Essen	**18** | 20
Kategorie: Weinbar im Restaurant	Ambiente:	**8** | 10
	Gesamt:	88 | 100

Favorite

55131 Mainz

Das familiengeführte Hotel ist so etwas wie die gute Stube von Mainz. Patron Christian Barth ist noch dazu ein ausgewiesener Weinkenner, die gemütliche Weinbar dementsprechend eine reich gefüllte Fundgrube für Gewächse aus aller Welt und in allen Geschmacksrichtungen.
Schwerpunkt: Deutschland

Karl-Weiser-Straße 1	Weinangebot:	**47** | 50
+49 6131 8015477	Service	**18** | 20
favorite-mainz.de	Essen	**18** | 20
Kategorie: Weinbar im Restaurant	Ambiente:	**9** | 10
	Gesamt:	92 | 100

Ladendorfs Weinhaus 🍷🍷🍷

55116 Mainz

Regionale Gerichte und die dazu passenden Weine bietet das gemütlich-modern ausstaffierte Weinhaus, dem auch ein Handel angeschlossen ist. Zu den vielen offen angebotenen Gewächsen gesellen sich ausgesuchte Flaschenweine aus bekannten Gütern und jungen Betrieben.
Schwerpunkt: Deutschland

Gaustraße 73	Weinangebot:	**46** I 50
+49 6131 2493609	Service	**19** I 20
ladendorfs-weinhaus.com	Essen	**18** I 20
Kategorie: Weinbar im Restaurant	Ambiente:	**8** I 10
	Gesamt:	91 I 100

M-Lounge & Bar

55116 Mainz

Großstadtflair mit Blick auf den Rhein. In lockerer Atmosphäre bietet das Hotel ein breit gefächertes Angebot an nationalen und internationalen Weinen, dazu Kaffee-Spezialitäten, Softdrinks, Prickelndes und klassische Cocktails wie Cosmopolitan, Espresso Martini und Mai Tai. Für den kleinen Hunger werden Snacks serviert.

Templerstraße 6	Drinks:	**45** I 50
+49 6131 731234	Ambiente:	**18** I 20
hyattrestaurants.com	Service:	**18** I 20
Kategorie: Hotelbar	Sortiment:	**8** I 10
	Gesamt:	89 I 100

Rheinhattan Bar

55116 Mainz

Der Mann hinter dem Tresen heißt Markus Schuler und beherrscht sein Metier aus dem Effeff. Seine Cocktails und Drinks umfassen die ganze Bandbreite der internationalen Barszene, immer aus besten Zutaten gemixt. Dazu gibt es reichlich hochwertige Spirituosen, serviert im heimeligen Ambiente einer klassischen Bar.

Neutorstraße 8	Drinks:	**48** I 50
+49 176 46062291	Ambiente:	**18** I 20
rheinhattanbar.de	Service:	**19** I 20
Kategorie: Loungebar	Sortiment:	**8** I 10
	Gesamt:	93 I 100

Spiritus 🍸🍸🍸🍸

55116 Mainz

Barkultur vom Feinsten! Rund 400 Spirituosen werden in der kultigen Location angeboten, alle Säfte sind frisch von Hand gepresst, das Eis durchsichtig-klar, die Essenzen extrem hochwertig und die Bartender ausgewiesene Spezialisten und Allround-Könner. Hier bekommt jeder Gast seinen ganz persönlichen Drink.

Neutorstraße 5–7	Drinks:	**49** | 50
+49 151 21269573	Ambiente:	**18** | 20
spiritus-mainz.de	Service:	**19** | 20
Kategorie: American Bar	Sortiment:	**9** | 10
	Gesamt:	95 | 100

Interieur No. 253 🍷🍷🍷

53424 Remagen

Weinbar, Bistro und Restaurant, die Mischung macht's. Das Ganze ist im historischen Bahnhof beheimatet, hier findet jeder Geschmack seinen Favoriten. Die Weinkarte ist gut und passend zu den Speisen sortiert, Jahrgangstiefe und einige rare Gewächse inklusive.
Schwerpunkt: Deutschland

Hans-Arp-Allee 1	Weinangebot:	**46** | 50
+49 2228 911111	Service	**18** | 20
interieur-no253.de	Essen	**18** | 20
Kategorie: Weinbar im Restaurant	Ambiente:	**9** | 10
	Gesamt:	91 | 100

18Zwo 🍸🍸

54290 Trier

Ein schicker Rückzugsort für Genießer im Herzen von Trier. Die Location mit dem ansprechenden Ambiente hat alles im Angebot, was zur Barkultur gehört. Neben den internationalen Klassikern, Afterwork Classics und kreativen Signature Drinks gibt es auch ein spannendes Angebot an Driver Cocktails ohne Alkohol.

Simeonstiftsplatz 6	Drinks:	**45** | 50
+49 651 99987980	Ambiente:	**18** | 20
18zwo.de	Service:	**18** | 20
Kategorie: American Bar	Sortiment:	**8** | 10
	Gesamt:	89 | 100

Das Weinhaus

54290 Trier

Moselweine aus allen Lagen sind derSchwerpunkt des Angebots des Familienbetriebs, der auf seiner Karte auch Gewächse aus Israel, Italien, Frankreich und Portugal stehen hat. Probieren kann man die Weine im Restaurant bei Tapas oder einem leckeren Wiener Schnitzel.
Schwerpunkt: Ruwer, Mosel, Saar

Brückenstraße 7	Weinangebot: **49** | 50
+49 651 1704924	Service **18** | 20
weinhaus-trier.de	Essen **18** | 20
Kategorie: Weinbar in Vinothek	Ambiente: **8** | 10
	Gesamt: 93 | 100

Oechsle

54290 Trier

Wer in das gemütliche Gasthaus einkehrt, kann zu hausgemachten Fischgerichten aus einer Vielzahl von Mosel-Weinen seinen Favoriten aussuchen. Die Weinkarte bietet einen umfassenden Einblick in das facetten- und abwechslungsreiche Portfolio des Anbaugebiets.
Schwerpunkt: Saar, Ruwer, Mosel

Palaststraße 5–7	Weinangebot: **45** | 50
+49 651 9917555	Service **17** | 20
oechsle-weinhaus.de	Essen **17** | 20
Kategorie: Weinbistro	Ambiente: **8** | 10
	Gesamt: 87 | 100

Verzauber Bar

54290 Trier

Wer abgefahrene Cocktail-Kreationen entdecken möchte oder einfach einen neuen Lieblingsdrink sucht, wird in der gemütlichen Bar sicher fündig. Der freundliche Service erfüllt gerne individuelle Wünsche und zaubert schon mal Zutaten ins Glas, die man in dieser Kombination noch nicht kannte. Tolle Cocktail-Kurse.

Saarstraße 90	Drinks: **46** | 50
+49 176 32213281	Ambiente: **18** | 20
verzauber.bar	Service: **18** | 20
Kategorie: American Bar	Sortiment: **7** | 10
	Gesamt: 89 | 100

Weinbar Trier

54290 Trier

In der gemütlichen Location nahe der Porta Nigra dreht sich alles um Wein. Der kommt aus der ganzen Welt, aber auch Flaschen aus den heimatlichen Kellern der Mosel sind hier zu finden. Mehr als 20 Weine und Sekte werden täglich im offenen Ausschank angeboten.
Schwerpunkt: Deutschland, Mosel

Simeonstraße 12	Weinangebot: **47** | 50
+49 651 99466955	Service **18** | 20
weinbar-trier.de	Essen **15** | 20
Kategorie: Weinbar in Vinothek	Ambiente: **8** | 10
	Gesamt: 88 | 100

Vindumi 🍷🍷 66459 Kirkel

Beste Qualität zum fairen Preis. Das Verspechen steht, und es wird mit Leidenschaft umgesetzt. Das breite Angebot an Weinen aus dem Süden Frankreichs kann sich sehen, aber natürlich auch schmecken lassen. Eine wahre Fundgrube, nicht nur für frankophile Weinkenner.
Schwerpunkt: Frankreich

Hauptstraße 39
+49 6841 9590680
vindumi.de
Kategorie: Weinbar in Vinothek

Weinangebot:	**45** I 50
Service	**18** I 20
Essen	**17** I 20
Ambiente:	**8** I 10
Gesamt:	88 I 100

Marie-Luise & Jypsie's 🍷🍷 66625 Nohfelden

Marie-Luise und Wilhelm Bloch träumten schon lange von einer eigenen Vinothek. Daraus ist eine Kombination aus Restaurant, Vinothek, Café und Bar geworden, in der nicht nur beste deutsche Weine, sondern auch eine kleine Auswahl an Cocktails angeboten werden.
Schwerpunkt: Deutschland

Brühlstraße 6b
+49 6852 4859922
marieluise-jypsies.de
Kategorie: Weinbar in Vinothek

Weinangebot:	**44** I 50
Service	**17** I 20
Essen	**18** I 20
Ambiente:	**8** I 10
Gesamt:	87 I 100

Louis Bar

66740 Saarlouis

Was für eine geschmackvoll eingerichtete Bar! Hier ist wohlfühlen angesagt, verbunden mit einem attraktiven Angebot an Getränken. Das kann ein Wein aus einem renommierten Weingut ebenso sein wie ein klassischer Cocktail aus der internationalen Barwelt. Oder man probiert die Eigenkreationen des engagierten Teams.

Prälat-Subtil-Ring 22
+49 6831 89440440
lamaison-hotel.de
Kategorie: Hotelbar

Drinks:	**44** | 50
Ambiente:	**18** | 20
Service:	**18** | 20
Sortiment:	**8** | 10
Gesamt:	88 | 100

Frank's Bar

01099 Dresden

Ilja Eisoldt hat die alteingesessene Bar in der Neustadt 2020 übernommen, sie mit viel Feingefühl erneuert und zugleich den besonderen 90ies-Charme erhalten. Auf der Karte finden sich rund 200 Drinks, empfohlen seien Specials wie der »Baicha« aus regionalen Zutaten oder der südamerikanisch inspirierte »Martins Grape«.

Alaunstraße 80
+49 351 65888380
franksbar.de
Kategorie: American Bar

Drinks:	**45** | 50
Ambiente:	**18** | 20
Service:	**18** | 20
Sortiment:	**9** | 10
Gesamt:	90 | 100

Gin House

01067 Dresden

Herrlich traditionell mit edlen Brokat-Tapeten, glitzerndem Kristallüster und roten Samtsesseln. In der Hotelbar wird stilvoll und auch mit einem Hauch Ironie die Barkultur des 20. Jahrhunderts zelebriert. Zum Programm gehören Klassikervariationen wie der »Sling Sling« mit Monkey 47 und wirklich großartige Longdrinks.

An der Frauenkirche 13	Drinks:	**47** | 50
+49 351 417270	Ambiente:	**18** | 20
dresden-ginhouse.de	Service:	**18** | 20
Kategorie: Hotelbar	Sortiment:	**9** | 10
	Gesamt:	92 | 100

Herz American Bar

01097 Dresden

Auch wenn Stephan Herz selbst nur noch selten hinter dem Tresen werkelt, der Spirit von Charles Schumann, bei dem der Besitzer über 20 Jahre arbeitete, weht hier nicht nur durch die Cocktailkarte. Basis sind Stil, seriöses Handwerk, ausgezeichnete Spirituosen und jener Twist, der aus einem guten Drink den ganz besonderen macht.

Wallgässchen 4	Drinks:	**46** | 50
+49 351 85096108	Ambiente:	**18** | 20
herz.bar	Service:	**18** | 20
Kategorie: American Bar	Sortiment:	**8** | 10
	Gesamt:	90 | 100

Pinta Cocktailbar

01099 Dresden

Die Pinta war das Flaggschiff von Christopher Columbus, immer ganz vorne dran. Und so ist die Pinta-Mannschaft auch immer bestrebt, stets Neues zu entdecken und auszuprobieren.Schwerpunkt sind die 200 verschiedenen Rum-Sorten, die mit selbst alchemierten Ingredienzen zu fantastischen Cocktails verarbeitet werden.

Louisenstraße 49	Drinks:	**46** | 50
+49 351 8106761	Ambiente:	**18** | 20
pinta-cocktailbar.de	Service:	**18** | 20
Kategorie: American Bar	Sortiment:	**9** | 10
	Gesamt:	91 | 100

SonderBar

01187 Dresden

»Strong & Elegant«, »Sour & Fruity« oder »Basic & Indecent« heißen die Kategorien der spannenden Cocktailkarte in der SonderBar. Jens Lukas und seine Crew legen in ihrer Philosophie Wert auf detaillierte Aromen und kreieren harmonische Klassikervariationen wie den »Reservoir Dog« mit Scotch, Maple Sirup und Pale Ale.

Würzburger Straße 40	Drinks:	**45** | 50
+49 351 4719595	Ambiente:	**18** | 20
sonderbar.de	Service:	**18** | 20
Kategorie: American Bar	Sortiment:	**9** | 10
	Gesamt:	90 | 100

Twist Bar

01067 Dresden

Zum schicken Restaurant Ven gehört auch eine der elegantesten Bars im Dresdener Nachtleben. Hoch über den Dächern der Altstadt sitzt man mit Blick auf die Frauenkirche. Barchef Marlon Kutschke mischt hervorragende Klassiker, aber auch Experimentelles wie »Em-Eukal Julep« oder »Blumenkohlada« findet sich auf der Karte.

Salzgasse 4	Drinks:	45 | 50
+49 351 795150	Ambiente:	19 | 20
ven-dresden.de	Service:	18 | 20
Kategorie: Hotelbar	Sortiment:	9 | 10
	Gesamt:	91 | 100

Wein | Kultur | Bar

01277 Dresden

Dresden horchte auf, als Silvio Nitzsche (mit z) Anfang des Jahres sein Lokal an Patrick Nitsche (ohne z) übergab. Der ehemalige Praktikant in der Wein | Kultur | Bar schafft es mit einer tollen Wein-Auswahl und einem ebenso tollen Team mühelos, das gehobene Niveau zu halten.
Schwerpunkt: Deutschland, international

Wittenberger Straße 86	Weinangebot:	50 | 50
+49 351 3157917	Service	20 | 20
weinkulturbar.de	Essen	17 | 20
Kategorie: Klassische Weinbar	Ambiente:	9 | 10
	Gesamt:	96 | 100

Herder Zehn

09599 Freiberg

Lernen Sie die unerwartete Vielfalt europäischer Winzerkunst kennen. DerSchwerpunkt im Herder Zehn liegt auf Gewächsen aus deutschen Regionen, immer wieder stellt Betreiber Janek Schumann junge Winzer vor. Dazu wird eine ambitionierte Fine-Dining-Küche serviert.
Schwerpunkt: Deutschland, Burgund

Herderstraße 10	Weinangebot:	46 | 50
+49 3731 23013	Service	18 | 20
herder10.com	Essen	18 | 20
Kategorie: Weinbar in Vinothek	Ambiente:	8 | 10
	Gesamt:	90 | 100

Brick's der Cocktail

04109 Leipzig

Die wohl älteste Cocktailbar Leipzigs liegt im Souterrain und ist nicht ganz leicht zu finden. Das muntere Tresenteam versteht sein durststillendes Handwerk und berät gerne, denn die Getränkeauswahl auf der Karte ist groß. Auf Kreidetafeln werden die aktuellen Signature Drinks beworben, die sich je nach Jahreszeit ändern.

Am Brühl 52	Drinks:	45 | 50
+49 341 9614327	Ambiente:	17 | 20
	Service:	18 | 20
Kategorie: Loungebar	Sortiment:	8 | 10
	Gesamt:	88 | 100

Imperii Bar 🍸🍸🍸

04109 Leipzig

Hier kreuzten sich einst die Handelsstraßen des alten römischen Imperiums, so die Namenserklärung. Die heutigen Besucher aus aller Welt und die einheimischen Stammgäste kommen wegen der spektakulären Cocktails wie dem »Smoky Seaside« oder Longdrinks wie dem »Italian Sip« in die elegante Bar. Und wegen des guten Essens.

Brühl 72	Drinks:	**46** | 50
+49 341 96283789	Ambiente:	**18** | 20
imperii.de	Service:	**19** | 20
Kategorie: Loungebar	Sortiment:	**9** | 10
	Gesamt:	92 | 100

Le Grand Bar 🍸🍸🍸

04109 Leipzig

Große Welt im Restaurant Le Grand mit Inspirationen aus den Küchen Europas und den Aromen Asiens. Danach geht es in den schicken Lichthof, dort befindet sich die sehenswerte Bar. Man sitzt um den Feuerkelch und genießt Cocktails wie den »Fingerabdruck« mit König Carlos 2022, Falernum, Cointreau (N), Zitrone, Zimt.

Salzgässchen 6	Drinks:	**46** | 50
+49 341 3505810	Ambiente:	**18** | 20
steigenberger.com	Service:	**18** | 20
Kategorie: Hotelbar	Sortiment:	**8** | 10
	Gesamt:	90 | 100

Le Grand Brasserie 🍷🍷🍷

04109 Leipzig

Fine Dining auf hohem Niveau im Herzen der Altstadt. Die französisch-mediterran geprägte Küche überrascht aber auch – je nach Saison – mit regionalen Spezialitäten. Auf der umfangreichen Weinkarte finden sich europäische Klassiker, aber auch regionale Spitzenweine.
Schwerpunkt: international

Salzgässchen 6	Weinangebot:	**46** | 50
+49 341 3505810	Service	**17** | 20
steigenberger.com	Essen	**18** | 20
Kategorie: Weinbar im Restaurant	Ambiente:	**9** | 10
	Gesamt:	90 | 100

Luft und Liebe ⚲⚲

04107 Leipzig

Die modern gestylte Shisha-Bar mit ihrem blumigen Ambiente bietet nicht nur Wasserpfeifen-Genuss, sondern auch eine ganze Reihe an klassischen Drinks, Shots, Longdrinks und ausgefallenen Cocktails, die aus frischen Zutaten zubereitet werden. Das engagierte und freundliche Team erfüllt auch individuelle Wünsche.

Karl-Liebknecht-Straße 47	Drinks:	45 | 50
+44 341 99995032	Ambiente:	18 | 20
shisha-bar-leipzig.de	Service:	18 | 20
Kategorie: Loungebar	Sortiment:	8 | 10
	Gesamt:	89 | 100

Renkli

04107 Leipzig

Younis Adams und Fatih Demirbas gelingt es, mit ihrer coolen Weinbar auch ein jüngeres Publikum für feine Weine zu begeistern. Das findet hier eine sehr gute Auswahl vor allem deutscher und europäischer Weine, dazu werden leckere mediterrane Kleinigkeiten gereicht.
Schwerpunkt: Deutschland

Karl-Liebknecht-Straße 2	Weinangebot:	46 | 50
	Service	19 | 20
	Essen	17 | 20
Kategorie: Klassische Weinbar	Ambiente:	8 | 10
	Gesamt:	90 | 100

Rorschach

04275 Leipzig

»In the Mood« oder »Lost in Translation« heißen die grandios gezauberten Cocktails bei Kinofan Maurice Le Petit. In seiner cool-schummrigen, etwas avantgardistischen American Bar feiert er das Schöne, Gute und Wahre an sich mit bester Musik – oft von befreundeten DJs –, angenehmen Gästen und hervorragenden Cocktails.

Arndtstraße 44	Drinks:	47 | 50
+49 341 3038691	Ambiente:	17 | 20
rorschach-bar.de	Service:	18 | 20
Kategorie: American Bar	Sortiment:	8 | 10
	Gesamt:	90 | 100

Gräfe's Wein & Fein

01445 Radebeul

Ein gemütliches Bistro mit einer ungewöhnlichen offenen Weinauswahl. Kein Wunder, Chef Matthias Gräfe betreibt auch eine versierte Fachhandlung, für 15 Euro Korkgeld bekommt man beste Flaschen aus Saale-Unstrut serviert, passend zur feinen regionalen Speisekarte.
Schwerpunkt: Deutschland

Hauptstraße 19	Weinangebot:	48 | 50
+49 351 8365540	Service	19 | 20
graefes-weinundfein.de	Essen	18 | 20
Kategorie: Weinbar in Vinothek	Ambiente:	8 | 10
	Gesamt:	93 | 100

Kult-Hippo-Bar

02681 Schirgiswalde-Kirschau

Im luxuriösen SPA-Ressort im Oberlausitzer Bergland legt man Wert auf Gastfreundschaft und exklusiven Genuss. Auch die Hotelbar lädt zu ganz besonderen Momenten ein: In einer lauschigen Märchengrotte wie in Tausendundeiner Nacht werden beeindruckende Signature Drinks wie »Lovely Red« oder »Touch of Asia« serviert.

Bautzener Straße 74
+49 3592 5200
bei-schumann.de
Kategorie: Hotelbar

Drinks:	**46**	50
Ambiente:	**19**	20
Service:	**17**	20
Sortiment:	**9**	10
Gesamt:	91	100

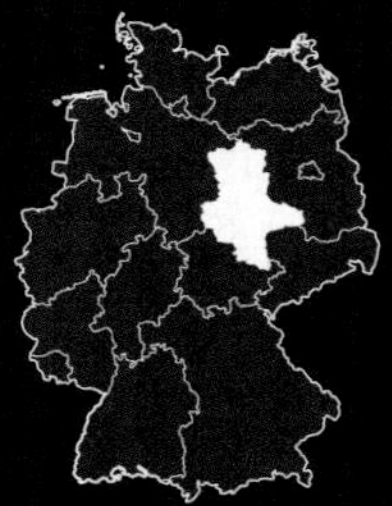

SACHSEN-ANHALT

51°

06632 Freyburg (Unstrut)

Hervorragende lokale Wein-Auswahl aus der Region Saale-Unstrut im schick restaurierten Gewölbekeller. Die Speisekarte überrascht mit ambitionierter Landhausküche aus lokalen Produkten, auch die Bar setzt auf kreative Klassikervariationen und Basics aus der Umgebung.
Schwerpunkt: international, Deutschland

Schützenstraße 9
+49 34464 359390
51grad.ursprung.de
Kategorie: Weinbar im Restaurant

Weinangebot:	**47**	50
Service	**18**	20
Essen	**18**	20
Ambiente:	**9**	10
Gesamt:	92	100

Lujah

06108 Halle

Im einstigen Weinhaus sollen auch Poet Joseph von Eichendorff und Komponist und Namensinspirator Georg Friedrich Händel (»Halleluja«) schon mal gezecht haben. Heute werden hier zu guter europäischer Küche ausgesuchte Weine und hervorragende Cocktails serviert. Wie wäre es mit einem »Erdbeermund« als Aperitif?

Kleine Ulrichstraße 36
+49 345 4789900
lujah.de
Kategorie: Loungebar

Drinks:	**46**	50
Ambiente:	**19**	20
Service:	**18**	20
Sortiment:	**9**	10
Gesamt:	92	100

Mo's Daniel's 🍸🍸

06108 Halle

Burger und Würzfleisch, Germknödel und Pelmeni – so weltläufig bunt wie die Speisekarte ist auch das Getränkeangebot bei Morena und Daniel. Aber besonders die Cocktails und Longdrinks aus Lateinamerika und der Karibik haben es den beiden angetan. Vermutlich bekommt man hier den besten Cuban Mojito westlich von Havanna.

Bernburger Straße 1	Drinks:	**44** | 50
+49 345 6869800	Ambiente:	**18** | 20
mosdaniels.de	Service:	**19** | 20
Kategorie: American Bar	Sortiment:	**8** | 10
	Gesamt:	89 | 100

Charles Bar 🍸🍸🍸

06886 Lutherstadt Wittenberg

Angenehm old fashioned mit dunklem Holz und Leder, das softe Hintergrundrauschen jazzig und lebendig – so präsentiert sich die American Bar von Martin Kramer in der Lutherstadt. Auf der Karte finden sich natürlich die trinkbaren Klassiker und dazu international inspirierte Cocktails wie der exotische »Buddha Sour«.

Markt 7	Drinks:	**48** | 50
+49 151 20765107	Ambiente:	**18** | 20
charlesbar.de	Service:	**19** | 20
Kategorie: American Bar	Sortiment:	**9** | 10
	Gesamt:	94 | 100

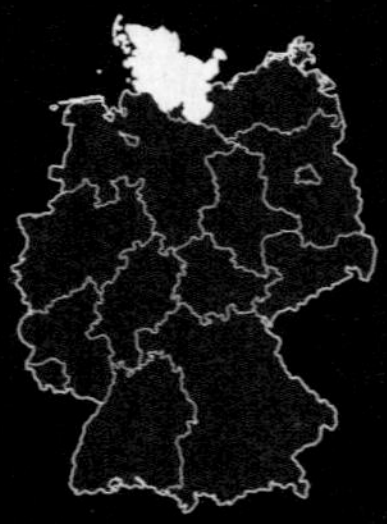

SCHLESWIG-HOLSTEIN

Käpt'ns Lounge 🍸🍸🍸

23774 Heiligenhafen

Anker lichten und Segel setzen. Der Signature Drink »Meereszeiten Chiller« vereint Gin, Soda, Tonic, Gurke, Zitrone und Dill zu einer erfrischenden Seefahrt. Barchef Dirk Willmers Cocktails haben eine eigene Kategorie, so kann man »Nick's Nuts« oder »Morgentau Sling« vom deutschen Cocktailmeister höchstpersönlich kosten.

Am Yachthafen 2	Drinks:	**45** | 50
+49 4362 500500	Ambiente:	**18** | 20
kaeptnslounge.de	Service:	**18** | 20
Kategorie: American Bar	Sortiment:	**9** | 10
	Gesamt:	90 | 100

Banmaai

24105 Kiel

Feine Thaiküche in schönem Ambiente, die gut komponierten Drinks runden das kulinarische Erlebnis perfekt ab. Raffiniert wie ein ausgewogenes Curry ist der »Bangkok Destiny« mit Anjo Reyes Verde Chili Liqueur, Limette, Zitronengrassirup, Kokosmilch, Ingwer, Koriander. Alkoholfrei sind die Mocktails wie der »Mint & Banana Cooler«.

Brunswicker Straße 24
+49 431 58780978
banmaai.de
Kategorie: Restaurantbar

Drinks:	**43** | 50
Ambiente:	**17** | 20
Service:	**18** | 20
Sortiment:	**7** | 10
Gesamt:	85 | 100

Chaplin's

24103 Kiel

Gerade einmal 80 Quadratmeter groß, begeistert die kleine Bar: Kunstvolles an den Wänden und aus dem Shaker sind das Verdienst von Inhaber Paolo Lascari. Mit dem Weitgereisten geht es auf der Barkarte um die Welt; »Little Italy« ist ein Gruß aus der alten Heimat mit Aperol, Gin, Limettensaft, Gurke und Gingerbeer.

Waisenhofstraße 5a
+49 431 92610
chaplinsbar-kiel.de
Kategorie: Loungebar

Drinks:	**45** | 50
Ambiente:	**17** | 20
Service:	**17** | 20
Sortiment:	**8** | 10
Gesamt:	87 | 100

D.O. Weinbar Kiel

24105 Kiel

Hier liegt Südafrika gleich neben Spanien, und dort finden Carsten Pieper und Patrick Thoms ihre Lieblingstropfen, die sie gerne teilen. Spannende Drinks wie Stillhouse Atlantic Gin mit Zutaten aus der Namib: Nara-Melone, Atlantischer Meerlattich, Baobabfrucht und Wildhibiskus.
Schwerpunkt: Spanien, Südafrika, international

Holtenauer Straße 160
+49 152 26650762
kiel.do-weinbar.de
Kategorie: Klassische Weinbar

Weinangebot:	**46** | 50
Service	**18** | 20
Essen	**17** | 20
Ambiente:	**8** | 10
Gesamt:	89 | 100

Deck 8

24103 Kiel

Alle Mann an Deck und den herrlichen Ausblick auf die Kieler Förde zum Sundowner genießen, stilecht mit »Kieler Sunrise« (Andalö Sanddornlikör, Chambord, Limette und Minze). Raffiniert baut die Barcrew von Ravindra Silva Nordisches ein: etwa bei »Skål« mit Gyldenlöv Korn. Kreuzfahrtfeeling auf der Reise durch die Cocktailkarte.

Raiffeisenstraße 2
+49 431 37499583
atlantic-hotels.de
Kategorie: Hotelbar

Drinks:	**43** I 50
Ambiente:	**18** I 20
Service:	**19** I 20
Sortiment:	**8** I 10
Gesamt:	88 I 100

Moralist

24105 Kiel

Betreutes Gin-Trinken in zwölf Gängen? Dann einfach drei Stunden Zeit einplanen und die Namen der sieben passenden Tonics nicht vergessen. Neben unzähligen Gin-Sorten von frisch-blumig bis kraftvoll-komplex, Gin-Likören, gesüßten Gins und in Eichenfässern Gelagertem gibt es auch eine klassische Cocktail-Karte von Aperol bis White Russian.

Holtenauer Straße 59
+49 431 12817440
moralist-bar.de
Kategorie: Loungebar

Drinks:	**46** I 50
Ambiente:	**18** I 20
Service:	**18** I 20
Sortiment:	**9** I 10
Gesamt:	91 I 100

Seebar

24105 Kiel

Kurzurlaub mit einem Drink in der Hand und den Wellen unter den Füßen: Schöner als auf dem Steg der Seebar geht der nordische Sommer nicht. Kleine Auswahl an Cocktails wie dem »Seebar Royal« mit Rosé, Prosecco, Soda, Minze und Holunderblüte. Wen so viel Meeresluft hungrig macht, der ist vom Frühstück bis zum Dinner bestens versorgt.

Kiellinie 130
+49 431 34185
seebad-duesternbrook.com
Kategorie: American Bar

Drinks:	**44** I 50
Ambiente:	**19** I 20
Service:	**17** I 20
Sortiment:	**8** I 10
Gesamt:	88 I 100

Dietrich's Luebeck 🍸🍸🍸

23552 Lübeck

Hier dreht sich (fast) alles um Gin. Barchef Clemens Dietrich kreiert daraus Feines vom klassischen Geschmack der »Matrosenbrause« oder »Holsteiner Gurke« über »KöniGin der Hanse« bis zu mit Marzipan veredelten Drinks wie »Kirschmandeltorte«. Für zu Hause gibt es Gin Tonic, Gläser und sogar Eiswürfelformen.

An der Untertrave 108	Drinks:	47 | 50
+49 1590 1447454	Ambiente:	18 | 20
dietrichs-luebeck.de	Service:	18 | 20
Kategorie: American Bar	Sortiment:	9 | 10
	Gesamt:	92 | 100

Kunkel's 🍸🍸

24306 Plön

Vom Klassiker bis zu kreativen Kreationen wie »Kunkel's Sprizz« mit Martini und Secco oder dem exotischen »Kunkel's Yellow Bird« mit Gin und Ananassaft – hier ist für jeden Geschmack etwas dabei. Süß, sauer, fruchtig oder alkoholfrei? No problem! Und für alle G&T-Fans gibt es hier über 80 Gin-Sorten aus aller Welt plus die perfekten Tonics dazu.

Lange Straße 31	Drinks:	45 | 50
+49 4522 7656974	Ambiente:	18 | 20
kunkels-cocktailbar.de	Service:	18 | 20
Kategorie: American Bar	Sortiment:	8 | 10
	Gesamt:	89 | 100

Pony Club 🍷🍸

25999 Sylt (Kampen)

Legendärer Club an der Kampener Whisk(e)ymeile, seit den frühen 60er-Jahren feiern hier immer wieder neue Generationen von Prominenten und Stammgästen. Im Sommer mit schöner Außenbar, an der so manche Champagner-Magnum gekonnt geköpft wird. Coole DJ-Sets.
Schwerpunkt: Deutschland

Strönwai 6	Weinangebot:	45 | 50
+49 4651 42182	Service	18 | 20
pony-kampen.de	Essen	18 | 20
Kategorie: Club	Ambiente:	8 | 10
	Gesamt:	89 | 100

Bar im Severin's 🍸🍸🍸

25980 Sylt (Keitum)

Die Wattluft macht Appetit, da kommen die Kleinigkeiten in der elegant-gemütlichen Bar gerade recht. Zum Severin's Fischbrötchen mit Hering auf Butterbrioche passen kräftige Aromen. Wie wäre es mit »Passionfruit Martini« als Neuinterpretation des Pornstar Martini mit Sanddorn und Champagnerschaum? Und zum Abschluss eine Zigarre.

Am Tipkenhoog 18	Drinks:	46 | 50
+49 4651 460660	Ambiente:	19 | 20
severins-sylt.de	Service:	18 | 20
Kategorie: Hotelbar	Sortiment:	8 | 10
	Gesamt:	91 | 100

Sansibar 🍷🍷🍷🍷

25980 Sylt (Rantum)

Legendärer Hotspot inmitten der Nordseeidylle. Herbert Seckler steht für feine Speisen, eine hervorragende Weinkarte mit Tropfen aus aller Welt, eine lässige Atmosphäre und gute Drinks mit Nordseeluft. Unbedingt probieren: Kaiserschmarrn, Erdbeerbowle und Wiener Schnitzel.
Schwerpunkt: international

Hörnumer Straße 80	Weinangebot:	**50** | 50
+49 4651 964647	Service	**19** | 20
sansibar.de	Essen	**18** | 20
Kategorie: Weinbar im Restaurant	Ambiente:	**9** | 10
	Gesamt:	96 | 100

Ydo Sol Images

Miles 🍷🍷🍷

25980 Sylt (Tinnum)

Landpartie mit Style. Bei Holger Bodendorf trifft Kunst von Namensgeber Devin Miles an den Wänden auf Kunst im Glas. Perfekt ausbalancierte, farbenfrohe Cocktails, eine große Auswahl an Rum, Cognac und Whisk(e)y. Auch das Farbspektrum der Barbeleuchtung ist abwechslungsreich, je nach Tages- und Uhrzeit strahlt sie in wechselnden Farben.

Boy-Nielsen-Straße 10	Drinks:	**46** | 50
+49 4651 88990	Ambiente:	**18** | 20
landhaus-stricker.com	Service:	**18** | 20
Kategorie: Hotelbar	Sortiment:	**9** | 10
	Gesamt:	91 | 100

Hardy's 🍷🍷🍷

25980 Sylt (Westerland)

Stilvoller Rückzugsort mit einer exzellenten Auswahl an Cocktails und Spirituosen sowie Barsnacks für Genießer im Herzen von Westerland. Nach Entstehungsjahrhundert sortierte Lieblingsdrinks wie Mai Tai und Long Island Iced Tea sowie moderne Eigenkreationen wie »Hardy's Cucumber Fizz« begeistern. Absolute Spitzenklasse!

Strandstraße 2	Drinks:	**46** | 50
+49 4651 8580	Ambiente:	**18** | 20
hotelstadthamburg.com	Service:	**19** | 20
Kategorie: Hotelbar	Sortiment:	**9** | 10
	Gesamt:	92 | 100

Vitis Sylt

25980 Sylt (Westerland)

Sven Wiezorek und Christian Gehrke lassen in Westerland die Korken knallen – allein 20 Champagner und allerlei Prickelndes (auch ohne Alkohol) machen Lust auf einen weinseligen Abend. Es gibt feine Tropfen zu probieren, für Mitglieder der WineBank sogar rund um die Uhr.

Schwerpunkt: Schaumwein, Deutschland, international

Boysenstraße
+49 4651 8358571
vitis-sylt.de
Kategorie: Weinbistro

Weinangebot:	**46** I 50
Service	**17** I 20
Essen	**17** I 20
Ambiente:	**8** I 10
Gesamt:	88 I 100

Weinraum Sylt

25980 Sylt (Westerland)

Olaf Mauksch liebt bunte Hawaiihemden – und gute Weine: 400 Positionen umfasst die Weinkarte. Abwechslungsreich sind auch die feinen Tapas: elf unterschiedliche Sardinenköstlichkeiten neben Gemüse, Chorizo oder Beef Tatar, und natürlich blitzfrische Sylter Austern.

Schwerpunkt: Deutschland, international

Bismarckstraße 12
+49 4651 9676336
weinraum.co
Kategorie: Klassische Weinbar

Weinangebot:	**48** I 50
Service	**18** I 20
Essen	**17** I 20
Ambiente:	**8** I 10
Gesamt:	91 I 100

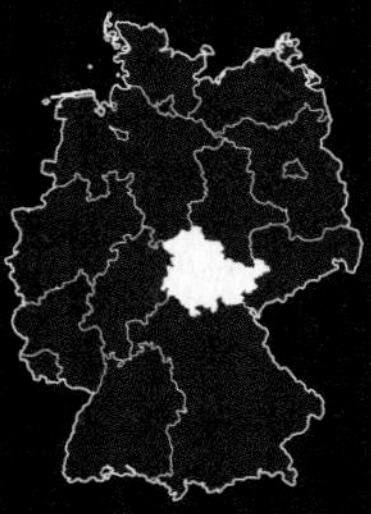

THÜRINGEN

Hemingway

99084 Erfurt

Dunkles Holz, schwere Ledersessel, Antilopengeweihe an der Wand: Was aussieht wie ein tropischer Gentlemen's Club ist eine der besten Bars in Erfurt. Mit kreativen Drinks wie dem »Black Mojito Free« (ohne Alkohol) oder dem aufwendigen Pornstar Martini überraschen Holger Spitzki und sein Team immer wieder aufs Neue.

Michaelisstraße 45
+49 361 5519944
hemingway-erfurt.de
Kategorie: American Bar

Drinks:	**46** I 50
Ambiente:	**18** I 20
Service:	**18** I 20
Sortiment:	**9** I 10
Gesamt:	91 I 100

Modern Masters 🍸🍸🍸 99084 Erfurt

An der imposanten Barkarte von Torsten Spuhn sieht man: Der Mann ist weit herumgekommen. Der Barchef steht gern selbst hinter dem Tresen und beherrscht das gesamte klassische Terrain aus dem Effeff. In seiner gemütlich-stylishen Bar berät er aber auch gerne und liebt es, seine Gäste mit ganz Ungewöhnlichem zu überraschen.

Michaelisstraße 48
+49 361 5507255
modern-masters.de
Kategorie: American Bar

Drinks:	**47** | 50
Ambiente:	**18** | 20
Service:	**18** | 20
Sortiment:	**9** | 10
Gesamt:	92 | 100

nineOfive 🍷🍷🍷 07743 Jena

Wenn schon Pizza, dann in bester neapolitanischer Tradition – aus edlen Zutaten und in kreativen Variationen. Dazu wird Wein aus vielen europäischen Regionen ausgeschenkt, vom feinen Klassiker bis zu spannenden Naturweinen wie dem »Kalkspitz« vom Kremstaler Weingut Hoch.
Schwerpunkt: Deutschland, Italien

Löbdergraben 7
+49 3641 7968844
nineofive.de
Kategorie: Weinbar im Restaurant

Weinangebot:	**47** | 50
Service	**18** | 20
Essen	**19** | 20
Ambiente:	**8** | 10
Gesamt:	92 | 100

Wein-Tanne 🍸🍸 07743 Jena

Im ältesten historischen Haus der Jenaer Altstadt kümmern sich Marco Kühl und Danny Müller um das Wohl der genussfreudigen Gäste. Inspirierte Cocktails wie der »Sparkling Sun Jazz« oder der »Alhambra« zeugen von der Weltläufigkeit und Erfahrung der beiden Gastgeber, dazu wird einfaches unprätentiöses Barfood serviert.

Jenergasse 13
+49 3641 7968702
weintanne-jena.de
Kategorie: Restaurantbar

Drinks:	**44** | 50
Ambiente:	**17** | 20
Service:	**19** | 20
Sortiment:	**8** | 10
Gesamt:	88 | 100

Illustration: Florence Wilhelms

DIE BESTEN
BARS UND WEINBARS IN

ÖSTERREICH

DIE BESTEN COCKTAILBARS

Tür 7 1080 Wien	YYYY Seite 287	96 Punkte
Dino's Apothecary Bar 1010 Wien	YYYY Seite 240	96 Punkte
Halbestadt 1090 Wien	YYYY Seite 289	95 Punkte
Josef Cocktailbar 1010 Wien	YYYY Seite 247	95 Punkte
The Sign 1090 Wien	YYYY Seite 290	95 Punkte
Burdock 5020 Salzburg	YYYY Seite 356	95 Punkte
The Bank Bar 1010 Wien	YYYY Seite 256	95 Punkte
Hammond Bar 1020 Wien	YYY Seite 262	94 Punkte
Truth & Dare 1010 Wien	YYY Seite 256	94 Punkte
Englhof Cocktailbar 6277 Zell am Ziller	YYY Seite 381	94 Punkte
D-bar 1010 Wien	YYY Seite 240	93 Punkte
Dunlin 6020 Innsbruck	YYY Seite 369	93 Punkte
Liquid Diary 6020 Innsbruck	YYY Seite 370	93 Punkte
Pani 1090 Wien	YYY Seite 289	93 Punkte
Bar Campari 1010 Wien	YYY Seite 235	93 Punkte

Die Reihung ergibt sich aus der Gesamtpunktzahl und der Getränkebewertung.

D bar
American Bar with a modern twist
The Ritz-Carlton, Vienna
Schubertring 5-7, 1010 Wien
ATMOSPHERE
ROOFTOP BAR
YOUR SUMMER SPOT

SIEGER

Foto: Mila Zytka

Gastgeber des Jahres

SAMMY WALFISCH, MOBY DICK & FABIAN KALAL, FITZCARRALDO, WIEN

Dass sich Sammy Walfisch von typischen Gastronomen unterscheidet, zeigte die U-Bahn-Baustelle vorm Haus. Statt den Matschker-Modus zu aktivieren, schärfte er nach. Mit Pfeffer-Cordial bei den Drinks und Aktionen für den Trinkspaß. Mit Fabian Kalal als Gastgeber im Fitzcarraldo macht dieser Spirit auch am anderen Ende des Siebenten Schule.

Foto: PR

Barfrau des Jahres

JOHANNA LUGER, BURDOCK, SALZBURG

Man merkt bei jedem Blick hinter den Burdock-Tresen, dass hier jemand in »seiner« Bar angekommen ist. Die Kreativität und Energie von »JoJo« Luger passen perfekt nach Schallmoos, wo nicht nur Drinks gemixt werden, sondern ein Lebensstil hochgehalten wird: »Easy Drinking« mit viel Vorbereitung, eigene Zeichnungen der Cocktails inklusive.

Foto: NIKOLAUS MAUTNER MARKHOF

Bartender des Jahres

LEON KLEIN, KLEINOD, WIEN

Ein echtes Eigengewächs von der dynamischsten Bar-Gruppe sorgt trotz stetig wachsender Crew für Beständigkeit in Shaker und Rührglas. Wäre das Kleinod ein Nachrichtensender, dann könnte man Leon Klein, der einst als Abwäscher in der Singerstraße begonnen hat, als Anchorman bezeichnen. Für viele ist er das Gesicht hinter den köstlichen Drinks.

Foto: PR

Innovativster Bartender

HUBERT PETER, BRUDER, WIEN

Die Bartender mit eigener Landwirtschaft in Wien kann man locker an einer Hand abzählen. Genau genommen liegen die zwei Hektar eigentlich in der alten Heimat Vorarlberg. Doch die Umsetzungen der Feldfrüchte genießt man in der lässigen Umgebung nahe der »MaHü«. Naturwein gibt es alternativ auch. Und den »ewigen« Wermut des Botanisierers.

Foto: PR

Rookie-Bartender des Jahres

MARVIN FELSPERGER, LUSTER, WIEN

Man sollte sich vom verspielt-verrückten Vibe nicht täuschen lassen. Wenn es um rare Spirituosen wie Shochu oder den zurückhaltend eingesetzten Sake geht, läuft Mister Marvin zur Hochform auf. Präzise in der Aromen-Abstimmung der flüssigen Kreationen, heiter im Service – so ist er für das neue Antlitz der beliebten Bar Luster mitverantwortlich.

Foto: NIKOLAUS MAUTNER MARKHOF

Barteam des Jahres

KLEINOD-GRUPPE, WIEN

»Viel hilft viel«, sagt der Volksmund. Mag sein. Doch ein Team zu erstellen, zu führen und zu halten, das drei Standorte (und Cocktail-Catering) »schupft«, ist keineswegs leicht. Dass dies bei aller Heterogenität von Stadtgarten, Prunkstück und dem Stammhaus Kleinod gelingt, zeigt die Stärke der Marke – und ihrer (Weiter-)Gestalter.

Foto: Julius Hirtzberger

American Bar

TÜR 7, WIEN

Dem Anspruch, immer noch besser zu werden, folgt Ausdauersportler Geri Tsai seit Jahren. Der dezente Umbau der Bar schafft etwas mehr Raum, was dem einstigen Geheimtipp guttut. Denn damit bleibt die Entspanntheit gewahrt, in der man hier die à la minute gemixten Cocktails genießt. Es gibt weiterhin keine Karte, dafür viel Herz für den Gast.

Foto: Nikolaus Mautner Markhof

American Bar

DINO'S APOTHECARY BAR, WIEN

Möglicherweise steht das »D« im Barnamen auch für »Duracell«. Zumindest, wenn es um die Performance von «Barmazeut« Heinz Kaiser geht. Seine Eigenkreationen lieben die alten Fans, neue Gäste entdecken die Freuden einer südamerikanisch inspirierten Mixologie bei Micheladas, einem Salpicón oder dem Tequila Mint Smash.

Foto: PR

Restaurantbar

BAR CAMPARI, WIEN

Eigentlich war es logisch, dass der Meister der Brötchen es irgendwann mit der italienischen Version »Spuntini« versuchen würde. Peter Friese hat andere Klassiker – Fritto misto und viel Pasta – in die Bar Campari integriert und mit Negroni, Garibaldi, Campari Seltz und leichter Küche einen weiteren Hotspot neben dem Kameel geschaffen.

Foto: Werner Krug

Hotelbar

INTERMEZZO BAR, WIEN

Als Pan Am vor 60 Jahren das Hotel InterContinental eröffnete, standen noch Fernschreiber in der Lobby. Aber die Bar mit dem markanten Luster (4000 Kristalle!) gab es schon anno 1964. Bis heute rettet die Intermezzo ein Stück des interkontinentalen Glamours in die Gegenwart – mit Drinks wie dem Between the Sheets. Und orientalischem Barfood dazu.

Foto: PR

Neueröffnung des Jahres

CINCO BAR, WIEN

Der lateinamerikanische Grundton gehörte schon zur City-Bar, als hier noch dem Cuba-Rum gehuldigt wurde. Mit dem Know-how der Qero-Macher und Nick Diehl-Thiele als Barchef hat sich ganz Südamerika mit seiner Aromenwelt hier eingebracht. Zigarren-Rauch gibt es nicht mehr, dafür gesmokte Cocktails in einem verstecken Innenstadt-Refugium.

Foto: Christof Wagner

Neueröffnung des Jahres

BELÉTAGE, TRAUNKIRCHEN

Zwei Fixpunkte hat die Familie Gröller ihrer umgebauten Post am See verpasst: Max Deukers grandiose offene Küche und die Bar, an der Marcus Volsa mit seinen Themen-Karten überzeugt. Auf die »Impressionisten« folgte die Winterkarte mit regionalen Zutaten, auf der »Steinpilz-Manhattan« herausragt. Cooler Ort unter kreativer Flüssig-Regie!

Foto: PR

Bar-Juwel

BAR NOVUM, DAMÜLS

Das Reich von Oliver Polster liegt abseits der Durchzugsstraßen, doch wer einmal an der Bar Platz genommen hat, kommt nicht wieder weg. Versunkene Schätze der Barkultur – sowohl rare Abfüllungen als auch vergessene Cocktail-Rezepte – stehen in der Zeitung, aus der man bestellt: Widow's Kiss bis Mauresque, dazu komplexe Signatures. Herrlich!

Foto: artcoredesign.at

Rooftop-Bar

LAMÉE ROOFTOP, WIEN

Der lange Umbau hat sich gelohnt, denn die Bar im neunten Stock ist damit auch ganzjährig nutzbar geworden. Das war den neuen Betreibern, Denisa und Niklas Friedl (MaBelle) wichtig, denn damit gibt es die Snacks und Signature Drinks – ein Schwerpunkt liegt auf den »Spritz«-Varianten – 365 Tage im Jahr. Und den Steffl-Blick hat man kostenlos dazu.

Foto: Julius Hirtzberger

Speakeasy

SALON PARADISE, WIEN

Die mutige Gestaltung des Hoxton hat dem Keller eine Optik zugedacht, in der sich auch Beatniks wohlgefühlt hätten. Mit eigenen Cream Sodas und Sitznischen wird unserer digitalen Welt Paroli geboten. Es soll miteinander geredet werden. Bei feinen Drinks wird man hier in eine Zeit versetzt, in der einem Don Draper genauso wie Jack Kerouac begegnen könnte.

Foto: Sara Sera

Tagesbar

O BAR, GRAZ

Es sprudelt und zischt im alten Baltimore, seit Oltion Mehmetaj hier seine leichtfüßigen Cocktails vom Zapfhahn serviert. Dass das mit dem Café-Betrieb harmoniert, zeigt nicht nur sein Nitro-Coffee. Für alte Fans seiner Mix-Kunst hat »Olti« aber mehr als eine À-la-minute-Option parat, gerne mit seinem Steckenpferd, den heimischen Obst-Destillaten.

Foto: Felix Braune

Produkt des Jahres

FEVER-TREE PINK GRAPEFRUIT

Wie bei der Marke üblich, stehen natürliche Fruchtnoten im Fokus des Neuzugangs. Rote und rosa Grapefruits aus Alicante schlagen einen spanisch-sprachigen Bogen zum Haupteinsatzgebiet als Mixer für Tequila. Doch auch pur, in einem Spritz oder als Veredler von Wodka-Longdrinks weiß die prickelnd-frische Option zu überzeugen.

Foto: Adrian Almasan

Barkarte des Jahres

JOSEF COCKTAILBAR, WIEN

Die wohl aufwendigste Produktion einer österreichischen Barkarte korreliert mit den Leidenschaften der Betreiber: der Liebe Andrea Hörzers zur Ästhetik, der sie auch das neue berufliche Standbein verdankt, und Philipp M. Ernsts Liebe zur Fotografie. Damit wurde ein simples Cocktail-Menü zum Lifestyle-Magazin, das man trinken kann. Einzigartig!

DIE BESTEN WEINLOCATIONS

Palais Coburg Weinbar	1010 Wien	Seite 252	97 Punkte
Heunisch & Erben	1030 Wien	Seite 266	97 Punkte
Die Weinbank – Wirtshaus	8461 Ehrenhausen	Seite 314	96 Punkte
Döllerers Enoteca	5431 Kuchl	Seite 353	96 Punkte
Fuhrmann	1080 Wien	Seite 285	96 Punkte
Kork & Gloria	5611 Großarl	Seite 352	96 Punkte
Wein & Co Stephansplatz	1010 Wien	Seite 259	96 Punkte
MAST Weinbistro	1090 Wien	Seite 289	96 Punkte
Pub Klemo	1050 Wien	Seite 271	95 Punkte
Magazin	5020 Salzburg	Seite 359	95 Punkte
O boufés	1010 Wien	Seite 252	95 Punkte
Riederalm Bar	5771 Leogang	Seite 355	95 Punkte
Wein & Co Mariahilfer Straße	1070 Wien	Seite 284	94 Punkte
Dosage	1010 Wien	Seite 241	94 Punkte
Kraftwerk	5700 Zell am See	Seite 364	94 Punkte

Die Reihung ergibt sich aus der Gesamtpunktzahl und der Getränkebewertung.

SCHEIBLHOFER
THE RESORT
LEGENDARY
MOMENTS
WWW.THERESORT.AT

Foto: PR

Sonderpreis Special Selection

GEBIETSVINOTHEK – FREIGUT THALLERN, GUMPOLDSKIRCHEN

Die Doppelrolle als uraltes Zisterzienser-Anwesen – vielen vom Südbahn-Waggonfenster aus vertraut – und moderne Vinothek gedeiht prächtig. Österreichs jüngste DAC-Region wird von Katharina Graner in allen Facetten präsentiert. Verkostungen, Events und Gourmandisen-Angebot erweitern die Vinothek der Thermenregion zum Genuss-Zentrum.

Foto: Peter Eichstädt

Neueröffnung Weinbar

DREI BÖGEN, WIEN

Wenn einer der drei Betreiber Karl Wrenkh heißt, dann darf man sich auf Qualität im »Casual«-Stil freuen. Gemeinsam mit dem argentinischen Blickwinkel, den Pablo Caldarola einbringt, entstand Neues, das schnell vertraut wirkt: Weinbar trifft Greißlerei. Am besten mit »Tasting & Grazing« einsteigen, dabei entdeckt man den Newcomer in allen Facetten.

Foto: Dominik Mueller

Klassische Weinbar

WEINORGEL, WIEN

Singapur hat die Raffles Bar, in Wien fallen die Erdnussschalen auf den Boden der Weinorgel, und das seit 42 Jahren! Unverändert blieb die Liebe zum Stehachterl, das man hier genießt, sowie die namensgebende Orgel, die immer wieder ein Lebenszeichen gibt – was nicht unwesentlich zur Heiterkeit in dieser Institution des entspannten Gläschens beiträgt.

Foto: PR

Weinbar in einer Vinothek

LEOPOLD, KREMS

Solche Weinbars findet man nicht überall. Prall gefüllte Regale, natürlich mit der Wachau als erster Position, sind das Eine. Doch auch das umfangreiche Speisenangebot und die großzügige Raumsituation machen die Einkehr beim Steiner Tor zu einer lässigen Angelegenheit. Dass man sich hier auch auf Jahrgangstiefe versteht, sei zudem extra positiv angemerkt.

Foto: Kurt-Michael Westermann

Weinrestaurant/-bistro

FUHRMANN, WIEN

»Food Pairing« gerät hier nicht zur exotischen Disziplin, sondern stellt bei Hermann Botolen eine täglich geübte Meisterschaft dar. Selbst zum Mittagstisch von Mike Feierabend kommt Kongeniales in die Gläser. Mit rund 1000 Etiketten, vieles vorbildlich gereift, gibt es auch für Freunde rarer Bouteillen genug Spielraum. Und dann noch die Fruchtbrände …

Foto: Eszter Laki

Natural Wine Bar

ATLAS BAR, WIEN

Egal, wie man das Segment der Naturweine nun benennt (Natural? Orange? Minimal invasiv?) – sie stehen für Vielfalt und Buntheit. Und genau so sollten auch die Orte sein, an denen sie nicht nur verkostet, sondern auch getrunken werden. Die Kombi mit einer Galerie-Atmosphäre ist da ein genialer Zug. Oder, wie auch der dort servierte Wein: sehr lebendig!

Foto: Stefan Feichtinger

Größte Auswahl in einer Weinbar

WEIN & CO WEINBARS

Ob es schnell gehen soll, weil man ein Geschenk braucht, oder man gezielt nach einer Rarität sucht: Der erste Weg führt vielfach zu Wein & Co. Mehr als 1500 Weine aus aller Welt machen es einfach, das Richtige zu finden. Zumal man – gegen das berühmte »Stoppelgeld« – alle Weine im Geschäft verkosten kann. Das ist Nahversorger-Service für Wein-Nerds.

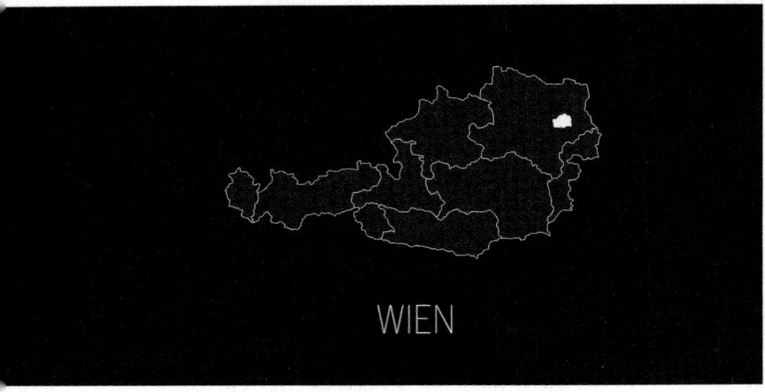

Agrodolce

1010 Wien

Eine Entdeckungsreise durch die fantastische Aromenwelt Italiens ist unvollständig ohne die passende Getränkebegleitung. Ein ausgewähltes Sortiment erlesener Weinraritäten und ausgefallener Proseccos sowie Spumantes steht bereit. Die Antipasti dazu sind ein Muss!
Schwerpunkt: Italien

Hoher Markt 4	Weinangebot: **43** | 50
+43 664 1010444	Service **19** | 20
agrodolce.at	Essen **18** | 20
Kategorie: Klassische Weinbar	Ambiente: **8** | 10
	Gesamt: 88 | 100

Alexandra

1010 Wien

Der Asche der Roberto's entstieg diese Bar, die nun den Namen von Alexandra Pavlović Hariwijadi trägt. Sie sorgt für die italophile Handschrift. Die Kompetenz von Roberto himself darf aber nicht fehlen. So gibt es zu Oliven und Weinen auch Vermisstes wie den »Bobe's Special«.
Schwerpunkt: Italien, Österreich

Seilergasse 14	Weinangebot: **45** | 50
	Service **18** | 20
	Essen **18** | 20
Kategorie: Klassische Weinbar	Ambiente: **8** | 10
	Gesamt: 89 | 100

Atmosphere Rooftop Bar

1010 Wien

Historie, so weit das Auge reicht, und ein Haus, das Geschichten erzählt: Der Name Ritz-Carlton setzt hohe Erwartungen, die atmosphärische Rooftop-Bar hat diese noch einmal übertroffen. Ein Sundowner über den Dächern Wiens, das schimmernde Rosa am Himmel und ein Glas Miraval Rosé dazu – einfach ein perfektes Erlebnis.

Schubertring 5–7	Drinks: **46** | 50
+43 1 31188616	Ambiente: **20** | 20
ritzcarlton.com	Service: **18** | 20
Kategorie: Hotelbar	Sortiment: **8** | 10
	Gesamt: 92 | 100

Bar 13 🍸🍸

1010 Wien

Die Profi-Barkeeper hantieren vor der beleuchteten Flaschenwand und bringen mit ihrer Kunstfertigkeit und ihrem Charme Stimmung ins Gewölbe. Sie zaubern nicht nur perfekte Drinks, sondern garnieren jedes Glas auch mit kreativen Details – sei es ein kunstvoll arrangierter Obstsalat oder auch mal ein kleiner Keks.

Himmelpfortgasse 13
+43 1 5120522
bar13.at
Kategorie: American Bar

Drinks:	**44** | 50
Ambiente:	**18** | 20
Service:	**18** | 20
Sortiment:	**8** | 10
Gesamt:	88 | 100

Bar Campari 🍸🍸🍸

1010 Wien

Als Heimat des italienischen Aperitif-Klassikers braucht man die Bar nicht mehr vorstellen. Doch David Penkers Team erweitert den knallroten Likör-Kosmos um hochinteressante Optionen. Ratafia wird selten vermixt in Wien, hier allerdings schon! Eine Klasse für sich ist die Negroni-Auswahl, darunter der »Numero Dieci«.

Seitzergasse 6
+43 1 5323553
barcampari.at
Kategorie: Loungebar

Drinks:	**47** | 50
Ambiente:	**19** | 20
Service:	**19** | 20
Sortiment:	**8** | 10
Gesamt:	93 | 100

Foto: FOTOGRAFIE FREI

Béla's Wohnzimmer & Bar 🍸🍸

1010 Wien

Ein Absacker an der stylishen Bar bietet sich förmlich an. Die Karte gestaltet sich äußerst international, abwechslungsreich und kreativ: feine Weine aus Österreich, Sprudeliges aus Frankreich, Hopfen und Malziges sowie verlockende Cocktails wie der »Mr. Marmelade Rum« – ja, tatsächlich mit Marmelade!

Herrengasse 10
+43 1 534040
hrewards.com
Kategorie: Loungebar

Drinks:	**43** | 50
Ambiente:	**19** | 20
Service:	**18** | 20
Sortiment:	**8** | 10
Gesamt:	88 | 100

BILLA Corso Weinbar

1010 Wien

Das prächtige Palais an einem der ältesten Marktplätze Wiens bietet eine ebenso luxuriöse Auswahl an exquisiten und edlen Lebensmitteln. In der Weinbar finden sich erlesene Weine und Champagner, die perfekt zu Périgord-Trüffeln, Kaviar und Fischspezialitäten passen.
Schwerpunkt: international, Österreich

Hoher Markt 12, 2. Stock	Weinangebot: **48** I 50
+43 800 242400	Service **19** I 20
billa.at	Essen **17** I 20
Kategorie: Klassische Weinbar	Ambiente: **8** I 10
	Gesamt: 92 I 100

Bonbonniere

1010 Wien

Kaum woanders lassen sich Stimmungen musikalisch so gut einfangen wie in einer Pianobar. Gabi Gabriel weckt diese Gefühle immer wieder aufs Neue. Viel Plüsch, rote Tapeten, lauschige Ecken und selbst der Duft erinnern an längst vergangene Zeiten. Ein stilechter Drink darf dabei natürlich nicht fehlen.

Spiegelgasse 15	Drinks: **41** I 50
+43 1 5126886	Ambiente: **18** I 20
	Service: **17** I 20
Kategorie: Loungebar	Sortiment: **7** I 10
	Gesamt: 83 I 100

Bristol Bar

1010 Wien

Es fühlt sich »dandy« an in der Bristol Bar. Neben der imposanten Fotowand mit hochkarätigen Promis fühlt man sich selbst ein bisschen wie ein Star. Glamourös sind auch die Highend-Cocktails, Spirituosen und die Champagnerauswahl. Besonders stolz ist man auf den Louis XIII de Rémy Martin Grande Champagne Cognac.

Kärntner Ring 1	Drinks: **43** I 50
+43 1 51516546	Ambiente: **19** I 20
bristol-lounge.at	Service: **19** I 20
Kategorie: Hotelbar	Sortiment: **8** I 10
	Gesamt: 89 I 100

burg.ring 1

1010 Wien

Die Freude und Schönheit liegt im Glas, und beim Blick auf den prunkvollen Burgring kommt nochmals Stimmung auf. Mit Wein (auch internationale Spezialitäten) kennt man sich besonders gut aus – ein Wiener Gemischter Satz passt immer. Mit Lychee-, Strawberry- oder Passion-Spritzer punktet man vor allem im Sommer.

Burgring 1	Drinks: **43** I 50
+43 1 5811393	Ambiente: **18** I 20
burgring.at	Service: **18** I 20
Kategorie: Restaurantbar	Sortiment: **7** I 10
	Gesamt: 86 I 100

Cantina Osteria Friulana 🍷🍷🍷

1010 Wien

Die Osteria präsentiert einen klaren Fokus auf Weißweinen und Proseccos aus dem Friaul. Allesamt persönlich vom Chef bei Weinreisen ausgewählt, findet man den besten Querschnitt auf der Karte. Frisch von der Maschine geschnitten, wird der San-Daniele-Schinken serviert.
Schwerpunkt: Friaul

Bartensteingasse 3	Weinangebot: **47** I 50
+43 1 8906496	Service **18** I 20
cantinafriulana.at	Essen **18** I 20
Kategorie: Weinbar im Restaurant	Ambiente: **8** I 10
	Gesamt: 91 I 100

Capsule 🍷🍷🍷

1010 Wien

Die Bar ist derart gut bestückt, dass man praktisch jeden Tag im Jahr ein anderes Gläschen degustieren könnte. Für jeden Anlass findet sich der passende Champagner, immer perfekt präsentiert, temperiert und mit fachkundiger Beratung. Modern, aber mondän.
Schwerpunkt: Champagner

Tiefer Graben 9	Weinangebot: **48** I 50
+43 650 2334544	Service **19** I 20
capsule.at	Essen **17** I 20
Kategorie: Champagner-Bar	Ambiente: **9** I 10
	Gesamt: 93 I 100

Cascade Bar 🍸🍸

1010 Wien

Die offene Gestaltung des Atrium-Hotels spiegelt sich auf der Barkarte wieder – vieles ist möglich. Zum Ausprobieren lädt die Happy Hour mit wunderbaren, frisch aus der Küche eingestellten Snacks. Doch auch so munden Neuheiten wie der »Naked&Famous« neben Haus-Klassikern wie »New York Sour« oder »Grandma's Garden«.

Parkring 12a	Drinks: **45** I 50
+43 1 51518	Ambiente: **18** I 20
viennamarriott-restaurants.com	Service: **18** I 20
Kategorie: Hotelbar	Sortiment: **8** I 10
	Gesamt: 89 I 100

Casino Bar 🍸🍸

1010 Wien

An der Casinobar setzt man alles auf eine Karte, denn wer nicht wagt, der nicht gewinnt. Ob auf einen belebenden Aperitif, einen gemütlichen Afterdinner-Drink oder nach einer aufregenden Partie Poker – ein Besuch der Casino Bar gehört einfach zum Rundum-Erlebnis dazu. Auch Espresso Martini gibt es hier geschüttelt und nicht gerührt.

Kärntner Straße 41	Drinks: **43** I 50
+43 1 512483621500	Ambiente: **18** I 20
wien.casinos.at	Service: **18** I 20
Kategorie: American Bar	Sortiment: **8** I 10
	Gesamt: 87 I 100

Cavalluccio

1010 Wien

Quer durch Italien hat man nicht nur die »sure shots« (Vie de Romans, Antinori) gelistet, sondern gibt auch alten Sorten wie dem Vespaiolo seine Chance. Im Zeichen des Seepferdchens kann man also nicht nur gut essen, sondern auch Italiens Weine »in toto« genießen.
Schwerpunkt: Italien

Göttweihergasse 2
+431512221114
cavalluccio.at
Kategorie: Weinbar im Restaurant

Weinangebot:	43	50
Service	18	20
Essen	19	20
Ambiente:	9	10
Gesamt:	89	100

Chill Out Lounge

1010 Wien

Hang out and just chill! Hektik hat hier keinen Platz und löst sich schnell in Luft auf. In der klassischen Afterwork-Bar kann man richtig durchatmen. Über 100 Cocktails stehen bereit, darunter einzigartige »Chill Out Creations« des Barchefs und beliebte »Chill Out Standards«. Die Caipirinhas sind sensationell!

Salvatorgasse 6
+4315351213
chillout-lounge.at
Kategorie: Loungebar

Drinks:	43	50
Ambiente:	17	20
Service:	18	20
Sortiment:	8	10
Gesamt:	86	100

Cinco Bar 🍸🍸 1010 Wien

Bei lateinamerikanischen Vibes ist es in der versteckten City-Location geblieben. Auf Kuba folgte ein Pan-Amerika-Menü, das von Eric Melzers Erfahrungen im Q'ero profitiert. Ergo gibt es auch Pisco, noch mehr allerdings Rum, der mitunter auch spektakulär geflämmt wird. Nicht-Gringos würden dazu »muy caliente« sagen.

Naglergasse 5
+43 1 5320395
cinco-bar.at
Kategorie: American Bar

Drinks:	**44** I 50
Ambiente:	**18** I 20
Service:	**18** I 20
Sortiment:	**8** I 10
Gesamt:	88 I 100

Civediamo 🍷🍷 1010 Wien

»Dolce far niente« – »Das süße Nichtstun« – beschreibt das Civediamo. Hier bietet man den Gästen eine perfekte Mischung aus Lebensgefühl und Kulinarik. Italienische Weine, Schaumweine, Prosecco vom Fass und das Motto »La vita è bella« machen jeden Besuch einzigartig.
Schwerpunkt: Italien

Doktor-Karl-Lueger Platz 4B
+43 1 9971318
civediamo.at
Kategorie: Weinbar in Vinothek

Weinangebot:	**45** I 50
Service	**19** I 20
Essen	**16** I 20
Ambiente:	**8** I 10
Gesamt:	88 I 100

D-bar

1010 Wien

Der Glamour der Ringstraße und des Ritz-Carlton spiegelt sich in dieser Bar wider. Das »D« im Namen steht für »Discovery«, denn Entdeckungen gehören zum Konzept. Klassische Cocktails werden modern interpretiert, und Eleganz ist dank Zutaten wie Safran und echter Vanille schmeckbar. Bei Schönwetter auch im Garten am Ring!

Schubertring 5–7
+43 1 31188150
ritzcarlton.com
Kategorie: Hotelbar

Drinks:	**48** | 50
Ambiente:	**18** | 20
Service:	**19** | 20
Sortiment:	**8** | 10
Gesamt:	93 | 100

Dany's Weincabinet

1010 Wien

»Dany« Oprchalová legt Wert auf Authentizität ohne Künstelei. Ihre Weinbar zieht ebensolche Gäste an, die auf der Suche nach einem guten Glas Wein und unkomplizierter Küche sind. Die Weinkarte hat Tiefgang: echte Qualitätsprodukte und ausschließlich aus Österreich.
Schwerpunkt: Österreich

Göttweihergasse 1
+43 670 4063014
danys.at
Kategorie: Klassische Weinbar

Weinangebot:	**44** | 50
Service	**18** | 20
Essen	**14** | 20
Ambiente:	**8** | 10
Gesamt:	84 | 100

Dino's Apothecary Bar

1010 Wien

Das einzigartige Konzept aus Bar und Apotheke wird von Baralchemist Heinz Kaiser geleitet, der mit Essenzen, Kräutern und klaren Lösungen wie im Labor an Cocktails (über 60 Seiten Rezepte) mit Wirkung tüftelt. Nach einem »Parmicillin« – Laphroaig Whisky mit Honig und Zitrone – geht es einem bestimmt besser.

Salzgries 19
+43 1 5357230
dinos.at
Kategorie: American Bar

Drinks:	**49** | 50
Ambiente:	**19** | 20
Service:	**19** | 20
Sortiment:	**9** | 10
Gesamt:	96 | 100

Dosage 🍷🍷🍷 1010 Wien

Wo Friso Schopper, Wiens Mister Champagne, den französischen Sprudel platzieren kann, tut er es. Nichts gegen Pop-ups. Das Hauptquartier aber bleibt die beste Quelle der vorzugsweise direkt von den »vignerons« stammenden Champagnern. Barfood (Tuna Tataki) by Juan Amador!
Schwerpunkt: Champagner

Fleischmarkt 16
+43 664 1327263
dosage.at
Kategorie: Champagner-Bar

Weinangebot:	**49** | 50
Service	**19** | 20
Essen	**17** | 20
Ambiente:	**9** | 10
Gesamt:	94 | 100

Eden Bar 🍸🍸 1010 Wien

Klar sind da die Seiten mit den Champagnern, die zur Eden einfach dazugehören. Aber Barchef William und sein Team haben die Cocktail-Kultur im kleinen Finger. Sei es als »Milk Punch« oder mit dem Signature »Heinz« zu Ehren von H. W. Schimanko selig. Und selbst die Snacks haben Stil – wir sagen nur: Trüffel-Popcorn.

Liliengasse 2
+43 1 5127450
edenbar.at
Kategorie: Club

Drinks:	**44** | 50
Ambiente:	**19** | 20
Service:	**18** | 20
Sortiment:	**8** | 10
Gesamt:	89 | 100

Émile im Hilton Vienna Plaza 🍸🍸 1010 Wien

Die imposante Bar, zentral im Raum platziert, ist unbestritten das Herzstück des Geschehens – mondän und mit leichtem Dandy-Chick. Die Cocktails spiegeln diese Extravaganz wider: Der Signature Drink »Roxy« (Havana Club, Gewürztraminer, Cold Brew und ein Hauch Zitrus) begeistert ebenso wie Klassiker wie der Kir Royale.

Schottenring 11
+43 1 3139022402
emile-plaza.at
Kategorie: Hotelbar

Drinks:	**45** | 50
Ambiente:	**18** | 20
Service:	**18** | 20
Sortiment:	**8** | 10
Gesamt:	89 | 100

Enrico Panigl 🍷🍷

1010 Wien

Gute Mischung aus italienischer und österreichischer Weinbar. Mal ein Grüner Veltliner zu Antipasti oder ein Pinot Grigio zur Brettljause? Beides auch vice versa. Das dumpfe Licht verleiht der Bar eine gemütliche Schummrigkeit, die den einzigartigen Charakter ausmacht.
Schwerpunkt: Burgenland, Toskana

Schönlaterngasse 11	Weinangebot:	**44** | 50
+43 1 5131716	Service	**18** | 20
	Essen	**16** | 20
Kategorie: Weinbistro	Ambiente:	**8** | 10
	Gesamt:	86 | 100

Everybody's Darling 🍸🍸🍸

1010 Wien

Ein angesagter Treffpunkt, bei dem man wirklich auf andere Gedanken kommt. Wer es bei Daytime-Drinks langsam angehen möchte, genießt Bellini oder diverse Spritz-Variationen. Zu später Stunde empfiehlt sich der Signature Drink »Everybody's Darling« – eine perfekte Kombination aus Wodka, Yuzusaft, Galliano und Ingwer.

Tuchlauben 22	Drinks:	**46** | 50
+43 664 1050550	Ambiente:	**19** | 20
everybodysdarling.at	Service:	**19** | 20
Kategorie: American Bar	Sortiment:	**8** | 10
	Gesamt:	92 | 100

Fabios 🍸🍸🍸

1010 Wien

Das Who's who trifft sich in diesem rundum stylishen Szenelokal. Bei mediterraner Küche (Top Calamari fritti!) und passenden Drinks verweilt man auch gerne noch nach dem Afterwork. Bei den Getränken setzt man – neben den Barklassikern – auf italienische Qualität. Diverse Aperitivo Sprizz, Amari und feine Grappe.

Tuchlauben 4–6	Drinks:	**47** | 50
+43 1 5322222	Ambiente:	**19** | 20
fabios.at	Service:	**19** | 20
Kategorie: Restaurantbar	Sortiment:	**8** | 10
	Gesamt:	93 | 100

Fino 🍷🍷

1010 Wien

Charmantes Lokal, das an eine österreichisch-italienische Aperitivo-Bar erinnert. Herzlichkeit, Geselligkeit und ehrliches Lachen erfüllen den Raum. Eine »Stehpartie« vor dem Lokal mit einem guten Gläschen Wein oder Prosecco – das ist Fino in seiner besten Form.
Schwerpunkt: Österreich, Italien, Frankreich

Kleeblattgasse 5	Weinangebot:	**45** | 50
+43 676 4662861	Service	**19** | 20
finowien.com	Essen	**18** | 20
Kategorie: Weinbistro	Ambiente:	**7** | 10
	Gesamt:	89 | 100

First American Bar YYY

1010 Wien

Das 30-Jahr-Jubiläum ist nicht fern. Wie es sich für klassische Wiener Innenstadt-Bars gehört, prägen eine umfangreiche Cocktail-Karte (inklusive Signatures wie »Good Old Pal« oder »Die Gurke«) und der Fokus auf »dark spirits« das Haus. Zoran Djurovic und Baba Sy führen Novizen durch das mächtige Angebot im Drinks Cabinet.

Schulerstraße 16
+43 1 5132207
firstamericanbar.at
Kategorie: Loungebar

Drinks:	**44** I 50
Ambiente:	**18** I 20
Service:	**19** I 20
Sortiment:	**9** I 10
Gesamt:	90 I 100

First Floor YYY

1010 Wien

Der Cocktail »Swimming Pool« erhält hier eine völlig neue Bedeutung. Im »Ersten Stock« begibt man sich auf Schatzsuche nach den besten Drinks. Die imposante Aquarienwand, Teakholz-Bar und jazzige Klänge laden dazu ein, in eine gefühlte Unterwasserwelt einzutauchen. Eine wahre Insel der Seligen für Cocktail-Fans.

Seitenstettengasse 5
+43 1 5321165
firstfloorbar.at
Kategorie: American Bar

Drinks:	**45** I 50
Ambiente:	**18** I 20
Service:	**18** I 20
Sortiment:	**9** I 10
Gesamt:	90 I 100

Fräuleins fabelhafter Sommergarten YY

1010 Wien

Die Bar am Donaukanal ist der Inbegriff urbaner Coolness und mit dem hippen Sommergarten eine grüne Oase für das junge Publikum. Bayerisches Bier, österreichische Weine und kreative Mixgetränke sorgen für Begeisterung. Auch Longdrinks wie »Basil Smash« oder »Gurken Fizz« wurden gesichtet – perfekt für laue Sommernächte.

Donaukanal, Rotenturmufer 1890/3
+43 699 10413092
fräuleins.at
Kategorie: Loungebar

Drinks:	**43** I 50
Ambiente:	**18** I 20
Service:	**18** I 20
Sortiment:	**8** I 10
Gesamt:	87 I 100

Glasswing YYY

1010 Wien

Auch erfahrene Cocktail-Connaisseure und Profis sind hier beeindruckt. Es werden ausschließlich die edelsten Zutaten und echte Getränkeraritäten verwendet. Mit innovativen Zubereitungsmethoden wie fettgewaschenen Spirituosen, Essenzen oder in Fässern gereiften Cocktails betreten die Gäste ein abenteuerliches Terrain.

Kärntner Ring 8
+43 1 2212212
glasswing-restaurant.com
Kategorie: Restaurantbar

Drinks:	**46** I 50
Ambiente:	**19** I 20
Service:	**19** I 20
Sortiment:	**8** I 10
Gesamt:	92 I 100

Glückskind 🍸🍸🍸

1010 Wien

Vom weißen Spritzer bis zum Pierre Morlet Rosé Champagner – die Getränkeauswahl ist ebenso modern, cool und gelassen wie das Lokal selbst, aber auch extravagant-chic. Die Cocktail-Karte bietet entsprechend spannende Optionen: Ein Degustationsmenü mit vier beliebten Mini-Drinks von der Karte ist eine naheliegende Wahl.

Habsburgergasse 4
+43 1 3660404
dasglueckskind.at
Kategorie: Club

Drinks:	**46** I 50
Ambiente:	**19** I 20
Service:	**18** I 20
Sortiment:	**8** I 10
Gesamt:	91 I 100

Golser 🍷

1010 Wien

Wiener Charme trifft burgenländische Gastfreundlichkeit, und Trinkfreudigkeit kennt keine Grenzen zwischen den Bundesländern. Deftige Schmankerl sind die perfekte Grundlage für die frisch gezapften Biere der Privatbrauerei Gols und ausgewählte Weine made in Pannonia.
Schwerpunkt: Burgenland

Mahlerstraße 13
+43 664 88345156
pannonisch.at
Kategorie: Klassische Weinbar

Weinangebot:	**43** I 50
Service	**18** I 20
Essen	**15** I 20
Ambiente:	**8** I 10
Gesamt:	84 I 100

Grüner Kakadu 🍸🍸

1010 Wien

Eine Bar für jene, die das Außergewöhnliche schätzen. Perfekte Cocktail-Inszenierung von der Show bis zur Präsentation und Qualität wird mit Kreativität umgesetzt. Besonders hervorzuheben ist der Parmigiano Sour: eine unglaubliche Kombination aus Pisco, Sherry, Zitronensaft, Trüffelhonig, Eiweiß, Pfeffer und Parmesan.

Marc-Aurel-Straße 10
+43 664 1360501
gruenerkakadu.com
Kategorie: Restaurantbar

Drinks:	**44** I 50
Ambiente:	**18** I 20
Service:	**18** I 20
Sortiment:	**8** I 10
Gesamt:	88 I 100

Haas&Haas

1010 Wien

Vielleicht liegt es an den tief in die Wiener Kellerwelt reichenden Gewölben, dass man hier immer wieder Neues findet. Gourmandisen sind die Leidenschaft der Familie Haas, doch der Vinothek-Teil überrascht so richtig. Auch Auskenner staunen über Austro-Neuheiten.
Schwerpunkt: Österreich

Ertlgasse 4	Weinangebot:	**44** | 50
+43 1 53333534	Service	**19** | 20
wein-feinkost.at	Essen	**17** | 20
Kategorie: Weinbar in Vinothek	Ambiente:	**9** | 10
	Gesamt:	89 | 100

Hannelore

1010 Wien

In Wien ist fast jedem der eingängige Name der Cocktailbar ein Begriff, und man weiß um die herausragende Qualität der Getränke. Hinter der Theke sind Profis am Werk. Der »Café Negroni« (mit ordentlich Power!) hat bereits Kultstatus erlangt. Und was passt besser zu einem guten Drink als hausgemachte Trüffel-Pommes?

Dorotheergasse 6–8	Drinks:	**44** | 50
+43 676 5610262	Ambiente:	**19** | 20
hannelore-vienna.com	Service:	**17** | 20
Kategorie: Loungebar	Sortiment:	**8** | 10
	Gesamt:	88 | 100

Hausbar

1010 Wien

Barchefin Michaela Gmeilbauer bereichert das Gastro-Kollektiv der Spitzenköche Mario Ulrich und Teo Peyfuss. Sie ergänzt die Fine-Dining-Küche mit kreativen, abgestimmten Cocktails, die mit den Mehrgangmenüs ideal harmonieren und die Aromen intensivieren. Ein flüssiges Zusammenspiel für das ultimative Aromenspektakel.

Karlsplatz 5	Drinks:	**46** | 50
+43 664 75010417	Ambiente:	**19** | 20
hausbar-wien.at	Service:	**18** | 20
Kategorie: American Bar	Sortiment:	**8** | 10
	Gesamt:	91 | 100

Ignacio Vinos e Ibéricos

1010 Wien

Eine Weinstube der (spanischen) Herzen. Die Bezeichnung Tapasbar wird diesem Ort nicht gerecht. Hier wird die Essenz Spaniens von Andalusien bis Valencia in kulinarischer Höchstform präsentiert. Alle Produkte kommen aus direktem Import und sind absolut außergewöhnlich.
Schwerpunkt: Spanien

Salztorgasse 7	Weinangebot:	**46** | 50
+43 1 9220851	Service	**18** | 20
ignacio.at	Essen	**17** | 20
Kategorie: Weinbistro	Ambiente:	**8** | 10
	Gesamt:	89 | 100

Foto: © Matthew Shaw, matthewshaw.co.uk

Imperial Bar Wien

1010 Wien

Imperial heißt Luxus am Silbertableau serviert. Exklusivität, Eleganz und ein Hauch Extravaganz gehören zum guten Ton. Und manchmal ist doch alles Gold, was glänzt, denn der Imperial-Cocktail »Der Kuss« wird mit echtem Goldstaub serviert. Das Ambiente kann man sich wie dieses genannte Getränk vorstellen: majestätisch.

Kärntner Ring 16
+43 1 9132132
imperial-bar.at
Kategorie: Hotelbar

Drinks:	**42** I 50
Ambiente:	**20** I 20
Service:	**18** I 20
Sortiment:	**8** I 10
Gesamt:	88 I 100

Joe's Pub & Pizza

1010 Wien

Cider und Whisk(e)y gehören natürlich zu einem Pub, der Fokus auf Pizza ist der spezielle Twist im Joe's. Denn so wird neben einem Bar-Besuch mit einer Auswahl an Mules und anderen Highballs auch gleich der Hunger gestillt. »Rum & Spice« und ein »Makava Icetea« bereiten die Gäste auch auf die langen Wochenendnächte vor.

Judengasse 9
+43 1 2958538
joes-pubandpizza.at
Kategorie: Restaurantbar

Drinks:	**42** I 50
Ambiente:	**18** I 20
Service:	**18** I 20
Sortiment:	**7** I 10
Gesamt:	85 I 100

Joma

1010 Wien

Cosmopolitan heißt hier nicht nur ein Cocktail. Weltoffen und urban präsentiert sich das Joma (kurz für Josef und Maria). Abends verwandelt sich das Ganztageslokal in eine hippe Bar, deren internationale Karte alle modernen Klassiker vereint: von Gin über Wodka bis Rum. Im Sommer ist der Gastgarten heiß begehrt.

Hoher Markt 10
+43 1 5321032
joma-wien.at
Kategorie: Restaurantbar

Drinks:	**43** I 50
Ambiente:	**18** I 20
Service:	**18** I 20
Sortiment:	**8** I 10
Gesamt:	87 I 100

Josef Cocktailbar

1010 Wien

Die Heimat der ikonischen Espuma-Drinks wurde sieben. Und längst gehören japanisch-minimalistische Serves ebenso zur »Fragrance«-Karte, dem Magazin-formatigen Booklet der Josef-Welt. In der Ausbildungsstätte etlicher international erfolgreicher Mixologen holt man aber auch Tiki-Drinks in die Moderne. Verlässlich gut!

Sterngasse 1
+431 5322044
josef-bar.at
Kategorie: American Bar

Drinks:	**49** | 50
Ambiente:	**18** | 20
Service:	**20** | 20
Sortiment:	**8** | 10
Gesamt:	95 | 100

Kleinod

1010 Wien

Dieses Bar-Prunkstück ist aus Wiens Cocktail-Landschaft nicht wegzudenken. Elegantes Design der Theke, modernes Lichtkonzept und die Drinks sind alles andere als Standard. Zu den All-Time-Favourites gesellen sich laufend Neukreationen. Cocktails im Miniaturformat gibt es auch als Shots, wie den »Porn Star Martini«.

Singerstraße 7
+431 5120325
kleinod-diebar.wien
Kategorie: American Bar

Drinks:	**47** | 50
Ambiente:	**19** | 20
Service:	**19** | 20
Sortiment:	**8** | 10
Gesamt:	93 | 100

Kleinod Prunkstück 🍸🍸🍸 1010 Wien

Nicht ohne Grund zählt das Kleinod Prunkstück zu den beliebtesten Bars der Stadt. Die Barkeeper sind wahre Cocktail-Alleskönner, die es zu würdigen gilt. Jeder Drink und jeder Shot folgt einem aromatischen Konzept und ist ein funkelndes Prunkstück für sich – ebenso wie die imposante Bar, die in ihrer ganzen Pracht erstrahlt.

Bäckerstraße 4	Drinks:	46 | 50
+43 664 1221992	Ambiente:	19 | 20
kleinod-prunkstueck.wien	Service:	18 | 20
Kategorie: American Bar	Sortiment:	8 | 10
	Gesamt:	91 | 100

Kleinod Stadtgarten 🍸🍸 1010 Wien

Wenn die schwarze Luft am Himmel aufkommt, verwandelt sich der Stadtgarten zu einer einzigartigen Freiluft-Partylocation. Leicht und spritzig geht es mit Signature Drinks wie dem »Garden Tonic« oder »Aloha Stadtpark« zu, Shots und Highballs sind aber nicht weniger beliebt. Der perfekte Tagesausklang im Grünen!

Johannesgasse 33	Drinks:	44 | 50
+43 664 9277592	Ambiente:	19 | 20
kleinod-stadtgarten.wien	Service:	18 | 20
Kategorie: American Bar	Sortiment:	8 | 10
	Gesamt:	89 | 100

KLYO 🍸🍸 1010 Wien

Von Specialty Coffee bis hin zu den Drinks einzigartig. Mit eigens kreierten Cocktails, inspiriert von den zwölf Tierkreiszeichen, wird nichts dem Zufall überlassen. Diese werden an das Horoskop angepasst – ein Element-Wasser-Cocktail »Fisch« mit Gin und Blue Curacao oder der Feuer-Cocktail »Löwe« mit Rum und Chili-Honig.

Uraniastraße 1	Drinks:	43 | 50
+43 1 7105946	Ambiente:	19 | 20
klyo.at	Service:	18 | 20
Kategorie: Restaurantbar	Sortiment:	7 | 10
	Gesamt:	87 | 100

Kornat 🍷🍷🍷

1010 Wien

Als Fischrestaurant erster Güte hat man sich längst einen Namen gemacht, der auch Genießern jenseits der Innenstadt geläufig ist. Aber auch die Weinkarte kann sich sehen lassen: Kroatische Tropfen spielen die Hauptrolle, Feines aus dem Inland ist aber ebenso im Angebot.
Schwerpunkt: Kroatien, Österreich

Marc-Aurel-Straße 8	Weinangebot:	**46** I 50
+431 5356518	Service	**18** I 20
kornat.at	Essen	**18** I 20
Kategorie: Weinbar im Restaurant	Ambiente:	**8** I 10
	Gesamt:	90 I 100

Kruger's Bar 🍸🍸🍸

1010 Wien

Im Stil der Roaring 20s hätte es sich selbst The Great Gatsby mit Zigarre und einem Martini – natürlich im geschliffenen Kristallglas – auf einer der Leder-Couches gemütlich gemacht. Viele moderne Cocktails mit Vintage-Look versprühen den Charme der Goldenen Zwanziger. Drinks und Mobiliar sind sehr geschmackvoll.

Krugerstraße 5	Drinks:	**45** I 50
+431 15122455	Ambiente:	**19** I 20
krugers.at	Service:	**17** I 20
Kategorie: American Bar	Sortiment:	**9** I 10
	Gesamt:	90 I 100

Lamée Rooftop 🍸🍸

1010 Wien

Trotz luftiger Höhen herrscht Beach-Feeling: Mit gemütlichen Sesseln, hipper Musik und passenden Drinks (»French Summer of 24«) fühlt sich ein Besuch wie Urlaub an. Farbenfroh wird es bei den Spritz-Variationen, Wein kommt vom Hausherrn Lenikus. Traditionalisten nehmen im 9. Stock gern einen Sazerac. Alles möglich!

Lichtensteg 2	Drinks:	**42** I 50
+431 5322240	Ambiente:	**19** I 20
lameerooftop.com	Service:	**18** I 20
Kategorie: Hotelbar	Sortiment:	**8** I 10
	Gesamt:	87 I 100

Le Cru

1010 Wien

Vielfalt und Know-how rund um Champagner stehen hier an erster Stelle, nicht nur im Rahmen der monatlichen Verkostungen. Wer ein Plätzchen am Gemeinschaftstisch oder Fenster ergattert hat, kostet sich hernach durch die offenen Tropfen oder gustiert flaschenweise.
Schwerpunkt: Schaumwein

Petersplatz 8	Weinangebot:	**48** | 50
+431 5334260	Service	**19** | 20
lecru.at	Essen	**14** | 20
Kategorie: Champagner-Bar	Ambiente:	**8** | 10
	Gesamt:	89 | 100

Leo Hillinger Wineshop & Bar

1010 Wien

Gut gebucht ist der »Hill Secco-Brunch« am letzten Samstag jedes Monats. Doch die Fans der Kombination aus Weinshop und -bar brauchen keinen Vorwand, um zu der zentralen Location mit dem lässigen und Kommunikation fördernden Konzept zu stoßen. Bewährtes im »Leo«-Stil.
Schwerpunkt: Burgenland

Wollzeile 25	Weinangebot:	**44** | 50
+431 9662121	Service	**19** | 20
leo-hillinger.com	Essen	**18** | 20
Kategorie: Weinbar in Vinothek	Ambiente:	**9** | 10
	Gesamt:	90 | 100

Lobby Lounge & Bar

1010 Wien

Mit Raffinesse verwandelt sich die eigentlich für Kaffee und Kuchen gedachte Lounge abends in eine Bar. Wie wäre es zum Beispiel mit dem »Hansen Sparkling«? Oliven-Fatwash und geklärter Milk Punch signalisieren das Beherrschen der zeitgenössischen Techniken. Champagner und Rochelt-Brände fehlen aber auch nicht. Guter Neustart!

Schottenring 24	Drinks:	**46** | 50
+431 2361000	Ambiente:	**18** | 20
anantara.com	Service:	**18** | 20
Kategorie: Hotelbar	Sortiment:	**8** | 10
	Gesamt:	90 | 100

Loos Bar

1010 Wien

Wenn sich nichts ändert im »Museum, das auch Drinks verkauft«, dann sind das gute Nachrichten. Der kleine Bar-Raum mit dem Charme des Fin de Siècle begeistert auf den ersten Blick. Hat man erst die Kleinodien im Glas entdeckt, dann stehen die Chancen gut, dass Madame Marianne wieder einen neuen Stammgast gefunden hat.

Kärntner Durchgang 10	Drinks:	**45** | 50
+431 5123283	Ambiente:	**20** | 20
loosbar.at	Service:	**18** | 20
Kategorie: American Bar	Sortiment:	**8** | 10
	Gesamt:	91 | 100

Mamas Bar ᛉᛉ

1010 Wien

Wo früher die Treppe zu den Weinschätzen führte, ehrt nun Roko Paric im Namen der Mama die Cocktail-Kultur. Schräge Gläser und unkonventionelle Twists – etwa der »Bounty Espressotini« – gehören zum täglichen Handwerk dazu. Und mit Drinks wie dem »Negronia« samt Kussmund im Schaum freut sich die Instagram-Community mit.

Teinfaltstraße 9	Drinks:	**45** | 50
+43 677 61618802	Ambiente:	**18** | 20
	Service:	**18** | 20
Kategorie: American Bar	Sortiment:	**8** | 10
	Gesamt:	89 | 100

Monte Ofelio ᛉᛉ

1010 Wien

Die Parole der Brüder Dario und Luca Formisano lautet auch im Ersten: Arriva l'aperitivo! Denn wenn die Cornetti aufgefuttert und der herrliche Espresso »al banco« das Zwölfeläuten gehört hat, wird italienisches Daydrinking zelebriert. Das Mittel der Wahl ist oft, aber nicht ausschließlich, der »Negroni Sbagliato«.

Schottenbastei 2	Drinks:	**43** | 50
+43 660 4851521	Ambiente:	**18** | 20
monteofelio.com	Service:	**19** | 20
Kategorie: Restaurantbar	Sortiment:	**7** | 10
	Gesamt:	87 | 100

Needle Vinyl Bar ᛉᛉ

1010 Wien

Freunde, Musik, Cocktails – mit diesem einfachen Motto startete man vor acht Jahren mit der Schallplatte als Symbol. Der relaxte Spirit kam ebenso an wie die DJ-Nächte und die farbenfrohen Drinks (etwa »Mexican Sling«). Und dass man nebenbei vielleicht auch eine lang gesuchte LP entdeckt, erhöht den Spaßfaktor noch.

Färbergasse 8	Drinks:	**45** | 50
+43 660 5352325	Ambiente:	**18** | 20
needlevinylbar.com	Service:	**18** | 20
Kategorie: Loungebar	Sortiment:	**8** | 10
	Gesamt:	89 | 100

Neue Hoheit ᛉᛉᛉ

1010 Wien

Nicht nur mit Style und Speakeasy-Flair überzeugt die Rooftop-Bar, sondern auch mit dem Drinks-Konzept: neun Signatures für neun Bundesländer und ihre besten Spirits, von Oberösterreich mit Mezcal, Feige und Birne über Salzburg mit – was sonst – Mozartlikör bis in die Steiermark mit Amaro, Yuzu und Litschi.

Petersplatz 7	Drinks:	**45** | 50
+43 1 79998888770	Ambiente:	**19** | 20
rosewoodhotels.com	Service:	**18** | 20
Kategorie: Hotelbar	Sortiment:	**9** | 10
	Gesamt:	91 | 100

Nightfly's American Bar ⚲⚲⚲

1010 Wien

Eine American Bar, wie sie sein soll – mit feinen Drinks, schummrigem Flair und viel Know-how hinter der Bar. Das wird auch Gästen vermittelt, die sich Zeit nehmen, die umfangreiche Karte zu studieren. Am besten lässt man sich aber vom fachkundigen Personal beraten und kostet sich durch Raritäten und Klassiker.

Dorotheergasse 14	Drinks:	**46** I 50
+43 699 17128767	Ambiente:	**19** I 20
nightflys.at	Service:	**19** I 20
Kategorie: American Bar	Sortiment:	**9** I 10
	Gesamt:	93 I 100

O boufés

1010 Wien

Schön anzuschauen sind sowohl das Lokal als auch die fantastischen Gerichte aus der Hand von Konstantin Filippou, Freunde des Naturweins erstarren vor den Weinkühlern vor Ehrfurcht: Was Rang und Namen hat, findet sich hier genauso wie kleine, feine, unbekanntere Winzer.
Schwerpunkt: Raw/Natural Wine

Dominikanerbastei 17	Weinangebot:	**49** I 50
+43 1 512222910	Service	**18** I 20
konstantinfilippou.com	Essen	**20** I 20
Kategorie: Weinbistro	Ambiente:	**8** I 10
	Gesamt:	95 I 100

Organics Sky Garden

1010 Wien

Man trifft sich auf der geräumigen Dachterrasse mit viel Style zum gepflegten Sundowner oder ausgelassenen Afterwork – die Drinks bedienen sich der Vielfalt der Red-Bull-Organics-Produkte und kommen entsprechend erfrischend daher, der traumhafte Weitblick und die kleinen Snacks sind das i-Tüpfelchen.

Wipplingerstraße 2	Drinks:	**43** I 50
+43 681 10485806	Ambiente:	**19** I 20
organicsskygarden.com	Service:	**18** I 20
Kategorie: Restaurantbar	Sortiment:	**8** I 10
	Gesamt:	88 I 100

Palais Coburg Weinbar

1010 Wien

Wein-Liebhaber erstarren hier zu Recht vor Ehrfurcht: 60.000 Flaschen lagern in den Kellern des wunderschönen Palais. Dass sich darunter Klassiker, Underdogs und internationale Schätze erster Güte finden, ist selbstverständlich. Dazu gibt es Barfood auf Nickol-Niveau.
Schwerpunkt: Champagner, international, Süßwein, Jahrgangstiefe

Coburgbastei 4	Weinangebot:	**50** I 50
+43 1 51818130	Service	**19** I 20
palais-coburg.com	Essen	**18** I 20
Kategorie: Klassische Weinbar	Ambiente:	**10** I 10
	Gesamt:	97 I 100

Pastamara ⅠⅠⅠ

1010 Wien

Der Negroni-Trolley bleibt der Hingucker im italienischen Drink-Imperium der Pastamara. Ob »Il Conte« mit Rosmarin-Infusion oder doch der »Capperoni« – die Optik ist schon die halbe Miete. Dazu kommen die »spuntini«, die hier auch aus dem frühen Cocktail einen im wahrsten Sinn des Worts »Aperitivo lungo« werden lassen.

Schubertring 5–7	Drinks:	**45** | 50
+43 1 31188150	Ambiente:	**19** | 20
pastamara.com	Service:	**19** | 20
Kategorie: Hotelbar	Sortiment:	**8** | 10
	Gesamt:	91 | 100

Planter's Club Bar ⅠⅠⅠ

1010 Wien

Seit über einem Vierteljahrhundert wird im 1. Bezirk schon exquisit gemixt. Die Einrichtung im britischen Herrenclub-Stil sorgt für Behaglichkeit, den Rest übernimmt das kundige Barteam und schöpft dabei aus dem Vollen: Hunderte Spirits stehen bereit, und der Weinkeller ist nicht nur wunderschön, sondern auch gut gefüllt.

Zelinkagasse 4	Drinks:	**44** | 50
+43 1 533339315	Ambiente:	**19** | 20
plantersclub.com	Service:	**18** | 20
Kategorie: American Bar	Sortiment:	**10** | 10
	Gesamt:	91 | 100

Potions ⅠⅠⅠ

1010 Wien

Wenn eine Bar »Zaubertränke« heißt, dann ist vielleicht keine Magie, zumindest aber Kreativität drin, das verraten schon Namen und Zutaten der Drinks, inklusive Beschreibung der Stärke. Zwar wird auf Wunsch auch klassisch gemixt, die Signatures wie der »Howling Root« mit Rote-Rüben-Aroma verdienen aber Beachtung.

Karlsplatz 2	Drinks:	**46** | 50
+43 664 9118341	Ambiente:	**19** | 20
potions.at	Service:	**18** | 20
Kategorie: American Bar	Sortiment:	**8** | 10
	Gesamt:	91 | 100

Q'ero ⅠⅠⅠ

1010 Wien

Die peruanische Küche gehört hierzulande noch zu den Unbekannteren – zu Unrecht, wie man im hübschen Lokal mit viel Kreativität beweist. Aber auch die Getränkeauswahl stimmt: Das Nationalgetränk Pisco, destillierter Traubenmost, wird wahlweise pur oder in erfrischenden Kombinationen serviert. Salud!

Börsegasse 9/16	Drinks:	**44** | 50
+43 1 5320395	Ambiente:	**18** | 20
qero-viena.at	Service:	**19** | 20
Kategorie: Restaurantbar	Sortiment:	**9** | 10
	Gesamt:	90 | 100

Reiss Bar

1010 Wien

Die Geschichte der Reiss ist wechselvoll, doch zum Glück überlebte Michael Satkes bei COOP Himmelblau georderte Einrichtung alle Wechsel. Champagner wird es hier wohl immer geben. Doch mit den Cocktails von Thomas Vittek hat man in der wiedereröffneten Legende die Wahl. Etwa mit der »Paloma« in seiner Haus-Version.

Marco-d'Aviano-Gasse 1	Drinks:	**46** | 50
+43 1 4099596	Ambiente:	**18** | 20
reissbar.at	Service:	**18** | 20
Kategorie: American Bar	Sortiment:	**8** | 10
	Gesamt:	90 | 100

Ron con Soda

1010 Wien

Wiens erste Rumbar kann es noch: Kubanisch sind sowohl Ambiente und Musik als auch die Kreationen aus Küche und Bar. Zu Caipirinha, Daiquiri, Cuba Libre und Co. – allesamt in großer Variantenvielfalt – snackt man Nachos. Wer tiefer eintauchen will, ordert die Rum-Degustationsplatte mit sechs verschiedenen Sorten.

Seitenstettengasse 5	Drinks:	**44** | 50
+43 650 3192184	Ambiente:	**18** | 20
ronconsoda.at	Service:	**18** | 20
Kategorie: American Bar	Sortiment:	**7** | 10
	Gesamt:	87 | 100

Sacher Blaue Bar

1010 Wien

Im altehrwürdigen Haus bei der Oper wartet eine Bar, die dem Namen »Sacher« gerecht wird. Das pittoreske Ambiente mit Kristalllustern und gepolsterten Samtsofas bietet Nostalgie pur und setzt mit hippen Signature Drinks wie dem »Sacher Martini« mit Marillenlikör oder dem »Wiener Madl« – ein Gin mit rosa Pfeffer – moderne Akzente.

Philharmonikerstraße 4	Drinks:	**43** | 50
+43 1 514560	Ambiente:	**19** | 20
sacher.com	Service:	**18** | 20
Kategorie: Hotelbar	Sortiment:	**8** | 10
	Gesamt:	88 | 100

SHIKI Bar

1010 Wien

Vor oder nach dem außergewöhnlich guten Sushi im Restaurant lockt auch die Bar mit gehobenem Flair und authentischen asiatischen Geschmäcken: Die Edelspirituosen aus dem Land der aufgehenden Sonne treffen auf Kirschblütensirup, Yuzu oder Matcha – und auch die alkoholfreien Kreationen sind äußerst geschmackvoll!

Krugerstraße 3	Drinks:	**46** | 50
+43 1 5127397	Ambiente:	**19** | 20
shiki.at	Service:	**18** | 20
Kategorie: Restaurantbar	Sortiment:	**8** | 10
	Gesamt:	91 | 100

Sky 🍸🍸🍸

1010 Wien

Mit Traumblick auf und über das Dächermeer der Innenstadt erholt man sich hier vom Shopping-Trubel auf der Kärntner Straße. Neben teils neu gedachten Klassikern und einer Vielzahl an Mules erfrischen vor allem die Spritz-Variationen vortrefflich, ob mit Wassermelone, Lavendel oder doch lieber Hibiskus-Limette.

Kärntner Straße 19
+43 1 5131712
skybox.at
Kategorie: Loungebar

Drinks:	**45** | 50
Ambiente:	**19** | 20
Service:	**18** | 20
Sortiment:	**9** | 10
Gesamt:	91 | 100

Sputnik Bar 🍸🍸🍸

1010 Wien

Das Team der legendären Grellen Forelle betreibt die stylish-puristische Bar im 1. Bezirk, die das reduzierte Innere mit Detailverliebtheit und Verspieltheit hinter der Bar kombiniert. Barfrau Laura Peez mixt am liebsten auf Wodka-Basis, die Spirituose kommt dabei in ungekannter (selbst angesetzter!) Vielfalt daher.

Börsegasse 13
+43 664 93004022
sputnik-bar.at
Kategorie: Loungebar

Drinks:	**46** | 50
Ambiente:	**18** | 20
Service:	**19** | 20
Sortiment:	**8** | 10
Gesamt:	91 | 100

Stadtcafe 🍸🍸

1010 Wien

Nicht nur für die Verschnaufpause beim Bummel durch die Stadt eignet sich das moderne Lokal, auch für den Afterwork-Drink ist gesorgt. Den Durst löschen hausgemachte Limonaden und Eistees, die Auswahl an Cocktailklassikern auf der Barkarte kann sich sehen lassen – von Cosmo über Negroni bis zum Piña Colada.

Freyung 1
+43 1 205353
stadtcafe-wien.at
Kategorie: Loungebar

Drinks:	**43** | 50
Ambiente:	**18** | 20
Service:	**19** | 20
Sortiment:	**8** | 10
Gesamt:	88 | 100

The Bank Bar — 1010 Wien

Wie konsequent man in der ehemaligen Kassenhalle das Thema Investment in Cocktails verwandelt, ist unique. Mit dem bestens aufgestellten Barteam um Martin Holzer schmeckt sogar die Inflation – vom leicht prickelnden »Aufschwung« bis hin zur »Hyperinflation«. Gerne überrascht man dabei mit ungewöhnlichen Spirituosen.

Bognergasse 4
+43 1 227401236
restaurant-thebank.at
Kategorie: Hotelbar

Drinks:	48 I 50
Ambiente:	19 I 20
Service:	19 I 20
Sortiment:	9 I 10
Gesamt:	95 I 100

Toga — 1010 Wien

Entspannt ausgehen, eine Kleinigkeit essen und dann vom Bartender mit einem Schmuckstück überrascht werden. So kann's laufen in der Toga, wenn beispielsweise die »Violet Pearl« oder »Blue Meth« kredenzt wird. Lieblinge wie den Porn Star Martini oder den guten alten Mai Tai hat man am Kai aber ebenso im Repertoire.

Franz-Josefs-Kai 11
+43 1 2958888
togavienna.at
Kategorie: Restaurantbar

Drinks:	44 I 50
Ambiente:	18 I 20
Service:	17 I 20
Sortiment:	8 I 10
Gesamt:	87 I 100

Truth & Dare — 1010 Wien

Die Crew hat einen Lauf (und mittlerweile eine Zweigstelle im 2. Bezirk) mit ihrer elaborierten Mixologie. Das rötlich-einladende Stammhaus lockt Neulinge weiter mit dem »Mini of the Week« zum Kennenlernen. Fortgeschrittenen mixen Dominik Möller und David Kranabitl auch ihren »Nuclear Daiquiri«. Aber bitte nur einen!

Schönlaterngasse 4
truthanddare.bar
Kategorie: American Bar

Drinks:	48 I 50
Ambiente:	19 I 20
Service:	19 I 20
Sortiment:	8 I 10
Gesamt:	94 I 100

Unger und Klein 1010 Wien

Dass es sich inmitten unzähliger feiner Tropfen besonders gut sitzen und genießen lässt, wissen Auskenner seit vielen Jahren, denn dieses Urgestein der Wiener Barszene punktet genauso mit Ambiente und entspannter Atmosphäre wie mit kundiger Auswahl und herrlichen Snacks.
Schwerpunkt: Österreich

Gölsdorfgasse 2	Weinangebot: **49** I 50
+43 1 5321323	Service **19** I 20
ungerundklein.at	Essen **17** I 20
Kategorie: Weinbar in Vinothek	Ambiente: **8** I 10
	Gesamt: 93 I 100

Vino 1010 Wien

An Sommerabenden sind die Plätze im Schanigarten unter den hübschen Arkaden begehrt, einladend ist aber auch das modern gestaltete Innere. Hier wie dort kommen sodann die Erzeugnisse heimischer sowie internationaler Winzer zu Tisch, dazu wird Fingerfood gereicht.
Schwerpunkt: Wien

Lichtenfelsgasse 3	Weinangebot: **44** I 50
+43 1 8903986	Service **18** I 20
vino-wien.com	Essen **16** I 20
Kategorie: Weinbistro	Ambiente: **8** I 10
	Gesamt: 86 I 100

Vinogin Gin-Bar & Gin-Gallery 1010 Wien

»Eat, Sleep, Gin, Repeat«: Sage und schreibe 500 Sorten Gin stehen hier zur Auswahl – vom Klassiker bis zur seltenen Rarität ist alles dabei –, entsprechend wird es eine Weile dauern, bis man den persönlichen Favoriten erkoren hat. Das Team unterstützt die Suche mit Empfehlungen, kleinen Snacks und nettem Ambiente.

Fleischmarkt 28	Drinks: **42** I 50
+43 699 18128373	Ambiente: **19** I 20
vinogin.at	Service: **18** I 20
Kategorie: Loungebar	Sortiment: **9** I 10
	Gesamt: 88 I 100

vis-a-vis 🍷🍷🍷

1010 Wien

Einst hat man den Fine-Wine-Trend in der Stadt mitlosgetreten, und bis heute ist das Angebot an offenen österreichischen Tropfen geschmackvoll und gut ausgewählt. Die Gäste kommen aber auch der feinen Schmankerl, des urigen Ambientes und des unverkennbaren Charmes wegen.
Schwerpunkt: Österreich

Wollzeile 5/Durchgang	Weinangebot:	**48** I 50
+43 1 5129350	Service	**19** I 20
	Essen	**18** I 20
Kategorie: Klassische Weinbar	Ambiente:	**8** I 10
	Gesamt:	93 I 100

Volksgarten Club – Oswald Haerdtl Bar 🍷🍷

1010 Wien

Eine echte Wiener Legende ist der Volksgarten schon längst – als Epizentrum der städtischen Party-Popkultur und Treffpunkt für Feierwütige, Tanzmäuse und alle, die es noch werden wollen. Bevor man im Club die Tanzfläche stürmt, braucht es freilich einen Zwischenstopp an der Bar und einen kühlen Drink.

Burgring/Heldenplatz	Drinks:	**43** I 50
+43 1 5324241	Ambiente:	**19** I 20
volksgarten.at	Service:	**17** I 20
Kategorie: Club	Sortiment:	**8** I 10
	Gesamt:	87 I 100

W-Einkehr 🍷🍷

1010 Wien

Die Weißen stammen hauptsächlich aus Wagram; Carnuntum und das Burgenland steuern die Roten bei, ab und zu gesellt sich ein internationaler Ausreißer dazu. Am großen Tisch zwischen den gut gefüllten Regalen wird all das probiert, dazu gibt es Tapas und kleine Schmankerl.
Schwerpunkt: Österreich

Schönlaterngasse 13	Weinangebot:	**44** I 50
+43 676 4082854	Service	**18** I 20
w-einkehr.at	Essen	**17** I 20
Kategorie: Weinbar in Vinothek	Ambiente:	**7** I 10
	Gesamt:	86 I 100

Wagemut Kavalierbar 🍷🍷🍷

1010 Wien

150 Brände, Armagnac-Vielfalt und alles, was im Rum- und Whisk(e)y-Bereich Rang und Namen hat, dazu die gediegen-britische Einrichtung und der aufmerksame Service – so geht ein perfekter Barabend auf hohem Niveau. Und dazu ein bisschen Show: Der Manhattan wird mithilfe des großen Holzfasses bei Tisch gemixt.

Kärntner Ring 9	Drinks:	**46** I 50
+43 1 515800	Ambiente:	**18** I 20
de.grandhotelwien.com	Service:	**19** I 20
Kategorie: Hotelbar	Sortiment:	**9** I 10
	Gesamt:	92 I 100

Wein & Co Schottentor 🍷🍷🍷

1010 Wien

In Gehweite zum Burgtheater bietet sich diese Bar als idealer Ort für die Einkehr vor oder nach der Vorstellung an: gewohnt feine offene Auswahl in der Barkarte, dazu Antipasti, Beef Tatar und Schinken-Käse-Toast in sehr guter Ausführung. Auch der moderne Shop lädt zum Gustieren ein.
Schwerpunkt: international

Universitätsring 12	Weinangebot:	**49** I 50
+43 50706 3142	Service	**18** I 20
weinco.at	Essen	**17** I 20
Kategorie: Weinbar in Vinothek	Ambiente:	**8** I 10
	Gesamt:	92 I 100

Wein & Co Stephansplatz 🍷🍷🍷🍷

1010 Wien

Das Untergeschoß fungiert als Shop mit riesiger Auswahl wie auch als »begehbare Weinkarte« – inklusive gut mit Raritäten gefüllter »Schatzkammer«. Auch das glasweise Angebot wechselt regelmäßig und bespielt alle Geschmäcker, dazu schmecken Antipasti und Barfood.
Schwerpunkt: international

Jasomirgottstraße 3–5	Weinangebot:	**50** I 50
+43 50706 3122	Service	**19** I 20
weinco.at	Essen	**18** I 20
Kategorie: Weinbar in Vinothek	Ambiente:	**9** I 10
	Gesamt:	96 I 100

Weinorgel 🍷🍷

1010 Wien

Im Gewölbekeller schmeckt das Stehachterl gleich noch besser, im Sommer munden auch die Spritzer-Variationen zur feinen Antipasti-Auswahl ganz vorzüglich. Und wenn sich Winzer zur Präsentation und Verkostung ihrer Erzeugnisse einfinden, ist der Abend sowieso perfekt.
Schwerpunkt: Österreich

Bäckerstraße 2	Weinangebot:	**45** I 50
+43 1 5131227	Service	**18** I 20
weinorgel.at	Essen	**14** I 20
Kategorie: Klassische Weinbar	Ambiente:	**8** I 10
	Gesamt:	85 I 100

You. Bar

1010 Wien

Die Terrasse der Bar – sichtbarstes Zeichen der You nahe der Oper – ist neu gestaltet, denn hier spielt sich das Leben schon zum Frühstück ab. Abends wird dann zum Cocktail gebeten, gerne auch im Zeichen der Agave (»Naked & Famous«!). Und natürlich liebt man hier auch Champagner, z. B. im sprudeligen »Grand Y(o)uzu«.

Opernring 13	Drinks:	**44** | 50
+431 588900	Ambiente:	**18** | 20
you-vienna.at	Service:	**17** | 20
Kategorie: Hotelbar	Sortiment:	**8** | 10
	Gesamt:	87 | 100

Amici Miei

1020 Wien

Wer noch kein »amico« ist, wird es spätestens nach einem Besuch, denn hier fühlt man sich sofort wohl und willkommen. Die Produkte kommen größtenteils direkt aus Italien und werden sorgfältig auf Qualität geprüft. Ein Highlight ist der Prosecco von Bortolomiol aus dem Friaul.
Schwerpunkt: Italien

Vorgartenmarkt, Ennsgasse 12	Weinangebot:	**45** | 50
+43 664 4532307	Service	**19** | 20
enoteca-amici.at	Essen	**17** | 20
Kategorie: Weinbar in Vinothek	Ambiente:	**8** | 10
	Gesamt:	89 | 100

Champagne Characters

1020 Wien

Puristisch, anspruchsvoll oder experimentell? Expertin Nicola Neumann trifft stets den Geschmack der Gäste. Hier gibt es die größte Auswahl an Winzerchampagnern in Österreich. Die Tagesbar lädt dazu ein, sich durch das exklusive Sortiment zu kosten.
Schwerpunkt: Champagner

Kleine Sperlgasse 7	Weinangebot:	**47** | 50
+431 3473211	Service	**19** | 20
champagne-characters.com	Essen	**16** | 20
Kategorie: Champagner-Bar	Ambiente:	**8** | 10
	Gesamt:	90 | 100

Combo Bar ꙳꙳꙳

1020 Wien

Ganz schön bunt ist sie geworden, die Nachfolgerin der Lamperie. Doch unter dem neuen Namen Combo warten auch Cocktails, für die Lukas Werle und Mike van Bruggen den Rotovap anwerfen. Redestillierte Mango, Feigenblatt-Soda oder Paprikaessenz befeuern relaxte Drinks – unter der Schirmherrschaft der Truth & Dare Bar.

Obermüllnerstraße 17
combobar.com
Kategorie: American Bar

Drinks:	**46** I 50
Ambiente:	**18** I 20
Service:	**19** I 20
Sortiment:	**8** I 10
Gesamt:	91 I 100

Contor

1020 Wien

So manche gesellige Stunde wurde hier schon verbracht. Das Weincontor hat eine treue (wachsende) Fangemeinschaft, die die herausragende Auswahl und die Atmosphäre zu schätzen weiß. Weine ausgewählter Winzer, auch für den anspruchsvollen Gaumen, gibt es auch glasweise.
Schwerpunkt: Österreich

Leopoldsgasse 51
+43 660 1117101
Kategorie: Weinbistro

Weinangebot:	**42** I 50
Service	**18** I 20
Essen	**15** I 20
Ambiente:	**8** I 10
Gesamt:	83 I 100

Das Loft

1020 Wien

In luftigen Höhen sind die Geschmacksknospen besonders sensibel. Nach einem Dinner über den Dächern Wiens warten an der Bar Cocktails, die alle Sinne verzaubern. Die kreativen, abenteuerlichen Kreationen sind genial. Ein Cocktail mit Melonen-Espuma und Prosciutto? Nur Mut, das wird auf jeden Fall belohnt!

Praterstraße 1
+43 1 906168110
dasloftwien.at
Kategorie: Hotelbar

Drinks:	**44** I 50
Ambiente:	**20** I 20
Service:	**18** I 20
Sortiment:	**8** I 10
Gesamt:	90 I 100

Duzi's 🍸🍸 — 1020 Wien

Im Duzi's werden die Gäste mit Drinks, Shishas und Ambiente in ein Märchen aus Tausendundeiner Nacht entführt. Erstklassige Highballs und klassische Cocktails rund um Coladas, Caipis und Co. sowie Eigenkreationen mit Bestzutaten, wie der »El Mojito Excelente« mit Staubzucker und Rosmarin, sind verlockend.

Praterstraße 25
+431 8908775
duzis.at
Kategorie: Loungebar

Drinks:	**44** I 50
Ambiente:	**18** I 20
Service:	**18** I 20
Sortiment:	**8** I 10
Gesamt:	88 I 100

Hammond Bar 🍸🍸🍸 — 1020 Wien

Das ganze Team glänzt mit Einfallsreichtum – jedem Mitarbeiter ist eine Seite gewidmet. Maurizio Meyers »Bounty Hunter« fokussiert als verspielter Old Fashioned Kokosgeschmack, während die »Gecko Brothers« ein anderes Tarantino-Thema aufnehmen. Unangestrengt und im Detail komplex, das ist die Handschrift von Sigi Schots »Hammond«.

Taborstraße 33
+431 9689215
hammondbar.at
Kategorie: American Bar

Drinks:	**48** I 50
Ambiente:	**19** I 20
Service:	**19** I 20
Sortiment:	**8** I 10
Gesamt:	94 I 100

Istros 🍸🍸 — 1020 Wien

Von der Vogelperspektive aus kann man das Treiben am Donaukanal beobachten und bei Food and Drinks den Sonnenuntergang genießen. Die Bar ist überdacht und teilweise verglast, damit ist es also auch an regnerischen Tagen kein Problem, im »Freien« zu sitzen. Simple but good: Der Aperol Spritz hat ein perfektes Mischverhältnis.

Obere Donaustraße 61
+431 4360059
radissonhotels.com
Kategorie: Hotelbar

Drinks:	**44** I 50
Ambiente:	**19** I 20
Service:	**18** I 20
Sortiment:	**7** I 10
Gesamt:	88 I 100

Kindred Spirits Bar ⅠⅠ

1020 Wien

Die coolen Locations um Prater und WU haben Zuwachs mit der Rooftop-Bar des Zoku Vienna bekommen. Inspiriert vom Wiener Mixgetränk Nr. 1, dem Weißen Spritzer, pflegt man eine erfrischende Spritz-Kultur im Rahmen der kleinen Barkarte. Auch der »Limoncello Mojito« passt zu den urlaubsähnlichen Vibes der Terrasse.

Perspektivstraße 6	Drinks:	**44** I 50
+43 720 987101	Ambiente:	**19** I 20
livezoku.com	Service:	**18** I 20
Kategorie: Hotelbar	Sortiment:	**7** I 10
	Gesamt:	88 I 100

L'Ase ⅠⅠⅠ

1020 Wien

Wenn die Sonne lacht und der gemütliche Schanigarten geöffnet ist, fehlen nur noch die Tapas und ein Glas Wein, um sich wie in Katalonien zu fühlen. Auf den Teller kommt nur Frisches, ins Weinglas nur Gutes und noch Besseres. Für alle Biertrinker gibt es sogar Estrella.
Schwerpunkt: Katalonien

Rueppgasse 24	Weinangebot:	**46** I 50
+43 660 3649885	Service	**19** I 20
l-ase.at	Essen	**17** I 20
Kategorie: Weinbistro	Ambiente:	**8** I 10
	Gesamt:	90 I 100

Monte Ofelio Bar Augarten ⅠⅠ

1020 Wien

Aperitivo-Bar trifft Alimentari, und beides gelingt den neapolitanischen Inhaber-Brüdern Dario und Luca Formisano in ihrer kleinen Location ganz vorzüglich. Herrliche Panini und Antipasti begleiten die Klassiker in idealtypischer Ausgestaltung: knackig-bitter der Negroni, süffig die Weine, erfrischend der Aperol.

Obere Augartenstraße 70	Drinks:	**44** I 50
+43 664 5215573	Ambiente:	**19** I 20
monteofelio.com	Service:	**19** I 20
Kategorie: Loungebar	Sortiment:	**7** I 10
	Gesamt:	89 I 100

NENI am Prater ⅠⅠⅠ

1020 Wien

Auf einer der schönsten Dachterrassen der Stadt kommt man aus dem Genießen gar nicht mehr raus: Die Küche mit orientalischen und allerlei anderen Einflüssen überzeugt wie gewohnt, und hinter der Bar zaubert Alexander Öhler die perfekte Getränkebegleitung irgendwo zwischen komplex-vollmundig und fruchtig-frisch.

Perspektivstraße 8	Drinks:	**45** I 50
+43 1 904343950	Ambiente:	**19** I 20
neni.at	Service:	**18** I 20
Kategorie: Restaurantbar	Sortiment:	**8** I 10
	Gesamt:	90 I 100

Pigalle

1020 Wien

Pastis, Crémant, Chandon Spritz – schon die Aperitif-Karte ist durchwegs exklusiv. Nicht nur der Name, sondern auch die Lage im spitzwinkligen Eckhaus erinnert an Paris. »Fait maison« steht hier für hausgemachte Cocktails. Eine klare Empfehlung: »Sharp & Witty«, eine raffinierte Symbiose aus Ingwer, Chili und Kakao.

Praterstraße 9
+43 670 6561973
pigalle-wien.com
Kategorie: American Bar

Drinks:	**44** I 50
Ambiente:	**18** I 20
Service:	**17** I 20
Sortiment:	**8** I 10
Gesamt:	87 I 100

Praterstrasse

1020 Wien

Pizzeria, Club, Bar – die Grenzen verschwimmen. Die grandiosen Pizzen von Pizza Bussi Ciao werden nunmehr durch exzellente Highballs und andere fancy Drinks ergänzt. Bis ins kleinste Detail wird auf Qualität geachtet: seltene Zutaten (Supersawa!), Aromaparfums bis hin zu Microgreens – die Ergebnisse sind spektakulär.

Praterstraße 18
praterstrasse.wien
Kategorie: Club

Drinks:	**44** I 50
Ambiente:	**17** I 20
Service:	**17** I 20
Sortiment:	**8** I 10
Gesamt:	86 I 100

Spelunke

1020 Wien

Vom Dinner (oder dem samstäglichen Jazz-Brunch) geht man hier nahtlos ins Feiern über. Mit tatkräftiger DJ-Unterstützung schmecken die kreativen Cocktailkreationen gleich noch besser oder ersetzen auf Wunsch auch das Dessert, so wie der »Lemon Tarte Martini« mit seiner fein-cremigen Süß-Sauer-Mischung.

Taborstraße 1
+43 1 2124151
spelunke.at
Kategorie: Restaurantbar

Drinks:	**44** I 50
Ambiente:	**18** I 20
Service:	**18** I 20
Sortiment:	**8** I 10
Gesamt:	88 I 100

Stage Bar

1020 Wien

Klassisch, innovativ, sprudelig – so könnte man die drei Schwerpunkte der Karte zusammenfassen. Denn einerseits versteht man es, Altbekanntem behutsam etwas neuen Spin mitzugeben, so kommt etwa der Espresso Martini mit Salzkaramellnote daher. Und andererseits geht ein Champagner-Cocktail eben wirklich immer.

Gredlerstraße 9
+43 660 7375339
stagebar.at
Kategorie: American Bar

Drinks:	**44** I 50
Ambiente:	**18** I 20
Service:	**19** I 20
Sortiment:	**8** I 10
Gesamt:	89 I 100

Vinifero 🍷🍷🍷

1020 Wien

Wenn es Naturwein in der Dose (»Djus«) gibt, findet man sie natürlich bei Enrico Bachechi. Der Godfather der biodynamischen Weine in Wien schöpft auch in der Vinothek aus dem Vollen: Geheimtipps und kleine Auflagen, die für Etikettentrinker »life changing« sein können.
Schwerpunkt: Raw/Natural Wine, international

Karmeliterplatz 2	Weinangebot:	**46** | 50
+43 681 81278188	Service	**19** | 20
vinifero.at	Essen	**17** | 20
Kategorie: Weinbar in Vinothek	Ambiente:	**8** | 10
	Gesamt:	90 | 100

Wein.laden 🍷🍷

1020 Wien

Wo »Weinkaufserlebnis« draufsteht, ist Service, Fachwissen und Genuss drin: Der Eventkalender ist gut bestückt, von einem solchen Abend mit Themenschwerpunkt geht man jedenfalls garantiert mit viel Wissen, zufriedenem Gesicht und dem einen oder anderen Flascherl nach Hause.
Schwerpunkt: international, Österreich

Haidgasse 2	Weinangebot:	**45** | 50
+43 1 2123189	Service	**19** | 20
weinladen.wien	Essen	**15** | 20
Kategorie: Weinbar in Vinothek	Ambiente:	**8** | 10
	Gesamt:	87 | 100

Cayo Coco 🍸🍸🍸

1030 Wien

Hier passt er natürlich perfekt, der »Negroni Tropica« mit Kokos-Fatwash. Denn die kubanisch inspirierte Dachterrasse samt Pool ist eine einzige Einladung, Urlaub zu machen. Cocktails wie der »Spider Libre« oder die Pool-blaue Margarita »Azul Azul« stehen jedenfalls bereit. Passende Snacks (Maniok-Bällchen) sowieso.

Rudolf-Sallinger-Platz 1	Drinks:	**44** | 50
+43 1 3800932	Ambiente:	**20** | 20
thehoxton.com	Service:	**18** | 20
Kategorie: Hotelbar	Sortiment:	**8** | 10
	Gesamt:	90 | 100

Colono 🍷🍷

1030 Wien

Die gemütliche Tapas-Bar entpuppt sich als wahre Gourmetadresse. Hier genießt man bei Ibérico und Manchego den einen oder anderen exzellenten Rioja. Die Auswahl an spanischen Spitzenweinen ist beeindruckend: Cavas, Tintos, Blancos und viele authentische Aperitivos.
Schwerpunkt: Spanien

Landstraßer Hauptstraße 6	Weinangebot:	**42** | 50
+43 660 9362437	Service	**19** | 20
colonowien.at	Essen	**17** | 20
Kategorie: Weinbar in Vinothek	Ambiente:	**8** | 10
	Gesamt:	86 | 100

Drei Bögen

1030 Wien

Weine von Andert und Klein machen Lust auf die vorrangig biologisch vinifizierte Auswahl. Doch als zweiter Bogen, äh: Säule, warten Cocktails neben der Greißlerei, die Feines vom Land in die City bringt. Das kann Bio-Gemüse sein, Wermut, aber auch kuratierter Wein.
Schwerpunkt: Österreich, international

Landstraßer Hauptstraße 103	Weinangebot:	**44** | 50
+43 676 5979819	Service	**19** | 20
	Essen	**17** | 20
Kategorie: Weinbistro	Ambiente:	**8** | 10
	Gesamt:	88 | 100

Drinx

1030 Wien

»Instagram-Lifestyle« pur: modernes Design, stylishe Bar und trendige Drinks für alle, die die Nacht gerne zum Tag machen. Jedes Getränk ist von echter Schönheit und eine Geschmacksexplosion. Ob ein Whisk(e)y Sour mit Sojasauce oder Cocktails mit Mais oder Chorizo – klingt unglaublich und schmeckt unglaublich gut!

Am Heumarkt 3	Drinks:	**44** | 50
+43 1 89056981	Ambiente:	**18** | 20
drinx-vienna.at	Service:	**18** | 20
Kategorie: American Bar	Sortiment:	**8** | 10
	Gesamt:	88 | 100

Heunisch & Erben

1030 Wien

Brandhofer und Gould haben mit ihrem Gourmet-Bistrot ihren Wein-Enthusiasmus perfekt umgesetzt. Geboten werden Raritäten internationaler Güte. Stets auf der Suche nach dem Besonderen, präsentieren sie auch abenteuerliche »Non Vintage«-Weine ohne ersichtlichen Jahrgang.
Schwerpunkt: Jahrgangstiefe, Österreich, Raw/Natural Wine, international

Landstraßer Hauptstraße 17	Weinangebot:	**49** | 50
+43 1 2868563	Service	**19** | 20
heunisch.at	Essen	**20** | 20
Kategorie: Weinbistro	Ambiente:	**9** | 10
	Gesamt:	97 | 100

Intermezzo Bar

1030 Wien

Dom Pérignon gehört hier zum guten Ton, und die Cocktails treffen jeden Geschmack. Über 150 Whisk(e)ys sind beeindruckend, aber die Premium-Gin&Tonic-Karte schlägt alles und lässt selbst die englische Gesellschaft blass aussehen. Von Wien bis Schottland wird dem Wacholderschnaps gehuldigt und das passende Tonic kredenzt.

Johannesgasse 28	Drinks:	**44** | 50
+43 1 711220	Ambiente:	**19** | 20
vienna.intercontinental.com	Service:	**18** | 20
Kategorie: American Bar	Sortiment:	**8** | 10
	Gesamt:	89 | 100

Ruby Sofie Bar

1030 Wien

Im Hotel in den hübschen Sofiensälen vermischt sich historisches Flair mit stylishen Designakzenten, auch die Bar ist ein Mix aus beidem. Am besten holt man sich einen Drink oder den unkomplizierten Signature-Spritzer und macht sich auf den Weg in den 5. Stock – dort wartet an lauen Abenden die Dachterrasse.

Marxergasse 17
+431205771200
ruby-hotels.com
Kategorie: Hotelbar

Drinks:	**43** | 50
Ambiente:	**18** | 20
Service:	**17** | 20
Sortiment:	**8** | 10
Gesamt:	86 | 100

Salon Paradise

1030 Wien

Optisch wirkt die den Beat Poets gewidmete versteckte Kellerbar, als könnten hier schon die »Mad Men«-Werber den Three-Martini-Lunch abgehalten haben. Doch in den Sitznischen wird nicht gemauschelt, sondern frisch karbonisierter Highball geschlürft. Der Neuzugang hat auch hier der Expertise von Rory Shepherds vertraut.

Rudolf-Sallinger-Platz 1
+4313800934
thehoxton.com
Kategorie: Hotelbar

Drinks:	**45** | 50
Ambiente:	**19** | 20
Service:	**18** | 20
Sortiment:	**8** | 10
Gesamt:	90 | 100

Foto: Lukas Leonte Photography

SELLENY'S Bar

1030 Wien

Man startet als Kaffee-Tagesbar und schlüpft abends in die Ausgeh-Klamotten, dann präsentiert sich die Bar nämlich als lässige Location mit gutem Sound und durchdachten Drinks, die einmal um die Welt reisen: Vom »Vienna« mit heimischem Wodka und Marillenschnaps bis zum »Shanghai« mit Granatapfel, Kirsche und Bitternoten.

Am Stadtpark 1
+4317170012132
sellenys-bar.at
Kategorie: Hotelbar

Drinks:	**45** | 50
Ambiente:	**19** | 20
Service:	**18** | 20
Sortiment:	**8** | 10
Gesamt:	90 | 100

Vinothek Rochus 🍷

1030 Wien

Mitten im wuseligen Treiben am Rochusmarkt sind die Regale im gemütlichen Standl immer zum Bersten mit feinen Flaschen gefüllt, auch das trägt zum wohligen Ambiente bei. Gegen den kleinen Hunger werden dazu hausgemachte Häppchen sowie Pasta im Tapas-Format serviert.
Schwerpunkt: Österreich

Rochusmarkt 16–17	Weinangebot:	**43** | 50
+43 664 3401789	Service	**18** | 20
	Essen	**16** | 20
Kategorie: Klassische Weinbar	Ambiente:	**7** | 10
	Gesamt:	84 | 100

Edelgreisslerei Opocensky 🍷🍷🍷

1040 Wien

Nicht zu übersehen ist beim Betreten die dicht bestückte Wand mit Weinflaschen, die so manchen Kenner zum Staunen bringt. Der Feinkostladen bietet eine exklusive Auswahl an lokalen und internationalen Spezialitäten und fungiert auch als klassische Aperitivo Bar.
Schwerpunkt: Österreich

Favoritenstraße 25	Weinangebot:	**46** | 50
+43 1 5036311	Service	**19** | 20
opocensky.at	Essen	**18** | 20
Kategorie: Weinbistro	Ambiente:	**8** | 10
	Gesamt:	91 | 100

Foto: Martin Kubik

Eulennest 🍷🍷🍷

1040 Wien

Der kulinarische und vinophile Anspruch sowie die Qualität liegen im Eulennest ganz, ganz weit oben. Über 500 Spitzenweine stehen auf der Karte, und jede Woche gibt es rund 30 offene Weine, die auch glasweise erhältlich sind. Passend dazu Antipasti aus Bella Italia.
Schwerpunkt: Österreich

Operngasse 30	Weinangebot:	**48** | 50
+43 1 8902272	Service	**19** | 20
eulennest.at	Essen	**18** | 20
Kategorie: Weinbar in Vinothek	Ambiente:	**8** | 10
	Gesamt:	93 | 100

nineOfive 🍷🍷🍷 1040 Wien

Die von Sebastian Georgi gegründete Mischung aus krosser Pizza Napoletana und Topweinen folgt dem »Simplexity«-Ansatz. Im Grunde ist beides nicht neu und recht simpel, solange man sich um die besten Zutaten (sprich: auch Weingüter von »natural« bis altbewährt) kümmert.
Schwerpunkt: Italien

Mühlgasse 20/1	Weinangebot: **47** | 50
+43 1 2386594	Service **19** | 20
nineofive-wien.at	Essen **18** | 20
Kategorie: Weinbar im Restaurant	Ambiente: **8** | 10
	Gesamt: 92 | 100

Santos 🍸🍸 1040 Wien

In Wiens Pilgerstätte für mexikanische Küche ist natürlich auch die Bar gut mit Authentischem bestückt: Tequila und Mezcal sonder Zahl finden sich dort, genossen werden sie wahlweise pur oder als erfrischende Drink-Kreationen. Aber auch Gin und Agave dürfen in die Gläser, am preisgünstigsten zur täglichen Happy Hour.

Favoritenstraße 4–6	Drinks: **43** | 50
+43 1 9429902	Ambiente: **18** | 20
santos-bar.com	Service: **19** | 20
Kategorie: Restaurantbar	Sortiment: **8** | 10
	Gesamt: 88 | 100

schikaneder 🍸🍸 1040 Wien

Eine wahre Institution der alternativen Kulturszene ist die Mehrzwecklocation auch im x-ten Jahr ihres Bestehens noch: wirklich gute Filme sehen und darüber diskutieren, zu den DJ-Line-ups die Nacht durchtanzen, dazu ein kühler Spritzer oder Longdrink. Fertig ist die Urwiener Party-Nacht.

Margaretenstraße 24	Drinks: **43** | 50
+43 1 5852867	Ambiente: **18** | 20
schikaneder.at	Service: **18** | 20
Kategorie: American Bar	Sortiment: **7** | 10
	Gesamt: 86 | 100

Sektcomptoir Szigeti 🍷 1040 Wien

Es sprudelt: Sekt und Frizzante aus dem Hause Szigeti stammen aus dem burgenländische Gols und kommen entsprechend sonnenverwöhnt, fruchtig, mitunter aber gerne auch etwas komplexer daher. So oder so: Die Trinkfreude steht im Vordergrund, die Gäste danken es.
Schwerpunkt: Sekt

Schleifmühlgasse 19	Weinangebot: **43** | 50
+43 664 4325388	Service **19** | 20
sektcomptoir.at	Essen **14** | 20
Kategorie: Weinbar in Vinothek	Ambiente: **8** | 10
	Gesamt: 84 | 100

Trinity Irish Bar

1040 Wien

Die Locations der Trinity-Kette vereinen das gemütliche Flair eines Irish Pub mit geschmackvoller Cocktailbar-Atmosphäre – hier wird oben aus zahlreichen offenen Bieren gewählt, während im Speakeasy darunter feine Drinks gemixt werden, die gern komplex (»Shakespeak«) oder auch fruchtig (»Vienna Sour«) auftreten.

Rilkeplatz 3	Drinks:	**45** | 50
+43 1 2266866	Ambiente:	**19** | 20
trinityirishbar.com	Service:	**17** | 20
Kategorie: Restaurantbar	Sortiment:	**9** | 10
	Gesamt:	90 | 100

Winzerkönigin

1040 Wien

Schick mit modernen Akzenten gestaltete Weinbar und Vinothek, der Genuss steht aber nicht nur optisch an erster Stelle. Die Auswahl aus Österreich und darüber hinaus überzeugt, das gilt auch für die kulinarische Begleitung: Spezereien zum Vor-Ort- oder Daheim-Genießen.
Schwerpunkt: regional, international, Österreich

Wiedner Hauptstraße 40–42	Weinangebot:	**45** | 50
+43 677 64039300	Service	**19** | 20
winzerkoenigin.wien	Essen	**16** | 20
Kategorie: Klassische Weinbar	Ambiente:	**8** | 10
	Gesamt:	88 | 100

La Vita è Bella

1050 Wien

Einfach ein Ort des guten Essens und Trinkens! Mit italienischen Aperitivi, Antipasti und Weinen ist man gut beraten, aber auch österreichische Spezialitäten und der eine oder andere Cocktail landen im Glas. Liköre und Grappa sind ebenfalls sehr gefragt.
Schwerpunkt: Italien

Pilgramgasse 16	Weinangebot:	**44** | 50
+43 1 5854352	Service	**18** | 20
lavitaebella.at	Essen	**16** | 20
Kategorie: Klassische Weinbar	Ambiente:	**8** | 10
	Gesamt:	86 | 100

Olinda

1050 Wien

Das Miranda-Team hat mächtig aufgerüstet im Fünften. Bespielt wird die große Fläche mit Eigenkreationen und feinen Klassiker-Twists, bei denen etwa Weinbrand in den »Americano« darf. Wechselnde Partner liefern sonntags Küchen-Pop-ups, angenehm auch die Riege der alkoholfreien Optionen wie dem »Smoky O« mit Rauchtee.

Schönbrunner Straße 23	Drinks:	**46** | 50
+43 1 9255220	Ambiente:	**18** | 20
olindabar.com	Service:	**19** | 20
Kategorie: American Bar	Sortiment:	**8** | 10
	Gesamt:	91 | 100

Pub Klemo

1050 Wien

Die große glasweise Auswahl ist nur ein guter Grund für einen Besuch – besonders die Kategorie »Fine and Rare« lädt zum Probieren ein. Dazu gibt es hausgemachte Pasta und umfassendes Weinwissen, auf dessen Basis auch der eigene Keller zu Hause bestückt werden kann.
Schwerpunkt: Österreich, international

Margaretenstraße 61
+43 699 11091332
pubklemo.at
Kategorie: Klassische Weinbar

Weinangebot:	**50** | 50
Service	**19** | 20
Essen	**18** | 20
Ambiente:	**8** | 10
Gesamt:	95 | 100

THELL

1050 Wien

Restaurant, Bar und der wunderschöne Innenhof-Dschungel: Jeder Teilbereich des ehemaligen Motto ist durch und durch stylish und Instagram-tauglich, das gilt natürlich auch für die Inhalte der Speise- und Drinks-Karten. In die Murano-Gläser darf dabei sowohl Klassisches als auch Kreatives, beides auf hohem Niveau!

Schönbrunner Straße 30
+43 1 5870672
thell.restaurant
Kategorie: Restaurantbar

Drinks:	**43** | 50
Ambiente:	**18** | 20
Service:	**18** | 20
Sortiment:	**8** | 10
Gesamt:	87 | 100

Addicted to Rock

1060 Wien

Nicht nur wegen der Burger strömen die Gäste in die American Bar. Hier findet man Cocktails, Mules und Spirits mit Seltenheitswert. Besonders die Gin-Auswahl (über 120 Sorten!) muss man hervorheben. Das »Gintastic« Barpersonal weiß genau, welches Tonic, welche Botanicals und welches Glas zu welchem Drink passen.

Getreidemarkt 11
+43 1 58126470
addictedtoburger.at
Kategorie: American Bar

Drinks:	**42** | 50
Ambiente:	**18** | 20
Service:	**18** | 20
Sortiment:	**8** | 10
Gesamt:	86 | 100

Foto: STEFANIE J. STEINDL

Barfly's Club 🍸🍸🍸

1060 Wien

Das abgegriffene Wort »Institution« ist hier mal korrekt. Mit der Fülle an »dark spirits« lässt man den Geist aufleben, in dem Mario Castillo einst das »Wiener Barwunder« startete. Melanie Castillo hat die Optik in die Moderne geholt, doch der American-Bar-Spirit lebt, als würde gleich das »Rat Pack« um die Ecke biegen.

Esterházygasse 33
+43 1 5860825
barflys.at
Kategorie: American Bar

Drinks:	**45** I 50
Ambiente:	**20** I 20
Service:	**18** I 20
Sortiment:	**9** I 10
Gesamt:	92 I 100

Bruder 🍸🍸🍸

1060 Wien

Wie sagte Drink-Mastermind Hubert Peter so schön in einem Interview? »Für Wahnsinn gibt es keine Ausbildung.« Die wilden Nächte im Bruder ergeben sich einfach – oder vielmehr: Sie erwachsen aus der Kombination von Naturwein, eigenem Wermut, köstlicher Unterlage (von Lucas Steindorfer) und einem Schrauben an den Cocktailklassikern.

Windmühlgasse 20
+43 664 1351320
bruder.xyz
Kategorie: Restaurantbar

Drinks:	**47** I 50
Ambiente:	**18** I 20
Service:	**19** I 20
Sortiment:	**9** I 10
Gesamt:	93 I 100

Chez Bernard 🍸🍸

1060 Wien

Willkommen auf La Terrasse! Auf dem Dach des Hotel Motto kann man exotische Geschmackswelten entdecken, ohne Wien zu verlassen. Die Kreativ-Cocktails wie der »Joie de Vivre« mit Gin, Gurke und Lychee oder der »Au Coucher de Soleil« mit Lavendel und Tonkabohne sind echte Höhepunkte. Natürlich gibt's auch die Classics!

Mariahilfer Straße 71a
+43 1 5814600
chezbernard.at
Kategorie: Restaurantbar

Drinks:	**43** I 50
Ambiente:	**19** I 20
Service:	**18** I 20
Sortiment:	**8** I 10
Gesamt:	88 I 100

Eissalon

1060 Wien

Im ehemaligen italienischen Gelato-Salon dreht sich jetzt alles um Cocktails, die nostalgisch an vergangene Zeiten erinnern. Hier werden Frozen Cocktails mit Sorbets, Ice Cream und manchmal einem Sahnehäubchen kreiert. Ein Beispiel: »Milky Way« mit Rum, Vanilleeis, Milch, Kahlua und einem fluffigen Marshmallow.

Gumpendorfer Straße 47–49
+43 1 8906705
eissalon.co.at
Kategorie: Loungebar

Drinks:	**43** I 50
Ambiente:	**18** I 20
Service:	**19** I 20
Sortiment:	**7** I 10
Gesamt:	87 I 100

Eva & Adam

1060 Wien

Der Name ist gut gewählt, denn neben maskulinen Drinks (»Burned Snake«) pflegt man auch die fruchtige Seite ausgiebig. Etwa, wenn Kiwi und Kokos zum »Screwpine« verwandelt werden. Lebendig wie der nahe Naschmarkt wird es beim Samstags-Brunch. Gästefreundlich: Prosecco-Flatrate und die Probier-Option für drei Cocktails.

Linke Wienzeile 42
+43 676 9154900
evaundadam.bar
Kategorie: Restaurantbar

Drinks:	**44** I 50
Ambiente:	**18** I 20
Service:	**18** I 20
Sortiment:	**8** I 10
Gesamt:	88 I 100

Frau Bernhard

1060 Wien

Bei Frau Bernhard dreht sich alles um sprudelnden Genuss. In der Avantgarde-Champagnothèque sucht man Schickimicki vergebens. Unkompliziert und gemütlich – nur im Glas darf man die Nase hoch tragen. Große Auswahl, aber beim Haus-Champagner macht man nie etwas verkehrt.
Schwerpunkt: Schaumwein

Esterházygasse 11
+43 676 9584063
Kategorie: Klassische Weinbar

Weinangebot:	**44** I 50
Service	**19** I 20
Essen	**19** I 20
Ambiente:	**8** I 10
Gesamt:	90 I 100

If Dogs Run Free

1060 Wien

Dass die Miteigentümer Chieh-shu Tzou und Gregorio Lubroth eigentlich Architekten sind, merkt man der neuen Decken-Intervention an. Wechselnde Optik, aber eine bleibende Leichtigkeit, die auch den Highball-Teil der Karte (inklusive Pimm's Cup im Großformat) prägt. Guter Espresso, als Unterlage glänzt der »Kimchi Melt«.

Gumpendorfer Straße 10
+43 1 9132132
ifdogsrunfree.com
Kategorie: Loungebar

Drinks:	**44** I 50
Ambiente:	**18** I 20
Service:	**19** I 20
Sortiment:	**7** I 10
Gesamt:	88 I 100

Käselands Weineck

1060 Wien

Ein Ruhepol am quirligen Naschmarkt ist Hushmand Rabies Weineck, in dem eine einfache Maxime herrscht: Guter Wein muss sein! Ob von Newcomern oder großen Namen, ist dabei zweitrangig. Erstklassig hingegen sind die Snackplatten, die aus dem Käseland -Stand gereicht werden.
Schwerpunkt: Österreich

Naschmarkt, Stand 172–174	Weinangebot:	44 | 50
+43 1 5872958	Service	18 | 20
kaeseland.com	Essen	15 | 20
Kategorie: Klassische Weinbar	Ambiente:	7 | 10
	Gesamt:	84 | 100

Luster

1060 Wien

Frischer Wind, Vorarlberger Akzent: Adrian Zach als Barchef und Marvin Felsperger führen die Nachbarschaftsbar mit experimentellem Anspruch weiter. Lässig wie eh und je, dafür mit Spirituosen wie Shochu, die nicht überall ins Rührglas finden. Gummischlangen und schräge Aktionen gibt es weiterhin. Gelungener Spagat!

Windmühlgasse 32	Drinks:	45 | 50
+43 1 2642364	Ambiente:	19 | 20
luster.bar	Service:	18 | 20
Kategorie: Loungebar	Sortiment:	8 | 10
	Gesamt:	90 | 100

Foto: Lukas_M_Hueller

Lvdwig

1060 Wien

Bei Isa Lombardo kann man Cocktail-Roulette spielen oder ein Zimmer mit Cocktail-Begleitung ordern. Der Schalk gehört zu Hotel wie auch Bar dazu. Dabei lassen sich auch Wiener Eigenheiten in flüssiger Form kennenlernen: »Prater Perle« oder »Die Kaiserin« gehören wie »Das Dirndl« und »Die Orangerie« zu den Kreationen.

Papagenogasse 6	Drinks:	46 | 50
+43 1 5874482444	Ambiente:	19 | 20
lvdwig.bar	Service:	19 | 20
Kategorie: Hotelbar	Sortiment:	8 | 10
	Gesamt:	92 | 100

Ma Belle 🍸🍸🍸

1060 Wien

Restaurant, Bistro und Bar – alles davon mit französischem Charme und viel Geschmack. Neben französischen Weinen versteht man sich auf ausgezeichnete Negroni-Varianten wie den »Sweet-groni« mit Rosenaroma sowie feine Signatures, etwa die fruchtige »Justine« oder den »Rose and Mary« mit Gin, Rosmarin und Balsamico.

Gumpendorfer Straße 16/1
+43 1 9667992
ma-belle.at
Kategorie: Restaurantbar

Drinks:	44 | 50
Ambiente:	19 | 20
Service:	19 | 20
Sortiment:	8 | 10
Gesamt:	90 | 100

Mariatrink 🍸🍸

1060 Wien

Vom 7. Stock aus bietet sich ein herrlicher Blick auf das Dächermeer der Stadt, ein eisgekühlter Drink macht das Glück perfekt. Mutige wählen den »Maria's Secret« mit geheimen Zutaten, wer auf Nummer sicher gehen will: Der »Hawaiian Affaire« mit Gin, Mandel, Ananas und Zitrone ist eine sichere, sommerlich-erfrischende Bank!

Windmühlgasse 28
+43 1 25300610
hrewards.com
Kategorie: Hotelbar

Drinks:	44 | 50
Ambiente:	18 | 20
Service:	18 | 20
Sortiment:	8 | 10
Gesamt:	88 | 100

Market

1060 Wien

Die Asiaküche mit modernem Touch und aus frischen Zutaten vom Naschmarkt vor der Tür ist das eine, das andere sind die feinen Drinks, denen man ebenfalls gern etwas asiatisches Flair angedeihen lässt: Der »Thai Daiquiri« schmeckt nach Thaibasilikum, im »Beijing Sour« schlürft man Toki Whisky mit Yuzu-Aromen.

Linke Wienzeile 36
+43 1 5811250
market-restaurant.at
Kategorie: Restaurantbar

Drinks:	**43** | 50
Ambiente:	**18** | 20
Service:	**18** | 20
Sortiment:	**8** | 10
Gesamt:	87 | 100

Mini

1060 Wien

Bei der Küche schwingt auch ein Hauch Argentinien mit, beim Wein sind es Österreich und Italien, die Thomas Grafs Herz höherschlagen lassen. Neben dem Marchettischlössl darf es manchmal nobler bei den roten Cuvées sein, aber auch glasweise bleiben keine Wünsche offen!
Schwerpunkt: Italien, Österreich

Marchettigasse 11
+43 660 8367783
minirestaurant.at
Kategorie: Weinbar im Restaurant

Weinangebot:	**44** | 50
Service	**18** | 20
Essen	**17** | 20
Ambiente:	**8** | 10
Gesamt:	87 | 100

Miranda

1060 Wien

Mit den Saisonen verändert sich auch die Karte, kreativ und geschmackvoll ist sie aber immer. In der warmen Jahreszeit dominieren fruchtige und blumige Aromen, wie im »Nachtigall« mit Wodka, Trauben und Lavendel. Nach Sommer schmeckt auch der »Most Unusual Gin Tonic«, der mit Limette und Kokoswasser aufgepeppt wird.

Esterházygasse 12
+43 1 9528794
mirandabar.com
Kategorie: Loungebar

Drinks:	**46** | 50
Ambiente:	**18** | 20
Service:	**19** | 20
Sortiment:	**8** | 10
Gesamt:	91 | 100

Needle Vinyl Bar 🍸🍸

1060 Wien

Den lässigen Vibe des Stammhauses hat man nach Mariahilf übertragen. Auch hier stapeln sich die Platten neben starken Cocktails. Als inoffizielle Außenstelle von Otto-Raki spielt auch diese rare »Klangfarbe« eine Rolle im Shaker. Cool, ungewöhnlich oder wie Plattensammler sagen würden: »Diggen« in flüssig und fest!

Barnabitengasse 8	Drinks:	**45** I 50
+43 660 6629299	Ambiente:	**18** I 20
needlevinylbar.com	Service:	**18** I 20
Kategorie: American Bar	Sortiment:	**8** I 10
	Gesamt:	89 I 100

Puff 🍸🍸

1060 Wien

13 Jahre ist die Umgestaltung des altehrwürdigen Etablissements Marikas Treff zur Bar nun her. Doch die Kombination aus den alten Separées im Hintergrund und den markanten Barhockern hat schon optisch etwas. Die »Software« liefern viele Shots – auch mit mutigeren Flavours – und Klassiker wie der »Gin Basil Smash«.

Girardigasse 10	Drinks:	**44** I 50
+43 677 61988399	Ambiente:	**18** I 20
puff-bar.at	Service:	**18** I 20
Kategorie: American Bar	Sortiment:	**8** I 10
	Gesamt:	88 I 100

Rafael's Vinothek 🍷🍷

1060 Wien

Fixpunkt beim Bummeln, Flanieren und Shoppen: Das beliebte Standl bunkert über 400 österreichische Tropfen, von den großen Standards bis zu Spezialitäten und Raritäten. Mit Glas in der Hand und Aufschnittteller vor der Nase wird der Markt zur perfekten Kulisse.
Schwerpunkt: Österreich

Naschmarkt, Stand 121	Weinangebot:	**45** I 50
+43 676 847857200	Service	**18** I 20
	Essen	**15** I 20
Kategorie: Weinbar in Vinothek	Ambiente:	**7** I 10
	Gesamt:	85 I 100

Raymond's 🍸🍸

1060 Wien

Seit einem Vierteljahrhundert trifft man sich in der urigen, niederschwelligen Grätzlbar mit Wohnzimmer-Atmosphäre und kleinem Schanigarten auf ein gepflegtes Trumer oder ein Glas Prosecco (beides vom Fass!) sowie eisgekühlte Highballs und Longdrinks. Dazu snackt man den ultimativen Klassiker: Schinken-Käse-Toast.

Stumpergasse 2a	Drinks:	**43** I 50
+43 660 5266135	Ambiente:	**18** I 20
raymonds.at	Service:	**18** I 20
Kategorie: Loungebar	Sortiment:	**7** I 10
	Gesamt:	86 I 100

stadt.Allee

1060 Wien

Das moderne Lokal mit seinem angenehmen Schanigarten im ruhigen Innenhof spielt alle Stücke: Es wird von früh bis spät geschlemmt, davor, dazwischen und danach (nicht nur zur Happy Hour!) sind Wein- und Cocktail-Karte – beide eine feine Ansammlung von Klassikern – ein mehr als guter Grund vorbeizuschauen.

Mariahilfer Straße 101	Drinks:	**43** | 50
+43 1 3669090	Ambiente:	**18** | 20
stadtallee.at	Service:	**18** | 20
Kategorie: Restaurantbar	Sortiment:	**8** | 10
	Gesamt:	87 | 100

Urbanek

1060 Wien

Starregisseure, Schmähtandler, Ausgehaltene und Millionäre – beim Urbanek kommen alle zusammen. Der Schmäh läuft, Wein fließt reichlich (und gut), dazu wird für eine ebenso hochwertige wie sportlich bepreiste »Unterlage« gesorgt. Den kleinen Laden kennen einfach alle!
Schwerpunkt: Österreich

Naschmarkt 46	Weinangebot:	**45** | 50
+43 1 5872080	Service	**19** | 20
	Essen	**16** | 20
Kategorie: Weinbar in Vinothek	Ambiente:	**7** | 10
	Gesamt:	87 | 100

Wein & Co Naschmarkt

1060 Wien

Beim Marktbummel sorgen die Standln für die Viktualien, die flüssige Begleitung holt man sich hier: gewohnt große und geschmackvolle Auswahl an heimischen und internationalen Tropfen. In der Bar wird vieles davon auch glasweise ausgeschenkt und von Snacks begleitet.
Schwerpunkt: international

Getreidemarkt 1	Weinangebot:	**50** | 50
+43 50706 3101	Service	**17** | 20
weinco.at	Essen	**17** | 20
Kategorie: Weinbar in Vinothek	Ambiente:	**9** | 10
	Gesamt:	93 | 100

Agent Oscar

1070 Wien

Hier wird klassische Barkultur gelebt – stilvoll, elegant und dennoch sehr urban im hippen 7. Bezirk. Die Barkeeper passen sich optisch dem einzigartigen Ambiente an, und vor allem ihr Können überzeugt. Über 300 perfekt zubereitete Cocktails stehen zur Auswahl. Mittlerweile ein kultiger Begleiter ist das Chili-Popcorn!

Zollergasse 5	Drinks:	**44** | 50
+43 1 9565975	Ambiente:	**18** | 20
agentoscar.at	Service:	**19** | 20
Kategorie: American Bar	Sortiment:	**8** | 10
	Gesamt:	89 | 100

Atlas Bar

1070 Wien

Pittnauer, Trapl, Weninger, Zillinger – die »big names« der alternativen Weinszene sind hier versammelt. Dazu kommt eine überraschend umfangreiche Bier-Auswahl im Galerie-Ambiente. Brote als Hausklassiker und weitere Snacks sorgen für die Unterlage. Beliebter Schanigarten!
Schwerpunkt: international, Österreich, Raw/Natural Wine

Neustiftgasse 51
atlasatlas.at
Kategorie: Weinbistro

Weinangebot:	**44** I 50
Service:	**19** I 20
Essen:	**17** I 20
Ambiente:	**9** I 10
Gesamt:	89 I 100

Café Florida

1070 Wien

Die Cocktailbar im Shabby-Chic-Look, mit Graffiti an den Wänden und Vintage-Möbeln, passt perfekt zum hippen 7. Bezirk in Wien. Die Profi-Mixologen hinter der Bar setzen bewusst auf eine kleine, aber feine Karte, um den Gästen Getränke in 1A-Qualität zu bieten. Alternativ gibt es auch Naturals und Bier.

Neustiftgasse 81
Kategorie: American Bar

Drinks:	**45** I 50
Ambiente:	**18** I 20
Service:	**18** I 20
Sortiment:	**7** I 10
Gesamt:	88 I 100

Café Kandl

1070 Wien

Exquisit dinieren bietet sich an, denn hier wird Ess- und Trinkkultur gelebt. Mit einer Auswahl von etwa 300 Weinen können Gäste auf die Empfehlungen und Expertise von Gastgeber Robin Peller vertrauen. Besonders im Blickpunkt stehen charakterstarke Naturweine. Wunderschöner, verträumter Gastgarten inklusive!

Kandlgasse 12
+43 1 890893815
cafekandl.at
Kategorie: Restaurantbar

Drinks:	**45** I 50
Ambiente:	**19** I 20
Service:	**18** I 20
Sortiment:	**8** I 10
Gesamt:	90 I 100

Dachboden

1070 Wien

Dieses Gefühl, mit einem Drink in der Hand über die Stadt zu blicken: »25 Drinks to Do« sind kunstvolle Eigenkreationen der talentierten Barkeeper, und die haben Charakter. Zu Recht mit Stolz präsentiert man einen »Pomme Thé Glacé« mit Calvados und Makava oder einen »Otto 6er« mit Raki, Essenzen und Kamillenschaum.

Lerchenfelder Straße 1–3
+43 1 52151842
dachbodenwien.at
Kategorie: Hotelbar

Drinks:	**44** I 50
Ambiente:	**19** I 20
Service:	**18** I 20
Sortiment:	**8** I 10
Gesamt:	89 I 100

Delicatessen Vienna 🍸🍸🍸

1070 Wien

Die Wohnzimmer-Atmosphäre und feines Casual Dining prägten schon das Moskauer Vorbild. Zum Trinken bei Roberto Sonko Kozoka geht es aber in den kühlen Keller, wo Kreationen wie der »Dirty Bird Martini« warten. Die imposante Spielfläche erlaubt viel Interaktion mit dem sympathischen Kärnten-Import. Noch ein Geheimtipp!

Schrankgasse 10	Drinks:	45 | 50
+43 1 2953865	Ambiente:	19 | 20
delicatessen.wien	Service:	18 | 20
Kategorie: Restaurantbar	Sortiment:	8 | 10
	Gesamt:	90 | 100

Die Parfümerie 🍸🍸

1070 Wien

Geführt wird die Bar von einem eingefleischten Team an Cocktail-Enthusiasten, die genau diese Leidenschaft für Mixgetränke an den Gast bringen wollen. Gedämpftes Licht hilft, sich auf die Hauptdarsteller, die Drinks, zu konzentrieren. Ein Hauptakteur ist zum Beispiel die Umami-Kreation »Jake« mit Rum, Miso, Sake und Feige.

Hermanngasse 7	Drinks:	45 | 50
	Ambiente:	18 | 20
dieparfuemerie.net	Service:	18 | 20
Kategorie: American Bar	Sortiment:	8 | 10
	Gesamt:	89 | 100

Fitzcarraldo 🍸🍸🍸

1070 Wien

Einen »Opium Espresso« oder den »Steirisch Martini« würde man auch kosten wollen, wenn es nicht die wunderbaren Fitzcarraldo-Garnituren gäbe. Vegane Muscheln, Schäume und Smoke-Bubbles tragen zum Ruf dieses nicht mehr sooo geheimen Speakeasys bei. Klein, aber echt oho: der »Elyx Mule« im Zwergerl-Becher aus Kupfer.

Neubaugasse 38	Drinks:	46 | 50
	Ambiente:	18 | 20
fitzcarraldo-bar.com	Service:	19 | 20
Kategorie: Loungebar	Sortiment:	8 | 10
	Gesamt:	91 | 100

Le Bar Sans Souci 🍸🍸

1070 Wien

Es möge sprudeln! Über 100 Sorten Champagner liegen in der Bar des exklusiven Hotels nahe MQ und Ring auf Eis, acht verschiedene gibt es auch glasweise. Wer sich weiterbilden möchte, besucht die Verkostungen inklusive Canapés, aber auch zum Mixologen wird man hier ausgebildet: im Rahmen der Cocktail-Kurse mit dem Barchef!

Burggasse 2	Drinks:	43 | 50
+43 1 522 2520194	Ambiente:	19 | 20
sanssouci-wien.com	Service:	19 | 20
Kategorie: Hotelbar	Sortiment:	8 | 10
	Gesamt:	89 | 100

Libelle

1070 Wien

Im Innenhof des MQ geht es an lauen Abenden bekanntlich sehr belebt zu, Ruhesuchende flüchten am besten auf das stylish ausgebaute Dach des Leopold Museums. Von dort blickt man über Ring, Innenstadt und Museen, der kleine Kiosk sorgt für die Verpflegung: Spritzer-Variationen, große Weinauswahl und Austro-Snacks.

Museumsplatz 1/5	Drinks:	**43** I 50
+43 1 5235881	Ambiente:	**18** I 20
mqw.at	Service:	**18** I 20
Kategorie: Loungebar	Sortiment:	**7** I 10
	Gesamt:	86 I 100

Matiki

1070 Wien

Zum Glück schätzt nicht nur die internationale Tiki-Community die ikonischen Becher, die Arik und Matty Vinnitsky in ihrer Bar verkaufen, vor allem aber befüllen. Das eskapistische Konzept rund um Rum, Piraten und ein wenig Voodoo leben die beiden mit tradierten Rezepten, aber auch Neukreationen wie »Busty Betty«.

Gardegasse 2	Drinks:	**47** I 50
+43 660 8254576	Ambiente:	**18** I 20
matiki.at	Service:	**19** I 20
Kategorie: Loungebar	Sortiment:	**8** I 10
	Gesamt:	92 I 100

Moby Dick

1070 Wien

Das Thema Nachhaltigkeit ist nun auch in den Cocktailbars angekommen – zumindest in dieser. Aber neben dem Fokus auf den verantwortungsvollen Umgang mit Ressourcen dreht sich freilich alles um die Drinks, deren Geschmack mittels Radar angezeigt wird. Wer es etwa süß und bitter mag, wählt den »Opium Espresso«.

Neustiftgasse 26/2	Drinks:	**47** I 50
+43 1 9974279	Ambiente:	**18** I 20
mobydickvienna.at	Service:	**19** I 20
Kategorie: American Bar	Sortiment:	**8** I 10
	Gesamt:	92 I 100

Plus43

1070 Wien

Die Gastschicht von Tokios »Startender« Ueno-san war der Ritterschlag für den konsequenten Weg Semih Aybars: Drinks im Cuisine-Style und mit viel asiatischen Aromen (man denke an den »Szechuan Gimlet«) haben eine – sehr internationale – Stammklientel gefunden. Vier Jahre alt und eine echte Bereicherung für Barfliegen!

Westbahnstraße 10	Drinks:	**47** I 50
+43 676 4410105	Ambiente:	**18** I 20
plus43vie.com	Service:	**19** I 20
Kategorie: American Bar	Sortiment:	**8** I 10
	Gesamt:	92 I 100

R&Bar 🍷🍷🍷

1070 Wien

Den Naturwein-Hype hat die Crew vom Weinskandal einst ordentlich angeschoben, auch in ihrer Bar dreht sich alles um die »Super Naturals«. Entsprechend gut und funky sind die Empfehlungen, die Küche hält famos mit. Dazu lässiges Ambiente, gute Musik und *no borders*!
Schwerpunkt: Raw/Natural Wine

Lindengasse 1	Weinangebot: **48** | 50
+43 676 83858696	Service **19** | 20
weinskandal.at	Essen **18** | 20
Kategorie: Weinbistro	Ambiente: **7** | 10
	Gesamt: 92 | 100

Rinkhy 🍸🍸

1070 Wien

Die internationale Küche samt gewaltiger Sardinen-Auswahl und frischer Austern ist nur eines der Standbeine, denn es wird auch gemixt: Americano und Rinkhy-Spritzer erfrischen nicht nur im Sommer, für den großen Durst gibt es den »Insanely big Negroni« und gegen die Bloody-Mary-Variationen hat kein Kater eine Chance.

Zieglergasse 29	Drinks: **44** | 50
+43 1 9478798	Ambiente: **18** | 20
rinkhy.com	Service: **19** | 20
Kategorie: Loungebar	Sortiment: **7** | 10
	Gesamt: 88 | 100

Ruby Marie Bar 🍸🍸

1070 Wien

Ob Start oder Ende des Shoppingvergnügens auf der »MaHü« – hier findet sich ein Ziel zum Zurücklehnen und Durchschnaufen. Die stylishe Hotelbar ist aber nicht nur Zwischenstopp beim Bummeln, dank Livemusik und 24/7-Öffnungszeiten warten Longdrinks, Highballs und Cocktailklassiker auch zu späterer Stunde.

Kaiserstraße 2–4	Drinks: **43** | 50
+43 1 205639700	Ambiente: **18** | 20
ruby-hotels.com	Service: **17** | 20
Kategorie: Hotelbar	Sortiment: **8** | 10
	Gesamt: 86 | 100

Saint George 🍸🍸🍸

1070 Wien

Das Wohnzimmer, in dem George Muka als One-Man-Show werkt, bereichert Wiens Cocktailszene um die griechische Geschmacksnote. Der »Greek Salad« des Wirbelwinds ist der Signature Drink. Auch der »Beetroot Gimlet« mit dem Frischkäse Manouri ist einzigartig. Schön, wie sich »Georgie« den Traum von der eigenen Bar erfüllt!

Neustiftgasse 84	Drinks: **46** | 50
	Ambiente: **19** | 20
	Service: **19** | 20
Kategorie: American Bar	Sortiment: **7** | 10
	Gesamt: 91 | 100

Seven North

1070 Wien

Das geräumige und äußerst stylishe Lokal mit seiner offenen Küche tischt levantinisch-internationale, wunderbar gemüselastige Kreationen von Eyal Shani auf, aber auch in den Gläsern geht es weltgewandt und gern mit exotischem Kick zu: neben der guten Weinauswahl aus aller Welt in Form feiner Drinks.

Schottenfeldgasse 74	Drinks:	**45** | 50
+431 3761077	Ambiente:	**18** | 20
sevennorthrestaurant.com	Service:	**18** | 20
Kategorie: Restaurantbar	Sortiment:	**8** | 10
	Gesamt:	89 | 100

Soulmate

1070 Wien

Ja, die Drinks unterm Scheinwerfer für Insta-affine Gäste sehen grandios aus. Vor allem aber sind die Geschmackskompositionen einzigartig in dieser Stadt. »Bread & Butter« etwa, der Doppel-Serve mit ungelagertem Whisk(e)y, ist so ein Fall. Auch die Dreifaltigkeit des Martini, ein Erbe von Dominik Oswald, sollte man nie unterschätzen.

Siebensterngasse 60	Drinks:	**46** | 50
+43 660 1208906	Ambiente:	**19** | 20
soulmatebar.com	Service:	**18** | 20
Kategorie: American Bar	Sortiment:	**8** | 10
	Gesamt:	91 | 100

Stellas 7

1070 Wien

Die Tapas vertragen sich nicht nur wunderbar mit der kleinen, feinen Weinauswahl, sie passen auch hervorragend zu den Drinks. Die sind im besten Sinne klassisch, hier und da gern auch mit kreativem Anstrich. Besonders die Gin-Tonic-Auswahl ist groß und mitunter ausgefallen: Kinobi-Gin mit Yuzu Tonic und Oolong Tee!

Zieglergasse 54	Drinks:	**43** | 50
+431 5261108	Ambiente:	**18** | 20
stellas.at	Service:	**19** | 20
Kategorie: Restaurantbar	Sortiment:	**7** | 10
	Gesamt:	87 | 100

Tredici Gradi 13°

1070 Wien

Wie genießen auf Italienisch geht, wird hier eindrucksvoll gezeigt: Zu Antipasti, Piadine und Crostini werden Aperitivi oder Vinos gereicht, alles davon ist von herrlicher Qualität. Dank kleiner Alimentari-Auswahl lässt sich Italien aber auch nach Hause mitnehmen.
Schwerpunkt: Italien

Kaiserstraße 81	Weinangebot:	**45** | 50
+431 23664444	Service	**18** | 20
tredicigradi.at	Essen	**17** | 20
Kategorie: Weinbar in Vinothek	Ambiente:	**9** | 10
	Gesamt:	89 | 100

Wein & Co Mariahilfer Straße 🍷🍷🍷

1070 Wien

Mittendrin im Shoppingtrubel und dank erhöhter Lage doch wohltuend ruhig, eignet sich die Location perfekt für eine kurze Verschnaufpause bei einem guten Gläschen. Oder man nutzt die gut gefüllten Regale und das freundliche Know-how, um den eigenen Keller zu bestücken.
Schwerpunkt: international

Mariahilfer Straße 36	Weinangebot: **50** | 50
+43 50706 3020	Service **18** | 20
weinco.at	Essen **17** | 20
Kategorie: Weinbar in Vinothek	Ambiente: **9** | 10
	Gesamt: 94 | 100

Achtundzwanzig 🍷🍷

1080 Wien

Wenn sich Craftbeer, Spritzer und Sprudel vereinen und das Essens- sowie Musikangebot harmonisch abgestimmt ist, steht einem unvergesslichen Abend nichts im Wege. Ob beim entspannten Pubquiz mit Brew Age oder mittwochs in Partystimmung bei der Prosecco-Flatline.
Schwerpunkt: Österreich

Schlösselgasse 28	Weinangebot: **43** | 50
+43 1 4022241	Service **18** | 20
achtundzwanzig.at	Essen **16** | 20
Kategorie: Weinbistro	Ambiente: **8** | 10
	Gesamt: 85 | 100

Albert 🍷🍷

1080 Wien

Das Kultlokal ist stadtbekannt! Professionelle Barkeeper garantieren den perfekten Mix mit individueller Note. Dabei entstehen Cocktails wie »Japan Girl« mit Matcha oder der spicy »Jalapeno-Margarita«. Der Drink des Monats ist stets ein situationselastisches Highlight!
Schwerpunkt: Österreich, Raw/Natural Wine

Albertgasse 39	Weinangebot: **45** | 50
+43 1 9567114	Service **18** | 20
albert.bar	Essen **18** | 20
Kategorie: Weinbar im Restaurant	Ambiente: **8** | 10
	Gesamt: 89 | 100

Bolena 🍷🍷🍷

1080 Wien

Die an den Wänden gestapelten Holzkisten sind prall mit den besten Flaschen aus dem In- und Ausland gefüllt, das sorgt für angenehme Atmosphäre, Style und natürlich eine Top-Weinauswahl. Auch Freunde feiner Longdrinks und ebensolcher Edelbrände kommen auf ihre Kosten.
Schwerpunkt: Roter Veltliner, Grüner Veltliner

Lange Gasse 61	Weinangebot: **45** | 50
+43 1 4050370	Service **19** | 20
bolena.at	Essen **18** | 20
Kategorie: Weinbar im Restaurant	Ambiente: **8** | 10
	Gesamt: 90 | 100

Die Vinothek

1080 Wien

Die Bar ist getränketechnisch so großartig aufgestellt, dass keine Wünsche offenbleiben: von Weiß bis Rot, Hauswein bis Champagner, quer durch Österreichs beste Weingegenden und mit Ausflügen in den Rest der Welt. Sobald die Sonne scheint, genießt man im Schanigarten.
Schwerpunkt: Steiermark, Thermenregion, Burgenland

Tigergasse 33	Weinangebot: **43** | 50
+43 699 11008108	Service **18** | 20
dievinothek.net	Essen **14** | 20
Kategorie: Weinbar in Vinothek	Ambiente: **8** | 10
	Gesamt: 83 | 100

Fuhrmann

1080 Wien

Als klassische Weinbar versteht sich das Lokal von Hermann Botolen nicht. Doch einige der spannendsten Weine (von Jura über Burgund bis Wachau) gibt es im Fuhrmann sehr wohl. Was an Spirituosen die Regale füllt, ist erste Austro-Liga. Kurz: Ein Ort, wo auch Kenner noch lernen.
Schwerpunkt: international, Raw/Natural Wine, Jahrgangstiefe

Fuhrmannsgasse 9	Weinangebot: **50** | 50
+43 1 9442145	Service **19** | 20
restaurantfuhrmann.com	Essen **18** | 20
Kategorie: Weinbar im Restaurant	Ambiente: **9** | 10
	Gesamt: 96 | 100

Grande Bar

1080 Wien

Es geht um außergewöhnlich gute Drinks, und diese sind garantiert. Besonders faszinierend und einzigartig sind fassgereifte Cocktails, die die Aromen der einzelnen Komponenten verbinden und neue aromatische Horizonte eröffnen. Im Glas wird es feuchtfröhlich mit Kreationen wie »Thyme Daiquiri« oder »Mexican Mule«.

Josefstädter Straße 56	Drinks: **44** | 50
+43 676 3619760	Ambiente: **18** | 20
grandebar.at	Service: **18** | 20
Kategorie: American Bar	Sortiment: **8** | 10
	Gesamt: 88 | 100

Jorge's Weinbar

1080 Wien

»Wein & Design« lautet das Konzept, und das Thema wird durch und durch umgesetzt. Klar, dass die dazugehörige Bar des Hotels bestens bestückt ist. Ein Sammelsurium der besten Tropfen Österreichs, von der Steiermark bis zum Neusiedler See, wird fachmännisch präsentiert.
Schwerpunkt: Österreich, Jahrgangstiefe

Lange Gasse 13	Weinangebot: **45** | 50
+43 1 4001122	Service **19** | 20
hotel-rathaus-wien.at	Essen **16** | 20
Kategorie: Klassische Weinbar	Ambiente: **8** | 10
	Gesamt: 88 | 100

Sip Song Bar 🍸🍸

1080 Wien

Zum Thai-Streetfood, das in gewohnt feiner Mamamon-Qualität daherkommt, wird im knallbunt zusammengewürfelten Interieur der Bar allerlei Gutes in flüssiger Form kredenzt. Auch hier spielen Thai-Aromen die Hauptrolle, so wie im »Salted Plum Vodka Collins« mit Shiso oder im »Thank You Kha« mit Kaffirlimette und Chili.

Lerchenfelder Straße 104	Drinks:	**43** | 50
	Ambiente:	**17** | 20
	Service:	**18** | 20
Kategorie: Loungebar	Sortiment:	**7** | 10
	Gesamt:	85 | 100

The Long Hall 🍸🍸

1080 Wien

Der Schwerpunkt des beliebten Bier-Pubs liegt natürlich beim Gerstensaft. Aber auch bei Gebranntem – die Whisk(e)y-Auswahl ist groß. Schlanker hält man die Cocktail-Karte, die einen prononciert irischen Touch (vom Mule bis zur Penicillin-Version) aufweist. Nur eines ist sicher: Durstig verlässt die Halle keiner.

Florianigasse 2	Drinks:	**43** | 50
+43 1 2951080	Ambiente:	**19** | 20
thelonghall.at	Service:	**19** | 20
Kategorie: Loungebar	Sortiment:	**8** | 10
	Gesamt:	89 | 100

Torberg 🍸🍸

1080 Wien

Mit dem Tequila kam zuletzt ein neuer Schwerpunkt hinzu, doch die DNA von Gerald Gsöls Josefstädter Bar-Unikum bleibt der Gin. Was nicht heißt, dass man nicht auch eine herrliche Auswahl an (Winzer-) Champagnern findet. Kreative Snacks und der Verkaufsladen nebenan runden den Besuch im Wiener Gin-Tonic-Emporium ab.

Strozzigasse 47	Drinks:	**43** | 50
+43 664 2203757	Ambiente:	**17** | 20
dastorberg.at	Service:	**19** | 20
Kategorie: American Bar	Sortiment:	**10** | 10
	Gesamt:	89 | 100

Tür 7 🍸🍸🍸🍸 — 1080 Wien

Im zehnten Jahr hat Geri Tsai – ganz dem asiatischen Total Quality Management verpflichtet – wieder an der Qualität geschraubt. Ein Umbau und personelle Verstärkung lenken aber nicht vom Wesentlichen ab – den »bespoke«, nach Gästewunsch, gerührten und geshakten Cocktail. Das hat seinen Preis, aber noch viel mehr Wert.

Buchfeldgasse 7	Drinks:	**49** I 50
+43 664 5463717	Ambiente:	**19** I 20
tuer7.at	Service:	**20** I 20
Kategorie: American Bar	Sortiment:	**8** I 10
	Gesamt:	96 I 100

Underdog 🍸🍸 — 1080 Wien

Könnte doch alles so einfach sein: Aus schnöden Hotdogs wird, scheinbar mühelos, dank Qualitätsanspruch und Einfallsreichtum äußerst kreatives Streetfood. Unterdessen verwandeln sich Drink-Klassiker nach demselben Prinzip und werden von nicht minder kreativen Neuschaffungen ergänzt: »Südseewatschn« gefällig?

Schlösselgasse 24	Drinks:	**43** I 50
+43 1 2087698	Ambiente:	**18** I 20
underdog.bar	Service:	**19** I 20
Kategorie: American Bar	Sortiment:	**8** I 10
	Gesamt:	88 I 100

Vini per tutti 🍷🍷 — 1080 Wien

Natürlich stehen die dionysischen Freuden in der netten Weinbar im Fokus, neben Gutem in Rot, Weiß und Rosé gibt es aber auch die eine oder andere Delikatesse, die sich hervorragend als Begleitung eignet. Fachwissen und Empfehlungen werden ebenfalls mitserviert.
Schwerpunkt: Griechenland, Europa, Italien

Lerchenfelder Straße 44	Weinangebot:	**45** I 50
+43 664 2264526	Service	**19** I 20
vinipertutti.at	Essen	**16** I 20
Kategorie: Weinbar in Vinothek	Ambiente:	**8** I 10
	Gesamt:	88 I 100

VINOE 🍷🍷

1080 Wien

Im Angebot ist die ganze geballte (Wein-)Vielfalt Niederösterreichs: Rund 100 Winzer sind vertreten, bei regelmäßig stattfindenden Verkostungen kann man sie und ihre Erzeugnisse, von Wein bis Saft und Edelbrand, noch näher kennenlernen und sich durchprobieren.
Schwerpunkt: Niederösterreich

Piaristengasse 35 +43 1 4020961 vinoe.at **Kategorie: Weinbar in Vinothek**	Weinangebot: **46** | 50 Service **18** | 20 Essen **14** | 20 Ambiente: **7** | 10
	Gesamt: 85 | 100

Wein.Raum 🍷🍷

1080 Wien

Im modernen Bistro ist neben der großen Auswahl an europäischen Tropfen auch viel Fachwissen vorhanden, das man gern mit den Gästen teilt: etwa bei einem Glas mit Snackbegleitung, dem freitäglichen Dinner oder den Wein- und Käseverkostungen – alles ebenso lehr- wie genussreich.
Schwerpunkt: international, Österreich, Steiermark

Piaristengasse 41 +43 664 73695172 weinraum.at **Kategorie: Weinbar im Restaurant**	Weinangebot: **43** | 50 Service **19** | 20 Essen **15** | 20 Ambiente: **8** | 10
	Gesamt: 85 | 100

Das 1090 🍸🍸

1090 Wien

Ein Schlaraffenland für gepflegte Trinkkultur. Die gut sortierte Barkarte reicht von Sours und Mules bis hin zu selbst entworfenen Tiki-Drinks. Mit ausgewählten Spirituosen, darunter ein eigens destillierter 1090 Gin, wird ausnahmslos die beste Qualität ins Glas gebracht. Der fantastische Gastgarten ist stadtbekannt!

Bauernfeldplatz 2 +43 1 9626226 das1090.at **Kategorie: Restaurantbar**	Drinks: **44** | 50 Ambiente: **18** | 20 Service: **19** | 20 Sortiment: **8** | 10
	Gesamt: 89 | 100

Glasweise 🍷🍷🍷

1090 Wien

Ein edles Gläschen zur Einstimmung auf den Opernbesuch oder flaschenweise nach der Vorstellung (auch die Schauspieler schauen gerne vorbei!). Die Weinkarte ist international ausgerichtet, legt jedoch klaren Fokus auf österreichische Weine. Das Ambiente ist ebenso kunstvoll.
Schwerpunkt: Österreich

Währinger Straße 74 +43 650 8606887 glasweise.com **Kategorie: Weinbar im Restaurant**	Weinangebot: **47** | 50 Service **19** | 20 Essen **17** | 20 Ambiente: **8** | 10
	Gesamt: 91 | 100

Halbestadt YYYY

1090 Wien

»Alkohol, der sich selbst ausbalanciert«, das klingt nach Magie. Nur, dass der Zauberer des gepflegten Dreiteilers nicht Houdini heißt, sondern Erich Wassicek. An seiner Seite auf der »boozy« Bühne am Gürtel: Frau Wunder, die auch für die Speisen in der Bartenders' Bar sorgt. Verlässlich gut seit einem Vierteljahrhundert!

U-Bahn-Bogen 155	Drinks:	**49** | 50
+43 699 17098217	Ambiente:	**18** | 20
halbestadt.at	Service:	**19** | 20
Kategorie: American Bar	Sortiment:	**9** | 10
	Gesamt:	95 | 100

krypt. YYY

1090 Wien

In den Cocktail-Katakomben von Wien zeigt sich in einem urigen Gewölbekeller eine extravagante Cocktailbar, die durch Eleganz, Stil und Glamour bis ins Detail überzeugt. Herzstück ist die Theke, an der die Cocktailkünstler Meisterhaftes vollbringen. Mixology wird hier großgeschrieben, und die Drinks sind fabelhaft.

Wasagasse 17	Drinks:	**45** | 50
	Ambiente:	**20** | 20
krypt.bar	Service:	**18** | 20
Kategorie: Club	Sortiment:	**8** | 10
	Gesamt:	91 | 100

MAST Weinbistro YYYY

1090 Wien

Matthias Pitra und Steve Breitzke haben das moderne Wiener Weinbar-Wesen angestoßen – und setzen immer noch Maßstäbe. Wo sonst gibt es die Trauben-Biere von 3 Fonteinen ebenso wie Winzerchampagner. Herrliche Küche ergänzt die 24 Seiten mit Wein-Optionen. Top!
Schwerpunkt: Raw/Natural Wine

Porzellangasse 53	Weinangebot:	**49** | 50
+43 1 9226679	Service	**19** | 20
mast.wine	Essen	**20** | 20
Kategorie: Weinbistro	Ambiente:	**8** | 10
	Gesamt:	96 | 100

Pani YYY

1090 Wien

Wenn Marco Pani eine Langspielplatte umdrehen muss, wartet der Gast. Denn diese bereichernde Bar ist ebenso das Wohnzimmer des Altmeisters wie der Gäste. Entschleunigendes Flair, der ewige Signature Cocktail (»Thai Massage«) und die großartige Alexandra Bisanz als zweite Mixologin garantieren eine »grand night out«.

Rossauer Lände 41	Drinks:	**48** | 50
+43 1 9920066	Ambiente:	**18** | 20
barpani.com	Service:	**19** | 20
Kategorie: American Bar	Sortiment:	**8** | 10
	Gesamt:	93 | 100

Reznicek 🍷🍷🍷

1090 Wien

In Cordon bleu we trust! So solide wie die Küche die Austro-Klassik wieder in die alten Wirtshausmauern brachte, so gut ist auch Simon Schuberts Weinschrank sortiert. Junge Wilde und ewige Klassiker, unprätentiös serviert und mit Liebe kuratiert. So wie es sein sollte!
Schwerpunkt: Österreich

Reznicekgasse 10	Weinangebot: **47** | 50
+43 1 3104407	Service **19** | 20
reznicek.co.at	Essen **19** | 20
Kategorie: Weinbar im Restaurant	Ambiente: **8** | 10
	Gesamt: 93 | 100

Schwirtz 🍷🍷

1090 Wien

Ein Hoch auf die bewährte Kombi Wein und Brot: Feine Weine aus allen namhaften Regionen Österreichs kommen mit hausgemachtem Aufstrich am Brot zu Tisch, beliebt sind außerdem die selbst gemachten Feuerflecken, auch, aber längst nicht nur nach der Vorstellung in der Volksoper.
Schwerpunkt: Österreich

Währinger Straße 76	Weinangebot: **44** | 50
+43 1 3177281	Service **19** | 20
visavisvolksoper.at	Essen **15** | 20
Kategorie: Weinbar in Vinothek	Ambiente: **8** | 10
	Gesamt: 86 | 100

The Sign 🍸🍸🍸🍸

1090 Wien

Früher war die Frage, wo Kan Zuo die Inspiration für seine ausgefallenen Kreationen findet. Heute fragt man eher nach der nie versiegenden Energie: Gastspiel am Wörthersee, Cocktail-Kurse, und dabei bleibt die mittlerweile 18 Jahre alte »Sign« ungebrochen interessant. Avantgarde im Abo – darauf einen Knoblauch-Martini!

Liechtensteinstraße 104–106	Drinks: **49** | 50
+43 676 7822628	Ambiente: **18** | 20
thesignlounge.at	Service: **19** | 20
Kategorie: American Bar	Sortiment: **9** | 10
	Gesamt: 95 | 100

Walletschek 🍷

1090 Wien

Delikatessen-Greißlerei trifft Vinothek – was soll da schiefgehen? Zumal, wenn beides nur mit dem Besten ausgestattet ist und es auch noch einen angenehmen Schanigarten gibt sowie eine Küche, die italienische Köstlichkeiten von Antipasti bis Pasta beherrscht.
Schwerpunkt: international

Sobieskiplatz 8	Weinangebot: **43** | 50
+43 664 2103206	Service **18** | 20
walletschek.at	Essen **15** | 20
Kategorie: Weinbar in Vinothek	Ambiente: **8** | 10
	Gesamt: 84 | 100

Weinstadt 🍷🍷

1090 Wien

Ob gestandener Weinkenner, Neo-Fan oder irgendetwas dazwischen: Im netten Gürtelbogenlokal sind alle willkommen und werden in der geschmackvoll sortierten Auswahl fündig. Dazu gibt es Antipasti und feine Crostini, aber auch jede Menge freundlich übermitteltes Know-how.
Schwerpunkt: Österreich

U-Bahn-Bogen 154	Weinangebot: **44** | 50
+43 650 2122439	Service **18** | 20
weinstadt.cc	Essen **16** | 20
Kategorie: Klassische Weinbar	Ambiente: **8** | 10
	Gesamt: 86 | 100

Ymás 🍷🍷

1090 Wien

Über 80 spanische Weine sowie rund 50 verschiedene Rum-Sorten warten im netten, bunten Lokal auf Gäste – und dazu kommt die ganze Vielfalt der Tapas-Kultur zu Tisch. So wird aus einem Besuch ein kulinarischer Kurzurlaub, von dem man gar nicht mehr heimkehren will.
Schwerpunkt: Spanien

Lazarettgasse 22	Weinangebot: **45** | 50
+43 664 73124535	Service **18** | 20
ymas.at	Essen **18** | 20
Kategorie: Weinbistro	Ambiente: **8** | 10
	Gesamt: 89 | 100

Al Banco 🍸🍸

1100 Wien

Der Wiener würde sagen »an der Budel«, doch »al banco« klingt besser und erfüllt ebenso den Zweck: Hier wird getrunken und diskutiert. Dank der beheizten Terrasse verlängert sich die Dolce-Vita-Saison sogar noch. Und ein Spritz zum Tramezzino schmeckt ja erst im Oktober so richtig nach Süden. Stilsicher und schick!

Am Belvedere 1	Drinks: **44** | 50
+43 1 5010014600	Ambiente: **18** | 20
albanco.at	Service: **18** | 20
Kategorie: Restaurantbar	Sortiment: **7** | 10
	Gesamt: 87 | 100

Foto: Walter Luttenberger Photography

Aurora Rooftop Bar 🍸🍸🍸

1100 Wien

Ein wahrhaftiger Höhenflug mit jeder Menge Wow-Effekt! Skandinavisches Flair und ein atemberaubender Panoramablick über Wien machen den Besuch zu einem unvergesslichen Erlebnis. Gästen, die sich bei der vielfältigen Barkarte nicht entscheiden können, sei die Option »Bartender's Choice« wärmstens empfohlen. Absolut top!

Arsenalstraße 10	Drinks:	**45** | 50
+43 1 20577441234	Ambiente:	**19** | 20
bar-aurora.at	Service:	**18** | 20
Kategorie: Hotelbar	Sortiment:	**8** | 10
	Gesamt:	**90** | 100

Connolly's 🍸🍸

1120 Wien

Wer beim Irish Pub nur an Bier und Whiskey denkt, liegt daneben. Im Connolly's kennt man sich auch bestens mit Gin aus. Es ist simpel: Auf einer der Chesterfield-Couches Platz nehmen, sich einen Drink genehmigen und dazu die wohl besten Fish 'n' Chips der Stadt genießen. Einmal pro Woche ist Pubquiz – Pflicht für alle Gamer.

Schönbrunner Straße 268	Drinks:	**42** | 50
+43 1 8907355	Ambiente:	**18** | 20
connollys.at	Service:	**18** | 20
Kategorie: Loungebar	Sortiment:	**8** | 10
	Gesamt:	**86** | 100

Wein & Co Hietzing 🍷🍷🍷

1130 Wien

Die gewaltige Auswahl findet hier auf zwei Etagen Platz, nebst angenehmem Barbereich und ganzjährig nutzbarem Schanigarten. Wer sich durchprobieren möchte, nutzt das glasweise Angebot – oder schaut bei den regelmäßigen Verkostungen namhafter Weingüter vorbei.
Schwerpunkt: international

Hietzinger Hauptstraße 22	Weinangebot:	**50** | 50
+43 50706 3171	Service	**18** | 20
weinco.at	Essen	**17** | 20
Kategorie: Weinbar in Vinothek	Ambiente:	**8** | 10
	Gesamt:	**93** | 100

Rudolf Polifka et Fils 🍷🍷

1150 Wien

Die Reindorfgasse ist eine Art Stadt in der Stadt – man kennt und liebt das Grätzl, und zwar völlig zu Recht. Und einer der Gründe ist die nette Weinhandlung, die mit Kreativität, Schmäh und viel Know-how kredenzt, was man andernorts mitunter lange suchen muss.
Schwerpunkt: Österreich

Reindorfgasse 22	Weinangebot:	**46** I 50
+43 699 19233008	Service	**19** I 20
wein-polifka.at	Essen	**14** I 20
Kategorie: Weinbar in Vinothek	Ambiente:	**8** I 10
	Gesamt:	87 I 100

Foto: Nikolaus Mautner Markhof

The Chapel 🍸🍸🍸

1150 Wien

Einer der Höhepunkte in der Wiener Speakeasy-Szene ist erst nach dem Gang durch den Beichtstuhl erreicht. An der stylish designten Bar darf man sich im Anschluss gleich aufs Neue versündigen, denn die Drinks sind nicht nur, aber auch ihren Namen nach göttlich – von den Zehn-Gebote-Drinks bis zu den Sieben-Sünden-Shots.

Haidmannsgasse 8	Drinks:	**46** I 50
+43 681 81561233	Ambiente:	**19** I 20
thechapel.at	Service:	**19** I 20
Kategorie: American Bar	Sortiment:	**8** I 10
	Gesamt:	92 I 100

Bei mir 🍸🍸🍸

1160 Wien

»Bei ihm« bleibt man einfach gerne. Matthias Habringer beweist, dass es nicht viel mehr braucht als Qualität, Ambiente und eine Portion Gelassenheit. Eine sehr kreativ gestaltete Karte mit ebensolchen Drinks. Bekanntes wird auch mal dekonstruiert und Zutaten ausgetauscht, wie etwa bei einem »Coconut Margarita«.

Speckbachergasse 47	Drinks:	**45** I 50
+43 650 3666700	Ambiente:	**19** I 20
beimir.at	Service:	**18** I 20
Kategorie: Loungebar	Sortiment:	**8** I 10
	Gesamt:	90 I 100

Schuhmeier

1160 Wien

Bekannt und beliebt ist das Ottakringer Lokal nicht nur für seine Frühstückskreationen, sondern auch für eine kleine, feine Barkarte, die sich auf die Klassiker besinnt: Mojito, Pina Colada und White Russian schlürft man am lauschigsten im schönen Schanigarten vor der Tür, auch hausgemachter Eistee erfrischt.

Schuhmeierplatz 17–18	Drinks:	**43** | 50
+43 1 5350453	Ambiente:	**18** | 20
schuhmeier.com	Service:	**18** | 20
Kategorie: Restaurantbar	Sortiment:	**7** | 10
	Gesamt:	86 | 100

Truksitz

1160 Wien

Vorrangig sollen in der freundlichen Weinbar natürlich die hauseigenen und durchaus trinkfreudigen Weine aus dem Burgenland an Mann und Frau gebracht werden, aber auch verschiedene Winzerkollegen erhalten Platz auf der Karte. Die Snacks stammen ebenfalls aus der Heimat.
Schwerpunkt: Burgenland

Yppenplatz 7	Weinangebot:	**42** | 50
+43 650 2117654	Service	**17** | 20
	Essen	**14** | 20
Kategorie: Weinbar in Vinothek	Ambiente:	**8** | 10
	Gesamt:	81 | 100

Vinophilia & Cetera

1180 Wien

Ein Platz für Genießer: Im netten Shop gibt es fast alles, was Gourmets in flüssiger und fester Form schätzen. Auf Weinen, Vins und Vinos liegt der Schwerpunkt, aber auch Säfte und Spirits stehen bereit. Dazu gibt es Accessoires und die kulinarische Begleitung.
Schwerpunkt: Italien, Frankreich

Währinger Straße 145	Weinangebot:	**47** | 50
+43 1 47001110	Service	**18** | 20
vinophilia.at	Essen	**15** | 20
Kategorie: Weinbar in Vinothek	Ambiente:	**8** | 10
	Gesamt:	88 | 100

Aristo Bar

1190 Wien

Im Heurigen-Mekka Grinzing sticht eine Cocktailbar besonders hervor, vor allem ihrer Qualität und ihres Einfallsreichtums wegen. Inhaber Rucki, der kreative Kopf hinter der Bar, begeistert die Gäste mit seiner Expertise in Sachen Gin, Grappa und sogar Champagner. Die beeindruckende Flaschenwand sorgt für echte Bar-Atmosphäre.

Grinzinger Straße 70	Drinks:	**43** | 50
+43 1 3705283	Ambiente:	**18** | 20
	Service:	**18** | 20
Kategorie: Loungebar	Sortiment:	**8** | 10
	Gesamt:	87 | 100

Gemischter Satz 🍷🍷

1190 Wien

Im wunderschönen Grinzing, bekannt für seine ausgeprägte Wein- und Heurigenkultur, sticht diese Weinbar heraus. Nicht nur der Name ist Programm: Ins Glas kommt Gutes aus der Nachbarschaft. Die Karte legt selbstverständlich den Schwerpunkt auf Weine aus der Umgebung.
Schwerpunkt: Wien, regional

Cobenzlgasse 4	Weinangebot:	**43** | 50
+43 670 3538923	Service	**18** | 20
gemischter-satz.com	Essen	**17** | 20
Kategorie: Klassische Weinbar	Ambiente:	**8** | 10
	Gesamt:	86 | 100

Slu Ginbar 🍸🍸🍸

1190 Wien

Freunde der Mathematik dürfen mitrechnen: Gut 300 Gin-Sorten und an die 50 Tonics und Botanicals ergeben wie viele Kombinationsmöglichkeiten? Es ist jedenfalls eine stattliche Anzahl, die Nikolaus Slupetzky in seiner Bar anbietet, gottlob hilft der Chef mit Fachwissen und viel Gespür für den Gästegeschmack weiter.

Billrothstraße 31	Drinks:	**44** | 50
+43 664 4355400	Ambiente:	**18** | 20
	Service:	**19** | 20
Kategorie: American Bar	Sortiment:	**10** | 10
	Gesamt:	91 | 100

Bar Rakete 🍸🍸

1200 Wien

Rakete am Start! Herrlich unkompliziert und einfach lässig, das passt zur Wiener Mentalität. Andreas Brunners Idee war eine Mischung aus Café und Aperitivo Bar, die das kleine Lokal genau trifft. Regionale Weine, Fassbier und solide Cocktails mit individueller Note, wie der Signature »Apropos Apropos« mit Wermut.

Karl-Meißl-Straße 1	Drinks:	**43** | 50
+43 660 3466100	Ambiente:	**18** | 20
wohnkueche.at	Service:	**17** | 20
Kategorie: American Bar	Sortiment:	**7** | 10
	Gesamt:	85 | 100

Kramerey

3730 Eggenburg

Im ehemaligen Krämerhaus aus dem 16. Jahrhundert zeigt die moderne Cocktailbar, dass Altes und Neues perfekt harmonieren. Trotz der Beliebtheit des Lokals fühlt es sich immer familiär und gemütlich an. Die imposante, gediegene Weinkarte mit überwiegend regionalen Winzern wird durch eine moderne Cocktail-Karte ergänzt.

Grätzl 2
+43 664 5228898
diekramerey.at
Kategorie: Restaurantbar

Drinks:	**43** | 50
Ambiente:	**17** | 20
Service:	**16** | 20
Sortiment:	**8** | 10
Gesamt:	84 | 100

Saso

2203 Eibesbrunn

»Spritzing the day away« lautet das Motto während der Sommermonate. Die Auswahl an Aperitivos reicht von Klassikern mit Campari oder Aperol bis hin zu originellen Kreationen wie Averna Spritz oder verschiedenen Negronis. Perfekt dazu passen die hausgemachten Antipasti oder Pinsa. Fancy drinks with urban spirit!

Wiener Straße 5
+43 676 7058562
j-saso.at
Kategorie: American Bar

Drinks:	**43** | 50
Ambiente:	**18** | 20
Service:	**17** | 20
Sortiment:	**7** | 10
Gesamt:	85 | 100

G&G Wein Quartier

2301 Groß-Enzersdorf

Alles in der zur Vinothek umgebauten Drogerie atmet vinophilen Geist, angefangen mit der Einrichtung bis zum 40-seitigen Weinbuch. Ein besonderes Highlight bei Anneliese und Jürgen Geyer sind die Vertikalen großer Weine, die Kennerrunden als Flaschen-Flight ordern können.
Schwerpunkt: Österreich, Frankreich

Josef-Reither-Ring 4
+43 660 9717666
wein-quartier.at
Kategorie: Klassische Weinbar

Weinangebot:	**46** | 50
Service	**19** | 20
Essen	**17** | 20
Ambiente:	**8** | 10
Gesamt:	90 | 100

Freigut Thallern

2352 Gumpoldskirchen

Die Mauern atmen Geschichte, die Weine erzählen von der Gegenwart: Natural Wine oder Sekt, natürlich die Matadore Zierfandler und Rotgipfler, dazu feine Gourmandisen füllen die Vinothek. Kundiges Personal und die offen ausgeschenkte Auswahl erleichtern die Orientierung.
Schwerpunkt: Thermenregion, Österreich

Thallern 1
+43 2236 53477
freigut-thallern.at
Kategorie: Weinbar in Vinothek

Weinangebot:	**48** | 50
Service	**18** | 20
Essen	**15** | 20
Ambiente:	**9** | 10
Gesamt:	90 | 100

Weinhaus Kirchberg

3470 Kirchberg am Wagram

Im feinen Weinhaus fühlt man sich wie im eigenen Wohnzimmer. Aufgetischt werden regionale Klassiker, aber auch ein monatlich wechselndes Menü in drei bis sieben Gängen. Der Schwerpunkt bei den Weinen liegt auf dem Wagram, edle französische und deutsche Tropfen sind ebenso dabei.
Schwerpunkt: Österreich, Wagram

Marktplatz 33	Weinangebot: **46** I 50
+43 676 4157045	Service **18** I 20
weinhaus-kirchberg.at	Essen **18** I 20
Kategorie: Weinbar im Restaurant	Ambiente: **9** I 10
	Gesamt: 91 I 100

Weritas

3470 Kirchberg am Wagram

Seit vielen Jahren kommt man an der Institution in den Weingärten nicht vorbei. Verkauft werden ausschließlich Gebietsweine, die Palette ist breit gefächert, von Klassikern bis zu aufstrebenden Winzern. Die darauf abgestimmte Kulinarik ist jung, spritzig und modern.
Schwerpunkt: Wagram

Marktplatz 44	Weinangebot: **47** I 50
+43 676 4513002	Service **19** I 20
weritas.at	Essen **17** I 20
Kategorie: Weinbar im Restaurant	Ambiente: **9** I 10
	Gesamt: 92 I 100

Qube Wein&Bar

2100 Korneuburg

Barkeeper »Jay« beherrscht den Shaker wie kein anderer. Noch beeindruckender ist die Qualität seiner Cocktails. Die Aromenkombinationen sind durchdacht und aufregend, etwas überspitzt, aber niemals aufdringlich. Paradebeispiel hierfür ist der »Tobacco« – ein Whisk(e)y-Cocktail, der mit Zigarrenrauch aromatisiert wird.

Stockerauer Straße 19	Drinks: **45** I 50
+43 2262 63148	Ambiente: **18** I 20
qubemusiclounge.at	Service: **19** I 20
Kategorie: Loungebar	Sortiment: **8** I 10
	Gesamt: 90 I 100

Comodo

2542 Kottingbrunn

Das Stöbern in der Barkarte kann schon etwas Zeit in Anspruch nehmen. Mojito, Fizz, Colada (Favorit Cranberry!), Margarita und alle klassischen Drinks gibt es in unzähligen Varianten, von fruchtig bis herb. Der unverwechselbar süße Duft von Shishas liegt in der Luft und verspricht einen entspannten Abend.

Badner Straße 9
+43 2252 20266
bar-comodo.at
Kategorie: Loungebar

Drinks:	**44** | 50
Ambiente:	**18** | 20
Service:	**18** | 20
Sortiment:	**8** | 10
Gesamt:	88 | 100

Il Magazzino

3500 Krems

Italien-Feeling in Reinkultur, wichtig sind Produkte von höchster Qualität, ausgesucht werden sie auf Weingütern oder in Delikatessenläden in Italien. Daneben gibt es Köstlichkeiten aus der Region um Krems sowie Französisches im Sortiment. Top sind die trockenen Proseccos.
Schwerpunkt: Italien

Steiner Landstraße 76
+43 676 5082355
il-magazzino.com
Kategorie: Weinbar in Vinothek

Weinangebot:	**44** | 50
Service	**19** | 20
Essen	**16** | 20
Ambiente:	**9** | 10
Gesamt:	88 | 100

Leopold

3500 Krems

Der Fokus liegt natürlich auf regionalen Weinen, dazu kommen intensive Rotweine aus dem Burgenland, ausgewählte Tropfen aus Frankreich, Italien oder Deutschland, aber auch Whisk(e)ys und einige Gin-Sorten. Für den Gaumen gibt es feinen Prosciutto, Mortadella oder mageren Schinken.
Schwerpunkt: Wachau

Utzstraße 1 +43 2732 72897300 vinothek-leopold.at **Kategorie:** Weinbar in Vinothek	Weinangebot: **46** | 50 Service **18** | 20 Essen **16** | 20 Ambiente: **8** | 10
	Gesamt: 88 | 100

Veit

3500 Krems

Bei Martin Mann und Markus Hanslik ist man gut aufgehoben. Für Biertrinker gibt es eine schöne Bandbreite, an Weinen stehen 60 regionale Tropfen auf der Karte. Der Gaumen wird verwöhnt mit Snacks wie saurer Knacker, Sardellenbrot, italienischer Pasta oder Hühnercurry.
Schwerpunkt: regional

Pfarrplatz 15 veitbar.at **Kategorie:** Weinbistro	Weinangebot: **44** | 50 Service **18** | 20 Essen **16** | 20 Ambiente: **8** | 10
	Gesamt: 86 | 100

Weinhimmel

3500 Krems

In den gemütlichen Räumen finden immer wieder Top-Verkostungen sowie Weinreisen statt. Zum Ausprobieren gibt es über 200 Weine und Sekte aus der Region, aber auch Internationales, inklusive kompetenter Beratung. Der Genuss wird perfekt mit Trüffel, Schinken und Käse.
Schwerpunkt: Österreich, international, Wachau

Untere Landstraße 35 +43 664 75041992 weinhimmel.at **Kategorie:** Klassische Weinbar	Weinangebot: **44** | 50 Service **19** | 20 Essen **15** | 20 Ambiente: **8** | 10
	Gesamt: 86 | 100

Wine Lounge 🍷🍷🍷

3500 Krems

Elegantes Ambiente mitten in den Weinbergen, den Donaublick gibt es inklusive. Man kommt in den Genuss von kreativen Cocktails und ausgewählten Spirituosen, im Fokus stehen natürlich regionale Weine und Raritäten. Serviert werden Snacks, Burger oder Beef Tatar.
Schwerpunkt: Wachau

Am Goldberg 2	Weinangebot:	**45** | 50
+43 2732 71010	Service	**19** | 20
steigenberger.com	Essen	**17** | 20
Kategorie: Weinbar im Restaurant	Ambiente:	**9** | 10
	Gesamt:	90 | 100

XO Bar & Lounge 🍸🍸

3500 Krems

Vom Reitstall zur It-Bar – hier geht es immer noch wild her! Krems kann Großstadt, denn bei der aufregenden Cocktail-Karte fühlt man sich wie in eine pulsierende Metropole versetzt. Bewährte Drinks sind Fixstarter, Specials werden saisonal angepasst. Ein Besuch ist ein Muss für Nachteulen, die gerne ausfliegen.

Margarethenstraße 10	Drinks:	**43** | 50
+43 2732 86755	Ambiente:	**18** | 20
xo-bar-lounge.com	Service:	**17** | 20
Kategorie: Club	Sortiment:	**8** | 10
	Gesamt:	86 | 100

WeinStein 🍷🍷

2136 Laa an der Thaya

Die kulinarischen Seiten des Weinviertels erlebt man in historischem Gemäuer und geschmackvoll-gemütlichem Flair. Man kostet sich bestens beraten durch Spitzenweine und wird mit regionalen Schmankerln verwöhnt. In der Vinothek gibt es Wein zum Mitnehmen für zu Hause.
Schwerpunkt: Weinviertel

Stadtplatz 17	Weinangebot:	**45** | 50
+43 650 8811625	Service	**19** | 20
weinstein-laa.at	Essen	**16** | 20
Kategorie: Klassische Weinbar	Ambiente:	**9** | 10
	Gesamt:	89 | 100

Café & Wein

3550 Langenlois

Tagsüber ein Café mit italienischem Flair, zu dem auch ein guter Cappuccino gehört. Am Abend verwandelt es sich in eine Weinbar, wo die besten Weine und Sekte des Kamptals aus der angeschlossenen Vinothek ausgeschenkt werden. Dazu genießt man Prosciutto und Käse.
Schwerpunkt: Kamptal

Kornplatz 5
+43 2734 20002
cafeundwein.at
Kategorie: Klassische Weinbar

Weinangebot:	**43** / 50
Service	**18** / 20
Essen	**16** / 20
Ambiente:	**8** / 10
Gesamt:	85 / 100

Kalmuck

3390 Melk

Seit vielen Jahren stellt diese Weinbar eine Institution dar. Allein die Cocktail-Karte begeistert mit 120 verschiedenen Variationen. Neben gepflegten Weinen und Bieren sowie einem sehr guten Kaffee kommt auch die Kulinarik mit österreichischen Klassikern nicht zu kurz.
Schwerpunkt: Wachau, Jahrgangstiefe, Österreich

Hauptstraße 10
+43 660 5377388
kalmuck.net
Kategorie: Weinbistro

Weinangebot:	**43** / 50
Service	**19** / 20
Essen	**16** / 20
Ambiente:	**9** / 10
Gesamt:	87 / 100

Das Ko'eck

3224 Mitterbach

Nicht nur Hotelgäste erfreuen sich an der Bar, deren Ausblick schon allein für Erholung sorgt. Man schätzt die ausgezeichneten Getränke und die hohe Produktqualität. Nach entspannten Tagen genießt man fruchtige Cocktails oder ein kühles Bier für den Elektrolythaushalt – alles sehr stylish und modern.

Hauptstraße 13
+43 3882 3448243
rr-residenzen.at
Kategorie: Loungebar

Drinks:	**43** / 50
Ambiente:	**17** / 20
Service:	**18** / 20
Sortiment:	**7** / 10
Gesamt:	85 / 100

Bodega Lopez 🍷🍷

2340 Mödling

Für den Urlaub zwischendurch gibt es bei Familie López zwei Optionen: die schöne Rumauswahl und die Vinothek, natürlich auch mit Fokus auf iberische Lande. Auf Bestellung ergänzt sogar authentische Paella das mit Empanadas und Co perfekt unterfütterte Lebensgefühl.
Schwerpunkt: Portugal, Südamerika, Spanien

Brühler Straße 1	Weinangebot: **45** | 50
+43 676 6400892	Service **18** | 20
bodega-lopez.com	Essen **18** | 20
Kategorie: Weinbar in Vinothek	Ambiente: **7** | 10
	Gesamt: 88 | 100

Weinfinder 🍷🍷

2620 Neunkirchen

Beständigkeit könnte der zweite Vorname von Michael Ulrich sein. Umzüge und Personalwechsel änderten nichts an der Weinkompetenz (und den fairen Preisen). »Uli« treibt fehlende Bordeaux-Jahrgänge ebenso auf, wie er Sommerfeste mit Rosé versorgt. Vinophiler Nahversorger!
Schwerpunkt: Österreich

Fabriksgasse 10–12	Weinangebot: **48** | 50
+43 650 5051975	Service **19** | 20
der-weinfinder.at	Essen **14** | 20
Kategorie: Weinbar in Vinothek	Ambiente: **8** | 10
	Gesamt: 89 | 100

Amici Miei 🍷🍷

2380 Perchtoldsdorf

Mehrmals im Jahr besucht Marcus Tomschitz kleine Produzenten oder Familienbetriebe in Italien. Deren Köstlichkeiten wie Salami, zarten Schinken, Käse und Wein gibt es dann in seiner Enoteca zum Genießen. Highlight ist der Antipasti-Teller, dazu trinkt man Prosecco.
Schwerpunkt: Italien

Marktplatz 18	Weinangebot: **45** | 50
+43 664 4532307	Service **18** | 20
enoteca-amici.at	Essen **18** | 20
Kategorie: Weinbar in Vinothek	Ambiente: **8** | 10
	Gesamt: 89 | 100

Burgbar 🍸🍸🍸

2380 Perchtoldsdorf

Im Schatten der Burg, dem Wahrzeichen von Perchtoldsdorf, hat Marko Cavar eine Cocktailbar mit Alleinstellungsmerkmal etabliert. Nur die hochwertigsten Zutaten und Marken finden ihren Weg in die Gläser, die kunstvoll und aufwendig angerichtet sind. An der Bar kann man sich oft an Verkostungen der Neukreationen erfreuen.

Hochstraße 5	Drinks: **46** | 50
+43 699 19476734	Ambiente: **18** | 20
burgbar.at	Service: **19** | 20
Kategorie: American Bar	Sortiment: **9** | 10
	Gesamt: 92 | 100

Weinquartier Retz 🍷🍷🍷

2070 Retz

Die besten Winzer der Region hat die Vinothek an einem Ort versammelt, insgesamt stehen 300 Weine von 50 Winzern zur Wahl. Immer wieder ist man auch auf der Suche nach interessanten Neuheiten. Das kompetente Team berät gerne. Beliebt sind die vinophilen Abende.
Schwerpunkt: regional, international

Hauptplatz 4–5	Weinangebot: **48** I 50
+43 2942 2839311	Service **19** I 20
weinquartier.at	Essen **17** I 20
Kategorie: Weinbar in Vinothek	Ambiente: **8** I 10
	Gesamt: 92 I 100

BarRock 🍸

3100 St. Pölten

Mit einem kühlen Bier auf dem Tisch sitzt man entspannt zusammen und genießt die Abend- und Nachtstunden. Kein Dresscode, keine Förmlichkeiten – einfach ungezwungen und lässig. Der gemütliche Gastgarten ist ein wahrer Ruhepol, der aber auch gerne mal mit fetziger Livemusik bespielt wird – klarerweise von Rock bis Alternative.

Andreas-Hofer-Straße 4	Drinks: **43** I 50
+43 2742 70950	Ambiente: **17** I 20
	Service: **17** I 20
Kategorie: American Bar	Sortiment: **7** I 10
	Gesamt: 84 I 100

Cucina & Vini 🍷🍷

3100 St. Pölten

Italienischer Genuss der kreativen Art, die immer für Überraschungen gut ist: Dafür steht Erich Stierschneider mit seiner feinen Handschrift. Freude machen die kräftigen Rieslinge, auch ein paar italienische Tropfen sind mit dabei. Viele Weine gibt es auch glasweise.
Schwerpunkt: Österreich

Herrenplatz 2	Weinangebot: **43** I 50
+43 676 3548139	Service **19** I 20
cucina-vini.at	Essen **16** I 20
Kategorie: Weinbar im Restaurant	Ambiente: **8** I 10
	Gesamt: 86 I 100

Vino 🍷

3100 St. Pölten

Nachtschwärmer freuen sich, wenn es auch zu später Stunde noch einen gemütlichen Ort der Einkehr gibt. Spirituosen und Longdrinks wechseln mit Bier, Prosecco und Wein. Dazu werden kleine Gerichte wie Kartoffelsuppe, Laugenbreze oder Riesenoliven mit Schafskäse serviert.
Schwerpunkt: Niederösterreich

Wiener Straße 24	Weinangebot: **43** I 50
+43 664 4335995	Service **18** I 20
vinobali.at	Essen **15** I 20
Kategorie: Weinbistro	Ambiente: **8** I 10
	Gesamt: 84 I 100

Yesterday

3100 St. Pölten

An so manchen feuchtfröhlichen Abenden fliegen die Korkenzieher und klirren die Gläser. Bei über 600 Spirituosen (große Whisk(e)y-Auswahl!) kann eigentlich nichts schiefgehen und kaum ein Wunsch bleibt unerfüllt. Auch ein paar limitierte Flaschen finden sich hinter der Bar. Gemütlich trinkt es sich im Gastgarten!

Frauenplatz 1
+43 676 7362271
yesterday-bar.at
Kategorie: American Bar

Drinks:	**46** I 50
Ambiente:	**18** I 20
Service:	**19** I 20
Sortiment:	**9** I 10
Gesamt:	92 I 100

Capra

4300 St. Valentin

Bestens eingespielt hat sich die Weinbar mit der kleinen Küche. Vor allem kulinarisch trifft Helena Jordans neues Team den Nerv der Mostviertler. Beim Wein kann man mutig wählen, muss es aber nicht: Neben Naturwein stehen auch klassisch ausgebaute Überraschungen parat.
Schwerpunkt: Österreich, Italien

Langenharter Straße 18
+43 677 64120733
capra.at
Kategorie: Weinbistro

Weinangebot:	**44** I 50
Service	**19** I 20
Essen	**18** I 20
Ambiente:	**8** I 10
Gesamt:	89 I 100

Vinothek Fohringer

3620 Spitz

Das Familienunternehmen steht für Topqualität, Rundumberatung und ein faires Preis-Leistungs-Verhältnis. In stilvollem Ambiente verkostet man über 100 Weine der Region; alles in allem hat man die Wahl zwischen 4000 Weinen, Süßweinen und Sekten aus aller Welt.
Schwerpunkt: Österreich, international

Donaulände 1a
+43 2713 2029
fohringer.at
Kategorie: Weinbar in Vinothek

Weinangebot:	**49** I 50
Service	**19** I 20
Essen	**14** I 20
Ambiente:	**9** I 10
Gesamt:	91 I 100

Mediteran Oase

3430 Tulln an der Donau

Die Vinothek ist stets gut bestückt, stöbern und gustieren macht richtig Spaß. Der Gaumen wird verwöhnt mit italienischen Klassikern wie gegrillten Calamari, Garnelen oder Fisch. Der Chef nimmt sich auch immer wieder Zeit für einen Plausch. Feine kroatische Rotweine.
Schwerpunkt: Italien, Griechenland, Kroatien

Hauptplatz 25 +43 2272 62786 Kategorie: Weinbar in Vinothek	Weinangebot: Service Essen Ambiente:	**44** | 50 **19** | 20 **16** | 20 **8** | 10
	Gesamt:	87 | 100

Foggy Mix

3830 Waidhofen an der Thaya

Wenn sich die Nebel lichten, kommt die beeindruckende 30 Meter lange Vollholzbar des Pubs zum Vorschein. Neben Bier und Cocktails bietet sie eine umfangreiche Top-Whisk(e)y-Auswahl, wie es sich für eine echte Irish Bar gehört. Irgendwie »American Style« mit Harley Davidson, im Nebenraum gibt es jedoch Fine Dining de luxe.

Heidenreichsteiner Straße 28 +43 2842 24184 foggy-mix.at Kategorie: Loungebar	Drinks: Ambiente: Service: Sortiment:	**44** | 50 **18** | 20 **19** | 20 **7** | 10
	Gesamt:	88 | 100

Das Bogerl

3610 Weißenkirchen in der Wachau

Ein historisches Gebäude, das reich an Bögen und Gewölben ist, bildet samt Schanigarten die ideale Kulisse für die große Auswahl an Wachauer und internationalen Weinen. Fachkundig präsentiert werden sie von Lorenz Trautsamwieser. Auch feine Gins und Bier gibt es.
Schwerpunkt: international

Kremser Straße 18 +43 660 4388710 dasbogerl.at Kategorie: Klassische Weinbar	Weinangebot: Service Essen Ambiente:	**45** | 50 **18** | 20 **15** | 20 **8** | 10
	Gesamt:	86 | 100

Aperitivo Al Duomo

2700 Wiener Neustadt

Gerne wird gejammert, dass man jenseits der 40 »nirgends hingehen kann in Wiener Neustadt«. Die Antithese liefert Petr Dusek mit seiner Weinbar beim Dom. Feine Antipasti, flippiges Design und vor allem die breite Weinauswahl machen den Besuch angenehm (und oft länger).
Schwerpunkt: Italien

Domplatz 16 +43 681 84545761 aperitivo-al-duomo.at Kategorie: Weinbistro	Weinangebot: Service Essen Ambiente:	**45** | 50 **19** | 20 **16** | 20 **9** | 10
	Gesamt:	89 | 100

Pro Tisch 🍷🍷 2700 Wiener Neustadt

Bis auf die Kartenrunde findet man die Stammgäste an der Schank – das Stehachterl wird gepflegt. Und das nimmt Wolfgang Friedrich wörtlich: Wer mit den offenen Weinen nicht das Auslangen findet, dem schlägt er Villa Russiz oder »Wahre Werte« vor. Nur durstig geht keiner.
Schwerpunkt: Österreich

Brodtischgasse 10	Weinangebot:	**44** I 50
+43 2622 23955	Service	**19** I 20
protisch.com	Essen	**17** I 20
Kategorie: Weinbistro	Ambiente:	**8** I 10
	Gesamt:	88 I 100

Hafner 🍸🍸 3250 Wieselburg

Die Behaglichkeit eines Kachelofens – für die HafnerTec steht – in Gastronomie übersetzen? Eine anfangs abstrakte Idee, die der Gast unmittelbar versteht, wenn er die Dachbar betritt. Die Drinks schimmern mit dem Ötscher um die Wette. Als Gipfel ragen im Angebot der Sake-Drink »Tanoshimi« und »Granny Smith« hervor.

Zur Autobahn 9	Drinks:	**44** I 50
+43 7416 20580	Ambiente:	**19** I 20
hafnerhotel.at	Service:	**18** I 20
Kategorie: Hotelbar	Sortiment:	**8** I 10
	Gesamt:	89 I 100

Cocktails 🍸🍸 3370 Ybbs an der Donau

»Fit in den Tag« heißt es auf der Frühstückskarte, »Happy Ending« bei den Cocktails. Christoph Datlers etablierter Genussort lädt von früh bis spät ein. Es darf getanzt, sommers im Liegestuhl ein »Pitcher« geordert oder elegant am »Perfect Espresso Martini« genippt werden. Alles ist möglich im Getränke-Wunderland!

B 1 Center 6	Drinks:	**44** I 50
+43 7412 20444	Ambiente:	**18** I 20
cocktails-bar.at	Service:	**18** I 20
Kategorie: American Bar	Sortiment:	**8** I 10
	Gesamt:	88 I 100

Momentum bar à vins 🍷🍷🍷 3370 Ybbs an der Donau

Das Motto des Weinparadieses lautet: »All natural and unplugged«. So finden sich erfreulicherweise auch einige Orange-Weine neben Craftbieren und Sake im Programm. Wer keinen Alkohol mag, erfreut sich am guten Kaffee. Man wird in angenehmer Atmosphäre bestens beraten.
Schwerpunkt: Raw/Natural Wine

Herrengasse 2	Weinangebot:	**48** I 50
+43 676 9080076	Service	**19** I 20
unchainedselections.at	Essen	**15** I 20
Kategorie: Klassische Weinbar	Ambiente:	**8** I 10
	Gesamt:	90 I 100

Kuba 🍸🍸

3910 Zwettl

Kuba steht für pure Lebensfreude und Genuss. Hier wird die Cocktail-Karte auf Herz und Nieren geprüft. Neben klassischen Longdrinks gibt es exotische Cocktails mit Temperament: ein fancy »Cuba Libre«, fruchtige Daiquiris oder der aufregende »La Passion« mit Passoã. Viele der Kreationen gibt es auch als Frozen-Variante.

Syrnauer Straße 1
+43 2822 20166
kuba-diebar.at
Kategorie: American Bar

Drinks:	**43** | 50
Ambiente:	**18** | 20
Service:	**18** | 20
Sortiment:	**7** | 10
Gesamt:	86 | 100

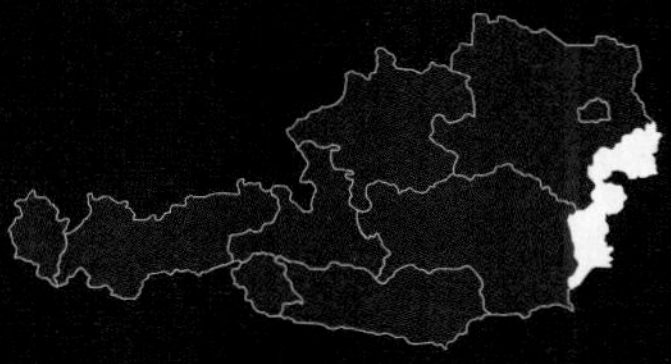

BURGENLAND

Mordor Bar 🍷🍷🍷

7163 Andau

Für alle, die sich nicht im Spa-Bereich an der Bar Frizzante verwöhnen lassen, ist diese Bar das Herzstück im Resort. Sommerliche Drinks oder ein Gin Tonic und kleine Snacks laden zur Plauderei und zum Relaxen ein. Und natürlich gibt es die breite Scheiblhofer-Wein-Phalanx.
Schwerpunkt: Burgenland

Resortplatz 1
+43 2176 2610800
theresort.at
Kategorie: Weinbar im Restaurant

Weinangebot:	**49** | 50
Service	**18** | 20
Essen	**18** | 20
Ambiente:	**9** | 10
Gesamt:	94 | 100

Die Genussquelle Rosalia 🍷🍷

7202 Bad Sauerbrunn

Burgenländische Antipasti? Die hat man hier im Alleingang erfunden, sprich: zusammengetragen. Seither sprudelt neben der Heilquelle des Kurorts auch der Nachschub für Hedonisten. Bei Wein ist man à jour, was spannende Neuheiten betrifft, ergänzend gibt es Spirituosen.
Schwerpunkt: Rosalia, Mittelburgenland

Schulstraße 14
+43 2625 20270
diegenussquelle.at
Kategorie: Weinbar in Vinothek

Weinangebot:	**45** | 50
Service	**18** | 20
Essen	**16** | 20
Ambiente:	**8** | 10
Gesamt:	87 | 100

Cebu — 7000 Eisenstadt

Der »Crazy Thursday« und Themenabende (die stets witzige »Greek Night« wäre ein Beispiel) sorgen dafür, das bei Philip Lendway immer etwas los ist. Der Evergreen des Eisenstädter Nightlifes punktet mit Essen bis spätabends, vor allem aber mit der umfangreichen Cocktail-Karte im Oldschool-Modus. Mag noch wer einen »Caipi«?

Sankt-Rochus-Straße 48
+43 650 3436349

Kategorie: Loungebar

Drinks:	42 | 50
Ambiente:	18 | 20
Service:	18 | 20
Sortiment:	8 | 10
Gesamt:	86 | 100

Selektion Vinothek Burgenland — 7000 Eisenstadt

Eine Begegnungszone in Sachen burgenländischen Weins – noch dazu am schönsten Platz der Hauptstadt. Lediglich die Wahl aus den 800 Etiketten kann schwerfallen. Regionale Schmankerln und immer wieder Events tragen außerdem zur Beliebtheit der etablierten Location bei.
Schwerpunkt: Burgenland

Esterházyplatz 4
+43 2682 63345
selektion-burgenland.at
Kategorie: Weinbar in Vinothek

Weinangebot:	48 | 50
Service	17 | 20
Essen	18 | 20
Ambiente:	10 | 10
Gesamt:	93 | 100

Unüberseebar — 2491 Neufeld an der Leitha

After Work mit Musik am Freitag im Sommer, Brunch am Sonntag und Vernissagen – die Ideen gehen Jemill Wette nicht aus. Und seine Drink-Kreationen bereichern das Burgenland: vom witzig-lokalpatriotischen »Geza Gallos-Mule« bis zum Pfirsich-fruchtigen »Neufelder Daiquiri«. Und zum Sundowner passt der »Seedowner« bestens.

Eisenstädter Straße 35
+43 2624 20788
neufelderseehotel.at
Kategorie: Hotelbar

Drinks:	45 | 50
Ambiente:	18 | 20
Service:	18 | 20
Sortiment:	8 | 10
Gesamt:	89 | 100

Foto: Kerstin Reiger

Largo

7100 Neusiedl am See

Wer den Tag bei Bianca Hartmann ausklingen lässt, hat die Wahl. Weine aus der reichen Auswahl an Seewinkler (und anderen) Winzern sind eine Option. Oder die bunten Drinks, die Urgestein Dami zaubert: »Bulanga« mit Passionsfrucht, Mojito oder gar »Long Island Ice Tea«.
Schwerpunkt: Burgenland, Österreich

Obere Hauptstraße 5	Weinangebot: **44** | 50
+43 650 8821116	Service **18** | 20
largo-weinbar.at	Essen **15** | 20
Kategorie: Klassische Weinbar	Ambiente: **8** | 10
	Gesamt: 85 | 100

Mole West

7100 Neusiedl am See

Man stapelt tief in der Mole: »ein ganz besonderes Plätzchen am Neusiedler See«. Dabei hat sich die Sundowner-Location auch unter der neuen Ägide als Treffpunkt auf einen »Aperol Spritz« in Urlaubsatmosphäre etabliert. Mojitos oder die Erdbeer-fruchtige »Mole Limonade« ergänzen Truffle Fries, Teriyaki-Bowl und Co.

Seegelände 9	Drinks: **43** | 50
+43 664 2086600	Ambiente: **19** | 20
mole-west.at	Service: **17** | 20
Kategorie: Loungebar	Sortiment: **8** | 10
	Gesamt: 87 | 100

Vinotheke

7100 Neusiedl am See

Die Weinfass-Tische und die Champagner-Glocke machen gleich beim Interieur klar, worum es geht: feine Weine, klarerweise mit Neigung zu den »local heros« von Johanna Preisinger bis Roland Steindorfer. Bei den Snacks und dem charmanten Service bleibt man gerne länger sitzen.
Schwerpunkt: Burgenland

Untere Hauptstraße 31	Weinangebot: **45** | 50
+43 2167 40284	Service **17** | 20
	Essen **15** | 20
Kategorie: Weinbar in Vinothek	Ambiente: **8** | 10
	Gesamt: 85 | 100

Weinwerk 🍷🍷🍷

7100 Neusiedl am See

Man kann es einfach machen: Was es hier nicht gibt, hat im Burgenland noch kein Standing. Denn die größte Vinothek des Burgenlands liefert nicht nur 600 Etiketten, sondern auch eine feine Auswahl an Gourmandisen. Und fallweise Literatur wie die »Gemischten Sätze«.
Schwerpunkt: Burgenland

Obere Hauptstraße 31	Weinangebot: **49** | 50
+43 2167 20705	Service **19** | 20
weinwerk-burgenland.at	Essen **16** | 20
Kategorie: Weinbar in Vinothek	Ambiente: **8** | 10
	Gesamt: 92 | 100

Zum echten Leben 🍷🍷🍷

7100 Neusiedl am See

Die Frühstückskarte im historischen Hof stellt eine einzige regionale Versuchung dar. Doch unübersehbar sind auch die Magnums im Lokal, die für die zweite Spezialisierung – feine Tropfen von Bayer und Liegenfeld bis Salzl – stehen. Begehrte »Weinstammtisch«-Events.
Schwerpunkt: Burgenland

Obere Hauptstraße 31	Weinangebot: **46** | 50
+43 680 2015132	Service **19** | 20
zumechtenleben.at	Essen **18** | 20
Kategorie: Klassische Weinbar	Ambiente: **8** | 10
	Gesamt: 91 | 100

Leo Hillinger Wineshop & Bar 🍷🍷

7111 Parndorf

Zwanzig Jahre ist es her, dass Marketing-Naturtalent Leo Hillinger seinen Weinshop ins Outlet Center plazierte. Was damals Häme hervorrief, ist heute ein gern kopiertes Modell geworden. Wo viele Menschen sind, will man auch guten Wein beziehungsweise Säfte – »to go« oder vor Ort.
Schwerpunkt: Burgenland

Kälberweide 3/ Shop 122	Weinangebot: **44** | 50
+43 2166 20144	Service **19** | 20
leo-hillinger.com	Essen **16** | 20
Kategorie: Weinbar in Vinothek	Ambiente: **9** | 10
	Gesamt: 88 | 100

Wein mal anders 🍷🍷

7111 Parndorf

Neuzugang im Outlet, der Alternativen zum Burgenland bietet. Denn hinter dem Shop steht das Sortiment von Laurenz Maria Moser, bekannter Winzerspross und Consultant im fernen China. Daher füllt Wein vom Château Changyu ebenso die Regale wie knackiger Ribeiro oder Tokaj.
Schwerpunkt: international

Gewerbestraße 4	Weinangebot: **45** | 50
+43 677 62533560	Service **19** | 20
parndorffashionoutlet.com	Essen **15** | 20
Kategorie: Weinbar in Vinothek	Ambiente: **8** | 10
	Gesamt: 87 | 100

Vino en Paso 🍷🍷 — 7423 Pinkafeld

Der schmale Durchgang gibt den Namen, das Programm macht aber Robert Halper. Fünf Tage die Woche wird drinnen und draußen zu kleinen Schmankerln entkorkt, was dem Patron Spaß macht. Das kann Prosecco sein, aber auch ein Eisenberger. Schließlich ist man im Südburgenland.
Schwerpunkt: Österreich

Hauptplatz 15	Weinangebot:	**44** I 50
+43 664 4969439	Service	**19** I 20
	Essen	**15** I 20
Kategorie: Weinbistro	Ambiente:	**8** I 10
	Gesamt:	86 I 100

Vintage Café und Weinbar 🍷🍷 — 7033 Pöttsching

Das Frühstück ist der bestehende Teil, die Weine dürfen gerne wechseln, wenn Daniel Michalitsch wieder Neues für sein backsteinrotes Refugium entdeckt. Mit dem »Meierhof« gegenüber gibt es auch Platz für Festivitäten, etwa wenn Musik oder Trüffel die Weine ergänzen.
Schwerpunkt: Burgenland

Wiener Neustädter Straße 11a	Weinangebot:	**44** I 50
+43 263 130515	Service	**18** I 20
vintagelounge-poettsching.com	Essen	**16** I 20
Kategorie: Klassische Weinbar	Ambiente:	**8** I 10
	Gesamt:	86 I 100

Fritz Bar am Wasser 🍸🍸 — 7121 Weiden am See

Die luftige Atmosphäre am See ist die halbe Miete, doch beim Sundowner wird es doppelt bunt – wenn die Sonne blutrot versinkt und zu den DJ-Klängen auf der Terrasse die bunten Aperitivi eingeschenkt werden. Spritz und Highballs passen hier natürlich genial, beim Wein liegt der Fokus selbstverständlich auf lokalen Winzergrößen.

Seebad 1	Drinks:	**43** I 50
+43 2167 40222	Ambiente:	**20** I 20
dasfritz.at	Service:	**18** I 20
Kategorie: Restaurantbar	Sortiment:	**8** I 10
	Gesamt:	89 I 100

STEIERMARK

Da Maurizio 🍷🍷 — 8600 Bruck an der Mur

Maurizio ist Italiener und Diplomsommelier, Genuss ist ihm quasi in die Wiege gelegt. Produkte wie Käse, Pasta und Co stammen von ausgesuchten Erzeugern und machen Lust auf mehr. Gute Auswahl bei Weiß-, Rosé- und Rotweinen sowie bei Perlendem, Grappa und Likören.
Schwerpunkt: Italien

Roseggerstraße 14	Weinangebot:	**43** I 50
+43 660 7676224	Service	**18** I 20
da-maurizio.at	Essen	**16** I 20
Kategorie: Weinbar in Vinothek	Ambiente:	**8** I 10
	Gesamt:	85 I 100

Die Weinbank – Wirtshaus 🍷🍷🍷🍷 — 8461 Ehrenhausen

Wirtshaus und Vinothek sind an diesem Ort engstens miteinander verwoben. Küchentechnisch werden von Gerhard Fuchs alte Traditionen gepflegt, um die Verbreitung vinophiler Botschaften kümmert sich Christian Zach. Die Weinkarte verzeichnet an die 4500 Positionen.
Schwerpunkt: regional

Hauptstraße 44	Weinangebot:	**50** I 50
+43 3453 22291	Service	**19** I 20
dieweinbank.at	Essen	**18** I 20
Kategorie: Weinbar im Restaurant	Ambiente:	**9** I 10
	Gesamt:	96 I 100

Loisium Wine Bar 🍷🍷🍷 — 8461 Ehrenhausen

Kreative, ehrliche Gerichte überzeugen im Restaurant genauso wie steirische Klassiker, auf die Herkunft der Produkte legt man großen Wert. Sehenswert ist der 900 Jahre alte Weinkeller. Bestückt ist man mit allem, was die Steiermark an Weinen und Sekten zu bieten hat.
Schwerpunkt: Südsteiermark

Am Schlossberg 1a	Weinangebot:	**47** I 50
+43 3453 28800	Service	**19** I 20
loisium.com	Essen	**17** I 20
Kategorie: Klassische Weinbar	Ambiente:	**9** I 10
	Gesamt:	92 I 100

Magnothek & Wirtshaus 8461 Ehrenhausen

Ein magischer Ort mit Ausblick, im Keller lagern unglaubliche Schätze an Großflaschen vom Weingut Tement und von ausgesuchten Winzern aus Österreich. Ausgeschenkt werden die edlen Tropfen im dazugehörigen Wirtshaus, das gepflegte steirische Küche im Fokus hat.
Schwerpunkt: Österreich, Steiermark

Zieregg 3
+43 3453 22122
magnothek.at
Kategorie: Weinbar im Restaurant

Weinangebot:	**45** I 50
Service	**18** I 20
Essen	**18** I 20
Ambiente:	**9** I 10
Gesamt:	90 I 100

Bauernstadl 8330 Feldbach

Genussfreudige füllen sich im modernen Regionalmarkt mit Vinothek und Feinkost ihren Einkaufskorb mit allen Köstlichkeiten, die das Vulkanland zu bieten hat. Dazu gehören etwa Brot, Kernöl, Essige, Marmeladen und natürlich hervorragende Weiß-, Rot- und Schaumweine.
Schwerpunkt: Vulkanland

Buergergasse 2
+43 3152 7703
bauernstadl.at
Kategorie: Weinbar in Vinothek

Weinangebot:	**46** I 50
Service	**18** I 20
Essen	**17** I 20
Ambiente:	**8** I 10
Gesamt:	89 I 100

Sissi's Weinbar 8330 Feldbach

Weine spüren und erleben: Das wird in der kleinen Weinbar oder im Onlineshop leicht gemacht. Zu feinen steirischen Schmankerln wie Vulkanlandschinken oder gereiftem Käse kostet man sich durch namhafte regionale Produkte, es gibt aber auch Raum für spannende Neuheiten.
Schwerpunkt: Vulkanland

Ringstraße 8/Altstadtgasse
+43 676 7389532
sissisweinbar.net
Kategorie: Klassische Weinbar

Weinangebot:	**44** I 50
Service	**19** I 20
Essen	**15** I 20
Ambiente:	**8** I 10
Gesamt:	86 I 100

Weinkastl

8462 Gamlitz

Der liebevoll gestaltete Garten ist abends romantisch beleuchtet – ein Ort voller Magie. Die findet sich auch im Glas, Garant dafür sind die besten Winzer der Region. Neben steirischen Schmankerln wird auch Flammkuchen serviert. Stimmungsvolle Musik passt zum Flair.
Schwerpunkt: Italien, Österreich

Untere Hauptstraße 322A	Weinangebot:	43 I 50
+43 3453 50218	Service	19 I 20
	Essen	17 I 20
Kategorie: Weinbistro	Ambiente:	9 I 10
	Gesamt:	88 I 100

Auenbrugger

8020 Graz

Zeitlos-gemütliches Ambiente in einem historischen Gebäude mitten in der Stadt. Zu Gerichten wie Pasta mit Trüffeln, Austern und regionalen Schmankerln wählt man aus 150 Positionen. Aus dem Stammhaus Kehlberghof werden nach Aufpreis auch Jahrgangstiefen geliefert.
Schwerpunkt: international, Steiermark

Südtiroler Platz 5	Weinangebot:	48 I 50
+43 316 717187	Service	19 I 20
auenbrugger.at	Essen	18 I 20
Kategorie: Klassische Weinbar	Ambiente:	8 I 10
	Gesamt:	93 I 100

Bar 8020

8020 Graz

Die gemütliche Cocktail- und Festivalbar hat täglich geöffnet und ist ein beliebter Treffpunkt. Mit Leidenschaft werden selbst kreierte Cocktails gemixt. Frisch gezapftes Trummer-Bier ist ein idealer Durstlöscher und auch die Auswahl an Spirituosen macht Spaß. Jeden zweiten Donnerstag gibt es Liveacts auf der Showbühne.

Mariahilfstraße 9	Drinks:	43 I 50
+43 664 8392693	Ambiente:	18 I 20
hotelmariahilf.at	Service:	18 I 20
Kategorie: Hotelbar	Sortiment:	8 I 10
	Gesamt:	87 I 100

Bar Amouro 🍸🍸🍸

8010 Graz

In der opulent-stylishen Bar in der Innenstadt gehen die Uhren erfreulich langsam, Leichtigkeit und Genuss stehen im Fokus. Bei den Cocktails wechseln sich Klassiker mit spannenden Neukreationen ab. Zum Aperitif »Vacanza Italiana« mit Tomate, Gin, Zitrone und Aperol mit Basilikuminfusion schlürft man Austern.

Schmiedgasse 10–12
+43 316 696060
baramouro.at
Kategorie: Restaurantbar

Drinks:	**46** I 50
Ambiente:	**19** I 20
Service:	**17** I 20
Sortiment:	**8** I 10
Gesamt:	90 I 100

Cafe Mitte 🍸🍸

8010 Graz

Im beliebten Treff in der Innenstadt bekommen Künstler eine Plattform. Für den Genuss gibt es lässiges Frühstück mit Kaffeevarianten wie dem Thai Espresso. Auch die Cocktail-Karte verwöhnt mit Klassikern wie Caipirinha, Frozen Margaritas, Negroni Sbagliato oder Moscow Mule. Top: die abendliche Cocktail-Happy-Hour.

Freiheitsplatz 2
+43 664 5128528
cafemitte.at
Kategorie: Restaurantbar

Drinks:	**44** I 50
Ambiente:	**17** I 20
Service:	**17** I 20
Sortiment:	**8** I 10
Gesamt:	86 I 100

Cohibar 🍸🍸🍸

8010 Graz

Authentisches kubanisch-karibisches Flair wartet in der lässigen Bar im Univiertel – dazu gehören heiße Rhythmen, Getränke und Gaumenfreuden wie Plátanos fritos, Enchiladas oder Chili con carne gleichermaßen. Gemixt werden klassische Cocktails, für Liebhaber des blauen Dunsts umfasst das Angebot 150 Premiumzigarren.

Leonhardstraße 3
+43 316 337470
cohibar.at
Kategorie: Loungebar

Drinks:	**45** I 50
Ambiente:	**18** I 20
Service:	**19** I 20
Sortiment:	**9** I 10
Gesamt:	91 I 100

EL1 🍸🍸

8010 Graz

Die pulsierende Bar ist eine der beliebtesten Anlaufstellen für Nachtschwärmer. Kombinieren kann man den Besuch gut mit einem auf den Punkt gegrillten Steak im Restaurant nebenan. Die Auswahl an regionalen wie internationalen Winzern begeistert, dazu gibt es Gin und tollen Rum, aber auch die Bierkultur wird gepflegt.

Landhausgasse 1
+43 316 830083
elgaucho.at
Kategorie: Restaurantbar

Drinks:	**43** I 50
Ambiente:	**18** I 20
Service:	**18** I 20
Sortiment:	**7** I 10
Gesamt:	86 I 100

Ernst Fuchs

8010 Graz

Künstler, Lebenskünstler und Liebhaber von klassischen Cocktails schätzen das besondere Ambiente mit dunklen Wänden und viel Gold. Fruchtig präsentiert sich der »Sunshine Basil Smash« mit Gin, Basilikum und Mango, erdiger dagegen der »Jerusalem« mit Scotch, Wermut, gesalzenem Karamell und Szechuanpfeffer.

Sackstraße 3	Drinks:	**47** | 50
+43 664 8702130	Ambiente:	**19** | 20
erzherzog-johann.com	Service:	**19** | 20
Kategorie: American Bar	Sortiment:	**8** | 10
	Gesamt:	93 | 100

Färberei

8010 Graz

Café, Weinbar und Bistro in einem. So bunt, wie der Name es verspricht, sind auch die Cocktails und Aperitifs, die Küche steuert lässige Kleinigkeiten bei. An heißen Tagen sind Veneziano oder Prosecco vom Fass sehr beliebt. Top aufgestellt ist man auch bei den Rotweinen.
Schwerpunkt: Italien, Österreich

Färbergasse 7	Weinangebot:	**44** | 50
+43 316 375015	Service	**19** | 20
faerberei-graz.eatbu.com	Essen	**16** | 20
Kategorie: Weinbistro	Ambiente:	**8** | 10
	Gesamt:	87 | 100

Glou Glou

8010 Graz

Im Herzen der Stadt findet sich eine kleine, charmante Wein- und Champagnerbar mit angeschlossenem Delikatessenshop. Neben edlen Tropfen – vorwiegend aus Frankreich und Deutschland – erfreuen Spritz-Varianten, Chartreuse Sour, Trummer-Bier und Craftbier vom Fass.
Schwerpunkt: Champagner, Frankreich

Sporgasse 29	Weinangebot:	**47** | 50
+43 664 88448006	Service	**18** | 20
glouglougraz.at	Essen	**16** | 20
Kategorie: Champagner-Bar	Ambiente:	**8** | 10
	Gesamt:	89 | 100

Kabuff

8020 Graz

Im angesagten Lendviertel trifft man auf eine durchaus außergewöhnliche Bar mit Chesterfield-Ledercouch und Co. Geboten werden cooler Sound und jede Menge süffige Gins. Wichtig ist den Betreibern die hohe Qualität der Zutaten. Für den Durst gibt es Augustiner Bier, einmal im Monat wird Music-Bingo gespielt.

Lendkai 13	Drinks:	**44** | 50
+43 316 232075	Ambiente:	**17** | 20
kabuff.at	Service:	**18** | 20
Kategorie: Loungebar	Sortiment:	**7** | 10
	Gesamt:	86 | 100

Kalte Ente

8010 Graz

Der Gastgarten im Innenhof ist ein Grazer Geheimtipp (nicht nur für erste Dates!), die Mixologie von Tom Legat und Miss Liz bringt aber auch indoor zum Staunen. Kreativität versprüht der wechselnde »Freak of the week«. Schalk darf nicht, er muss hier sein! Aber einen raren Torfrauch-Whisky hat Tom auch immer am Start.

Sparbersbachgasse 22
+43 316 813385
kalteente.at
Kategorie: American Bar

Drinks:	**46** / 50
Ambiente:	**18** / 20
Service:	**19** / 20
Sortiment:	**8** / 10
Gesamt:	91 / 100

Katze Katze

8010 Graz

Immer Neues bietet die Themenkarte von Ayham Khalil. Aktuell verwandelt er die Drinks in einen bunten Garten. Mit dem hauseigenen »Amouro« wird es kräutrig-rauchig, der »JungleJam« lässt die exotische Fruchtigkeit von Guave erforschen. Noch tropischer wird die Grazer Nacht mit dem »MonkeySwing« und etwas Litschi. *Yummy!*

Schmiedgasse 9
+43 316 830276
katzekatze.at
Kategorie: American Bar

Drinks:	**45** / 50
Ambiente:	**18** / 20
Service:	**18** / 20
Sortiment:	**8** / 10
Gesamt:	89 / 100

Klapotetz

8010 Graz

Das Herzstück der Weinbar – darauf ist die Betreiberin besonders stolz – sind etwa 130 Weiß- und Rotweine aus der Steiermark und dem Burgenland. Allein 20 sind stets offen zu verkosten. Die Karte ändert sich alle 14 Tage, so kommt man in einen breit gefächerten Genuss.
Schwerpunkt: Österreich, regional, Steiermark

Herrengasse 9
+43 316 820888
klapo.at
Kategorie: Weinbistro

Weinangebot:	**44** / 50
Service	**19** / 20
Essen	**16** / 20
Ambiente:	**9** / 10
Gesamt:	88 / 100

Dieter Sajovic www.dieabbilderei.at 06769001020

Nussbaumer Delikatessen

8010 Graz

In bester Innenstadtlage wird man mit einer schier unglaublichen Auswahl an Käse verwöhnt, Delikatessen wie Sarde in Saor und Trüffelmortadella beamen einen in Sekundenschnelle nach Italien. Heimische und internationale Weine oder edle Rumsorten runden das Angebot ab.
Schwerpunkt: Österreich, international

Paradeisgasse 1
+43 316 829162
delikatessen-nussbaumer.at
Kategorie: Weinbar in Vinothek

Weinangebot:	**45**	50
Service	**19**	20
Essen	**17**	20
Ambiente:	**8**	10
Gesamt:	**89**	100

O bar

8020 Graz

Der Mann am Zapfhahn versteht sein Handwerk. Als Pionier der »Cocktails on tap« in der Landeshauptstadt serviert Oltion Mehmetaj tagsüber Nitro-Coffee. Abends werden die Blockbuster geordert – alles mit Edelbrand, teils aus eigener Erzeugung, ist eine Spezialität. Zu den Topsellern gehört auch der »Porn Star Martini«.

Mariahilferplatz 5
+43 676 3194450
o-bar.at
Kategorie: American Bar

Drinks:	**45**	50
Ambiente:	**18**	20
Service:	**19**	20
Sortiment:	**8**	10
Gesamt:	**90**	100

Promenade

8010 Graz

Der In-Place der Grazer. Nicht nur die stylishe Aufmachung ist ein Anziehungspunkt. Zu gutem Kaffee gibt es über den Tag verteilt Kuchen und kreative Tapas. Mit den Cocktails möchte man den Gästen auch besondere Liköre und aufregende Gewürze näherbringen. Top ist der »Italicus Sonett« mit Wodka, Lavendel, Rosmarin und Limette.

Erzherzog-Johann-Allee 1
+43 316 813840
promenade.aiola.at
Kategorie: Loungebar

Drinks:	**43**	50
Ambiente:	**18**	20
Service:	**18**	20
Sortiment:	**8**	10
Gesamt:	**87**	100

Arnaud Gaiani

Rangoon Cocktailbar 🍸🍸 8020 Graz

Die Auswahl an Cocktails lässt keine Wünsche offen – ob mit Gin, Whisk(e)y, Prosecco oder altem Rum. Ohne Alkohol schmeckt's auch: Der »Choco Coco« lebt von Schoko- und Kokossirup mit Milch und Obers. Bei den Signature Cocktails finden sich klingende Namen wie »Wilde Ehe« mit Williamsbirnenschnaps. Dienstags Livemusik.

Mariahilfer Straße 15
+43 664 99961545
rangoon-graz.at
Kategorie: American Bar

Drinks:	**44** | 50
Ambiente:	**18** | 20
Service:	**18** | 20
Sortiment:	**8** | 10
Gesamt:	88 | 100

Salon Marie 🍸🍸🍸 8020 Graz

Ausgesucht freundliches Personal, das einem das gute Leben mit Stil näherbringt. Der Tag beginnt hier schon mit einem ausgedehnten Frühstück. Abends locken an heißen Sommerabenden diverse Spritz-, Gin- und Whisk(e)y-Variationen. Bei den Cocktails bleibt man eher klassisch, etwa mit einem »Cosmopolitan« oder »Daiquiri«.

Grieskai 4–8
+43 316 706683
salonmarie.at
Kategorie: Restaurantbar

Drinks:	**44** | 50
Ambiente:	**19** | 20
Service:	**19** | 20
Sortiment:	**8** | 10
Gesamt:	90 | 100

San Bar im San Pietro ꘡꘡ 8042 Graz

Stilvolles Ambiente und stylish-lebendiges Flair sind die Magneten, die seit Jahren ein begeistertes Publikum an den Rand der Stadt ziehen. Egal, ob man guten Kaffee wählt, kreative Cocktails oder feine italienische Weine – coole Rhythmen sind immer mit dabei. Dazu empfiehlt sich eine der tollen Pinsa-Variationen.

St.-Peter-Hauptstraße 141
+43 316 481581
sanpietro.at
Kategorie: Loungebar

Drinks:	**42** I 50
Ambiente:	**18** I 20
Service:	**19** I 20
Sortiment:	**7** I 10
Gesamt:	86 I 100

Santa Lucia 8020 Graz

Das Lokal passt gut zum geschäftigen Treiben auf dem Lendmarkt, Italienfeeling kommt bei Pizza mit Salami, Pasta und diversen Antipasti auf. Das freundliche Personal samt Chef verwöhnt auch mit einer kleinen, feinen Auswahl an Cocktails. Ebenso freut man sich über ein Glas Bier oder wohltemperierten Rotwein.

Stockergasse 10
+43 676 9085256
pizzeria-santalucia.at
Kategorie: Restaurantbar

Drinks:	**43** I 50
Ambiente:	**18** I 20
Service:	**18** I 20
Sortiment:	**7** I 10
Gesamt:	86 I 100

Stammtisch am Paulustor 8010 Graz

Nahezu mitten im Zentrum genießt man einen der ruhigsten Gastgärten der Stadt. Die Küche bewegt sich mit besten regionalen Zutaten auf hohem Niveau. Weintechnisch hält man gut mit – der schöne Weinkeller lockt mit edlen steirischen Tropfen, Raritäten und Verkostungen.
Schwerpunkt: Österreich, international

Paulustorgasse 8
+43 316 813803
stammtisch.restaurant
Kategorie: Weinbar im Restaurant

Weinangebot:	**45** I 50
Service	**19** I 20
Essen	**17** I 20
Ambiente:	**8** I 10
Gesamt:	89 I 100

Steirerpub 🍸🍸

8010 Graz

Ein grobes Steingewölbe, ein rustikaler Holzboden und lederne Barhocker sorgen für gemütliches Flair. Hungrige freuen sich über reich belegte Burger oder knusprige Ripperl, dazu passt ein kühles Guinness. Einen großen Stellenwert haben Whisk(e)y und Rum, in Verkostungen taucht man tief ein. Jeden Mittwoch gibt's Live-Karaoke.

Abraham-a-Santa-Clara-Gasse 3
+43 664 6430919
steirerpub.at
Kategorie: Club

Drinks:	**42** | 50
Ambiente:	**17** | 20
Service:	**18** | 20
Sortiment:	**8** | 10
Gesamt:	85 | 100

The Churchill Bar 🍸🍸🍸

8010 Graz

Die Kunst, originale Cocktails wie den Espresso Martini zu mixen, wird intensiv gepflegt, aber auch für Trends mit klingenden Namen (»Space Cowboy«) ist man aufgeschlossen. Bei Wohnzimmeratmosphäre kommen Bierliebhaber mit ausgesuchten Craftbieren genauso auf ihre Kosten. Ein Highlight ist das Pastrami-Sandwich.

Heinrichstraße 21
+43 660 3998897
thechurchill.at
Kategorie: American Bar

Drinks:	**45** | 50
Ambiente:	**18** | 20
Service:	**19** | 20
Sortiment:	**9** | 10
Gesamt:	91 | 100

Viertel 4 🍸🍸

8010 Graz

Von Mai bis September zieht die coole Pop-up-Bar im Joanneumsviertel feierfreudiges Publikum an. Neben der urbanen Altstadtkulisse taucht man bei Palmen und Liegestühlen in chillige House-Beats ein. Serviert werden trendige Signature-Cocktails vom renommierten Jack-Coleman-Barteam. Ab und zu gibt es auch Livemusik.

Joanneumsviertel 3
+43 316 309221
viertel-vier.at
Kategorie: Loungebar

Drinks:	**45** | 50
Ambiente:	**17** | 20
Service:	**17** | 20
Sortiment:	**7** | 10
Gesamt:	86 | 100

Mocca

8605 Kapfenberg

In der eigenen Rösterei wird der Kaffee schonend zur Vollendung gebracht – Kaffeekultur seit 1961. Dazu gibt es einen Wein- und Feinkosthandel. Bei den Weinen findet sich eine feine Bandbreite, vieles kann man sogar glasweise verkosten. Dazu gibt es Antipasti.
Schwerpunkt: Österreich

Grazer Straße 9	Weinangebot:	43 I 50
+43 3862 22612	Service	18 I 20
schicker-kapfenberg.at	Essen	16 I 20
Kategorie: Klassische Weinbar	Ambiente:	8 I 10
	Gesamt:	85 I 100

Bar im Hotel Liebmann

8301 Laßnitzhöhe

Gemütliche Bar mit stilvoller Atmosphäre, die in einem Familienbetrieb mit Hotel untergebracht ist. Junior Stefan Liebmann hat das Ruder übernommen, seine große Leidenschaft gilt dem Gin. Mehr als 270 verschiedene Sorten machen die Bar zur größten Gin-Bar in der Steiermark. Immer wieder gibt es Verkostungen.

Liebmannweg 23	Drinks:	44 I 50
+43 3133 23226	Ambiente:	17 I 20
hotel-liebmann.at	Service:	18 I 20
Kategorie: Hotelbar	Sortiment:	9 I 10
	Gesamt:	88 I 100

Rathaus Vinarium

8430 Leibnitz

Ein Hauch von Luxus weht durch das historische Gewölbe am Hauptplatz, die Einrichtung ist dennoch gemütlich. Beachtliche Auswahl an Gins, Rum und Whisk(e)ys namhafter Marken, das Personal berät bestens. Auch Wein- und Sektliebhaber kommen auf ihre Kosten. Absinths werden stilgerecht im Pontarlier-Glas serviert.

Hauptplatz 24	Drinks:	43 I 50
+43 3452 85560	Ambiente:	18 I 20
rathaus-vinarium.at	Service:	19 I 20
Kategorie: American Bar	Sortiment:	8 I 10
	Gesamt:	88 I 100

Schlosskeller Südsteiermark 🍷🍷🍷 8430 Leibnitz

Eine Bar zum Wohlfühlen, im Sommer lockt die schöne Terrasse mit Blick in die hügelige Landschaft. Neben neuesten Trendcocktails der Saison wird man bei angenehmer Musik mit besten regionalen, aber auch einigen ausgefallenen Bioweinen und kleinen Snacks verwöhnt.
Schwerpunkt: international, Steiermark

Seggaubergstraße 5 +43 3452 74499 schlosskellersuedsteiermark.at **Kategorie:** Weinbar im Restaurant	Weinangebot: **47** | 50 Service **18** | 20 Essen **17** | 20 Ambiente: **8** | 10 Gesamt: **90** | 100

McMullens Irish Pub 🍸🍸 8700 Leoben

Bekannt sind die McMullen-Pubs für Livemusik, Sportübertragungen und Pub-Quizzes. Wer Whiskey liebt, wird sich im Whiskey Corner bei schummriger Beleuchtung wohlfühlen. Beliebt sind die irischen Cocktails wie der »Irish Mule« oder der »Irish Espresso Martini«. Fish und Chips oder Burger passen perfekt ins Bild.

Langgasse 9 +43 676 9070616 mcmullens.at **Kategorie:** Club	Drinks: **43** | 50 Ambiente: **18** | 20 Service: **18** | 20 Sortiment: **9** | 10 Gesamt: **88** | 100

Sunny Bar 🍸🍸 8282 Loipersdorf bei Fürstenfeld

Der Urlaubstag kann an der Bar bei sanften Blues- und Jazzklängen gemütlich zu Ende gehen. Für Weinliebhaber stehen jede Menge edle Tropfen und Champagner zur Wahl, die frech-fruchtigen Cocktailkreationen machen richtig Spaß. Neben Klassikern wie Moscow Mule kann man sich auch durch Cocktails ohne Alkohol kosten.

Schaffelbadstraße 219 +43 3382 20000 sonnreich.at **Kategorie:** Hotelbar	Drinks: **45** | 50 Ambiente: **17** | 20 Service: **18** | 20 Sortiment: **8** | 10 Gesamt: **88** | 100

Kellerstoa

8455 Oberhaag

In der auch bei Nachtschwärmern beliebten, lebhaften Cocktailbar finden regelmäßige Events wie die »Girls Night Out« oder die »Montag-Schlager-Nacht« statt, DJs oder Musikstars heizen im geräumigen Ambiente richtig ein. Die flotte Bedienung serviert klassisch gemixte Cocktails, aber auch die Shots haben Qualität.

Oberhaag 21	Drinks:	42 | 50
+43 664 3796224	Ambiente:	17 | 20
	Service:	18 | 20
Kategorie: American Bar	Sortiment:	7 | 10
	Gesamt:	84 | 100

Schottis

8225 Pöllau

Als Location für Feiern bietet sich das Traditionsrestaurant mit Weinbar an. Klassiker wie Beef Tatar oder Gebackenes werden mit Kick serviert, Spezialitätenwochen wie Sushi locken. Im Weinkeller lagern gute Tropfen, an der Bar werden auch Grappa und Bier ausgeschenkt.
Schwerpunkt: Österreich, international, Champagner

Obersaifen 254	Weinangebot:	45 | 50
+43 664 9620777	Service	19 | 20
schottis.at	Essen	17 | 20
Kategorie: Weinbar im Restaurant	Ambiente:	9 | 10
	Gesamt:	90 | 100

Vulkanland Sekt Kulinarium

8333 Riegersburg

Familie Meister betreibt ihr Kulinarium mit großer Leidenschaft, selber produziert sie elegante Winzersekte. Auf der traumhaften Terrasse kann man in über 300 Produkten aus dem Thermen- und Vulkanland schwelgen, im Gewölbekeller finden Sektverkostungen statt.
Schwerpunkt: Sekt

Schützing 147	Weinangebot:	42 | 50
+43 680 5052912	Service	19 | 20
vulkanlandsekt.at	Essen	15 | 20
Kategorie: Weinbar in Vinothek	Ambiente:	9 | 10
	Gesamt:	85 | 100

Vinothek Steiermark

8354 St. Anna am Aigen

Ein cool designter Platz, der Ausblick von der Terrasse in die hügelige Landschaft ist genial. Die steirischen Weine bekommen hier eine Bühne, die Vielfalt an Böden und das Klima bringen knackig-frische Tropfen hervor, auch PIWI-Sorten gewinnen zunehmend an Bedeutung.
Schwerpunkt: Vulkanland

Marktstraße 6	Weinangebot:	46 | 50
+43 3158 2801	Service	19 | 20
vinothek-steiermark.net	Essen	14 | 20
Kategorie: Weinbar in Vinothek	Ambiente:	9 | 10
	Gesamt:	88 | 100

Stifterl

8813 St. Lambrecht

Gelebte steirische Gastlichkeit spürt man bei den typischen Schmankerln wie Schnitzel und Backhendl. Eine schöne Bandbreite steirischer Winzer findet sich in den gut gefüllten Weinregalen, die nicht nur zum Verkosten einladen, sondern auch zum Mitnehmen für zu Hause.
Schwerpunkt: Steiermark

Hauptstraße 7	Weinangebot: **43** | 50
+43 664 2555063	Service **18** | 20
stifterl.com	Essen **16** | 20
Kategorie: Weinbar im Restaurant	Ambiente: **8** | 10
	Gesamt: 85 | 100

ARX Weinbistro

8971 Schladming

Alpin-Authentisches und mutige Innovation verbinden sich in der Küche im Angesicht des Dachsteins. Ex-Snowboardprofi Manuel Veith steuert dazu Weine mit Seele bei. Nachhaltige Charakterweine – oft sind es Naturweine –, die den Boden ihrer Herkunft widerspiegeln.
Schwerpunkt: Raw/Natural Wine, Österreich

Rohrmoosstraße 91	Weinangebot: **43** | 50
+43 3687 61493	Service **18** | 20
das-arx.at	Essen **16** | 20
Kategorie: Weinbistro	Ambiente: **9** | 10
	Gesamt: 86 | 100

Platzhirsch–Alm

8970 Schladming

Franz und Maria Böhmer haben mit ihrer coolen Bar direkt am Zielhang einen ganz besonderen Ort der Begegnung geschaffen, ein DJ sorgt für den chilligen musikalischen Rahmen, da geht die Party richtig ab. Neben gegrillten Garnelen oder Burgern locken auch die bunten Cocktails, Mixgetränke und natürlich Champagner.

Coburgstraße 626	Drinks: **43** | 50
+43 3687 23544	Ambiente: **17** | 20
platzhirsch.cc	Service: **18** | 20
Kategorie: Club	Sortiment: **7** | 10
	Gesamt: 85 | 100

Weinfinder

8970 Schladming

Nette Weinbar in der Innenstadt, die Martin Traint mit viel Fachwissen und Leidenschaft führt. Das Sortiment an edlen Tropfen in Weiß, Rot und Rosé wird oft gewechselt, auch Naturweine und spannende Neuheiten sind mit an Bord. Sehr gutes Preis-Leistungs-Verhältnis.
Schwerpunkt: Österreich

Hauptplatz 39	Weinangebot: **48** | 50
+43 3687 23283	Service **19** | 20
der-weinfinder.at	Essen **15** | 20
Kategorie: Weinbar in Vinothek	Ambiente: **8** | 10
	Gesamt: 90 | 100

De Merin 🍷🍷 — 8345 Straden

In der Greißlerei lässt sich das Beste entdecken, was die Region zu bieten hat, einmal im Monat findet ein Genussfrühstück statt. Weinverkostungen bieten die Möglichkeit, auch exklusive lokale Tropfen zu entdecken. Für zu Hause gibt es unter anderem Säfte, Käse oder Marmeladen.
Schwerpunkt: Vulkanland, regional

Straden 5
+43 3473 75957
demerin.at
Kategorie: Weinbar in Vinothek

Weinangebot:	**44** | 50
Service	**18** | 20
Essen	**16** | 20
Ambiente:	**9** | 10
Gesamt:	87 | 100

Vinofaktur 🍷🍷🍷 — 8461 Vogau

Man schwelgt in über 1300 Weiß-, Rot-, Schaum- und Bioweinen, aber auch Gin, Rum oder Wermut stehen zur Verkostung bereit. Was die Steiermark an kulinarischen Versuchungen – von Kürbiskernpesto über Essige bis hin zum Rosensalz – zu bieten hat, macht genauso Spaß.
Schwerpunkt: Südsteiermark

An der Mur 13
+43 3453 4067713
vinofaktur.at
Kategorie: Weinbar in Vinothek

Weinangebot:	**48** | 50
Service	**18** | 20
Essen	**16** | 20
Ambiente:	**8** | 10
Gesamt:	90 | 100

KÄRNTEN

Hopfi's 🍷🍷 — 9772 Dellach im Drautal

Die Speisekarte bietet einen bunten Mix – das reicht vom Fiakergulasch übers Jägerpfandl bis zu pikantem Curry mit Riesengarnelen. Dazu trinkt man Bier, aber auch die Weinauswahl mit vorwiegend österreichischen Klassikern und Raritäten macht Spaß. Gute Spirituosen.
Schwerpunkt: Italien, Österreich

Holztratten 35
+43 676 4997785
hopfis.at
Kategorie: Weinbar in Vinothek

Weinangebot:	**44** | 50
Service	**18** | 20
Essen	**19** | 20
Ambiente:	**8** | 10
Gesamt:	89 | 100

151 Restaurant & Bar 🍸🍸🍸

9073 Klagenfurt

Eine Location wie aus dem Märchenbuch, der See ist in unmittelbarer Nähe. Hier trifft sich halb Klagenfurt zum Plausch. Die Küche bietet einen bunten mediterranen Streifzug, dazu trinkt man feine österreichische und internationale Weine. Der Bellini schmeckt – auch ohne Alkohol – mit hausgemachtem Saturnpfirsichmark.

Höhenweg 151	Drinks:	**44** | 50
+43 676 6151151	Ambiente:	**19** | 20
151.at	Service:	**18** | 20
Kategorie: Restaurantbar	Sortiment:	**9** | 10
	Gesamt:	90 | 100

Cafe Bar Vino 🍷🍷

9020 Klagenfurt

In sympathischer Atmosphäre fällt der Genuss ganz leicht – und hier ist er herrlich italophil. Die Palette reicht von gutem Kaffee, Aperol Spritz und Prosecco bis hin zu ausgesuchten Weinen. Dazu serviert man Köstliches wie italienische Pinsa mit frischen Eierschwammerln.
Schwerpunkt: Italien

Pfarrplatz 5	Weinangebot:	**43** | 50
+43 676 7878088	Service	**18** | 20
cafe-vino.at	Essen	**17** | 20
Kategorie: Klassische Weinbar	Ambiente:	**8** | 10
	Gesamt:	86 | 100

Das Wohnzimmer 🍸🍸🍸

9020 Klagenfurt

Das nette Café-Bar-Konzept mit tollem Außenbereich bietet angenehme Musikuntermalung und Wohlfühlfaktor pur. Für die leiblichen Genüsse ist mit Ripperln, Flammkuchen oder saftigen Steaks gesorgt, dazu passt ein gepflegtes Bier. Probieren sollte man »Tom's Hot Bowl« mit Rhabarber, Birne, Chilisauce und Tequila.

Villacher Ring 21	Drinks:	**46** | 50
+43 664 2444964	Ambiente:	**18** | 20
das-wohnzimmer-cafe-bar-musik.eatbu.com	Service:	**19** | 20
Kategorie: Loungebar	Sortiment:	**8** | 10
	Gesamt:	91 | 100

Gig 🍸🍸

9020 Klagenfurt

Im Herbst und Winter ist die beeindruckende Location für Events und Bälle geöffnet, im Sommer lockt die Terrasse, coole Beleuchtung und originelle Ausstattung gehören zum Gesamtkonzept. Man relaxt bei lässigen Beats und wird mit erfrischenden Cocktails oder Longdrinks verwöhnt. Kleine Snacks und Pizza gibt's auch.

Universitätsstraße 104	Drinks:	**43** | 50
+43 463 210555	Ambiente:	**18** | 20
gig-bar.at	Service:	**19** | 20
Kategorie: Loungebar	Sortiment:	**7** | 10
	Gesamt:	87 | 100

Hafenstadt

9020 Klagenfurt

Städtische Gemütlichkeit mit kuscheligen Möbeln auf der begrünten Terrasse trifft auf coole Atmosphäre und Beats, die das Hafenpublikum anziehen. Der Gaumen wird verwöhnt mit kleinen kreativen Happen. Wer keinen Alkohol mag, probiert Latte-Varianten. Sonst kostet man sich durch Bier, Spritz oder fruchtige Cocktails.

Villacher Straße 16–18	Drinks:	**43** | 50
+43 463 276116	Ambiente:	**19** | 20
hafenstadt.at	Service:	**19** | 20
Kategorie: Restaurantbar	Sortiment:	**8** | 10
	Gesamt:	89 | 100

Teatro

9020 Klagenfurt

In der legendären Bar im Herzen der Stadt geht es seit bald 20 Jahren mit Partyfeeling und jeder Menge Events, heißen Beats und Sportübertragungen das ganze Jahr hoch her. Das motivierte Team serviert erfrischende Cocktails, Longdrinks und Perlendes. Regelmäßige Liveacts von Bands und Sängern garantieren Stimmung.

Theatergasse 4	Drinks:	**42** | 50
+43 650 3772565	Ambiente:	**18** | 20
bar-teatro.at	Service:	**18** | 20
Kategorie: American Bar	Sortiment:	**7** | 10
	Gesamt:	85 | 100

Edelgreissler Herwig Ertl

9640 Kötschach

Die erste Adresse für Gourmandisen (wo sonst gibt's Popcorn vom Kammerhof Jäger?) punktet auch beim Wein. Istrien in klassischer Form oder als Orange Wine gehört nicht erst seit gestern zu Herwig Ertls Spezialdisziplinen. Neu hingegen ist der Sparkling aus dem Piemont.
Schwerpunkt: Adria

Kötschach 19	Weinangebot:	**45** | 50
+43 4715 246	Service	**19** | 20
herwig-ertl.at	Essen	**17** | 20
Kategorie: Weinbar in Vinothek	Ambiente:	**9** | 10
	Gesamt:	90 | 100

Jilly Beach

9210 Pörtschach

Die Familie Jilly hat sich mit einem Meer aus Blau- und Beigetönen ein modernes Highlight direkt am Wörtherseeufer geschaffen. Man kann fein dinieren und genussvoll entspannen – bei klassischen Cocktails, Signature Drinks, Gin, Wein und jeder Menge Perlendem, serviert von einem äußerst engagierten Personal.

Alfredweg 5–7	Drinks:	**44** | 50
+43 4272 2391	Ambiente:	**20** | 20
jilly.at	Service:	**18** | 20
Kategorie: Restaurantbar	Sortiment:	**7** | 10
	Gesamt:	89 | 100

Lake's

9210 Pörtschach

Ein architektonisch außergewöhnlicher Ort direkt an der Promenade, der gehoben-lässige Lifestyle macht Spaß. Zum mediterranen Flair passen ein chilliger Musikmix und coole Cocktails, die man bei Sonnenuntergang genießt. Der Beach Club hat das ganze Jahr Saison – im Advent verwandelt er sich in eine Punschbar.

Augustenstraße 24	Drinks:	**43** | 50
+43 4272 2050512	Ambiente:	**19** | 20
mylakehotel.com	Service:	**18** | 20
Kategorie: Loungebar	Sortiment:	**7** | 10
	Gesamt:	87 | 100

Mecs

9210 Pörtschach

Der In-Treff punktet mit aufmerksamem Service, chilligen Beats oder Livemusik und bester Seelage mit großzügigem Außenbereich. Auch bei den Vespa-Days dreht man groß auf. Die Genusspalette reicht von italienischem Kaffee über ein gepflegtes Bier bis zu Longdrinks und Cocktails. Dazu werden kleine Imbisse serviert.

Hauptstraße 204	Drinks:	**43** | 50
+43 4272 21009	Ambiente:	**18** | 20
	Service:	**18** | 20
Kategorie: Loungebar	Sortiment:	**7** | 10
	Gesamt:	86 | 100

Foto: Daniel Waschnig

Schlossbar – Schloss Seefels

9212 Pörtschach

Edel ausgestattete Bar mit Barockluster, Samtvorhängen und Marmor, die perfekt zum Schlossambiente passt. Die Karte spielt alle Stücke mit Champagner, Cocktails, Whisk(e)y und Gin oder österreichischen Destillaten. Beim »Bartenders Choice« lässt man sich von einfallsreichen Kreationen überraschen. Livemusik-Abende.

Töschling 1	Drinks:	**45** | 50
+43 4272 2377	Ambiente:	**19** | 20
seefels.at	Service:	**19** | 20
Kategorie: Hotelbar	Sortiment:	**8** | 10
	Gesamt:	91 | 100

Lakeside

9081 Reifnitz

Mediterran und elegant-lässig geht es bei unschlagbarem Seeblick zu. Auf den Tellern landen italienische Klassiker wie Bruschette, Fischtatar oder Mozzarella mit gelben Tomaten. Auf der Karte findet sich eine große Auswahl an guten Weinen, Whisk(e)y, Wodka und Tequila sowie kreativen – auch antialkoholischen – Cocktails.

Süduferstraße 104c	Drinks:	**43** I 50
+43 664 4300990	Ambiente:	**19** I 20
lakesidelounge.at	Service:	**18** I 20
Kategorie: Restaurantbar	Sortiment:	**8** I 10
	Gesamt:	88 I 100

LakeNight

9122 St. Kanzian

Die Cocktails schmecken nicht nur top, sie sind auch eine Augenweide und bestechen durch kräftige Farben und Namen wie »Burning Inka« und »Jamaica Fever«. Etwas Besonderes sind die hausgemachten Liköre wie Honig-Rum, Erdbeere oder Traube, bei den Shots ist man genauso gut aufgestellt.

Seenweg 6	Drinks:	**44** I 50
+43 664 2681410	Ambiente:	**18** I 20
	Service:	**18** I 20
Kategorie: Loungebar	Sortiment:	**8** I 10
	Gesamt:	88 I 100

Vinothek Vipresso

9300 St. Veit an der Glan

Im Gastgarten oder in der Vinothek mit bestens gefüllten Regalen begibt man sich auf eine kompetent begleitete Weinreise, dazu schmeckt herrlicher Flammkuchen. Immer wieder finden Livemusik-Veranstaltungen statt – da ist von Folk Songs bis Beatles alles dabei.
Schwerpunkt: Österreich

Kirchgasse 11	Weinangebot:	**43** I 50
+43 4212 33577	Service	**19** I 20
	Essen	**15** I 20
Kategorie: Weinbar in Vinothek	Ambiente:	**8** I 10
	Gesamt:	85 I 100

Weinzeit im Uhrhaus

9871 Seeboden

Nettes, kleines Weinbistro, im Sommer sitzt man auf der Terrasse. Stolz ist man, die Weine von ausgesuchten Winzern direkt ab Hof zu beziehen. Weiters werden feine Kaffeespezialitäten einer Triestiner Rösterei geboten. Kleine Happen wie regionaler Speck und Aufstriche.
Schwerpunkt: Österreich

Hauptstraße 97	Weinangebot:	**42** I 50
+43 676 7225093	Service	**18** I 20
	Essen	**16** I 20
Kategorie: Klassische Weinbar	Ambiente:	**8** I 10
	Gesamt:	84 I 100

Carinthia

9220 Velden

In gemütlicher Wohnzimmeratmosphäre und bei Loungemusik taucht man in eine Weinwelt ein, die vor allem Österreichisches bietet, aber auch mit Natural Wines, edlen Tropfen aus dem Burgund oder Spanien sowie deutschen Rieslingen aufwartet. Dazu serviert man feine Schmankerln.
Schwerpunkt: biodynamische Weine, Frankreich, Österreich

Karawankenplatz 3
+43 664 3451123
weincarinthia.at
Kategorie: Weinbar im Restaurant

Weinangebot:	**45** | 50
Service	**19** | 20
Essen	**18** | 20
Ambiente:	**9** | 10
Gesamt:	91 | 100

Monkey Circus

9220 Velden

Das Setting verströmt Leichtigkeit und Verspieltheit, dazu erwartet die Gäste ein beispielhaftes Cocktailangebot. 50 erlesene Single-Malt-Whiskys, tropisch-exotische Rumsorten und feine Weine machen einen Aufenthalt wirklich perfekt. Die Speisekarte lockt mit Steaks, üppig gefüllten Burgern oder würziger Currysuppe.

Gendarmerieplatz 1
+43 664 3483898
monkey-circus.at
Kategorie: American Bar

Drinks:	**44** | 50
Ambiente:	**18** | 20
Service:	**18** | 20
Sortiment:	**9** | 10
Gesamt:	89 | 100

Salon Bökermann

9220 Velden

Das Gastspiel von Kan Zuo im Sommer hat ein historisches Juwel in Erinnerung gerufen – der 100 Jahre alte Salon der Villa Bulfon glänzte mit einem »Trinidad Sour« ebenso wie mit einem »Eggnogg Highball«. Die exotischen Aromen wie Kalamansi passen zum südlichen Flair des Wörthersees jedenfalls bestens. Und schmecken.

Am Corso 9–11
+43 4274 261432
villabulfon.at
Kategorie: Hotelbar

Drinks:	**46** | 50
Ambiente:	**18** | 20
Service:	**18** | 20
Sortiment:	**8** | 10
Gesamt:	90 | 100

Schlossbar Charly Walker

9220 Velden

Das Ambiente der Bar, untergebracht im ehemaligen Kino, verströmt edel-nostalgisches Flair. Cocktails mit klingenden Namen verführen, zum Beispiel der »Golden Samurai« mit Ingwer, Zimt und Passionsfrucht. Daneben verwöhnen auch exklusive Champagner die hedonistische Klientel. Das gastronomische Angebot rundet den Besuch ab.

Schlosspark 1	Drinks:	**45** | 50
+43 4274 520000	Ambiente:	**19** | 20
falkensteiner.com	Service:	**19** | 20
Kategorie: Hotelbar	Sortiment:	**8** | 10
	Gesamt:	91 | 100

SOL Beachclub

9220 Velden

Entspannt verbringt man die Zeit am See und feiert richtig mit. Die Küche schafft einen bunten Mix. Wer es scharf mag, nimmt etwa das rote Thai-Curry, auch das Sushi ist fein. Stets die Sonne im Blick, genießt man kreative Cocktails mit Pfiff, Erfrischung bringen »Mexican Lemonade« oder »Pink Gin Fizz« mit Grapefruit.

Seecorso 68	Drinks:	**42** | 50
+43 664 9642338	Ambiente:	**19** | 20
solbeach.at	Service:	**18** | 20
Kategorie: Restaurantbar	Sortiment:	**7** | 10
	Gesamt:	86 | 100

Alexander's

9500 Villach

Man liebt die kreativen Pastagerichte und die Pizza, die Chef Alex nach seinem eigenen Rezept zubereitet. Dazu passt natürlich ein kühles Bier, etwa ein Paulaner vom Fass. Aber auch die Weinauswahl ist beträchtlich, vieles kann man offen verkosten. Sehr gute Spirituosen.
Schwerpunkt: Veneto, Italien, Österreich

Gerbergasse 21	Weinangebot:	**43** | 50
+43 4242 24806	Service	**19** | 20
	Essen	**18** | 20
Kategorie: Weinbar in Vinothek	Ambiente:	**8** | 10
	Gesamt:	88 | 100

Anna Neumann

9500 Villach

Das junge, dynamische Team ist bestens ausgebildet und verwöhnt Gäste mit besonderen Kreationen sowie mit viel Liebe zum Detail. Interessant schmeckt etwa »Anna's Keksdose« mit Rum, Kahlua, Cookiesahne und Crumbles. Das Angebot runden Weine, Spirituosen und Champagner ab. Flammkuchen wird täglich frisch zubereitet.

Hauptplatz 13	Drinks:	**44** | 50
+43 664 1271671	Ambiente:	**18** | 20
annaneumann.at	Service:	**18** | 20
Kategorie: American Bar	Sortiment:	**8** | 10
	Gesamt:	88 | 100

LAGANA Bar 🍸🍸🍸

9500 Villach

Stilvolles Genusshighlight mit Bronzespiegeln und Thonet-Möbeln am Drau-Ufer. Was Rang und Namen hat, wird hier ausgeschenkt – erstklassige internationale Gins, eine breite Palette an Spirituosen, Cocktails mit Frischekick und auch die Weinauswahl hinter der 16 Meter langen gläsernen Weinwand verstehen zu begeistern.

Europaplatz 1–2
+43 4242 22522
lagana.at
Kategorie: Hotelbar

Drinks:	**43** I 50
Ambiente:	**19** I 20
Service:	**19** I 20
Sortiment:	**9** I 10
Gesamt:	90 I 100

Le Bar 🍸🍸

9500 Villach

Hier lockt eine freudige Oase, im Sommer ist die Terrasse ein Anziehungspunkt. Man trifft sich entspannt zum Frühstück, die kreativen Cocktailvarianten laufen unter dem Motto: »Das Leben ist besser mit einem Cocktail in der Hand«. Unbedingt probieren sollte man den Blackberry-Mint-Spritz oder den Popstar Martini.

Hauptplatz 28
+43 676 4340950
le-bar.at
Kategorie: Loungebar

Drinks:	**44** I 50
Ambiente:	**18** I 20
Service:	**19** I 20
Sortiment:	**8** I 10
Gesamt:	89 I 100

Lederergasse 29 🍷

9500 Villach

Die Auswahl an Antipasti – auch zum Mitnehmen für zu Hause – macht Lust auf mehr, beliebt sind auch die Tartinis, die es warm oder kalt gibt. Die herausragenden Weine kommen vorwiegend aus Italien. Auf Biertrinker warten fünf verschiedene Sorten, frisch vom Fass.
Schwerpunkt: Italien

Lederergasse 29
+43 664 88696929
lederergasse29.at
Kategorie: Weinbistro

Weinangebot:	**42** I 50
Service	**18** I 20
Essen	**16** I 20
Ambiente:	**8** I 10
Gesamt:	84 I 100

Waschers Bar

9500 Villach

Aufregendes Nachtleben, gutes Essen und kreativ gemixte Cocktails wie der fruchtige »Mango Django« mit Maracuja, Orangensaft und Limette – das geht im Familienbetrieb Hand in Hand. Im Sommer sind die Spritzervarianten und die coolen Getränke ohne Alkohol zu empfehlen. Klassiker auf dem Teller: Beef Tatar und italienische Snacks.

Italiener Straße 10b
+43 4242 23204
waschers.at
Kategorie: Loungebar

Drinks:	**43** | 50
Ambiente:	**18** | 20
Service:	**18** | 20
Sortiment:	**8** | 10
Gesamt:	87 | 100

Bar & Lounge im Arlbergerhof

9762 Weißensee

In entspannter Atmosphäre lassen Hotelgäste den Tag an der Bar ausklingen, aber auch externe Besucher sind willkommen. Zu den Highlights zählen die fruchtig-frischen Cocktails wie Mojito, aber auch der Espresso Martini schmeckt top. Und natürlich ist man Fix-Starter bei den »Weissenseer Cocktailtagen« – auch in Sachen Cocktail-Menü-Pairing.

Gatschach 47
+43 4713 2280
arlbergerhof.at
Kategorie: Hotelbar

Drinks:	**44** | 50
Ambiente:	**18** | 20
Service:	**18** | 20
Sortiment:	**7** | 10
Gesamt:	87 | 100

Jack Rabbit

9762 Weißensee

Die BBQ-Spezialitäten (Brisket!) sind neu in der sommerlich-luftigen Bar Thomas Domenigs. Weiterhin läuft der Bourbon-Spezialist nach Brunch und Eis(shake)-Zeit am Abend zur Hochform auf. Mit einem All-Star-Team werden Signatures wie der »Jack Rabbit« oder Robert Schröters »Yuzu Darling« zelebriert. Chillen mit Anspruch!

Techendorf 78

jackrabbit.at
Kategorie: American Bar

Drinks:	**46** | 50
Ambiente:	**18** | 20
Service:	**19** | 20
Sortiment:	**8** | 10
Gesamt:	91 | 100

Tapaletta ꙮꙮ

4813 Altmünster

Urlaub kann so perfekt sein: die Sommersonne genießen, am See sitzen und Cocktails schlürfen. Die Melange von südamerikanischem Flair und regionalen Produkten lässt die Endorphine sprudeln. Urlaubshit und Sommerdrink ist der Erdbeer-Gin mit Tonic und Limette. Für Fortgeschrittene: Caipi Spezial mit sieben Jahre altem Rum.

Hauptstraße 1
+43 660 3835329
tapaletta.com
Kategorie: Restaurantbar

Drinks:	**43** | 50
Ambiente:	**19** | 20
Service:	**18** | 20
Sortiment:	**7** | 10
Gesamt:	87 | 100

Das Attersee

4864 Attersee

Erste Reihe fußfrei ist quasi Standard, wenn man im »Das Attersee« sitzt. Das schicke Restaurant könnte dank Michaela Prems Gespür für Design genauso auf einer hippen griechischen oder spanischen Insel liegen. Ihr Mann Kilian zaubert Köstlichkeiten aus der Küche. Mega: die Cocktails und Sundowner auf der Dachterrasse.

Hauptstraße 2
+43 664 9278572
dasattersee.at
Kategorie: Restaurantbar

Drinks:	**44** | 50
Ambiente:	**18** | 20
Service:	**19** | 20
Sortiment:	**8** | 10
Gesamt:	89 | 100

Hofbeisl zu Ischl

4820 Bad Ischl

Das k.u.k. Hofbeisl ist Kult und sollte bei einem Besuch in der Kaiserstadt unbedingt eingeplant werden. Frech, charmant und das Wohnzimmer von Bad Ischl. Umfangreiche und gut sortierte Weinkarte, die viele Winzer mit Rang und Namen listet. Die Barkarte steht der Weinkarte um nichts nach: Was nicht drinsteht, wird auf Wunsch zubereitet.

Wirerstraße 4
+43 6132 27271
kukhofbeisl.com
Kategorie: American Bar

Drinks:	**45** | 50
Ambiente:	**18** | 20
Service:	**18** | 20
Sortiment:	**8** | 10
Gesamt:	89 | 100

Schüdlbauer's Bar 🍸🍸 5280 Braunau

Man startet nicht unbedingt mit einem Schnaps in den Abend, aber probieren sollte man die gereiften Brände vom Obergut auf alle Fälle, wenn man in der Schüdlbauer's Bar feiert. Wer es zu Beginn tuschen lassen möchte, bestellt eine Großflasche Champagner, ebenso köstlich ist ein Glas Wein oder ein »Italo«-Spritzer.

Auf der Haiden 76	Drinks:	44 | 50
+43 7722 64545	Ambiente:	18 | 20
schuedlbauers.at	Service:	18 | 20
Kategorie: American Bar	Sortiment:	8 | 10
	Gesamt:	88 | 100

Cocktailbar Freistadt 🍸🍸🍸 4240 Freistadt

Stefan Haneder ist Weltmeister der Weltmeister. Nach dem WM-Titel 2022 gewann er 2024 das Finale in Tallinn und übergibt auf dem Höhepunkt das Lokal an seinen Sohn Mario. Dieser wurde in der Barschule Rostock bestens ausgebildet und führt das Lokal unter neuem Namen, aber mit gleich hoher Qualität sowie Elan und Herzblut weiter.

Hauptplatz 13	Drinks:	46 | 50
+43 7942 75737	Ambiente:	18 | 20
cocktailbarfreistadt.at	Service:	19 | 20
Kategorie: Loungebar	Sortiment:	8 | 10
	Gesamt:	91 | 100

Il Vino 🍷 4240 Freistadt

Gertraud Freudenthaler beweist Gespür in der Weinauswahl und offeriert feine, (noch) unbekannte Tropfen, die es zu entdecken lohnt. Wer in der Champions League der Weine verkosten möchte, findet ebenso seine Favoriten: Der Riesling Maximum von Hiedler ist top und leistbar.
Schwerpunkt: Österreich

Eisengasse 2	Weinangebot:	43 | 50
+43 699 12680020	Service	18 | 20
il-vino.at	Essen	14 | 20
Kategorie: Klassische Weinbar	Ambiente:	8 | 10
	Gesamt:	83 | 100

Latino 🍸🍸 4240 Freistadt

Hui, das ist ein Erlebnis für die Sinne in Freistadt. Mit wunderbar gemixtem Espresso Martini oder Monkey Negroni werden alle Lebensgeister geweckt – und gute Stimmung ist garantiert. Dazu passen die herzlichen Gastgeber, die es verstehen – wir befinden uns in Freistadt – ein Bier der Braucommune perfekt zu zapfen.

Eisengasse 10	Drinks:	44 | 50
+43 7942 73854	Ambiente:	18 | 20
latino.co.at	Service:	18 | 20
Kategorie: Loungebar	Sortiment:	7 | 10
	Gesamt:	87 | 100

Happy Hauer's 🍸🍸🍸 4645 Grünau

Der Gin-Hype besteht noch lange – und es gibt unzählige Wacholderspirituosen zu verkosten. Allein das Happy Hauer's bietet 100 verschiedene an. Doch dem nicht genug: Mehr als 80 Rumsorten ergänzen das feine Angebot der Bar, die im Almtal der Treffpunkt für Feinspitze ist. Hervorzuheben sind die Cocktails zum Mitnehmen.

Kirchenplatz 1
+43 699 11090511
happy-hauer.at
Kategorie: American Bar

Drinks:	**46** I 50
Ambiente:	**17** I 20
Service:	**19** I 20
Sortiment:	**8** I 10
Gesamt:	90 I 100

Gutenberg 🍸🍸 4663 Laakirchen

Ein Tag, der mit einem feudalen Frühstück und Prosecco beginnt, kann nur ein guter sein. Das Gutenberg hat es geschafft, mit seinem Themenfrühstück die Genießerherzen zu erobern. Und das Beste daran ist, dass der Tag hier nicht zu Mittag endet, sondern mit guten Imbissen nachmittags und köstlichen Cocktails abends weitergeht.

Doktor-Mitterbauer-Straße 2a
+43 7613 20399
gutenberg-cafe.at
Kategorie: American Bar

Drinks:	**42** I 50
Ambiente:	**18** I 20
Service:	**18** I 20
Sortiment:	**7** I 10
Gesamt:	85 I 100

Foto: OÖN/Volker Weihbold

Alte Metzgerei 🍷🍷 4020 Linz

Am Beginn der pulsierenden Herrenstraße schuf Michaela Walchshofer ein kleines Paradies für Feinschmecker. Neben guter Hausmannskost, Innereiengerichten oder köstlichen Kokoskuppeln punktet das Lokal mit Charme und einer vorzüglichen Weinauswahl. Beliebter Treffpunkt.
Schwerpunkt: Österreich

Herrenstraße 5	Weinangebot:	43 | 50
+43 732 774434	Service	18 | 20
alte-metzgerei.at	Essen	17 | 20
Kategorie: Klassische Weinbar	Ambiente:	8 | 10
	Gesamt:	86 | 100

Boiler Room 🍸🍸🍸 4020 Linz

Ja, die Geschmacksknospen dürfen sich freuen, wenn sie mit den Kreationen von Claudia Schiemer in Berührung kommen. Allein der McEwan 1881 bringt ordentlich Wumms mit: Der Single Malt Scotch Whisky von Bruichladdich mit Rucola, Fenchel, Karamellsirup, Birnensaft und salzigem Karamell lässt den Gaumen ekstatisch jubeln.

Domgasse 5	Drinks:	47 | 50
+43 676 9442019	Ambiente:	18 | 20
boiler-room.at	Service:	19 | 20
Kategorie: American Bar	Sortiment:	8 | 10
	Gesamt:	92 | 100

Das goldene Einhorn 🍸🍸🍸 4020 Linz

Die Linzer Nachtstunden genießen Freunde vom guten Geschmack in der Regel im Goldenen Einhorn (bis vier Uhr offen). Seit Jahren der angesagte Szenetreffpunkt in der Stahlstadt, wo Matthias Jantsch mit feinen Cocktails, klassischen Longdrinks oder gerne auch einmal mit einem Glas Schampus die Nachtschwärmer begeistert.

Rathausgasse 9	Drinks:	46 | 50
+43 699 10488022	Ambiente:	18 | 20
das-goldene-einhorn.at	Service:	18 | 20
Kategorie: American Bar	Sortiment:	8 | 10
	Gesamt:	90 | 100

Die Cocktailbar 🍸🍸

4020 Linz

Es kann passieren, dass ein Strohhalm durch die Bar fliegt, der, wie von Geisterhand gezogen, immer wieder an der Theke in der Hand von Cocktail-Weltmeister Haneder landet. Gemeinsam mit Dušan Janjatović, Vizeweltmeister, bieten die Profis eine Show vom Feinsten. Es versteht sich, dass alle Drinks weltmeisterlich sind.

Klammstraße 20
+43 732 777499
cocktailbarlinz.at
Kategorie: Loungebar

Drinks:	**45** I 50
Ambiente:	**18** I 20
Service:	**18** I 20
Sortiment:	**8** I 10
Gesamt:	89 I 100

Divino 🍷🍷

4020 Linz

Vor knapp 20 Jahren begann für die Linzer eine wunderschöne Reise zu den besten Tropfen Spaniens. Seitdem hat sich nichts am Reiz verändert. Das ist vor allem den charmanten Betreibern geschuldet, die 30 spanische Weine offen anbieten. Köstliche Tapas. Spanische Musik.
Schwerpunkt: Spanien

Domgasse 20
+43 732 281612
divino.at
Kategorie: Klassische Weinbar

Weinangebot:	**44** I 50
Service	**19** I 20
Essen	**16** I 20
Ambiente:	**8** I 10
Gesamt:	87 I 100

Dombar 🍷🍷

4020 Linz

Ein Barbesuch ist schon deswegen empfehlenswert, weil man eine ideale Aussicht auf den Linzer Mariendom hat. Österreichs größte Kirche feiert 2024 das 100-jährige Jubiläum. Ebenso beeindruckend ist ein Blick in die umfangreiche Weinkarte, die zu den besten in Linz zählt.
Schwerpunkt: Österreich

Stifterstraße 4
+43 676 6739017
dombar.at
Kategorie: Klassische Weinbar

Weinangebot:	**44** I 50
Service	**19** I 20
Essen	**19** I 20
Ambiente:	**7** I 10
Gesamt:	89 I 100

Frau Dietrich 🍸🍸🍸

4020 Linz

Zehn Jahre feierte die Altstadtbar bereits. Unter dem Schirm des Hotels Schwarzer Bär haben sich aber zwei Dinge nicht geändert: der schalkhafte Approach – für den der Affe als Wappentier steht – und die ausgezeichneten Cocktails. Diese kuratiert nach wie vor Michi Kreuzer, mittlerweile quasi »Herr Dietrich«.

Altstadt 8
+43 732 772774
frau-dietrich.at
Kategorie: American Bar

Drinks:	**47** I 50
Ambiente:	**18** I 20
Service:	**18** I 20
Sortiment:	**9** I 10
Gesamt:	92 I 100

Haschka Weinbar 🍷🍷🍷

4020 Linz

Fabian Haschka hat es geschafft, ein Lokal zu schaffen, das ein Wohlfühlort für ganz Linz ist. Jung und Alt plaudern gesellig miteinander und genießen die herrliche Weinvielfalt, die Raritäten und das legere Ambiente. Wenn Trends entstehen: Hier bekommt man es als Erstes mit.
Schwerpunkt: Raw/Natural Wine, international

Klosterstraße 3
+43 732 776673
haschka.bar
Kategorie: Klassische Weinbar

Weinangebot:	**47** I 50
Service	**19** I 20
Essen	**16** I 20
Ambiente:	**8** I 10
Gesamt:	90 I 100

Klaus & Wein 🍷

4020 Linz

Dem Trubel der pulsierenden Landstraße entflieht man am besten, wenn man in die Harrachstraße abzweigt. Nach zwei Gehminuten erreichen Genießer die beliebte Vinothek. Gepunktet wird mit großartiger Weinkompetenz, Geschichten zu den Weinen und herzlichen Gastgebern.
Schwerpunkt: Österreich, international

Harrachstraße 10
+43 650 20544500

Kategorie: Weinbar in Vinothek

Weinangebot:	**44** I 50
Service	**18** I 20
Essen	**14** I 20
Ambiente:	**8** I 10
Gesamt:	84 I 100

La Madrina

4020 Linz

La Madrina vereint modernen, edlen Lifestyle mit der traditionellen spanischen Ess- und Trinkkultur. Authentische Tapas werden neu definiert und von Cerveza, Cava und typisch spanischen Weinen begleitet. Die Weinkarte reicht von Ribera del Duero bis Castilla y León.
Schwerpunkt: Spanien

Hafferlstraße 5
+43 660 3822255
lamadrina.at
Kategorie: Weinbistro

Weinangebot:	**43** I 50
Service	**17** I 20
Essen	**18** I 20
Ambiente:	**8** I 10
Gesamt:	86 I 100

Lennox

4020 Linz

Cocktails begegnet man auf mehreren Ebenen. Entweder man schaut den Kultfilm mit Tom Cruise, man besucht eine Bar seines Vertrauens oder man bucht einen Cocktailkurs und lernt die wichtigsten Kniffe. Zwei Stunden dauert er im Lennox und ist ein richtiger Blockbuster. Generell sind die Cocktails Oscar-verdächtig.

Marienstraße 2a
+43 677 61103570
lennox.at
Kategorie: American Bar

Drinks:	**45** I 50
Ambiente:	**18** I 20
Service:	**17** I 20
Sortiment:	**8** I 10
Gesamt:	88 I 100

Nuba

4020 Linz

Einzigartig in Linz, dass die Küche bis 22.30 Uhr geöffnet hat. Neben warmen Speisen ist das Sushi stets von toller Qualität. Beste Parameter, um den Abend mit feinen, auf die Sinne perfekt abgestimmten, Cocktails zu starten. Wer schon früher Lust auf Hochprozentiges hat: Von 16 bis 17.30 Uhr gilt das Motto »Gin o'Clock«.

Harrachstraße 6
+43 732 777060
nuba.at
Kategorie: Restaurantbar

Drinks:	**44** | 50
Ambiente:	**18** | 20
Service:	**17** | 20
Sortiment:	**8** | 10
Gesamt:	87 | 100

Pianino

4020 Linz

Es gibt Lokale in Linz, die muss man nicht beschreiben, weil sie Kult sind und alle Einheimischen sie kennen. Das Pianino zum Beispiel. Etwas versteckt auf der pulsierenden Landstraße trifft sich die Szene, genießt gute Küche und das Leben. Top: 16 offene Weine im Angebot.
Schwerpunkt: Österreich

Landstraße 13
+43 732 944080
pianino.at
Kategorie: Weinbar im Restaurant

Weinangebot:	**44** | 50
Service	**18** | 20
Essen	**17** | 20
Ambiente:	**8** | 10
Gesamt:	87 | 100

Poolhall

4030 Linz

Poolhall wird als Europas modernste Billardlocation beschrieben. Allein dafür lohnt es sich, Kreide auf die Queuespitze aufzutragen. Spaß ist auch bei den Cocktails angesagt: 40 verschiedene Drinks lassen die Geschmacksknospen tanzen und den Abend beginnen. Auch wenn die Acht versenkt wird und das Spiel beendet ist.

Wattstraße 6	Drinks:	**43** | 50
+43 732 381070	Ambiente:	**17** | 20
poolhall.at	Service:	**18** | 20
Kategorie: Loungebar	Sortiment:	**7** | 10
	Gesamt:	85 | 100

Rooftop7

4020 Linz

Die Herrenstraße verläuft parallel zur bekannten Landstraße, hat diese aber in der Beliebtheitsskala für viele bereits überholt. Lässiges Flair und viele Lokale locken Flaneure mit Faible für Genuss. Das Fortgeh-Flaggschiff ist die Bar Rooftop 7 mit der wohl besten Aussicht über Linz, famosen Drinks und toller Schampusauswahl.

Herrenstraße 11	Drinks:	**43** | 50
+43 732 772477	Ambiente:	**19** | 20
linz-hotel.at	Service:	**18** | 20
Kategorie: Hotelbar	Sortiment:	**8** | 10
	Gesamt:	88 | 100

Schenki's Vinothek

4020 Linz

Wenn wer etwas über Wein wissen will, in die Tiefe gehen oder die besten Tropfen bekannter Winzer kosten möchte, ist beim Schenki in den besten Händen. Neben dem Stammhaus betreibt die vinophile Familie auch die Vinothek in der Linzerie. Top seit Jahren.
Schwerpunkt: Europa, Österreich

Landstraße 12	Weinangebot:	**47** | 50
+43 732 795444	Service	**19** | 20
schenkenfelder.at	Essen	**14** | 20
Kategorie: Weinbar in Vinothek	Ambiente:	**8** | 10
	Gesamt:	88 | 100

To the moon

4020 Linz

Das braune Downham-Sofa im Chesterfield-Look ist ein Blickfang und es versteht sich, dass ein »G'riss« darum herrscht. Einmal Platz genommen, ist man verleitet, den ganzen Abend im Lokal zu verbringen. Was aber auch mit den verführerischen Drinks zu tun hat. Denn die spielen in der Champions League der Cocktails mit.

Altstadt 17	Drinks:	**44** | 50
+43 664 3876348	Ambiente:	**19** | 20
tothemoon-bar.at	Service:	**18** | 20
Kategorie: American Bar	Sortiment:	**8** | 10
	Gesamt:	89 | 100

Two Rabbits 🍸🍸 — 4020 Linz

»Cleminem Spritz« oder ein »Frozen Daiquiri« dürfen kein Widerspruch zu gutem Frühstück sein. Denn bei Tom und Carina leben Bartender und Schmankerl-Queen unter einem Dach. Daher gibt es Day-Drinking-Optionen von »Bellini« und »Bicicletta« bis zu »Rosato-Spritz«. Ein besonderer Leckerbissen bleibt der »Foamy Negroni«.

Hofgasse 3	Drinks:	**45** | 50
+43 664 2621794	Ambiente:	**18** | 20
tworabbitslinz.com	Service:	**19** | 20
Kategorie: American Bar	Sortiment:	**7** | 10
	Gesamt:	89 | 100

Ambiente am Riesnerhof 🍷🍷 — 5310 Mondsee

Riccardo Terlizzi versteht es, den Gästen mit italienischen Spezialitäten ein Lächeln ins Gesicht zu zaubern. Kann man das toppen? Ja! Wenn's dazu eine wunderbare Aussicht auf Berge und Mondsee gibt. Diese genießt man am besten mit deliziösen Weinen und Cocktails.
Schwerpunkt: Österreich

Mondseeberg 6	Weinangebot:	**44** | 50
+43 6232 3333	Service	**18** | 20
riesnerhof.com	Essen	**17** | 20
Kategorie: Weinbar im Restaurant	Ambiente:	**9** | 10
	Gesamt:	88 | 100

Steiner's 🍷 — 4812 Pinsdorf

Sprudel aus dem Elsass gilt in der Sommelierszene als Geheimtipp. Gut zu wissen, dass im Steiner's Crémant d'Alsace angeboten wird. Freilich gibt's auch Prosecco und acht offene Weine. Gourmets gustieren gerne in der Vinothek und wählen dann eine Flasche zum Essen aus.
Schwerpunkt: Österreich

Steinbichlstraße 3	Weinangebot:	**43** | 50
+43 7612 67681	Service	**18** | 20
cafe-steiner.at	Essen	**15** | 20
Kategorie: Klassische Weinbar	Ambiente:	**8** | 10
	Gesamt:	84 | 100

auswärts.bar 🍸🍸 — 4910 Ried im Innkreis

Sehr schicke und moderne Bar im Zentrum, wo man den Berufsalltag hinter sich lassen und ein Feierabendbier oder – noch besser – eines von vielen Mixgetränken mit Kollegen genießen kann. Im Freien sitzen ist ebenso möglich. Gut geschultes, freundliches und zuvorkommendes Personal, das sich auch Zeit für Sonderwünsche nimmt.

Bayrhammergasse 1	Drinks:	**43** | 50
+43 664 4567833	Ambiente:	**18** | 20
	Service:	**17** | 20
Kategorie: Loungebar	Sortiment:	**8** | 10
	Gesamt:	86 | 100

Foto: ©FotografieKatharinaWisata

Hemingway 🍸🍸🍸

4910 Ried im Innkreis

Ungesüßte Daiquiris mit Rum, so machte man angeblich dem Nobelpreisträger Ernest Hemingway die größte Freude. Aber hätte der Literat gewusst, was es sonst an Herrlichkeiten – so wie in Ried – gibt, wer weiß, ob er nicht andere Favoriten auserkoren hätte: Riesenangebot von All-time-Klassikern und süffigen Kreationen.

Rossmarkt 14
+43 7752 82636
hemingway.bar
Kategorie: American Bar

Drinks:	**45** | 50
Ambiente:	**18** | 20
Service:	**19** | 20
Sortiment:	**9** | 10
Gesamt:	91 | 100

Rieders 🍸🍸

4910 Ried im Innkreis

Nur keine Müdigkeit vortäuschen. Wenn überall die Rollläden hinuntergefahren werden, weckt die Rieders-Bar die Lebensgeister. Schöne Atmosphäre, wo ein gepflegt gezapftes Bier genauso gern bestellt wird wie einer der tollen Cocktails. Das Servicepersonal ist stets freundlich, bemüht und erfüllt auch alkoholfreie Wünsche.

Kirchenplatz 4
+43 7752 26790
rieders-bar.at
Kategorie: Loungebar

Drinks:	**45** | 50
Ambiente:	**18** | 20
Service:	**18** | 20
Sortiment:	**8** | 10
Gesamt:	89 | 100

Mark's New York Bar 🍸🍸🍸

4880 St. Georgen

Die Bar lockt mit pfiffigen Ideen und unterteilt die Karte in Getränke für Einsteiger, Fortgeschrittene und Experten. Dazu passen Unterteilungen in Mocktails und Empfehlungen für einen Aperitif. Kurzum: ein Platz zum Wohlfühlen und wie geschaffen für die individuelle Weiterbildung. Wissbegierige Gourmets kommen regelmäßig.

Kogl 66
+43 7667 6387542
marksnybar.at
Kategorie: Hotelbar

Drinks:	**45** | 50
Ambiente:	**18** | 20
Service:	**19** | 20
Sortiment:	**8** | 10
Gesamt:	90 | 100

Gustaria

5360 St. Wolfgang

Wenn Gourmets die Türschwelle überqueren, wissen sie sofort: Hier sind sie richtig! In der Vitrine buhlen Gnocchi, wohlduftende Hartkäse, gereifter Rohschinken oder pikante Salami um die Aufmerksamkeit. Und erst der Wein: von Sprudel bis zu Klassikern – »meraviglioso«!
Schwerpunkt: Italien

Markt 8
+43 699 11788663
gustaria.at
Kategorie: Weinbar in Vinothek

Weinangebot:	44 | 50
Service	18 | 20
Essen	16 | 20
Ambiente:	7 | 10
Gesamt:	85 | 100

See-Eck

5360 St. Wolfgang

Die Gastroprofis Brigitte und Bernhard Reiter schufen vor mehr als zehn Jahren in St. Wolfgang eine kleine Wohlfühloase. Die Gäste freut's, vor allem wenn sie edle Weine von »noch« unbekannten und kleinen Gütern empfohlen bekommen. Klassiker: Champagner und Weißwurst.
Schwerpunkt: Österreich

Markt 92
+43 699 10916481
see-eck.at
Kategorie: Weinbar in Vinothek

Weinangebot:	46 | 50
Service	18 | 20
Essen	18 | 20
Ambiente:	8 | 10
Gesamt:	90 | 100

BARista

4780 Schärding

Das lässige, moderne und ebenso sehr gemütliche Ambiente sowie die wunderbaren Drinks verführen gerade dazu, nach Feierabend mit Kollegen und Freunden auf einen Drink zu gehen und den Spätnachmittag und Abend zu genießen. Es ist aber auch lohnenswert, den Tag mit einem formidablen Frühstück im BARista zu starten.

Silberzeile 13
+43 7712 2268
barista-bar.at
Kategorie: Loungebar

Drinks:	43 | 50
Ambiente:	18 | 20
Service:	18 | 20
Sortiment:	7 | 10
Gesamt:	86 | 100

Mader 🍸🍸

4400 Steyr

Wer gerne in die Welt des Weins reist, ist im Hotel bestens aufgehoben. 3000 Flaschen aus der ganzen Welt lagern im Gewölbekeller und warten darauf, geöffnet zu werden. Genussvoller kann man Länder wie Frankreich, Italien, USA oder Neuseeland nicht entdecken. Ideal passen zur Degustation kulinarische Köstlichkeiten.

Stadtplatz 36	Drinks:	43 | 50
+43 7252 53358	Ambiente:	18 | 20
mader.at	Service:	18 | 20
Kategorie: Hotelbar	Sortiment:	7 | 10
	Gesamt:	86 | 100

Belétage 🍸🍸🍸

4801 Traunkirchen

Der Wechsel von Marcus Volsa aus dem Wiener Speakeasy Plus43 an den Traunsee erwies sich als Goldgriff. Schon seine Aperitivi treffen ins Schwarze und werden auch im Restaurant angeboten. Eigenkreationen mit Lokalkolorit des Salzkammerguts ergänzen die kleine Klassikauswahl. Hier verlässt man sich auf die eigenen Stärken und die Kreativität.

Ortsplatz 5	Drinks:	45 | 50
+43 7617 2307	Ambiente:	19 | 20
hotel-post-traunkirchen.at	Service:	18 | 20
Kategorie: Restaurantbar	Sortiment:	8 | 10
	Gesamt:	90 | 100

Gatsby 🍸🍸🍸

4655 Vorchdorf

Jay Gatsby, Romanfigur von F. Scott Fitzgerald, war für seine Partys bekannt – und es trifft sich perfekt, dass eine cool designte Bar seinen Namen trägt. Denn die Getränke sind ebenso großartig, wie es Gatsby war. Speziell »Water Lilly« mit Gin, Veilchenlikör, Cointreau und Zitronensaft schmeckt, wie sich der Roman liest.

Mühlenstraße 2	Drinks:	46 | 50
+43 7614 625422	Ambiente:	18 | 20
gatsby.at	Service:	19 | 20
Kategorie: American Bar	Sortiment:	8 | 10
	Gesamt:	91 | 100

Vinolino 🍷🍷

4655 Vorchdorf

Ein gutes italienisches Jauserl ist für einen erfolgreichen Tag unverzichtbar. Im Vinolino versteht man es vorzüglich, mit Antipasti die Ankerpunkte für Glück zu setzen. Dazu ein Glas Wein (viel wird offen ausgeschenkt), ein schönes Ambiente und eine kompetente Weinberatung.

Schwerpunkt: Italien

Kapellenweg 4	Weinangebot:	43 | 50
+43 676 4289290	Service	19 | 20
	Essen	15 | 20
Kategorie: Klassische Weinbar	Ambiente:	8 | 10
	Gesamt:	85 | 100

Die Apotheker

4600 Wels

Pfiffiges Konzept, das alkoholische Getränke auf Herz und Nieren prüft und dem sensorisch anspruchsvollen Gast empfiehlt. Die eigene Hausapotheke hat einige gesundheitsfördernde Mischungen parat: »Mandarin Mule« mit Mandarin Vodka, Limettensaft und Ginger-beer soll laut der Apotheker zumindest Stress reduzieren.

Stadtplatz 50
+43 660 5795875
dieapotheker.at
Kategorie: American Bar

Drinks:	**46** | 50
Ambiente:	**18** | 20
Service:	**18** | 20
Sortiment:	**8** | 10
Gesamt:	90 | 100

In's Haas

4600 Wels

Wenn der Herzschlag stärker wird und man das Pochen fast lautstark hört, dann geht man wohl die Treppen in den historischen Weinkeller im In's Haas hinunter. Schön erhaltenes Gewölbe, edel gedeckte Tische und beeindruckende Weinauswahl – wird gerne exklusiv gebucht.
Schwerpunkt: Jahrgangstiefe, Österreich

Stadtplatz 34
+43 7242 216520
inshaas.at
Kategorie: Weinbar im Restaurant

Weinangebot:	**45** | 50
Service	**19** | 20
Essen	**17** | 20
Ambiente:	**8** | 10
Gesamt:	89 | 100

Mojo

4600 Wels

Bevor der erste Drink bestellt wird, benötigt man Zeit, die Umgebung und das schicke Interieur auf sich wirken zu lassen: Edle Ausstattung, ein indirekt beleuchteter Tresen, Pflanzen und ein Gewölbe vermitteln ein modernes und doch gemütliches Ambiente. Nach ein paar Minuten kommt das Getränk. Wow! Denn die gebotene Qualität passt perfekt zum Rahmen.

Stadtplatz 39
+43 650 5928797
mojo-bar-aperitif.at
Kategorie: American Bar

Drinks:	**45** | 50
Ambiente:	**18** | 20
Service:	**18** | 20
Sortiment:	**8** | 10
Gesamt:	89 | 100

Wildwechsel ŸŸ

4600 Wels

Vier gewinnt im Wildwechsel, jedes Mixgetränk kann mit vier Zentiliter bestellt werden. Genauso viel Spaß bereiten aber auch die coolen Musiknummern, wo man gar nicht anders kann, als mit zu shaken. Und wer weiß: Vielleicht findet man sogar einen Tanzpartner oder eine Tanzpartnerin für später. Nicht umsonst heißt es: auf die Pirsch gehen.

Stadtplatz 50	Drinks:	43 | 50
	Ambiente:	18 | 20
wildwechsel.cc	Service:	17 | 20
Kategorie: Club	Sortiment:	7 | 10
	Gesamt:	85 | 100

Gold.Bar ŸŸŸ

5630 Bad Hofgastein

Die Gold.Bar hat im Sommer 2024 ein fesches Makeover erhalten – gemütlich, stimmungsvoll, mit Reminiszenzen an die Natur. Das Angebot an der Bar lässt ebenfalls keine Wünsche offen und reicht vom Aperó bis zum Zirbenschnaps, von Whisk(e)ys bis Rum oder Wein. Den fachkundig gemixten Cocktails wird gern eine heimische Note hinzugefügt.

Haltestellenweg 23	Drinks:	44 | 50
+43 6432 6444	Ambiente:	19 | 20
dasgoldberg.at	Service:	18 | 20
Kategorie: Hotelbar	Sortiment:	9 | 10
	Gesamt:	90 | 100

Luke's ŸŸ

5630 Bad Hofgastein

Trinken, essen, ratschen – in Luke's Wohnzimmer im Sendlhofer's ist der Name Programm. Sympathisch und entspannt gehts auch an Luke's Bar zu – und es wird heimisch. Der überwiegende Teil der Zutaten für die sehr guten Cocktails und Drinks kommt aus Österreich. Fein: der »Miss Rosy Rosé Spritz« mit Schilcherwermut.

Pyrkerstraße 34	Drinks:	43 | 50
+43 6432 38380	Ambiente:	19 | 20
lukes-wohnzimmer.com	Service:	18 | 20
Kategorie: Restaurantbar	Sortiment:	7 | 10
	Gesamt:	87 | 100

Alpinbar 🍸🍸🍸

5611 Großarl

Die Qualität des Hauses macht sich auch an der leuchtend blauen Bar bemerkbar – vom Aperitif (»Grape Time« mit Gin, Grapefruit und Lillet) bis zu coolen Signatures (»Raspberry Rosarita« mit Bourbon, Chambord, Himbeeren, Rosmarin). Non-alcoholic-Drinks, ein Topteam und das stilvolle Flair runden das Genusserlebnis ab.

Unterbergstraße 65
+43 6414 3000
edelweiss-grossarl.com
Kategorie: Hotelbar

Drinks:	**45** I 50
Ambiente:	**19** I 20
Service:	**19** I 20
Sortiment:	**8** I 10
Gesamt:	91 I 100

Kork & Gloria 🍷🍷🍷🍷

5611 Großarl

Im Weinkeller lagern an die 30.000 Flaschen namhafter Winzer aus Österreich, aber auch Internationales. Als kulinarisches Highlight werden gehobene Sushi-Variationen geboten. Aus der Weinkarte wählt man den passenden Wein, bei 1500 Positionen wird man sicher fündig.
Schwerpunkt: Österreich, international

Unterbergstraße 65
+43 6414 3000
edelweiss-grossarl.com
Kategorie: Weinbar im Restaurant

Weinangebot:	**50** I 50
Service	**19** I 20
Essen	**17** I 20
Ambiente:	**10** I 10
Gesamt:	96 I 100

Santa Fe 🍸🍸

5300 Hallwang

Die Bar im mexikanischen Restaurant ist vieles: Aperitif-Treffpunkt, Digestif-Anlaufstelle und Cocktail-Hotspot. Ob klassisch oder exotisch – Cocktail-Lovers haben hier die Qual der Wahl, stehen doch über 80 Drinks auf der Karte wie »Touch Down« mit Wodka und Marille. Es gibt auch Mocktails und regelmäßig Happy Hour.

Wiener Bundesstraße 7
+43 662 665824
santafe.at
Kategorie: Restaurantbar

Drinks:	**43** I 50
Ambiente:	**18** I 20
Service:	**18** I 20
Sortiment:	**7** I 10
Gesamt:	86 I 100

Schloss Bar 🍸🍸🍸

5322 Hof bei Salzburg

Stil verströmten die Gewölbebögen schon immer. Mit der neuen Ägide zog aber unter anderem der »Whisky Room« mit einer gewaltigen Auswahl ein. Champagner ist natürlich »de rigueur« im luxuriösen Schlosshotel. Dazu kommen saisonal inspirierte Haus-Signature-Drinks. Alternativ wartet die Weinkarte mit Jahrgangstiefe und Raritäten.

Schloss-Straße 19
+43 6229 2253
rosewoodhotels.com
Kategorie: Hotelbar

Drinks:	**44** I 50
Ambiente:	**20** I 20
Service:	**19** I 20
Sortiment:	**9** I 10
Gesamt:	92 I 100

Döllerers Enoteca 🍷🍷🍷🍷

5431 Kuchl

Eine erlesene Getränkewelt eröffnet sich dem Liebhaber mit einer unfassbaren Auswahl feiner Weine, die man auch bequem für zu Hause bestellen kann. Ohne Alkohol punkten etwa die spannend-prickelnden Teevariationen. Für den Gaumen gibt es Facetten alpinen Genusses.
Schwerpunkt: international

Kellau 160
+43 6244 2056715
doellerer.at
Kategorie: Weinbar in Vinothek

Weinangebot:	**50** I 50
Service	**19** I 20
Essen	**18** I 20
Ambiente:	**9** I 10
Gesamt:	96 I 100

Foto: Hasselblad H3D

Botanist im Forsthofgut 🍸🍸🍸

5771 Leogang

Barchef Tom Fix ist eine wandelnde Barkarte – oder besser: ein Barbuch. Jenes liegt für Gäste der schönen Bar im Naturhotel auf. Man kann aber getrost Tom vertrauen, der maßgeschneiderte Cocktails zaubert, etwa Signatures wie »Liebestrank« mit Safranlikör und Safran-Gin. Top sind auch die Classics wie »Pornstar Martini«.

Hütten 2
+43 6583 8561
forsthofgut.at
Kategorie: Hotelbar

Drinks:	**45** | 50
Ambiente:	**19** | 20
Service:	**18** | 20
Sortiment:	**8** | 10
Gesamt:	90 | 100

Freiraum 🍸🍸🍸

5771 Leogang

Die Bar fügt sich mit ihrem alpin-modernen Stil perfekt in das schöne Resort der Familie Madreiter ein. Viel Holz, Licht, Eleganz – aber nie abgehoben. Das spiegelt sich auch in den Classics und den »Alps Inspired Drinks« wider. Ob mit Enzianwurz oder Wildkräutern – die Signatures bringen das Salzburger Land ins Glas.

Rain 9
+43 6583 8275
puradies.com
Kategorie: Hotelbar

Drinks:	**45** | 50
Ambiente:	**19** | 20
Service:	**18** | 20
Sortiment:	**8** | 10
Gesamt:	90 | 100

Glocke. Die Bar. 🍸🍸🍸

5771 Leogang

Mit dem »Café am See« offeriert eine neue Location im Hotel Longdrinks. Doch das Herz der Barkreativität beginnt zu schlagen wie die namensgebende Glocke, wenn die »Snack Hour« endet. Dann kommt das Buch mit den von Kräutern oder Zirben inspirierten Drinks zum Gast. Sie geben den unverkennbaren Geschmack von »Loigom«.

Rain 6
+43 6583 8246
krallerhof.com
Kategorie: Hotelbar

Drinks:	**45** | 50
Ambiente:	**18** | 20
Service:	**19** | 20
Sortiment:	**9** | 10
Gesamt:	91 | 100

Kukka Bar im Hotel Forsthofalm 🍸🍸 5771 Leogang

In der stilvollen Bar im Biohotel spielen aromatische Kräuter die Hauptrolle. Ein Cocktail mit Pinienzweigen oder Thymian? Schmeckt herrlich, wenn ihn das Kukka-Team mit Sachverstand mixt und mit Liebe zum Detail serviert. Neben den Signature Mountain Cocktails gibt es auch All Time Classics und Feines ohne Alkohol.

Hütten 37	Drinks:	**45** | 50
+43 6583 8545	Ambiente:	**18** | 20
forsthofalm.com	Service:	**18** | 20
Kategorie: Loungebar	Sortiment:	**8** | 10
	Gesamt:	89 | 100

Lions Lounge im Hotel Der Löwe 🍸🍸🍸 5771 Leogang

Von Aperitif bis Digestif, von Cocktail bis Longdrink, von Whisk(e)y bis Rum: Die außergewöhnliche Lounge-Bar ist eine charmante Einladung an Genussmenschen. Dazu tragen auch die hauseigenen Lions Spirits bei, die sich in vielen von Meisterhand gemixten Cocktails finden. Neu und spritzig: hausgemachte Limos, etwa Ingwer.

Leogang 119	Drinks:	**45** | 50
+43 6583 7428	Ambiente:	**19** | 20
loewe.at	Service:	**18** | 20
Kategorie: Loungebar	Sortiment:	**9** | 10
	Gesamt:	91 | 100

Mama Thresl – The Island Bar 🍸🍸 5771 Leogang

Bergromantik trifft urbanes Flair: Das offene Konzept des Style-Hotels, in dem Lobby, Restaurant und Bar miteinander verschmelzen, ist prädestiniert für den geselligen Austausch. Das gelingt besonders gut mit den fachkundig kreierten, fancy Aperitifs, Drinks und Cocktails, etwa »Spicy Coconut« mit Rum, Zitrone und Chili.

Sonnberg 252	Drinks:	**43** | 50
+43 6583 20800	Ambiente:	**19** | 20
mama-thresl.com	Service:	**18** | 20
Kategorie: Hotelbar	Sortiment:	**8** | 10
	Gesamt:	88 | 100

Riederalm Bar 🍷🍷🍷🍷 5771 Leogang

Die perfekte Konditionierung der Flaschen im »Weinblick«-Keller ist das eine, der schiere Umfang der Auswahl das andere: Eine Liste von »Ancestral« bis zu den Prädikatsweinen dieser Welt sorgt bereits beim Lesen für mundwässernde Momente. Vinophiles Vergnügen garantiert!
Schwerpunkt: Österreich, international

Rain 100	Weinangebot:	**49** | 50
+43 6583 7342	Service	**19** | 20
riederalm.com	Essen	**18** | 20
Kategorie: Hotelbar	Ambiente:	**9** | 10
	Gesamt:	95 | 100

die Hochkönigin

5761 Maria Alm

Im charmanten Familienhotel im Salzburger Land ist man gut aufgehoben, neben Wellness und Entspannung pur wird man mit gehobener Kulinarik verwöhnt. An der mit Holz und Leder ausgestatteten Bar gibt es frisch gezapftes Bier, bei den Cocktails bleibt man klassisch, immer wieder sind aber erfrischende Neukreationen dabei.

Hochkönigstraße 27	Drinks:	**46** | 50
+43 6584 7447	Ambiente:	**19** | 20
hochkoenigin.com	Service:	**18** | 20
Kategorie: Hotelbar	Sortiment:	**8** | 10
	Gesamt:	91 | 100

Bollicine

5020 Salzburg

Das wunderschöne Gewölbe bildet den perfekten Rahmen für ein gepflegtes Glas Wein und Perlendes, wie der Name verheißt. Gin, Rum und Cocktails komplettieren das Angebot. Prosciutto wird auf der Berkel hauchdünn aufgeschnitten, die Antipasti sind auch ausgezeichnet.
Schwerpunkt: Italien

Getreidegasse 34	Weinangebot:	**43** | 50
+43 660 2587428	Service	**18** | 20
bollicine.at	Essen	**17** | 20
Kategorie: Weinbistro	Ambiente:	**7** | 10
	Gesamt:	85 | 100

Burdock

5020 Salzburg

Fünften Geburtstag feierte man als »Dream Team«: Johanna »JoJo« Luger, Stani Fürst und Attila Szelhoffer haben den gleichen Humor. Er ist neben exquisiten Cocktails (gern auch gewürzsatten!) eine der wichtigsten Zutaten in Schallmoos. Für Freunde des »Blood and Sand« ein Hinweis: Der ist einer der besten des Landes!

Schallmooser Hauptstraße 10a	Drinks:	**48** | 50
	Ambiente:	**19** | 20
burdock.at	Service:	**19** | 20
Kategorie: American Bar	Sortiment:	**9** | 10
	Gesamt:	95 | 100

Daimler's

5020 Salzburg

Essen, trinken, feiern? Im Daimler's geht alles, und zwar mit Genuss. Unweit der Salzach werden nicht nur sehr gute Burger, Chicken Fingers und Co offeriert, sondern auch feine Longdrink-Klassiker und Aperitifs (Pampelle Tonic) angerichtet. Auch nicht von schlechten Eltern: die Weinauswahl. Am Wochenende ist Partytime.

Giselakai 17	Drinks:	**42** | 50
+43 662 873967	Ambiente:	**17** | 20
daimlers.at	Service:	**18** | 20
Kategorie: Restaurantbar	Sortiment:	**7** | 10
	Gesamt:	84 | 100

Darwin's 🍸🍸🍸

5020 Salzburg

Eine Cocktailbar wie aus dem Bilderbuch! Am Platzl wird das Barhandwerk hochgehalten. Ins schön dekorierte Cocktailglas kommen Klassiker und Twists wie auch feine Eigenkreationen, etwa »Spice(y) Girls« mit Tequila, Wermut und Mandarine. Ebenfalls top: die vielen Spritzer-Varianten und kreativen Cocktails ohne Promille.

Steingasse 1	Drinks:	46 | 50
	Ambiente:	19 | 20
	Service:	19 | 20
Kategorie: Loungebar	Sortiment:	8 | 10
	Gesamt:	92 | 100

Die geheime Specerey 🍷🍷🍷

5020 Salzburg

Auf der Speisekarte finden sich neben Steak und frischer Pasta auch Spezialitäten vom Weideschwein, deren Zucht sich Andreas Felleis und Patrick Knittelfelder widmen. Die Weinkarte bietet Österreichisches, aber auch Frankreich, Deutschland oder Australien sind dabei.
Schwerpunkt: Österreich

Sigmund-Haffner-Gasse 16	Weinangebot:	44 | 50
+43 699 17501806	Service	18 | 20
felleis-knittelfelder.at	Essen	19 | 20
Kategorie: Weinbar im Restaurant	Ambiente:	9 | 10
	Gesamt:	90 | 100

Einser Wein & Bar 🍸🍸🍸

5020 Salzburg

Auf eins in die Einser? Meistens werden es doch mehr Gläser. Denn Sebastian Kowatz weiß in seinem kleinen »Dayspa« zu überzeugen. Von der fein kuratierten Weinkarte bis zu den sachkundig und detailverliebt gemixten Cocktails, etwa »Onlyfans Martini« mit Roku-Gin und exotischem Cordial: Hier sind Genussmenschen richtig.

Herbert-von-Karajan-Platz 1	Drinks:	45 | 50
+43 660 1726117	Ambiente:	19 | 20
einserbar.at	Service:	18 | 20
Kategorie: American Bar	Sortiment:	8 | 10
	Gesamt:	90 | 100

Flavour 🍷🍷

5020 Salzburg

Auf der Karte stehen Austern, gratinierte Jakobsmuscheln oder Miesmuscheln im Kokos-Weißwein-Sud. Als cooler Start empfiehlt sich Prosecco mit heimischem Gin-Orangen-Likör oder alkoholfreier Sparkling Tea. Gute Weinkarte, die Auswahl an Gin kann sich sehen lassen.
Schwerpunkt: Österreich

Imbergstraße 21	Weinangebot:	45 | 50
+43 662 872176	Service	18 | 20
flavour.co.at	Essen	18 | 20
Kategorie: Weinbar im Restaurant	Ambiente:	8 | 10
	Gesamt:	89 | 100

Flip

5020 Salzburg

Am Fuße des Mönchsbergs liegt diese Bar, die in der Mozartstadt fast alle kennen. Das liegt an der langen, konstanten Historie des Flip, am freundlichen Service und an den sehr guten Getränken, etwa die wechselnden Signatures beziehungsweise Tages-Cocktails wie »Sun Kiss« mit Vanille-Wodka, Kakaolikör, Mango- und Maracujasaft.

Gstättengasse 17
+43 662 843643

Kategorie: American Bar

Drinks:	43 | 50
Ambiente:	17 | 20
Service:	18 | 20
Sortiment:	8 | 10
Gesamt:	86 | 100

Havana

5020 Salzburg

Die alteingesessene Cocktailbar in der rechten Altstadt ist für die große Auswahl, die konstante Qualität und die fairen Preise der Cocktails bekannt und beliebt. Diese werden zu einem großen Teil ohne Firlefanz serviert, sind aber gut gemixt – von Gin Basil Smash bis Havanna Spezial. Tipp: die Cocktail-Night jeden Donnerstag.

Priesterhausgasse 14
+43 662 870092
havana.at
Kategorie: Loungebar

Drinks:	43 | 50
Ambiente:	17 | 20
Service:	18 | 20
Sortiment:	7 | 10
Gesamt:	85 | 100

Köchelverzeichnis | Weinbar

5020 Salzburg

Ähnlich wie im berühmten Mozart-Werkverzeichnis stehen auch in der Steingasse bunte Meisterwerke im Mittelpunkt – allerdings aus den besten Rieden. Dazu wählt man die Tagespasta, die genauso wechselt wie die Weine, die man in diesem Kleinod in der Altstadt gustieren kann.
Schwerpunkt: Sekt, Österreich

Steingasse 27
+43 664 5167501
daskoechelverzeichnis.at
Kategorie: Weinbar in Vinothek

Weinangebot:	45 | 50
Service	19 | 20
Essen	17 | 20
Ambiente:	8 | 10
Gesamt:	89 | 100

Koller+Koller

5020 Salzburg

Im netten Familienbetrieb mit Gewölbe findet man einige lauschige Nischen, alles ist mit viel Liebe zum Detail und stylish ausgestattet. Das Küchenteam versteht sich auf zarte Steaks genauso wie auf erstklassige Patisserie. Dazu passen ausgewählte Weine und Cocktails wie der Moscow Mule oder ein Aperol Spritz.

Am Waagplatz 2
+43 662 842156
kollerkoller.com
Kategorie: Restaurantbar

Drinks:	**43** I 50
Ambiente:	**18** I 20
Service:	**18** I 20
Sortiment:	**7** I 10
Gesamt:	86 I 100

Magazin

5020 Salzburg

Zu Delikatessen wie Zitronensardinen oder Gänseleberterrine und über 600 Positionen an vorwiegend österreichischen Weinen gesellen sich Accessoires. Raimund Katterbauer entdeckt auf seinen Reisen immer wieder unbekannte Namen aus Italien, Deutschland oder Frankreich.
Schwerpunkt: Europa, Österreich

Augustinergasse 13
+43 662 841584
magazin.co.at
Kategorie: Weinbar im Restaurant

Weinangebot:	**49** I 50
Service	**19** I 20
Essen	**18** I 20
Ambiente:	**9** I 10
Gesamt:	95 I 100

Mayday Bar im Hangar-7

5020 Salzburg

Shake it! Die Bar im berühmten Hangar-7 ist ein Garant für erstklassige Drinks, kreative Cocktails und ein außergewöhnliches Barerlebnis. Signatures wie »Mr. Burns« mit Whisky, Bitterlikör und Birne bringen es genauso auf den Punkt wie die bestens kuratierten Bar-Classics. Große Champagner-, Gin- und Whisk(e)y-Auswahl.

Wilhelm-Spazier-Straße 7a
+43 662 2197
hangar-7.com
Kategorie: Loungebar

Drinks:	**44** I 50
Ambiente:	**19** I 20
Service:	**19** I 20
Sortiment:	**8** I 10
Gesamt:	90 I 100

Mentor's 🍸🍸🍸

5020 Salzburg

Einen Mentor braucht der quirlige gleichnamige Betreiber der Innenstadtbar keinen mehr – er geht seinen eigenen Weg. Der am liebsten über Empfehlungen geht, die exklusiv für die Gäste gemixt werden. Die kleine Karte dient für Novizen. Lokale Spirituosen erhöhen den Trinkspaß im Refugium im Schatten des Mönchsbergs noch.

Gstättengasse 3
+43 664 9133810

Kategorie: Loungebar

Drinks:	**45** I 50
Ambiente:	**18** I 20
Service:	**19** I 20
Sortiment:	**8** I 10
Gesamt:	90 I 100

Pepe 🍸🍸

5020 Salzburg

Hier wird die Nacht zum Tag gemacht! Die sympathische lateinamerikanische Bar in der rechten Altstadt punktet nicht nur mit erstklassigen (Tequila-) Cocktails (»Bloody Maria«) und Shots (»Twinni« mit Bananenlikör und Ananas), sondern auch mit einem engagierte Barteam. Regelmäßige Aktionen, etwa Studentenmittwoch.

Steingasse 3
+43 662 873662
pepe-cocktailbar.at
Kategorie: American Bar

Drinks:	**43** I 50
Ambiente:	**17** I 20
Service:	**18** I 20
Sortiment:	**8** I 10
Gesamt:	86 I 100

Sacher Bar 🍸🍸🍸

5020 Salzburg

Andi Portz lässt die Edelsteine funkeln! Das neue Menü serviert »Calcit« als Milk Punch, der den leichten Schleier des Minerals wiedergibt. Den »Diamant« trinkt man als Gin mit Champagner gemäß der flüssigen Salzburger Härteskala. Und natürlich dürfen auch köstliche Espumas funkeln wie die Namensgeber der Themenkarte.

Schwarzstraße 5–7
+43 662 88977
sacher.com
Kategorie: Hotelbar

Drinks:	**46** I 50
Ambiente:	**19** I 20
Service:	**19** I 20
Sortiment:	**8** I 10
Gesamt:	92 I 100

Saitensprung 🍸🍸

5020 Salzburg

Barflys wissen es längst: In einer der ältesten Gassen der Altstadt versteckt sich eine der altgedientesten Bars Salzburgs. Unter dem Gewölbe verwöhnen Barchef Stelios und sein Team mit All-Time-Favorites – von Gin Tonic bis Shots. Die Atmosphäre ist leger-relaxt, am Wochenende wird es unter dem Gewölbe richtig voll!

Steingasse 11
+43 662 881377

Kategorie: Club

Drinks:	**43** I 50
Ambiente:	**18** I 20
Service:	**19** I 20
Sortiment:	**7** I 10
Gesamt:	87 I 100

Seppo

5020 Salzburg

Italienfeeling erster Güte – das beginnt beim köstlichen Espresso und setzt sich beim Wein fort. Stark aufgestellt ist man beim teils auch offenen Prosecco, bei Franciacorta oder Champagner. Im gemütlichen Gastgarten schwelgt man in tollen Antipasti und Aperol Spritz.
Schwerpunkt: Schaumwein

Getreidegasse 38a	Weinangebot:	44 I 50
+43 676 9508783	Service	18 I 20
	Essen	17 I 20
Kategorie: Weinbistro	Ambiente:	8 I 10
	Gesamt:	87 I 100

Shake-it

5023 Salzburg

Im Gnigler Neuzugang verlässt man sich auf die Klassiker – schließlich schmecken »Cuba Libre« oder »Piña Colada« in der entspannten Umgebung immer noch am besten. Wer es alkoholfrei liebt, greift zum Mocktail. Und selbst den vergessen geglaubten »Sex on the Beach« hat man hier noch im Talon für nostalgische Barflys.

Linzer Bundesstraße 54	Drinks:	44 I 50
+43 662 64063076	Ambiente:	18 I 20
shakeit.at	Service:	18 I 20
Kategorie: Hotelbar	Sortiment:	7 I 10
	Gesamt:	87 I 100

Sketch Bar

5020 Salzburg

Ein bisschen wie eine Reise in die Vergangenheit ist diese schöne Bar, eine entspannte Oase, wenige Schritte von Mirabellgarten und Landestheater entfernt. Das eingespielte Team ist kompetent, kredenzt werden Classics wie »Manhattan« oder »White Lady« sowie gute alkoholfreie Drinks. Große Sekt-, Wein- und Spirits-Auswahl.

Makartplatz 4	Drinks:	42 I 50
+43 662 873557	Ambiente:	18 I 20
bristol-salzburg.at	Service:	19 I 20
Kategorie: Hotelbar	Sortiment:	8 I 10
	Gesamt:	87 I 100

Sky Restaurant Bar 🍸🍸

5020 Salzburg

Coole Location, coole Aussicht, coole Drinks: Die Bar ist beliebter Treffpunkt für Einheimische und Gäste. Ob Spritzer – auch alkoholfrei – oder klassische Cocktails mit Twist wie »Black Mojito« mit Simply Cola bis hin zu Nonalcoholic-Cocktails wie »Camparinho« mit Tonic, Canberra und Holler: Die Qualität stimmt.

Josef-Brandstätter-Straße 1	Drinks:	**42** | 50
+43 662 230300	Ambiente:	**20** | 20
coolmama.com	Service:	**18** | 20
Kategorie: Hotelbar	Sortiment:	**7** | 10
	Gesamt:	87 | 100

Steinterrasse 🍸🍸🍸

5020 Salzburg

Eine Salzburger Institution ist die Steinterrasse schon lange, seit 2020 ist sie »inspired by Senns«. Zum berühmten Blick über die Dächer der Altstadt kommt ein feines Angebot an Cocktails und Drinks, zum Beispiel »El Presidente« mit weißem Rum und Ananas oder Klassiker wie Mai Tai. Ebenfalls top: die Mocktails.

Giselakai 3–5	Drinks:	**44** | 50
+43 662 877277	Ambiente:	**20** | 20
steinterrasse.com	Service:	**18** | 20
Kategorie: Hotelbar	Sortiment:	**8** | 10
	Gesamt:	90 | 100

Wein & Co Salzburg Platzl 🍷🍷🍷

5020 Salzburg

Die Weinbar mit toller Architektur und Shop ist ein beliebter Treffpunkt. Serviert werden kleine Happen wie Schinken, Mortadella, Oliven und Käse oder Beef Tatar. Bemerkenswert ist die Auswahl an Weinen, bei Perlendem genießt man Prosecco, Pet Nats oder Champagner.

Schwerpunkt: international

Platzl 2	Weinangebot:	**49** | 50
+43 50706 3152	Service	**18** | 20
weinco.at	Essen	**17** | 20
Kategorie: Weinbar in Vinothek	Ambiente:	**8** | 10
	Gesamt:	92 | 100

Wolferl und Wein 🍷🍷🍷

5340 St. Gilgen

Kleine, feine Bar mit ganz großem Wohlfühlambiente. Toll ist die Auswahl an ständig wechselnden Tapaskreationen zu den Cocktails und vielen Weinen aus Österreich, Italien, Frankreich und Spanien. Dazu gibt es eine fachgerechte Beratung vom Wein- und Biersommelier.

Schwerpunkt: Österreich

Aberseestraße 9	Weinangebot:	**47** | 50
+43 660 2284655	Service	**18** | 20
herzkuchlfee.at	Essen	**17** | 20
Kategorie: Klassische Weinbar	Ambiente:	**9** | 10
	Gesamt:	91 | 100

Stöcklwirt

5600 St. Johann im Pongau

Charmantes Wirtshaus, das Tradition und Moderne vereint, in der Weinstube herrscht eine besondere Atmosphäre. Zu jedem Gericht wird der ideal abgestimmte Wein gereicht. Champagner namhafter Produzenten stehen ebenso auf dem Programm wie Spirituosen und Edelbrände.
Schwerpunkt: Österreich

Hauptstraße 22
+43 676 7168471
hotel-stoecklwirt.at
Kategorie: Weinbar im Restaurant

Weinangebot:	**45** | 50
Service	**19** | 20
Essen	**16** | 20
Ambiente:	**8** | 10
Gesamt:	88 | 100

Laschenskyhof

5071 Wals

Wer an der geschwungenen Bar Platz nimmt, kann Bar-Master Pietro und Team bei ihrem Handwerk zusehen. Klassiker werden auch mit individuellem Twist serviert, etwa Veneziano mit Zitronensorbet. Spritzig und ohne Alkohol: hausgemachte Erfrischer, etwa Ingwer-Zitrone mit Kurkuma oder Mocktails wie »Strawberry Kiss«.

Josef-Hauthaler-Straße 2
+43 662 852361
laschensky.at
Kategorie: Hotelbar

Drinks:	**44** | 50
Ambiente:	**18** | 20
Service:	**19** | 20
Sortiment:	**8** | 10
Gesamt:	89 | 100

Ginhouse

5700 Zell am See

1001 Gin – das Ginhouse wird seinem Namen seit vielen Jahren mehr als gerecht. Neben internationalen Classics gibt's viele Gin-Geheimtipps und regionale Spezialitäten wie den vollmundigen Hei Gin mit Heublumen. Auch die Cocktails, Highballs und Drinks überzeugen, etwa »Sweet Bee« mit Tennessee Honey und eigenem Honig.

Dreifaltigkeitsgasse 1
+43 664 2021001
ginhouse.at
Kategorie: American Bar

Drinks:	**44** | 50
Ambiente:	**18** | 20
Service:	**19** | 20
Sortiment:	**10** | 10
Gesamt:	91 | 100

Kraftwerk

5700 Zell am See

Das familiengeführte Traditionshaus im Industrie-Chic zeichnet sich durch starke Verbundenheit zur Region aus, die sich in den gehobenen Kreationen widerspiegelt. An der Weinbar stehen über 800 Weine zur Wahl, auch einige ausgezeichnete Spirituosen sind mit an Bord.
Schwerpunkt: Deutschland, international

Schmittenstraße 12a
+43 664 3888016
kraftwerk-restaurant.at
Kategorie: Weinbar im Restaurant

Weinangebot:	**49**	50
Service	**18**	20
Essen	**18**	20
Ambiente:	**9**	10
Gesamt:	**94**	100

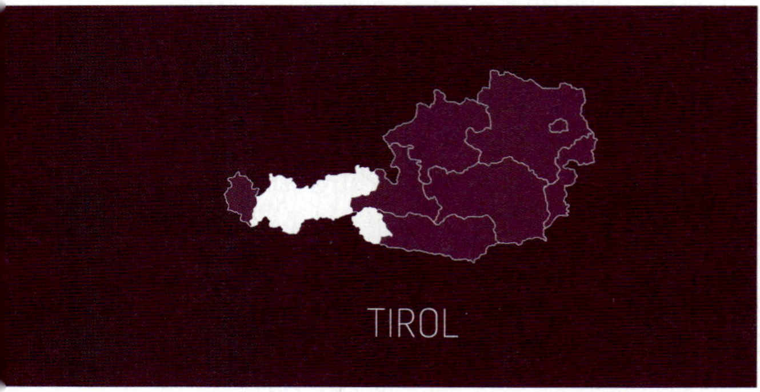

Zeitlos 989

6215 Achenkirch

Stilvolle Barkultur mit Charme und dezentem Retro-Touch erwarten die Gäste hier, zweimal wöchentlich untermalt von Livemusik. Das Barteam versteht sein Handwerk, berät hinsichtlich Wein (Topauswahl!) und Prickelndem, mixt aber auch gekonnt All Time Classics und eigene Kreationen. Im Winter wird der Kamin eingeheizt.

Am Waldweg 105a
+43 5246 6389
daskronthaler.com
Kategorie: Hotelbar

Drinks:	**43**	50
Ambiente:	**19**	20
Service:	**18**	20
Sortiment:	**7**	10
Gesamt:	**87**	100

Hotelbar im Hotel Der Bär 🍸🍸 — 6352 Ellmau

Die Bar im Lifestyle-Hotel ist echt bärig – das muss man einfach so sagen. Das Barteam ist charmant und versiert, die Cocktails werden mit Hingabe vom Shaker ins Glas gegossen und detailverliebt verziert. Auch die kreative Auswahl kann sich sehen lassen, etwa »Tiroler Mule« mit Mountain Gin, Heublütensirup und Eiweiß.

Kirchbichl 9
+43 5358 2395
hotelbaer.com
Kategorie: Hotelbar

Drinks:	**45** / 50
Ambiente:	**18** / 20
Service:	**18** / 20
Sortiment:	**8** / 10
Gesamt:	89 / 100

Schlosshotel 🍸🍸 — 6533 Fiss

Exquisit relaxen: Die Bar des Hotels spiegelt die Philosophie des Hauses wider. Auf der Karte: Exklusives wie die »Nonino Antica Cuvée« aus der 6,3-Liter-Flasche sowie von Sam Lutz und Team mit Fingerspitzengefühl gemixte und mit Liebe zum Detail servierte Signature Cocktails (»Kahlua Milkshake«). Top: die Weinauswahl.

Laurschweg 28
+43 5476 6397
schlosshotel-fiss.at
Kategorie: Hotelbar

Drinks:	**44** / 50
Ambiente:	**18** / 20
Service:	**18** / 20
Sortiment:	**8** / 10
Gesamt:	88 / 100

Stanglwirt Hotelbar 🍸🍸 — 6353 Going

Wo Tradition auf Luxus trifft, wird auch in der Bar alles gegeben. »Auf der Tenne« findet man Reminiszenzen an die Natur und Landwirtschaft, etwa bei Cocktails wie »Heubad« mit hausgemachtem Heusirup oder »Very Berry« mit heimischen Moosbeeren. Klassisch oder fancy: Das Team rund um Johannes Hauser weiß, wie's geht.

Kaiserweg 1
+43 5358 2000
stanglwirt.com
Kategorie: Hotelbar

Drinks:	**43** / 50
Ambiente:	**18** / 20
Service:	**19** / 20
Sortiment:	**9** / 10
Gesamt:	89 / 100

Diana Bar

6060 Hall in Tirol

Ein bisschen Wohnzimmeratmosphäre, ein bisschen Retro und immer gemütlich und familiär: Die Bar mit dem schönen Gewölbe ist zu Recht eine Erfolgsgeschichte der Haller Barszene. Dazu trägt nicht zuletzt das kompetente Barteam bei, aber auch die sehr große Auswahl an fein gemixten Drinks und Spirituosen. Moderate Preise.

Oberer Stadtplatz
+43 5223 41550
dianabar.at
Kategorie: Loungebar

Drinks:	**44** | 50
Ambiente:	**17** | 20
Service:	**18** | 20
Sortiment:	**8** | 10
Gesamt:	87 | 100

Marcellos

6060 Hall in Tirol

In der netten Vinothek liegt der Fokus auf Weinen aus Sizilien und der Toskana. Auch gereifte Weine, Magnumflaschen und Raritäten bieten immer wieder Überraschungen. Sehr gute Antipasti. Bei stimmungsvollen Events wie der Gassen-Sommernacht ist man gerne dabei.
Schwerpunkt: Toskana, Italien

Krippgasse 1a
+43 664 99063341
marcellos.at
Kategorie: Klassische Weinbar

Weinangebot:	**45** | 50
Service	**18** | 20
Essen	**15** | 20
Ambiente:	**8** | 10
Gesamt:	86 | 100

Ombra

6060 Hall in Tirol

Ein pulsierendes italienisches Herz schlägt im Zentrum von Hall, wo im kleinen Kellerlokal Antipasti, Fisch, Fleisch und Meeresfrüchte nach Originalrezepten geboten werden. Dazu trinkt man intensive italienische Weine. Alles gibt es auch zum Nachgustieren für zu Hause.
Schwerpunkt: Italien

Schlossergasse 11
+43 664 8768849
vineria-ombra.at
Kategorie: Weinbar im Restaurant

Weinangebot:	**44** | 50
Service	**18** | 20
Essen	**18** | 20
Ambiente:	**8** | 10
Gesamt:	88 | 100

Pipistrello

6060 Hall in Tirol

Die Location findet sich eingeschmiegt hinter Stadtmauern, zu den Steinwänden passt einfaches Holzmobiliar. Neben den ständig wechselnden Getränke-Specials begeistern ausgesuchte Weine aus Österreich, Gin oder ein gepflegtes Glas Bier. Der Kaffee stammt von coffeekult.
Schwerpunkt: Österreich

Stadtgraben 22
+43 681 20592890
pipistrello.tirol
Kategorie: Klassische Weinbar

Weinangebot:	**44**	50
Service	**18**	20
Essen	**14**	20
Ambiente:	**9**	10
Gesamt:	85	100

360°

6020 Innsbruck

Der Ausblick auf Stadt und Bergwelt ist nicht zu toppen. In der Weinbar genießt man bei entspannter Lounge-Atmosphäre und chilligem Sound einen klassischen oder kreativen Cocktail sowie heimische und internationale Spitzenweine. Tagsüber gibt's guten Cappuccino.
Schwerpunkt: international, Österreich

Maria-Theresien-Straße 18
+43 664 8406570
Kategorie: Klassische Weinbar

Weinangebot:	**44**	50
Service	**18**	20
Essen	**18**	20
Ambiente:	**9**	10
Gesamt:	89	100

5th Floor

6020 Innsbruck

Die zeitlose Architektur, die Aussicht, das versierte Barteam, zu dem auch wieder Greg Wardle zählt: Die schicke Panoramabar ist zu Recht seit Jahren ein Lieblingsspot in der Innenstadt. Im Sommer werden Weine, Cocktails (top: die Non-alcoholic-Varianten!) und Longdrinks unter Palmen mit Blick auf die Berge serviert.

Adolf-Pichler-Platz 3
+43 512 5756570
thepenz.com
Kategorie: American Bar

Drinks:	**44**	50
Ambiente:	**19**	20
Service:	**18**	20
Sortiment:	**8**	10
Gesamt:	89	100

ADLERS Bar 🍸🍸🍸 6020 Innsbruck

Die ADLERS-Perspektive auf Innsbruck von der Havanna Bar im 13. Stock: grandios. Auch die elegant-lässige Atmosphäre in der Bar einen Stock tiefer überzeugt, ebenso die flüssigen Kreationen und wechselnden Signatures, aktuell etwa »U Make Miso Happy« mit Tequila, Cointreau, geklärtem Karottensaft und Miso-Honig-Sirup.

Brunecker Straße 1	Drinks:	45 | 50
+43 512 563100	Ambiente:	20 | 20
adlers-innsbruck.com	Service:	19 | 20
Kategorie: Hotelbar	Sortiment:	8 | 10
	Gesamt:	92 | 100

Blaue Brigitte 🍸🍸 6020 Innsbruck

Herrlich charmant, gemütlich und fancy zugleich – das ist die Dachboden-Bar im Hotel Weisses Kreuz. Am langen Tresen oder an den Tischen unter den Dachflächenfenstern lässt es sich wunderbar die Zeit vergessen und die mit Fingerspitzengefühl gemixten Drinks genießen – etwa »Golden Dream« mit Cointreau und Vanillelikör.

Herzog-Friedrich-Straße 31	Drinks:	44 | 50
+43 512 594790	Ambiente:	19 | 20
weisseskreuz.at	Service:	18 | 20
Kategorie: Hotelbar	Sortiment:	8 | 10
	Gesamt:	89 | 100

Das Schindler 🍸🍸 6020 Innsbruck

Modern und gemütlich, früh und abends, Restaurant und Bar: Das Schindler im ersten Stock des Kaufhaus Tyrol spielt alle Stücke. Das gilt auch für die Bar. In die Gläser kommen vorwiegend klassische Aperitifs (spritzig: die »Paloma« mit Grapefruit-Soda) und Cocktails, auf Qualität bei den Spirits wird viel Wert gelegt.

Maria-Theresien-Straße 31	Drinks:	44 | 50
+43 512 566969	Ambiente:	18 | 20
dasschindler.at	Service:	18 | 20
Kategorie: Restaurantbar	Sortiment:	8 | 10
	Gesamt:	88 | 100

Die Pizzerei

6020 Innsbruck

È l'ora dell'aperitivo – Zeit für einen Aperitif! Nicht nur die italienische Küche wird zelebriert, sondern auch die Aperitivo-Kultur von bella Italia. Ob »Italian Paloma« mit Campari und Grapefruit oder Alkoholfreies wie Crodino und hausgemachte Heidelbeer-Lavendel-Limo: Hier ist der (italienische) Genuss zu Hause!

Bozner Platz 6
+43 512 583796
diepizzerei.at
Kategorie: Restaurantbar

Drinks:	**43** I 50
Ambiente:	**18** I 20
Service:	**18** I 20
Sortiment:	**8** I 10
Gesamt:	87 I 100

Dunlin

6020 Innsbruck

Wenn sich das eingespielte Team um Kostas Karvounis einer Zutat annimmt, dann entsteht daraus nicht eine köstliche Kreation, sondern vier (darunter immer eine alkoholarme oder -freie). Aufwendige und schmackhafte Garnituren sind eine weitere Zutat, die den Aufenthalt in der mit Nuss getäfelten Bar unvergesslich machen.

Meraner Straße 6
+43 676 7434851
dunlin-bar.at
Kategorie: Loungebar

Drinks:	**48** I 50
Ambiente:	**18** I 20
Service:	**19** I 20
Sortiment:	**8** I 10
Gesamt:	93 I 100

Haltestelle

6020 Innsbruck

Welche »Linie« darf es heute sein? Zwar spielen in der sympathischen Bar mit viel internationalem Publikum, nur wenige Schritte vom Goldenen Dachl entfernt, farbenfrohe Shots die Hauptrolle – von classic bis fancy, von »shaken not stirred« bis »apfelstrudel«. Aber auch die Cocktails sind einen Stopp wert und preislich fair.

Angerzellgasse 10
+43 676 6973636
Kategorie: American Bar

Drinks:	**43** I 50
Ambiente:	**17** I 20
Service:	**18** I 20
Sortiment:	**7** I 10
Gesamt:	85 I 100

Invinum

6020 Innsbruck

Im Angebot sind nicht nur Weine namhafter Winzer, auch über viele unbekanntere Produzenten darf man sich freuen. Zu empfehlen ist eine kompetente Verkostung, die sieben Weine umfasst und zu der auch feine Delikatessen wie Käse, Oliven und Schinken gereicht werden.
Schwerpunkt: Österreich

Innrain 1
+43 512 575545
invinum.com
Kategorie: Weinbar in Vinothek

Weinangebot:	**45** I 50
Service	**18** I 20
Essen	**16** I 20
Ambiente:	**8** I 10
Gesamt:	87 I 100

Kater Noster

6020 Innsbruck

Ein bisschen Studentenbar, ein bisschen Hipster-Café – das Kater Noster am Rande der Innenstadt bietet einen charmanten Mix. Auch bei den Drinks: Neben der bunten Auswahl an Spritzer-Varianten – von Limoncello bis Basilikum – und klassischen Cocktails gibt es auch ein sehr gutes Angebot an alkoholfreien Durstlöschern.

Leopoldstraße 7	Drinks:	**43** | 50
+43 699 17164256	Ambiente:	**18** | 20
katernoster.com	Service:	**18** | 20
Kategorie: Loungebar	Sortiment:	**7** | 10
	Gesamt:	86 | 100

Liquid Diary

6020 Innsbruck

Understatement ist in einer der Topbars Österreichs Teil der DNA. Drinks mit simplen Namen wie »Ginger Spice« erweisen sich als extrem elaborierte Getränke, an denen Damir Bušićs Team lang feilte. Dass man genauso auf ein Glas Champagner oder den Stammwhisky kommen kann, macht das »Diary« in Innsbruck unverzichtbar.

Adolf-Pichler-Platz 2	Drinks:	**48** | 50
+43 676 5281470	Ambiente:	**18** | 20
liquiddiary.com	Service:	**19** | 20
Kategorie: American Bar	Sortiment:	**8** | 10
	Gesamt:	93 | 100

M+M Bar

6020 Innsbruck

In der Nähe des Metropolkinos versteckt sich diese charmante Bar, die sich einer großen, treuen Anhängerschaft erfreut. In ihrem »Wohnzimmer« mixen, rühren und shaken Metin und Markus seit 2003 klassische, exotische und saisonale Drinks in erstklassiger Manier – etwa »Magic Forest« mit Pisco, Lärcherl und Maracujapüree.

Innstraße 45	Drinks:	**44** | 50
+43 699 15220139	Ambiente:	**17** | 20
mm-bar.at	Service:	**19** | 20
Kategorie: American Bar	Sortiment:	**9** | 10
	Gesamt:	89 | 100

Moustache

6020 Innsbruck

Die Vielfalt, die in der charmanten Bar herrscht, wird auch bei den Drinks zelebriert. Von der großen Bierauswahl (von Moustache Kraft Bier bis Irish Cider) über Wein und Prickelndes (Prosecco Blutorange) bis hin zu Drinks wie »Old Fashioned Paloma« und »Classic Rob Roy«: Ja, hier ist die sehr gute Vielfalt zu Hause!

Herzog-Otto-Straße 8	Drinks:	**43** | 50
+43 680 2163908	Ambiente:	**18** | 20
cafe-moustache.at	Service:	**18** | 20
Kategorie: American Bar	Sortiment:	**7** | 10
	Gesamt:	86 | 100

Pfiff Bar

6020 Innsbruck

Eine Cocktailbar mit Pfiff und Charme. Unter den alten Holztram wird mit Fingerspitzengefühl geshaked und gemixt. Klassischer »Old Fashioned« oder fancy »Pump it up« mit weißem Rum und Kürbis? Hier kommt Qualität ins Glas, gerne auch in Kombination mit kleinen Gerichten. Top: die große Auswahl an hochwertigen Spirituosen.

Kaiserjägerstraße 2	Drinks:	45 | 50
+43 512 587109	Ambiente:	18 | 20
schwarzeradler-innsbruck.com	Service:	18 | 20
Kategorie: Hotelbar	Sortiment:	8 | 10
	Gesamt:	89 | 100

Rössl Bar

6020 Innsbruck

Coole Drinks und eine altehrwürdige Location passen gut zusammen. Schon in der Früh wird man mit tollem Frühstück inklusive eines Glases Prickelndem verwöhnt. Die Barkarte bietet neben Cocktails und feinen Bieren auch Wein, Aperitifs wie Marillen-Spritz oder Wermut.
Schwerpunkt: international, Österreich

Kiebachgasse 8	Weinangebot:	46 | 50
+43 512 583057	Service	18 | 20
roessl.at	Essen	17 | 20
Kategorie: Klassische Weinbar	Ambiente:	8 | 10
	Gesamt:	89 | 100

Sitzwohl

6020 Innsbruck

Hier kann man nicht nur fein speisen, sondern ab 17 Uhr auch dem Genuss in Gläsern frönen. Prickelnd oder fruchtig? Klassisch oder fancy? Highball oder Cocktail? Die Karte des sympathischen Lokals in der denkmalgeschützten ehemaligen Gilmschule lässt keine Wünsche offen, ebenso wenig wie das charmante, fachkundige Team.

Gilmstraße 4/Stadtforum	Drinks:	42 | 50
+43 512 562888	Ambiente:	18 | 20
restaurantsitzwohl.at	Service:	18 | 20
Kategorie: Restaurantbar	Sortiment:	8 | 10
	Gesamt:	86 | 100

Stage Bar 🍸🍸🍸

6020 Innsbruck

Entspanntes Day Drinking mit dem rein weiblichen Barteam – das ist die eine Seite der »Stage«, die auch mit vielen nicht-alkoholischen Optionen punktet. Wer zum »Salted Caramel Old Fashioned« greift, lernt einen kräftigen Hausklassiker kennen, zudem überrascht die leuchtende Barkarte mit Pandan oder Tepache als Zutat.

Maria-Theresien-Straße 12	Drinks:	**46** I 50
+43 512 312312	Ambiente:	**19** I 20
stage12.at	Service:	**19** I 20
Kategorie: Hotelbar	Sortiment:	**8** I 10
	Gesamt:	92 I 100

vinum.in 🍷🍷

6020 Innsbruck

Zu feinen kulinarischen Schmankerln wie Verhackertem oder Speck- und Käseteller wird man mit einer ungewöhnlichen Auswahl an Weinen verwöhnt, teils auch von jungen, aufstrebenden Winzern. In Weinseminaren bringt Dietmar Pfister seine Leidenschaft für Wein zum Ausdruck.
Schwerpunkt: international

Herzog-Siegmund-Ufer 1–3	Weinangebot:	**45** I 50
+43 660 5705545	Service	**18** I 20
invinum.com	Essen	**16** I 20
Kategorie: Weinbar in Vinothek	Ambiente:	**8** I 10
	Gesamt:	87 I 100

Wohnzimmer 🍸🍸

6020 Innsbruck

Entspannt und relaxt, wie der Name vermuten lässt, ist diese Bar, die aufgrund ihrer kreativen, stetig wechselnden Cocktailkreationen positiv im Gedächtnis bleibt. Das versierte Barteam versteht es, kompetent zu beraten, und zaubert neben Klassikern einfallsreiche Drinks ins Glas – auch als alkoholfreie Versionen.

Fürstenweg 5	Drinks:	**44** I 50
+43 676 6602444	Ambiente:	**18** I 20
wohnzimmer-bar.at	Service:	**19** I 20
Kategorie: Loungebar	Sortiment:	**8** I 10
	Gesamt:	89 I 100

Woodfire 🍸🍸

6020 Innsbruck

An der eleganten Bar des beliebten Steakrestaurants lässt es sich aushalten – und zwar mit geschmacklich wie optisch tollen Signatures, etwa »Ding« mit Gin, Orangenlikör und Limette. Einige der Aperitifs und Classics gibt's auch als alkoholfreie Varianten. Ebenfalls toll: »Kinder Cocktails« wie »Sherly Temple«.

Universitätsstraße 5–7	Drinks:	**43** I 50
+43 512 59240	Ambiente:	**18** I 20
woodfire.at	Service:	**18** I 20
Kategorie: Restaurantbar	Sortiment:	**8** I 10
	Gesamt:	87 I 100

Post Bar 67 🍸🍸🍸

6561 Ischgl

Nach einem Skitag einen Cocktail genießen oder nach der Wanderung ein kühles Glas Wein trinken: In der entspannten Bar des Hotel Post wird ganzjährig auf höchstem Niveau beraten und gemixt – dafür sorgt Barchef Georgios Tsimpinos mit seinem Team. Tipp: die »67's favourites«, etwa »Brown Derby« mit Whiskey, Honig und Grapefruit.

Dorfstraße 67
+43 5444 5232
post-ischgl.com
Kategorie: Hotelbar

Drinks:	**45**	50
Ambiente:	**19**	20
Service:	**18**	20
Sortiment:	**9**	10
Gesamt:	91	100

Ursprung 🍷🍷🍷

6561 Ischgl

Tolles Konzept mit gehobener Kulinarik, die alpine und mediterrane Aromen vereint. Bei den Champagnern setzt man auf Taittinger und Dom Pérignon, auch die Weinauswahl ist wirklich ambitioniert. Bier, Spirituosen und kreativ-spritzige Cocktails gibt's dann an der Bar.
Schwerpunkt: Österreich, Jahrgangstiefe

Dorfstraße 67
+43 5444 5232
post-ischgl.com
Kategorie: Weinbar im Restaurant

Weinangebot:	**48**	50
Service	**19**	20
Essen	**18**	20
Ambiente:	**9**	10
Gesamt:	94	100

DEWALDs Weinladen 🍷🍷

6370 Kitzbühel

Weingenuss und feine Delikatessen gehen eine perfekte Symbiose ein. Bei kompetenter Beratung kostet man sich durch spannende Weine aus Österreich und dem Rest der Welt, immer wieder sind junge, aufstrebende Winzer dabei. Klassiker zum Wein: der Elsässer Flammkuchen.
Schwerpunkt: Schaumwein, Österreich

Im Gries 15
+43 699 17291150
dewalds.at
Kategorie: Weinbar in Vinothek

Weinangebot:	**46**	50
Service	**19**	20
Essen	**15**	20
Ambiente:	**8**	10
Gesamt:	88	100

Leo Hillinger Wineshop & Bar 🍷🍷 — 6370 Kitzbühel

Im Herzen der Innenstadt ist die modern ausgestattete Weinbar der ideale Treffpunkt, um kreatives Barfood zu genießen. Dazu trinkt man Hillinger-Weine, auch die Auswahl an Prosecco und Champagner kann sich sehen lassen. Ein Highlight ist der Speck-Zwiebel-Feuerfleck.
Schwerpunkt: Burgenland

Hinterstadt 11	Weinangebot:	**44** | 50
+43 5356 20251	Service	**19** | 20
leo-hillinger.com	Essen	**16** | 20
Kategorie: Weinbar in Vinothek	Ambiente:	**9** | 10
	Gesamt:	88 | 100

The Golden 🍸🍸🍸 — 6370 Kitzbühel

Vom Schwesternhotel an der »Kö« in Düsseldorf hat man sich für die American Bar in Kitzbühel inspiriert. Tequila und Whisk(e)y sind die Regenten, denen man auch eigene Tastings widmet. Die flüssige Reiseroute reicht »From Grand Tirolia to Barbados«. Auch mit »Boulevardier« oder einem »Manhattan« weiß man bestens umzugehen.

Eichenheim 10	Drinks:	**47** | 50
+43 5356 66615	Ambiente:	**18** | 20
hommage-hotels.com	Service:	**18** | 20
Kategorie: Hotelbar	Sortiment:	**8** | 10
	Gesamt:	91 | 100

Mazerat 🍷🍷🍷 — 6330 Kufstein

Bekannt ist die gemütliche Weinbar von Heribert Steiner und Julia Brandl nicht nur für genussvolle Veranstaltungen und Events. Mit Leidenschaft suchen die Betreiber ihre Weine aus und bringen sie dem Gast näher. Auch köstliche Schmankerln werden als Begleiter serviert.
Schwerpunkt: Österreich, ökologischer Anbau

Unterer Stadtplatz 18	Weinangebot:	**47** | 50
+43 664 75028108	Service	**19** | 20
mazerat.at	Essen	**17** | 20
Kategorie: Klassische Weinbar	Ambiente:	**9** | 10
	Gesamt:	92 | 100

Panorama 1830 🍸🍸 — 6330 Kufstein

Ein verglaster Lift bringt die Gäste in den vierten Stock des Auracher Löchl. Dort begeistert nicht nur die Aussicht, sondern auch das modern-alpine und gleichzeitig relaxte Ambiente. Das Barteam weiß mit Jigger und Shaker umzugehen – vom Löchl Gin aus dem hauseigenen Stollen 1930 bis zur klassischen Cocktailkreation.

Römerhofgasse 4	Drinks:	**43** | 50
+43 5372 62138	Ambiente:	**18** | 20
auracher-loechl.at	Service:	**17** | 20
Kategorie: American Bar	Sortiment:	**7** | 10
	Gesamt:	85 | 100

Pure

6330 Kufstein

Eine partytaugliche Bar am Tor zur Innenstadt mit treuer Fangemeinde, was zweifellos auch an der großen Auswahl an gut gemixten Drinks liegt. »Hot Chili Sunshine« und Co werden auch auf der Terrasse serviert, wenn es die Witterung zulässt. Tolle Auswahl auch bei Mocktails, etwa »Smile« mit Mandel, Mango und Zitrone.

Marktgasse 20	Drinks:	**42** I 50
+43 650 6482564	Ambiente:	**17** I 20
pure-lounge.eatbu.com	Service:	**18** I 20
Kategorie: Loungebar	Sortiment:	**8** I 10
	Gesamt:	85 I 100

Stollen 1930

6330 Kufstein

Im Stollensystem der Festung Kufstein verbirgt sich unter dem Gewölbe eine Welt für Gin-Freunde (über 1000 Sorten!), Cocktailbegeisterte und alle, die Freude an einer ungewöhnlichen Location und erstklassigen Barkultur haben. Die Beratung der freundlichen Gin-Spezialisten ist kompetent, es gibt auch feine Cocktails.

Römerhofgasse 5	Drinks:	**46** I 50
+43 5372 62138	Ambiente:	**19** I 20
auracher-loechl.at	Service:	**18** I 20
Kategorie: Hotelbar	Sortiment:	**10** I 10
	Gesamt:	93 I 100

Vitus & Urban

6330 Kufstein

In der hip-trendigen Weinbar geht es lebhaft zu. Zu verkosten gibt es Weine aus der Wachau, dem Weinviertel sowie dem Krems- und Kamptal. Dazu serviert man coole Häppchen, die neu und kreativ interpretiert daherkommen. Auch die Kunst hat einen großen Stellenwert.
Schwerpunkt: Niederösterreich

Marktgasse 2	Weinangebot:	**43** I 50
+43 5372 61414	Service	**18** I 20
vitusundurban.at	Essen	**15** I 20
Kategorie: Weinbistro	Ambiente:	**8** I 10
	Gesamt:	84 I 100

WineLounge

6631 Lermoos

Die 50.000 Flaschen, die im Keller lagern, erlauben auch etliche Jahrgangstiefen. Man wird bestens beraten. Das Gourmetkonzept umfasst exzellentes Fusion-Food, Tiroler Schmankerln und Internationales. Events wie Wine Tastings und Burger Nights runden das Angebot ab.
Schwerpunkt: Österreich

Danielstraße 3	Weinangebot:	**48** I 50
+43 5673 2424200	Service	**18** I 20
winelounge.at	Essen	**17** I 20
Kategorie: Weinbar im Restaurant	Ambiente:	**8** I 10
	Gesamt:	91 I 100

Bar im Grandhotel 🍸🍸 9900 Lienz

Genuss wird im Luxushotel an der Isel großgeschrieben. Im Weinkeller lagern edle Tropfen aus aller Welt, über die der Sommelier des Hauses einiges erzählen kann. Die Bar verströmt Jahrhundertwende-Charme, auf der Karte stehen Classics neben Specials wie »Hike the Dolomites« mit Wodka, Crème de Cassis und Basilikum.

Fanny-Wibmer-Pedit-Straße 2	Drinks:	**44** | 50
+43 4852 64070	Ambiente:	**18** | 20
grandhotel-lienz.com	Service:	**18** | 20
Kategorie: Hotelbar	Sortiment:	**8** | 10
	Gesamt:	88 | 100

Hof Bar Wine & Cocktailbar 🍷🍷🍷 6290 Mayrhofen

Wer höchste Qualität, gepaart mit lebensfroher, urbaner Lässigkeit, sucht, ist hier richtig. Ein besonderes Erlebnis für den Gaumen versprechen Sardinen aus Südfrankreich und Portugal mit prickelndem Champagner. Zum coolen Sound schmecken auch kreative Cocktails.
Schwerpunkt: Champagner, international

Am Marienbrunnen 341	Weinangebot:	**46** | 50
+43 5285 62265	Service	**19** | 20
zillertalerhof.at	Essen	**18** | 20
Kategorie: Klassische Weinbar	Ambiente:	**9** | 10
	Gesamt:	92 | 100

Timé 🍷🍷 6068 Mils

In seiner neuen Tagesbar erfüllt Tim Hauser sämtliche Gästewünsche: ein köstlicher Snack zu Mittag, ein perfekter Espresso für den Energiekick am Nachmittag und abends eine exzellente Weinempfehlung. Und ganz nebenbei eine ambitionierte Küche, die geschmacklich überzeugt.
Schwerpunkt: international

Brunnholzstraße 28	Weinangebot:	**44** | 50
+43 676 6710894	Service	**19** | 20
time-tagesbar.at	Essen	**18** | 20
Kategorie: Weinbistro	Ambiente:	**8** | 10
	Gesamt:	89 | 100

Tweets Rooftop 🍸🍸 6284 Ramsau im Zillertal

In der Bar des farbenfrohen Restaurants im Designhotel heißt es: »Tirol meets World!« Das Motto spiegelt sich auch in der Drink-Auswahl wider. Vom Champagner bis zum heimischen Edelbrand, vom Negroni bis zu »Lavender Haze« mit Wodka, Lavendel und Vanille – bei Schönwetter auch auf der charmanten Terrasse mit herrlichem Ausblick.

Ramsau 425	Drinks:	**44** | 50
+43 664 4170755	Ambiente:	**18** | 20
tweets-rooftop.at	Service:	**19** | 20
Kategorie: Restaurantbar	Sortiment:	**8** | 10
	Gesamt:	89 | 100

El Vino 🍷🍷🍷

6600 Reutte

3000 Flaschen lagern im Weinkeller, im Fokus stehen reife, teilweise jahrzehntelang gereifte Tropfen. Regelmäßig finden Abende mit Winzern statt. Im heimeligen Gewölbe wird man mit feinen Speisen wie hausgemachtem Speck, Käse, Lammwurst oder Panini-Variationen verwöhnt.
Schwerpunkt: Wachau, Spanien

Obermarkt 31	Weinangebot: **49** | 50
+43 5672 67674	Service **19** | 20
elvino.at	Essen **16** | 20
Kategorie: Weinbar in Vinothek	Ambiente: **8** | 10
	Gesamt: 92 | 100

Novellis 🍸🍸

6600 Reutte

Von der Bar direkt zum Dinner oder umgekehrt: Das sympathische Konzept des Novellis kommt an. Das liegt bestimmt auch an der großen Auswahl an Aperitifs, Longdrinks, Cocktails und Gin Tonic, die auch als feine alkoholfreie Varianten punkten. Daneben dominieren die Klassiker, gerne mit Twist, etwa »Strawberry Batida«.

Mühler Straße 12	Drinks: **43** | 50
+43 5672 64612	Ambiente: **18** | 20
novellis.at	Service: **19** | 20
Kategorie: Restaurantbar	Sortiment: **7** | 10
	Gesamt: 87 | 100

Cubo Skylounge 🍸🍸

6380 St. Johann in Tirol

Die Panoramabar ist beliebter Place to be bei Gästen und Einheimischen. Kein Wunder, können sich Auswahl und Qualität durchaus sehen lassen – etwa »Mangolicious« mit Wodka, Gin, Mangosirup, Orange und Schlagobers. Auch das alkoholfreie Angebot überzeugt, zum Beispiel die hausgemachten Ice Teas. Die Preise sind moderat.

Speckbacherstraße 37a	Drinks: **43** | 50
+43 5352 21620	Ambiente: **19** | 20
hotelcubo.at	Service: **18** | 20
Kategorie: Hotelbar	Sortiment: **8** | 10
	Gesamt: 88 | 100

Fink's Bar 🍷🍷

6380 St. Johann in Tirol

Sehr sympathischer Service, der mit Pizza, Pasta und zarten Steaks verwöhnt. Auch bei den Getränken hat man die Wahl: klassische Cocktails, Bauernschnäpse, eine breite Palette an Spirituosen sowie ausgesuchte Weine und Champagner. Hier wird man zum Rumliebhaber.
Schwerpunkt: Österreich

Bahnhofstraße 22	Weinangebot: **44** | 50
+43 5352 64168	Service **18** | 20
finks-restaurant.at	Essen **17** | 20
Kategorie: Weinbar im Restaurant	Ambiente: **8** | 10
	Gesamt: 87 | 100

Post Bar

6380 St. Johann in Tirol

Einladendes, entspanntes Ambiente und ein kompetentes, freundliches Team, das auch Cocktails abseits der Karte zaubert – hier werden Genießer glücklich! Die Sirupe, Infusionen und Liköre für die tollen alkoholfreien Drinks und feinen Cocktails (»Saini Honsa Sling« mit Gin und Preiselbeermarmelade) sind hausgemacht.

Speckbacherstraße 1	Drinks:	**44** I 50
+43 5352 6364354	Ambiente:	**19** I 20
dashotelpost.at	Service:	**18** I 20
Kategorie: Hotelbar	Sortiment:	**8** I 10
	Gesamt:	89 I 100

Weinkiste

6380 St. Johann in Tirol

Edle Vinothek von Hildegard und Josef Hintler-Wolf mit viel Holz und Glas, ein Ort zum Wohlfühlen. Die beiden haben sich auf kleine österreichische Weingüter spezialisiert. Manche interessante Weine – etwa vom Weingut Rotllan Torra – sind österreichweit nur hier erhältlich.
Schwerpunkt: Niederösterreich, Steiermark, Burgenland

Dechant-Wieshofer-Straße 11	Weinangebot:	**45** I 50
+43 5352 20710	Service	**18** I 20
weinkiste.at	Essen	**15** I 20
Kategorie: Weinbar in Vinothek	Ambiente:	**9** I 10
	Gesamt:	87 I 100

Alpin Resort Sacher Bar

6100 Seefeld in Tirol

Klassisch oder fancy? Latschensirup oder Laurent-Perrier? Negroni oder »Lavender Dream«? In der hervorragend sortierten Bar des Fünf-Sterne-Superior-Hotels bleiben keine Wünsche offen. Ob am geschwungenen Tresen oder unter den dekorativen Geweihen: Die Qualität stimmt, ebenso das Angebot an hochwertigen Weinen und Spirits.

Geigenbühelstraße 185	Drinks:	**44** I 50
+43 5212 2272	Ambiente:	**19** I 20
seefeld.sacher.com	Service:	**18** I 20
Kategorie: Hotelbar	Sortiment:	**8** I 10
	Gesamt:	89 I 100

Woods

6100 Seefeld in Tirol

Das »internationale Wohnzimmer« ist Treffpunkt für Gäste aus nah und fern. Einige Signatures begeistern mit asiatischem Touch, etwa »Japanese Mule« mit Haku-Wodka und Gingerbeer oder Non-Alcoholics wie »Yuzu Garden« mit hausgemachtem Shiso-Sirup. Auch bei der großen Gin-Tonic-Auswahl gibt's einen Drink ohne Promille.

Klosterstraße 120	Drinks:	**43** I 50
+43 5212 53210	Ambiente:	**19** I 20
woods-seefeld.com	Service:	**18** I 20
Kategorie: Restaurantbar	Sortiment:	**8** I 10
	Gesamt:	88 I 100

Incontro 🍸🍸

6534 Serfaus

Eine sympathische Hotelbar, die mit einer Sonnenterrasse und einem bestens geschulten Team punktet. Über 100 Gin-Sorten mit korrespondierenden Tonics, »perfect serve«, versteht sich, und viele fein gemixte Cocktails überzeugen Genießer aus aller Welt. Top sind auch die Favourites, etwa »Red Needle« mit Tequila, Cranberry und Zitrone.

Dorfbahnstraße 63
+43 5476 6280
alfahotel.at
Kategorie: Hotelbar

Drinks:	**44** I 50
Ambiente:	**18** I 20
Service:	**19** I 20
Sortiment:	**8** I 10
Gesamt:	89 I 100

Skybar The Vue 🍸🍸

6450 Sölden

Die mondäne Bar mit Blick über den Wintersportort Sölden begeistert – ebenso das freundliche und flinke Team, das hier vortrefflich mixt, shaked und rührt. Geboten werden Klassiker und Extravagantes, etwa kreative Signatures wie »Die Wurzeln« mit Wodka, Rote Bete und Enzian. Die Präsentation: ein Augenschmaus.

Oberwindaustraße 19
+43 5254 2600
the-secret-soelden.com
Kategorie: Loungebar

Drinks:	**44** I 50
Ambiente:	**19** I 20
Service:	**18** I 20
Sortiment:	**8** I 10
Gesamt:	89 I 100

Weinatelier Agnes 🍷🍷🍷

6306 Söll

Traditionelle Küche wird neu und exzellent interpretiert, die Basis liefern beste regionale Produkte. Breit gefächerte klassische Weinauswahl, dazu Süßweine, Portwein, Raritäten und Großflaschen. Auch bei den Spirituosen ist man gut aufgestellt. Kompetente Beratung.
Schwerpunkt: Österreich

Dorf 123
+43 5333 21500
weinatelier-agnes.at
Kategorie: Weinbistro

Weinangebot:	**47** I 50
Service	**18** I 20
Essen	**17** I 20
Ambiente:	**8** I 10
Gesamt:	90 I 100

Juffing 🍷🍷🍷

6335 Thiersee

Im Hotel pflegt man eine sehr schöne Wein- und Barkultur, die Liebe zum österreichischen Wein aus der Wachau, der Steiermark und dem Burgenland zeigt sich deutlich. Zum Start gibt es einen Schilcher-Prosecco, auch der hauseigene Marillenschnaps ist hervorragend.
Schwerpunkt: Europa, Österreich

Hinterthiersee 79	Weinangebot: **46** | 50
+43 5376 5585	Service **18** | 20
juffing.at	Essen **18** | 20
Kategorie: Klassische Weinbar	Ambiente: **8** | 10
	Gesamt: 90 | 100

Botanik 🍸🍸

6441 Umhausen

In dieser Jungle-Bar steckt ein Stück Paradies und hier floriert die Botanik rund um exzellente Cocktails und abenteuerliche Drinks. Umgeben von üppigen Grünpflanzen, begeistert das Design ebenso wie die kreativen Barkeeper. Klar, dass der Monkey 47 Gin stilgerecht im Affenkopf-Becher serviert wird – sehr stylish!

Hintere Gasse 26	Drinks: **44** | 50
+43 5255 20720	Ambiente: **18** | 20
lifesteil.at	Service: **18** | 20
Kategorie: Hotelbar	Sortiment: **7** | 10
	Gesamt: 87 | 100

Culinaria 🍷🍷

6134 Vomp

Auf der Karte finden sich Bruschette, Speck und Salami aus Südtirol oder die Käseplatte mit Mostarda. Der Pasta-Donnerstag lockt mit Kreativem, zum Beispiel Käse-Trüffel-Sauce. Die weinmäßige Untermalung hält gut mit, dazu gibt es Aperitifs, Grappa, Edelbrände, Rum und Whisk(e)y.
Schwerpunkt: Österreich

Au 50	Weinangebot: **44** | 50
+43 5242 63230	Service **18** | 20
neururer.cc	Essen **16** | 20
Kategorie: Weinbar in Vinothek	Ambiente: **8** | 10
	Gesamt: 86 | 100

Eden Bar & Patisserie 🍸🍸🍸

6280 Zell am Ziller

Die Wunderwelt der Destillate hat Alexander Morgenstern im Griff und gern begeistert er andere dafür. Von Kräuteressenzen und leichten Tee-Aperitivi bis hin zur geführten Raritäten-Verkostung (nicht nur, aber vor allem bei Agaven-Bränden!) reicht die Palette. Dank der »4-D«-Karte weiß man im Voraus, was einem schmeckt.

Rohrerstraße 5	Drinks: **46** | 50
+43 5282 2236	Ambiente: **19** | 20
malisgarten.at	Service: **18** | 20
Kategorie: Hotelbar	Sortiment: **9** | 10
	Gesamt: 92 | 100

Englhof Cocktailbar 🍸🍸🍸 6277 Zell am Ziller

Willkommen geheißen wird der Kenner mit einem »Brennnessel Martini«, zum Abschied bewegt man sich vielleicht schon in der Single-Malt-Raritäten-Ecke. Bei 2000 Spirituosen, die Andi Hotter nicht hortet, sondern aktiv verkauft, bleiben keine Wünsche offen. Zudem überrascht seine Alpine-Mixology-Karte im Takt der Saison.

Zellbergeben 28
+43 5282 3134
englhof.at
Kategorie: Hotelbar

Drinks:	**47** I 50
Ambiente:	**18** I 20
Service:	**19** I 20
Sortiment:	**10** I 10
Gesamt:	94 I 100

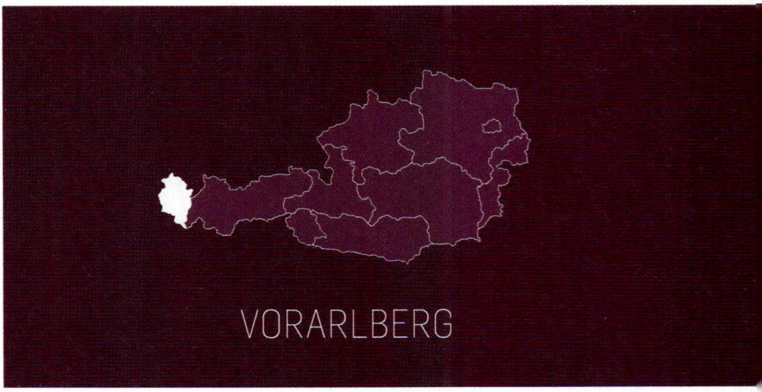

Stones Camelot Bar 🍸🍸 6708 Brand

Après-Ski oder Sommer-Sundowner: Dank innovativer Signature-Cocktails wie dem »Papi Chulo« (Gurken-Tequila-Mix) oder dem »Meister Man« (smokey Erdbeer-Whisky), einer grandiosen Aussicht auf die Bergwelt des Brandnertals sowie Gin, Rum und Whisk(e)y abseits des Mainstreams steht einem Nightlife-Erlebnis nichts mehr im Weg.

Mühledörfle 158
+43 660 2602001

Kategorie: American Bar

Drinks:	**47** I 50
Ambiente:	**18** I 20
Service:	**15** I 20
Sortiment:	**8** I 10
Gesamt:	88 I 100

Cuba 🍸🍸

6900 Bregenz

Lust auf eine kleine Fernreise? Denn auch wenn der Name eigentlich für »culture bar« und die damit verbundene Weltoffenheit steht, bieten Christof Albrecht und sein Team dank hervorragender Cocktail- und Zigarrenauswahl karibisches Feeling. Untertags Café-Betrieb samt Lunch-Breaks, abends übernehmen Barkeeper und DJs.

Bahnhofstraße 8	Drinks:	43 | 50
+43 5574 47052	Ambiente:	18 | 20
cuba-club.at	Service:	18 | 20
Kategorie: Loungebar	Sortiment:	8 | 10
	Gesamt:	87 | 100

Fischersteg Sunset Bar 🍸🍸

6900 Bregenz

Wenn die Sonne glühend im Bodensee untergeht, die Leute entlang der Promenade flanieren und Straßenmusiker diese kitschig-schöne Szene untermalen, krönt man den Moment mit einem Drink auf diesem historischen Steg. Vor hundert Jahren starteten hier die Wasserflugzeuge, heute knallen dafür die Sekt- und Champagnerkorken.

Seepromenade 1a	Drinks:	42 | 50
+43 664 2558489	Ambiente:	20 | 20
	Service:	18 | 20
Kategorie: American Bar	Sortiment:	7 | 10
	Gesamt:	87 | 100

Kreuz Bar 🍸🍸

6900 Bregenz

Über 180 Drinks umfasst die Karte der lässigen City-Bar, je nach Zutaten werden es Nacht für Nacht mehr. Dazu noch Weine und preisgekrönte Spirits – wie gut, dass Christian Pfeiffer und sein Team immer die passende Empfehlung parat haben. Auch die Snacks darf man nicht verpassen, das Beef Tatar ist legendär!

Römerstraße 5	Drinks:	43 | 50
+43 664 4465400	Ambiente:	18 | 20
stadtgasthaus.at	Service:	19 | 20
Kategorie: American Bar	Sortiment:	8 | 10
	Gesamt:	88 | 100

Lust 🍸🍸 — 6900 Bregenz

»Casual Fine Drinking« in einer der lässigsten Locations der Stadt: Vom Speciality-Coffee samt Latte Art bis zum angesagtesten Cocktail wird jeder Besuch zum Erlebnis. Signature Drinks beim Team um Barkeeper-Weltmeister Stefan Köb und Lukas Buttazoni: »Tokio Iced Tea« (Yuzu), »Marsala Colada« oder »Downtown Porto« mit Holunder.

Inselstraße 8
+43 664 5840648
lust-bar.at
Kategorie: American Bar

Drinks:	**43** | 50
Ambiente:	**18** | 20
Service:	**18** | 20
Sortiment:	**8** | 10
Gesamt:	87 | 100

Paschanga 2.0 🍸🍸 — 6900 Bregenz

Cocktail-Enthusiasten feiern sowohl das Sortiment, als auch das wöchentliche DJ-Line-up in der Retro-Bar. Lässig und zeitgemäß: Mit der »WandelBar«, einem umgebauten Cocktail-Trailer, sind Paschanga-Mastermind Mike Erath und Philipp Wolf auf Partys und Festivals unterwegs, um gute Laune und feine Drinks zu verbreiten.

Kornmarktstraße 24
+43 660 5077142
paschangabar.at
Kategorie: Loungebar

Drinks:	**42** | 50
Ambiente:	**17** | 20
Service:	**19** | 20
Sortiment:	**8** | 10
Gesamt:	86 | 100

Foto: Laessiger Photography

Pier 69 🍸🍸🍸

6900 Bregenz

Wer den kulinarischen Nahversorger am See nur wegen Sonntagsbrunch und Sonnenuntergang kennt, verpasst einen wesentlichen Part. Denn die Cocktails stehen der Küche in nichts nach – Kreationen wie der »Salty Caramell Old Fashioned« liefern exquisite Trinkfreude. Für Highballs ist ohnehin immer Zeit in diesem Ambiente!

Seestraße 4	Drinks:	45 | 50
+43 5574 43202	Ambiente:	18 | 20
pier69.at	Service:	19 | 20
Kategorie: Restaurantbar	Sortiment:	8 | 10
	Gesamt:	90 | 100

Vincent Bar 🍷🍷

6900 Bregenz

Im ehemaligen Kultlokal »Uwe's Bierbar« setzten Lisi Mair und ihr Team ihre Vision eines zeitgemäßen Genuss-Spots um: lässiges Interieur, exklusive Drinks und Weinraritäten, viele Details für Auge und Gaumen sowie regelmäßig Livemusik für unvergessliche Momente.
Schwerpunkt: Jahrgangstiefe, Österreich

Kirchstraße 23	Weinangebot:	42 | 50
+43 664 1560611	Service	17 | 20
vincent-bar.com	Essen	18 | 20
Kategorie: Klassische Weinbar	Ambiente:	8 | 10
	Gesamt:	85 | 100

Viva 🍸🍸

6900 Bregenz

Wahre Schätze erleben, wo man sie am wenigsten erwartet: Seit 30 Jahren servieren Christoph Wellinger und sein Team neben klassischen Cocktails und Tequila-Drinks auch heimische Weinraritäten an der Bar ihres Kultrestaurants. Honivogl von Hirtzberger, Gloria von Kollwentz, Club Bâtonnage oder Mariental-Magnum – herrlich!

Seestraße 7	Drinks:	42 | 50
+43 5574 42288	Ambiente:	17 | 20
cantina.at	Service:	18 | 20
Kategorie: Restaurantbar	Sortiment:	8 | 10
	Gesamt:	85 | 100

Weinstube Kinz

6900 Bregenz

Schon praktisch, wenn man zur wunderbaren Weinauswahl in der gemütlichen Schenke auch die Köstlichkeiten des dazugehörigen Gasthauses Goldener Hirschen bestellen kann. In beiden ist die Handschrift von Winzertochter und Vollblut-Gastronomin Andrea Kinz klar spürbar.
Schwerpunkt: Österreich

Kirchstraße 9
+43 5574 42815
weinstubekinz.at
Kategorie: Weinbistro

Weinangebot:	**44** | 50
Service	**18** | 20
Essen	**16** | 20
Ambiente:	**8** | 10
Gesamt:	86 | 100

Bar Novum

6884 Damüls

Was anfangs aussieht wie eine normale Hotelbar, entpuppt sich spätestens beim Studium der »Getränkezeitung« als eine der besten Bars Westösterreichs. Oliver Polster hat ein Herz für vergessene Klassiker, mixt eine Serie an Chartreuse-Cocktails und erzählt über geklärte Piña Coladas ebenso wie über rare Whisk(e)ys. Unique!

Oberdamüls 191
+43 5510 5130
hotel-alpenstern.at
Kategorie: Hotelbar

Drinks:	**47** | 50
Ambiente:	**18** | 20
Service:	**19** | 20
Sortiment:	**8** | 10
Gesamt:	92 | 100

Foto: Julian Forte Fotografie

August

6850 Dornbirn

Eine urbane Cocktailbar, die letztes Jahr ihre Pforten im historischen Roten Haus aus dem 17. Jahrhundert geöffnet hat. Stilvolle Einrichtung, beste Lage im Herzen der Stadt, zeitgemäße Cocktails und Spirits von Hugo Bandeira und seinem Team – kein Wunder, dass der Start für den neuen Szene-Spot äußerst gelungen war.

Marktplatz 13
+43 664 5150640
der-august.at
Kategorie: American Bar

Drinks:	**45** | 50
Ambiente:	**18** | 20
Service:	**18** | 20
Sortiment:	**8** | 10
Gesamt:	89 | 100

Finewine Weinstein

6850 Dornbirn

Mit der lässigen Weinbar im denkmalgeschützten Haus hat Weinakademiker Sebastian Spiegel nicht nur seinen, sondern den Traum vieler Genussmenschen verwirklicht. Das Sortiment ist handverlesen, es gibt feinste Snacks und die Events (unter anderem Weinmesse) sind heiß begehrt.
Schwerpunkt: Österreich

Eisengasse 3a
+43 5572 394657
weinstein-finewine.com
Kategorie: Weinbar in Vinothek

Weinangebot:	**47** | 50
Service	**19** | 20
Essen	**17** | 20
Ambiente:	**9** | 10
Gesamt:	92 | 100

Rätschkachl

6850 Dornbirn

Nach der Übernahme des Kultlokals durch Sommelier Ali und Kerstin Yalcin wurden das ohnehin beachtliche (Schaum-)Weinsortiment und die Drink-Auswahl gekonnt erweitert. Somit trifft sich die Szene – idealerweise nach Steaks oder Wurstnudeln im eigenen Haus – zu Wermut-Variationen, Cocktails oder gereiften Tröpfchen.

Bergstraße 22
+43 5572 21995
raetschkachl.com
Kategorie: American Bar

Drinks:	**43** | 50
Ambiente:	**17** | 20
Service:	**18** | 20
Sortiment:	**7** | 10
Gesamt:	85 | 100

BENGODI Wein.Genuss.Kulinarik. 🍷🍷🍷 6800 Feldkirch

Genau die italienische Weinbar, die man sich in jeder Stadt wünscht: Weine, Digestifs und Geschenksideen sucht Dieter Schönenberger-Wohlgenannt persönlich bei seinen Winzerreisen aus. Einen erstklassigen Espresso gibt's ebenso wie Antipasti und regelmäßige Events.
Schwerpunkt: Italien

Schmiedgasse 7
+43 660 6800771
bengodi.at
Kategorie: Weinbar in Vinothek

Weinangebot:	**46** I 50
Service	**19** I 20
Essen	**16** I 20
Ambiente:	**9** I 10
Gesamt:	90 I 100

Bunt 🍸🍸 6800 Feldkirch

Seit zwölf Jahren der Gute-Laune-Spot der Stadt! Tastings, Feste, Livemusik, DJ-Sets, Pub-Quiz, saisonale Biere und Drinks sorgen für Abwechslung, alle sind willkommen. Immer wieder fällt dem grandiosen Team was Neues ein, um seine Gäste zu begeistern – schon die Espresso-Martini-Auswahl am Weltkaffeetag gehört prämiert!

Marktgasse 1
+43 5522 83983
bunt-bar.at
Kategorie: American Bar

Drinks:	**44** I 50
Ambiente:	**18** I 20
Service:	**18** I 20
Sortiment:	**7** I 10
Gesamt:	87 I 100

Dogana 🍸🍸 6800 Feldkirch

Das »All-in-one«-Genusspaket der Familie Gallaun begeistert seit 1979. In der neu gestalteten Café-Bar im Erdgeschoss freuen sich Nachtschwärmer auf Vreimuth-Tonic (Vintage-Wermut aus Vorarlberg), Pimm's No. 1 Cup, Virgin Milano oder die verschiedenen Gin- und Edelbrandsorten. Aber auch die Weinauswahl überzeugt.

Neustadt 20
+43 5522 75126
dogana.com
Kategorie: Restaurantbar

Drinks:	**42** I 50
Ambiente:	**18** I 20
Service:	**18** I 20
Sortiment:	**7** I 10
Gesamt:	85 I 100

Rauch Club

6800 Feldkirch

Im lässigen Gewölbekeller ist einer der letzten klassischen Clubs des Landes beheimatet, der seit über 20 Jahren mit sensationellen DJ-Acts, Livekonzerten und trendy Drinks gleichermaßen überzeugen kann. Legendär sind aber auch die Auswärtsspiele wie die monatliche »Love is in the Air«-Party im Alten Hallenbad.

Marktgasse 9–11	Drinks:	**42** | 50
+43 5522 3146410	Ambiente:	**19** | 20
rauchgastronomie.at	Service:	**17** | 20
Kategorie: Club	Sortiment:	**7** | 10
	Gesamt:	85 | 100

Bemelmans-Bar

6764 Lech

Der geselligste Spot im Hotel Post, um das legendäre Wein- und Spirituosensortiment von Familie Moosbrugger zu erleben – passend dazu gibt es die Snacks aus der Feinschmeckerküche! Benannt nach dem US-Schriftsteller und Stammgast Ludwig Bemelman ist die Bar Dreh- und Angelpunkt für Szene, Tratsch, Unterhaltung und Genuss.

Dorf 11	Drinks:	**43** | 50
+43 5583 22060	Ambiente:	**19** | 20
postlech.com	Service:	**19** | 20
Kategorie: Restaurantbar	Sortiment:	**8** | 10
	Gesamt:	89 | 100

Berghof Bar

6764 Lech

Mit Signature Cocktails wie der *spicy* Paprikakreation Pimiento erobern sich Barchef Oliver und sein Team die Herzen ihrer Gäste. In der stylishen Lounge oder auf der edlen Terrasse werden die Drinks ohnehin nach persönlichen Vorlieben kreiert und angepasst. Gemüsesäfte? Teeinfusionen? Würzig-scharfer Rum? Ja, bitte!

Dorf 161	Drinks:	**45** | 50
+43 5583 2635	Ambiente:	**18** | 20
derberghof.at	Service:	**19** | 20
Kategorie: Hotelbar	Sortiment:	**8** | 10
	Gesamt:	90 | 100

Fux

6764 Lech

Immer wieder unglaublich: über 5000 verschiedene Weine! Und die »Wein-Bibel« wird jedes Jahr umfangreicher. Aber die Crew von Peter Strolz greift in der schicken Kamin-Lounge auch bei Whisk(e)y, Spirits und Cocktails auf ein schier unendliches Repertoire zurück.
Schwerpunkt: Burgund, Champagner, Frankreich

Omesberg 587	Weinangebot:	**48** | 50
+43 5583 2992	Service	**18** | 20
fux-mi.net	Essen	**18** | 20
Kategorie: Weinbar im Restaurant	Ambiente:	**9** | 10
	Gesamt:	93 | 100

Foto: Klaus Lorke No Limit Fotodesign

Krone-Bar 🍷🍷🍷 — 6764 Lech

Ohne perfekt geschultes Personal kann der Weinkeller noch so imposant sein – bei Familie Pfefferkorn gibt's zum Glück beides. Die gewaltige Auswahl an Raritäten samt Jahrgangstiefe begeistert auch anspruchsvollste Gäste, nicht selten sind die Winzer selbst zu Gast.
Schwerpunkt: Frankreich, Österreich

Dorf 13
+43 5583 2551
kronelech.at
Kategorie: Klassische Weinbar

Weinangebot:	**48** | 50
Service	**19** | 20
Essen	**18** | 20
Ambiente:	**9** | 10
Gesamt:	94 | 100

Licca Lounge 🍷🍷 — 6764 Lech

Die edle Sitzecke am offenen Kamin und die Bar im Herzen des Luxushotels gehören zu den schönsten Spots im Nobelskiort. Dort trumpft das Team um »International Young Sommeliers«-Sieger Markus Winkler mit außergewöhnlichen Cocktails, Bieren, Weinen und schlicht sensationellen nicht-alkoholischen Alternativen auf.

Tannberg 130
+43 5583 2214
aureliolech.com
Kategorie: Hotelbar

Drinks:	**43** | 50
Ambiente:	**19** | 20
Service:	**18** | 20
Sortiment:	**9** | 10
Gesamt:	89 | 100

Foto: Frederick Sams/sams-foto.com

Bar im Seehotel

6911 Lochau

Unterm historischen Staffelgiebel am Kaiserstrand wartet keineswegs Nostalgie. Die »Rote Bar« lädt zum Day Drinking und sie tut das mit viel Stil. Onyx-Tresen und kuschelige Poufs umrahmen den klassischen »Caipi«. Heimische Edelbrände (zum Beispiel Gölles), aber auch die eigenen Signature Cocktails begeistern im runderneuerten Seehotel.

Am Kaiserstrand 1

Kategorie: Hotelbar

Drinks:	**43** | 50
Ambiente:	**19** | 20
Service:	**18** | 20
Sortiment:	**8** | 10
Gesamt:	88 | 100

Hörnlingen

6830 Rankweil

Täglich verschiedenste offene Weine als Tasting-Erlebnis, dazu spanische, mexikanische und italienische Tapas aus der Hörnlingen-Küche von Dominic Mayer: Was nach einem Traum für Genießer klingt, wird im lässigen Kellergewölbe oder auf der Sommerterrasse zur Realität.
Schwerpunkt: Österreich

Bahnhofstraße 25
+43 5522 25458
hoernlingen.at
Kategorie: Weinbar im Restaurant

Weinangebot:	**45** | 50
Service	**18** | 20
Essen	**18** | 20
Ambiente:	**8** | 10
Gesamt:	89 | 100

Franz Michl

6886 Schoppernau

Nicht alle Helden tragen Capes, manche schenken Wein aus: Meisterfriseur Martin Strolz eröffnete aus Mangel an Einkehrmöglichkeiten seine eigene Guinness- und Weinbar. Das erfreut seither viele Stammgäste, aber auch Urlauber genießen Drinks und mediterrane Snacks!
Schwerpunkt: Österreich

Unterdorf 2a
+43 664 3801536
franzmichl.at
Kategorie: Weinbar in Vinothek

Weinangebot:	**44** | 50
Service	**19** | 20
Essen	**16** | 20
Ambiente:	**9** | 10
Gesamt:	88 | 100

Bibers 🍸🍸

6767 Warth

Nicht nur der Chef's Table des schicken Alpinhotels überzeugt, auch die Bar gehört zu den lässigsten im Land. Die Cocktails sind zeitgemäß und perfekt gemixt, auch die Wein- und Spirituosenauswahl wird dem Ambiente gerecht. Top sind die hausgemachten Säfte und Essenzen, Snacks gibt's aus der preisgekrönten Küche.

Warth 28
+43 5583 41800
biberkopf.at
Kategorie: Hotelbar

Drinks:	**44** I 50
Ambiente:	**18** I 20
Service:	**18** I 20
Sortiment:	**8** I 10
Gesamt:	88 I 100

Edelweiss Bar 🍸🍸

6763 Zürs

Nach schier unendlich vielen legendären Festen hat sich der Spot seinen Namen als »berühmteste Bar am Arlberg« schwer verdient. Ob Skilehrer, Hausgast oder Szenegastronom – sie tragen neben dem großartigen Sortiment an Drinks und Weinen dazu bei, dass am extravaganten Treff auch in Zukunft kein Weg vorbeiführt.

Zürs 79
+43 5583 2662
edelweiss-arlberg.at
Kategorie: Hotelbar

Drinks:	**42** I 50
Ambiente:	**19** I 20
Service:	**18** I 20
Sortiment:	**8** I 10
Gesamt:	87 I 100

Illustration: Florence Wibowo

DIE BESTEN BARS UND WEINBARS IN DER SCHWEIZ

DIE BESTEN COCKTAILBARS

Kronenhalle Bar 8001 Zürich	YYYY Seite 468	98 Punkte
Bar am Wasser 8001 Zürich	YYYY Seite 459	97 Punkte
Old Crow 8001 Zürich	YYYY Seite 474	97 Punkte
Igniv 8001 Zürich	YYYY Seite 467	96 Punkte
Les Trois Rois 4001 Basel	YYYY Seite 414	96 Punkte
Canvas Bar im The Dolder Grand 8032 Zürich	YYYY Seite 461	96 Punkte
Widder Bar im Widder Hotel 8001 Zürich	YYYY Seite 479	96 Punkte
CAAA by Pietro Catalano 6006 Luzern	YYYY Seite 437	95 Punkte
Atelier Classic Bar 3600 Thun	YYYY Seite 423	95 Punkte
MO Bar 1201 Genf	YYYY Seite 431	95 Punkte
Tales Bar 8001 Zürich	YYYY Seite 477	95 Punkte
Werk 8 4053 Basel	YYYY Seite 416	95 Punkte
Chedi Bar & Living Room 6490 Andermatt	YYYY Seite 451	95 Punkte
Lakeview Bar 6363 Obbürgen	YYYY Seite 442	95 Punkte
American Bar Château Gütsch 6003 Luzern	YYY Seite 436	94 Punkte

Die Reihung ergibt sich aus der Gesamtpunktzahl und der Getränkebewertung.

Foto: PR

Gastgeber des Jahres

TIM MICHEL, BAR CAPITOL, LUZERN

Seit 2006 zieht die Bar Capitol Gäste von nah und fern an. Diese schätzen das angenehme Ambiente, die perfekt gemixten Drinks und Cocktails und die herzliche Gastfreundschaft. Letztere gewährleistet seit fast zwanzig Jahren Tim Michel, der Gastgeber mit Herz und Seele ist. Seine Bar ist für ihn «Familie, Heimat und Herzensprojekt» – und das merkt man.

Foto: Pati Grabowicz

Bartender des Jahres

MARTIN BORNEMANN UND NORBU TSERING, BAR HERZ, BASEL

Hinter dem Tresen der Bar Herz werken die zwei umtriebigen Bartender Martin Bornemann und Norbu Tsering. Sie stehen für kreative Mixology mitten im Kleinbasel, die saisonalen Cocktails enthalten viel Selbstgemachtes. Die Location der Bar ist für sie ein Glücksfall, denn sie befindet sich gleich neben der Stadtbrennerei – perfekt für Kollaborationen.

Foto: PR

Innovativster Bartender

RAFAEL ALARJO GIRBES, CAAA BY PIETRO CATALANO, LUZERN

Die Eröffnung des Restaurants CAAA in Luzern schlug hohe Wellen in der Schweizer Gourmetszene. Dazu gehört auch eine Bar, welche die Grenzen der Mixology auslotet. Die Drinks von Rafel Alarjo Girbes werden auf einzigartige Art und Weise präsentiert; die erste Ausgabe des Cocktail-Menüs «Flavor of Sounds» zeigt etwa, wie raschelndes Herbstlaub schmeckt.

Foto: Nafi Wernsing

Rookie-Bartender des Jahres

MATTHIAS LOCH, THE PALACE BAR, ENGELBERG

Matthias Loch ist leidenschaftlicher Bartender mit Liebe zum Detail. In der Palace Bar serviert er seine kreativen oder klassischen Cocktails einer illustren Klientel aus aller Welt, dabei ist er immer für eine Unterhaltung zu haben. Mit seiner Freude am Metier und seinem Gespür für gute Produkte wird er der Schweizer Barszene garantiert noch lange erhalten bleiben.

Foto: Steven Kohl

Bar-Juwel

EINSTEIN BAR, ST. GALLEN

Die Einstein Bar wurde zwar erst 1983 eröffnet, strahlt aber im Glanz längst vergangener Zeiten. Dunkles Holz und Ledersofas verleihen ihr die gediegene Atmosphäre eines englischen Klubs. Ein junges und leidenschaftliches Team serviert über 100 Whisk(e)ys sowie feine Weine und mixt Cocktails, die Tradition und Moderne miteinander verbinden.

Foto: PR

Neueröffnung des Jahres

TIPSY TIGER, ZÜRICH

In dieser neuen Bar wird man doppelt glücklich, denn es gibt hier zwei Lokale unter einem Dach – mit jeweils komplett unterschiedlichem Ambiente. Im Tipsy Tiger im Erdgeschoss werden Cocktails ab Fass und fantastisches Fast Food serviert. Ganz anders der elegante Dry Club im oberen Stock. Dort gibt es kreative Mixology und dazu komplexe Fine-Food-Happen.

Foto: PR

American Bar

CANVAS BAR IM THE DOLDER GRAND, ZÜRICH

Die frisch renovierte Canvas Bar steht für gehobenen Trinkgenuss in stilvollem Ambiente: An den Wänden hängen Bilder hochkarätiger Künstler, für die Kunstwerke im Glas sorgt Chef-Mixologist Matthieu Doucet. Auf der Karte: innovative Cocktails und neu interpretierte Klassiker, feine Weine, edle Spirituosen und grandioses Bar-Food aus der The-Dolder-Küche.

Foto: PR

Restaurantbar

EDEN KITCHEN & BAR, ZÜRICH

Ob vor dem Dinner im eleganten Gourmetrestaurant Eden Kitchen auf einen entspannten Apéro oder später am Abend auf einen Cocktail mit musikalischer Untermalung, der Besuch in der Eden Bar lohnt sich immer. Serviert werden minimalistische, raffinierte Cocktails, erlesene Weine und ausgesuchte Spirituosen, aber auch köstliche, bodenständige Snacks.

Foto: Bürgenstock Hotels AG

Hotelbar

LAKEVIEW BAR, OBBÜRGEN

Das Luxushotel Bürgenstock Resort ist legendär, seit Jahrzehnten trifft sich hier der internationale Jetset. Aber auch ohne Zimmer im Hotel kann man nach einer kurzen Fahrt mit der Standseilbahn in der Lakeview Bar in den Genuss der wunderbaren Aussicht und Gastfreundschaft kommen. Ausgeklügelte, kreative Signature Cocktails und spannende Mocktails!

DIE BESTEN WEINLOCATIONS

Le Hall 8001 Zürich	Seite 470	95 Punkte
Riviera 8008 Zürich	Seite 475	95 Punkte
Mövenpick Wein-Bar 8001 Zürich	Seite 472	94 Punkte
Donatz Wine Bar 7503 Samedan	Seite 433	94 Punkte
Martel am Bellevue 8001 Zürich	Seite 471	93 Punkte
Viniviva 8600 Dübendorf	Seite 455	93 Punkte
Bombar 1205 Genf	Seite 426	93 Punkte
Più im Kornhaus 3011 Bern	Seite 420	93 Punkte
Chez Smith 8045 Zürich	Seite 461	92 Punkte
Gamper Bar 8004 Zürich	Seite 465	92 Punkte
Le Rouge et le Blanc 1201 Genf	Seite 428	92 Punkte
Storchen Weinbar 6004 Luzern	Seite 440	92 Punkte
Trallala 8008 Bern	Seite 421	92 Punkte
COR 8003 Zürich	Seite 463	92 Punkte
Gianottis 7504 Pontresina	Seite 432	92 Punkte

Die Reihung ergibt sich aus der Gesamtpunktzahl und der Getränkebewertung.

SWISS
MOUNTAIN
SPRING
INSPIRED BY
ANDREAS CAMINADA
PREMIUM APERITIF
ALPINE
BITTER
ALL NATURAL
SWISS
MOUNTAIN
SPRING
PREMIUM APERITIF
ALPINE BITTER
The Taste of Special
PREMIUM APERITIF
ALKOHOLFREI
TONIC WATER & LEMONADES
SWISSMOUNTAINSPRING.CH

Foto: PR

Sonderpreis Special Selection

BOCA, GENF

Auf der Karte der stylishen Boca Bar dreht sich alles um Bocadillos, also Sandwiches nach spanischem Vorbild, vegetarisch oder auch mit ausgesuchtem Serranoschinken belegt. Beim Wein liegt das Hauptaugenmerk auf Champagner: Über 30 Etiketten werden angeboten, alle von kleinen, naturnah arbeitenden Produzenten. Da lässt man gerne die Korken knallen!

Foto: PR

Neueröffnung Weinbar

CHEZ SMITH, ZÜRICH

Bei Smith trifft man sich zum leichten, genussvollen Lunch oder zum Apéro, der sich dann zu einem ausgiebigen Abendessen ausdehnt. Es gibt köstliche Happen und warmes Comfort Food aus besten Zutaten. Das Highlight ist aber die Weinauswahl: Auf über 60 Seiten findet man alles, was das Geniesserherz begehrt, von lokalen Perlen bis zu gesuchten Raritäten.

Foto: PR

Klassische Weinbar

STORCHEN WEINBAR, LUZERN

In den gemütlichen historischen Gemäuern der Storchen Weinbar schlemmt man Tapas und trinkt dazu edle Tropfen aus aller Welt. Hier legt man aber auch Wert darauf, die Schweizer Weinregionen zu präsentieren. Im gut gefüllten Keller lagern viele Schätze, man hat aber auch bei den Offenweinen die Qual der Wahl: Dank Enomat gibt es über 20 davon im Angebot.

Foto: PR

Natural Wine Bar

BAR GALA, LAUSANNE

Hinter der stilvollen Gala Bar steht die junge Sommelière und Weinhändlerin Noemie Streuli. Auf der Karte gibt es eine grossartige Auswahl an Naturweinen aus der Schweiz und Europa, der Besuch lohnt sich aber auch für das Essen. Aus der Küche kommen köstliche einfache Speisen aus marktfrischen Produkten, besonders die Pastagerichte haben viele Fans.

Foto: PR

Weinbar in einer Vinothek

LA BONNE CAVE, ANDERMATT

Die Bonne Cave gibt es auch in Luzern, besonders schön ist aber die Filiale in Andermatt. In moderner, dank viel Holz gemütlicher Atmosphäre kann fantastischer Wein gekauft und degustiert werden, dazu gibt es köstliche Snacks wie Pinsas und Plättli mit lokalem Käse und Fleisch. Zudem hängt an den Wänden Kunst, die ebenfalls erworben werden kann.

Foto: PR

Weinrestaurant/-bistro

TRALLALA, BERN

Im urbanen und legeren Bistro Trallala gibt es nur Hausgemachtes und Handverlesenes. Auf der Karte stehen mittags verschiedene Sauerteig-Blechpizzas, abends gibt es zusätzlich einige Tellergerichte mit und ohne Fleisch zum Teilen. Die Weinauswahl mit Fokus auf Naturweinen – die Besitzer haben einen eigenen Weinhandel – ist ebenfalls hervorragend.

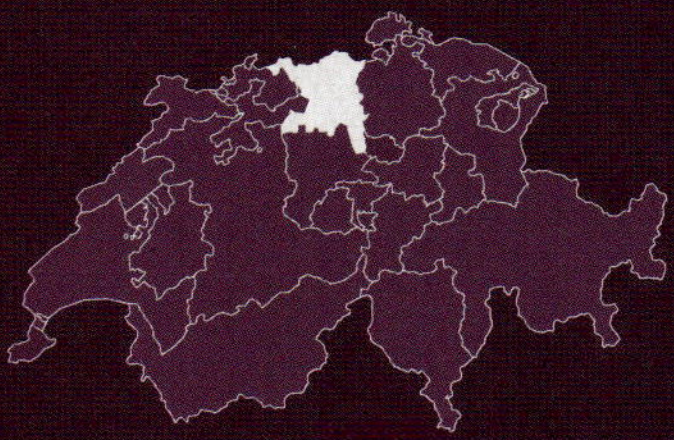

AARGAU

Mike's Weinloft 🍷🍷🍷

5600 Lenzburg

Im hübschen Kern von Lenzburg kommt man hier in den Genuss erlesener Weine. Diese nimmt man mit nach Hause oder geniesst sie vor Ort in der gemütlichen Bar. Dazu gibt es schmackhafte Käse- und Fleischplättli und einige kalte und warme Gerichte für den grösseren Hunger.
Schwerpunkt: Südeuropa, Schweiz, Deutschland

Rathausgasse 9	Weinangebot:	**46** I 50
+41 62 5443498	Service	**19** I 20
mikes-weinloft.com	Essen	**18** I 20
Kategorie: Klassische Weinbar	Ambiente:	**8** I 10
	Gesamt:	91 I 100

Veritas 🍷🍷

5630 Muri

Weinexpertin Marlies Laubacher vermisste in Muri einen sympathischen Treffpunkt mit einem kreativen Speisenangebot, also hat sie ihn selbst geschaffen. Im Veritas gibt es neben einfachen Plättli auch warme Gerichte mit mediterranem Flair, dazu feine Weine aus aller Welt.
Schwerpunkt: Schweiz, Italien, Frankreich

Poststrasse 6	Weinangebot:	**44** I 50
+41 56 6649025	Service	**17** I 20
veritas-muri.ch	Essen	**18** I 20
Kategorie: Weinbar im Restaurant	Ambiente:	**9** I 10
	Gesamt:	88 I 100

daMarco

9100 Herisau

Das daMarco ist der Treffpunkt für alle im Zentrum von Herisau. Hier schätzt man das Beisammensein bei einer Flasche gutem Wein oder einer ausgesuchten Spirituose. Dazu gibt es köstliche Antipasti und Piatti wie bei «La Nonna». So kommt fast schon Ferienfeeling auf.
Schwerpunkt: Österreich, international

Kasernenstrasse 6	Weinangebot: **45** | 50
+41 79 6686066	Service **17** | 20
damarco.ar	Essen **18** | 20
Kategorie: Weinbar in Vinothek	Ambiente: **8** | 10
	Gesamt: 88 | 100

Amber Bar

4057 Basel

Mit Blick über die Dächer der Stadt gibt es hier kreative Cocktails – und gute Stimmung. Hinter dem Projekt steht das Team der Cocktailbar Grenzwert etwas weiter unten in der Stadt. Auf der Karte findet man spannende Signature Drinks, alle Klassiker, die man sich wünschen könnte, und natürlich Bier und Wein.

Kasernenhof 6	Drinks: **45** | 50
+41 61 6817355	Ambiente: **19** | 20
amber-bar.ch	Service: **18** | 20
Kategorie: American Bar	Sortiment: **8** | 10
	Gesamt: 90 | 100

Baltazar

4051 Basel

Das Baltazar thront über der Ausgangsmeile Steinenvorstadt und gehört mittlerweile zu den Grossbasler Institutionen. In dieser Bar mit grosser Terrasse gibt es gute Musik bis spät in die Nacht, dazu werden kreative Hauscocktails, klassische Drinks oder Wein serviert, dazu einige kleine, aber feine Snacks.

Steinenbachgässlein 34	Drinks:	**46** | 50
+41 61 2831818	Ambiente:	**19** | 20
baltazarbar.ch	Service:	**19** | 20
Kategorie: Loungebar	Sortiment:	**9** | 10
	Gesamt:	93 | 100

Bar Herz

4058 Basel

Die Karte im Herz an der Clarastrasse wechselt mit den Jahreszeiten. Im Sommer gibt es etwa Cocktails mit Feigenblättern, im Herbst kommt Birne ins Glas, im Winter Maroni. So entdeckt man die Produkte der Region mal auf eine andere Art und Weise. Viele der Spirituosen dafür kommen aus der benachbarten Stadtbrennerei.

Clarastrasse 11	Drinks:	**47** | 50
	Ambiente:	**18** | 20
herzbasel.com	Service:	**19** | 20
Kategorie: American Bar	Sortiment:	**9** | 10
	Gesamt:	93 | 100

Barfly

4056 Basel

Das Barfly-Team besteht aus lauter Gin-Experten. So findet man hier eine riesige Auswahl an Wacholdergeist aus aller Welt. Auch auf der Cocktailkarte dreht sich vieles um Gin – doch nicht alles! Wer möchte, kann andere Getränke bestellen: klassische Cocktails, Bier und Aperitifs sind auch gut vertreten.

Sankt-Johanns-Vorstadt 11	Drinks:	**45** | 50
+41 61 2620138	Ambiente:	**18** | 20
bar-fly.ch	Service:	**19** | 20
Kategorie: American Bar	Sortiment:	**9** | 10
	Gesamt:	91 | 100

basso 🍸🍸

4056 Basel

Das Basso ist Klub, Bar und Restaurant zugleich. Das Team legt Wert darauf, viele Produkte aus der Schweiz zu verwenden, auch was die Cocktails und das Weinangebot betrifft. So findet man hier eine schöne Auswahl an Drinks, die aus einer Mischung aus lokalen und exotischen, nicht alltäglichen Zutaten hergestellt werden.

Elsässerrheinweg 101	Drinks:	**45** I 50
+41 61 5118877	Ambiente:	**19** I 20
bassoverse.space	Service:	**17** I 20
Kategorie: Restaurantbar	Sortiment:	**8** I 10
	Gesamt:	89 I 100

Bibliothek Bar 🍸🍸

4051 Basel

Die Bibliothek Bar mitten im Zentrum Basels ist ein Ort des Austauschs und der Geselligkeit. Hier treffen sich Menschen aller Couleur auf ein Getränk. Beliebt sind die kreativen Cocktails. Wer sich nicht entscheiden kann, erhält von den professionellen Bartendern Hilfe, um den perfekten Drink zu finden.

Kohlenberg 7	Drinks:	**44** I 50
+41 79 7561524	Ambiente:	**18** I 20
bibliothekbar.ch	Service:	**19** I 20
Kategorie: Loungebar	Sortiment:	**8** I 10
	Gesamt:	89 I 100

Blaupause 🍸🍸🍸

4058 Basel

Hier spürt man die Leidenschaft für regionale und saisonale Produkte. Die meisten Sirupe und Liköre werden von Hand gemacht und die Fruchtsäfte täglich frisch gepresst. Das schmeckt man den Cocktailkreationen an! Wer auf der Karte nichts Passendes findet, lässt sich einen Cocktail nach eigenem Geschmack zubereiten.

Utengasse 28	Drinks:	**45** I 50
	Ambiente:	**18** I 20
blaupause.bar	Service:	**19** I 20
Kategorie: American Bar	Sortiment:	**8** I 10
	Gesamt:	90 I 100

Campari Bar 🍸🍸🍸

4001 Basel

Die Campari Bar ist eine Basler Institution. Vor allem während der Art Basel, aber auch während des restlichen Jahres trifft man sich hier gerne auf einen Apéro im Schatten der Bäume auf der Terrasse oder im eleganten Gastraum. Natürlich wird nicht nur Campari serviert, es gibt klassische Cocktails, Drinks, Bier und Wein.

Steinenberg 7	Drinks:	**47** I 50
+41 61 2724233	Ambiente:	**19** I 20
restaurant-kunsthalle.ch	Service:	**19** I 20
Kategorie: Restaurantbar	Sortiment:	**8** I 10
	Gesamt:	93 I 100

Cargobar

4056 Basel

Direkt am St.-Johanns-Rheinweg gelegen, bekommt man hier im Industrial-Chic-Ambiente gute Drinks. Gemixt werden sie von einem freundlichen und engagierten Barteam. Regelmässig finden besondere Veranstaltungen statt; die Ausstellungen, Konzerte und auch DJ-Abende ziehen die unterschiedlichsten Menschen an.

St.-Johanns-Rheinweg 69 +41 61 3210072 cargobar.ch **Kategorie: Club**	Drinks: **43** I 50 Ambiente: **18** I 20 Service: **18** I 20 Sortiment: **7** I 10
	Gesamt: 86 I 100

Chez Grisoni

4051 Basel

Im Grisoni am Klosterberg kauft man gute Weine, trifft sich aber auch gerne zum Apéro. Mit einem feinen Plättli wird dieser schnell zu einem unkomplizierten «Znacht» – bei schönem Wetter kommt an den langen Tischen vor dem Lokal Ferienstimmung auf.
Schwerpunkt: Frankreich, Italien, Spanien

Klosterberg 15 +41 61 2287027 chezgrisoni.ch **Kategorie: Weinbar in Vinothek**	Weinangebot: **44** I 50 Service **18** I 20 Essen **17** I 20 Ambiente: **8** I 10
	Gesamt: 87 I 100

Consum

4058 Basel

Das Consum ist ein beliebter Apéro-Treffpunkt, und das aus gutem Grund: Neben einer kuratierten Weinauswahl gibt es Plättli mit hervorragenden Produkten und eine schöne Terrasse auf der Strasse, auf der man hervorragend den Leuten beim Flanieren zuschauen kann.
Schwerpunkt: Schweiz, international

Rheingasse 19 +41 61 6909130 consumbasel.ch **Kategorie: Klassische Weinbar**	Weinangebot: **45** I 50 Service **19** I 20 Essen **18** I 20 Ambiente: **9** I 10
	Gesamt: 91 I 100

Derrière

4058 Basel

Diese charmante Cocktailbar befindet sich in einem ehemaligen Kleinbasler Bordell. Der Eintritt muss per Klingel angefordert werden, danach wird man im schummrig-romantischen Ambiente mit Cocktails vom Fass oder frisch gemixten Drinks verwöhnt. Zudem gibt es eine kleine Auswahl an Champagnern und sonstigen Weinen.

Ochsengasse 18 derriere.ch **Kategorie: American Bar**	Drinks: **44** I 50 Ambiente: **19** I 20 Service: **18** I 20 Sortiment: **8** I 10
	Gesamt: 89 I 100

Flore 🍷🍷🍷

4057 Basel

Das Flore ist eine unkomplizierte französische Weinbar. Es gibt eine überraschend grosse Auswahl an (Natur-)Weinen sowie Bier, Aperitifs und einige Spirituosen. Dazu werden feine Plättli serviert. Ambiente und Service sind leger, aber charmant!

Schwerpunkt: Frankreich, biodynamische Weine, ökologischer Anbau

Klybeckstrasse 5	Weinangebot: **46** | 50
+41 77 4549472	Service **17** | 20
florebasel.weebly.com	Essen **18** | 20
Kategorie: Weinbistro	Ambiente: **9** | 10
	Gesamt: 90 | 100

Grenzwert 🍸🍸🍸

4058 Basel

Diese Bar mitten im Kleinbasel trumpft nicht nur mit einem grossen, versteckten Innenhof auf, es gibt hier auch gutes, einfaches Essen und hervorragende kreative und klassische Cocktails. Der Gastraum ist gemütlich und auf sympathische Art chaotisch, an einigen Abenden legen DJs Musik von Rock 'n' Roll bis Soul auf.

Ochsengasse 14	Drinks: **46** | 50
+41 61 6810282	Ambiente: **18** | 20
grenzwert.ch	Service: **18** | 20
Kategorie: American Bar	Sortiment: **9** | 10
	Gesamt: 91 | 100

Hinz & Kunz 🍸🍸🍸

4051 Basel

Obwohl man sich hier mitten in der geschäftigen Markthalle befindet, ist das Hinz & Kunz gemütlich wie ein Wohnzimmer. Auf der umfassenden Karte gibt es neben klassischen Cocktails und Eigenkreationen fast 500 Whisk(e)ys, 160 Rum-Sorten und knapp 100 Gins. So ist für die gute Getränkeversorgung gesorgt!

Steinentorberg 20	Drinks: **46** | 50
+41 61 4030404	Ambiente: **19** | 20
hinzundkunz.bar	Service: **19** | 20
Kategorie: American Bar	Sortiment: **10** | 10
	Gesamt: 94 | 100

Imi 🍸🍸

4058 Basel

Auf der Karte der eleganten Imi-Bar findet man viele Klassiker, etwa Martini, Negroni oder Whisk(e)y Sour. Zusätzlich gibt es eine Auswahl an edlen Spirituosen und köstliches, klassisches Barfood. Das Ambiente ist kosmopolitisch, auch dank der vom namensgebenden Künstler Imi Knoebel entworfenen Buntglasfenster.

Rebgasse 12–14	Drinks: **44** | 50
+41 61 6909310	Ambiente: **19** | 20
volkshaus-basel.ch	Service: **18** | 20
Kategorie: American Bar	Sortiment: **8** | 10
	Gesamt: 89 | 100

Invino

4051 Basel

Im Invino geniesst man eine alle fünf bis sechs Wochen wechselnde Auswahl an Weinen aus ganz Europa. Manche Raritäten und Trouvaillen aus dem Weinkeller werden gerne für die Gäste geöffnet, auch glasweise. Dazu gibt es ein paar kalte Köstlichkeiten und Eingemachtes.
Schwerpunkt: international

Bäumleingasse 9
+41 61 2716633
invino-basel.ch
Kategorie: Klassische Weinbar

Weinangebot:	**46** I 50
Service	**19** I 20
Essen	**17** I 20
Ambiente:	**8** I 10
Gesamt:	90 I 100

Irrsinn Bar

4058 Basel

In diesem schummrig-gemütlichen Kellerlokal sind alle willkommen. Im Angebot ist selbstverständlich Bier und Wein, aber auch eine grosse Auswahl an Spirits und Barmänner und -frauen, die wissen, wie man daraus fast jeden erdenklichen Cocktail zaubert. Dazu gibt es musikalische Unterhaltung von Blues bis Metal.

Rebgasse 43
+41 77 4158757
irrsinnbar.ch
Kategorie: American Bar

Drinks:	**44** I 50
Ambiente:	**17** I 20
Service:	**17** I 20
Sortiment:	**8** I 10
Gesamt:	86 I 100

Les Trois Rois

4001 Basel

In der Bar des legendären Basler Hotels Les Trois Rois trifft Tradition auf Moderne. Gastgeber Thomas Huhn und sein Team entwickeln regelmässig fantastische Cocktails, beherrschen aber natürlich auch alle grossen Klassiker perfekt. Dazu werden köstliche Snacks aus der ruhmreichen Hotelküche serviert.

Blumenrain 8
+41 61 2605050
lestroisrois.com
Kategorie: Hotelbar

Drinks:	**49** I 50
Ambiente:	**19** I 20
Service:	**19** I 20
Sortiment:	**9** I 10
Gesamt:	96 I 100

Lora 🍸🍸🍸

4051 Basel

Das Lora muss eines der besten «Bahnhofsbuffets» der Welt sein. Hier gibt es nicht nur köstliche Pizzas – auch ohne Gluten –, sondern auch richtig gute Drinks, die mit Liebe von professionellen Barkeepern gemixt werden. Ob klassischer Cocktail oder Signature Drink, das Angebot ist breit und deckt jeden Geschmack ab.

Centralbahnstrasse 10	Drinks:	**45** I 50
+41 61 2057066	Ambiente:	**18** I 20
lorabasel.ch	Service:	**18** I 20
Kategorie: Restaurantbar	Sortiment:	**9** I 10
	Gesamt:	90 I 100

Renée 🍸🍸🍸

4058 Basel

Etwas versteckt hinter der Kaserne liegt die Renée-Bar. Trotz ihrer äusserlichen Unscheinbarkeit sollte man sie aber nicht unterschätzen. Hier werden nämlich nicht nur hervorragende Cocktails gemixt – von klassisch bis kreativ ist alles dabei –, es gibt auch eine fantastische Weinauswahl, die selbst Kenner überzeugt.

Klingental 18	Drinks:	**47** I 50
	Ambiente:	**17** I 20
renee.ch	Service:	**19** I 20
Kategorie: Club	Sortiment:	**9** I 10
	Gesamt:	92 I 100

Spale 🍷🍷

4051 Basel

In dieser im Art-Nouveau-Stil eingerichteten Bar in der Grossbasler Altstadt geniesst man einen Aperitif und fühlt sich dabei wie in Frankreich. Es gibt eine gute Auswahl an Offenweinen, Spirituosen und Bier, dazu viele kleine Häppchen wie Pinsa und Flammkuchen.

Schwerpunkt: Schweiz, Italien

Spalenberg 53	Weinangebot:	**43** I 50
+41 61 2612105	Service	**18** I 20
spale-bar.ch	Essen	**17** I 20
Kategorie: Weinbistro	Ambiente:	**9** I 10
	Gesamt:	87 I 100

Spark 🍷🍷

4053 Basel

Wer einen Kurztrip nach Portugal unternehmen möchte, stattet diesem Bistro einen Besuch ab. Im Spark gibt es feine portugiesische Tapas oder «Petiscos», dazu eine gute Auswahl an Weinen aus dem ganzen Land. Bei schönem Wetter ist der Garten im Hinterhof sehr angenehm.

Schwerpunkt: Portugal

Güterstrasse 166	Weinangebot:	**43** I 50
+41 78 2284494	Service	**17** I 20
sparklingventure.com	Essen	**18** I 20
Kategorie: Weinbistro	Ambiente:	**8** I 10
	Gesamt:	86 I 100

Viertel

4052 Basel

Kulturlokal, Klub, Restaurant, Rooftop-Bar, diese Location im Dreispitz-Areal bietet alles, was Nachteulen und Partytiger brauchen. In den warmen Monaten besucht man vor dem Tanzen das Viertel-Dach. Auf der grossen Dachterrasse wird in entspanntem Ambiente eine gute Auswahl an Drinks und Snacks serviert.

Münchensteiner Strasse 81	Drinks:	44 | 50
+41 61 3110400	Ambiente:	18 | 20
dasviertel.ch	Service:	18 | 20
Kategorie: Club	Sortiment:	7 | 10
	Gesamt:	87 | 100

vino e/y vino

4051 Basel

Im vino e/y vino liegt der Fokus auf Weinen aus Spanien und Italien, ergänzt durch einige Tropfen aus der Schweiz und Frankreich. Es gibt immer etwas Gutes im Offenausschank, ab einer Bestellung von fünf Dezilitern wird aber jede Flasche für den Gast geöffnet.
Schwerpunkt: Spanien, Italien

Markthalle Basel, Steinentorberg 20	Weinangebot:	44 | 50
+41 77 4956013	Service	17 | 20
vinoeyvino.ch	Essen	18 | 20
Kategorie: Weinbar in Vinothek	Ambiente:	9 | 10
	Gesamt:	88 | 100

VinOptimum

4051 Basel

In dieser eleganten Vinothek mit Bar im Basler Stadtzentrum gibt es immer spannende Weine und Schaumweine im Offenausschank. Diese geniesst man mit Blick auf den Rhein oder auf der Terrasse neben dem Brunnen, dazu kommen feine kalte und warme Gerichte aus der Küche.
Schwerpunkt: Schweiz, international

Blumenrain 24	Weinangebot:	46 | 50
+41 61 6316060	Service	18 | 20
vin-optimum.ch	Essen	18 | 20
Kategorie: Weinbar im Restaurant	Ambiente:	9 | 10
	Gesamt:	91 | 100

Werk 8

4053 Basel

Im coolen und urbanen Ambiente einer alten Industriehalle gibt es hier neben einer ausgesuchten Auswahl an Weinen und Bieren auch einige der besten Cocktails der Stadt. Auf der Karte findet man stets wechselnde spezielle Eigenkreationen genauso wie perfekt gemixte klassische Drinks. Auch die Barsnacks sind köstlich.

Dornacher Strasse 192	Drinks:	48 | 50
+41 61 5510880	Ambiente:	19 | 20
werkacht.ch	Service:	19 | 20
Kategorie: Loungebar	Sortiment:	9 | 10
	Gesamt:	95 | 100

Zum Kuss 🍸🍸🍸

4051 Basel

Das Zum Kuss ist Lounge, Café, Bar und Rhumerie in einem. Es gibt eine tolle Auswahl an Rum aus 35 verschiedenen Ländern, man bestellt diese pur oder lässt sie sich vom freundlichen Barteam zu einem feinen Cocktail verarbeiten. Natürlich sind auch andere Spirituosen sowie alkoholfreie Optionen vorhanden.

Elisabethenstrasse 59
+41 61 2716030
zumkuss.ch
Kategorie: Restaurantbar

Drinks:	**44** | 50
Ambiente:	**19** | 20
Service:	**18** | 20
Sortiment:	**9** | 10
Gesamt:	90 | 100

Zum Teufel 🍸🍸

4051 Basel

Hinter historischen Mauern am Rande der Basler Altstadt geniesst man die guten Dinge des Lebens. Neben Tropfen von der legendären Teufelhof-Weinkarte gibt es eine grossartige Auswahl an verschiedenen Cocktails und edlen Spirituosen. Die Bar öffnet schon morgens und bleibt dann offen bis zum Absacker nach dem «Znacht».

Leonhardsgraben 49
+41 61 2611010
teufelhof.com
Kategorie: Hotelbar

Drinks:	**45** | 50
Ambiente:	**18** | 20
Service:	**18** | 20
Sortiment:	**8** | 10
Gesamt:	89 | 100

Abflugbar 🍸🍸🍸

3011 Bern

Keinesfalls abgehoben ist die Abflugbar, vielmehr wurde sie nach einer Flughafenlounge gestaltet. In diesem gemütlichen Keller in der Altstadt gibt es Cocktails, die mit Flugnummern versehen werden. Da steht etwa BA für Gin-Drinks, AA für Whisk(e)y-Getränke oder EZY für kreative Mixes. Aussergewöhnlich und köstlich!

Gerechtigkeitsgasse 50
+41 31 3110935

Kategorie: Loungebar

Drinks:	**46** | 50
Ambiente:	**18** | 20
Service:	**19** | 20
Sortiment:	**8** | 10
Gesamt:	91 | 100

Bellevue Bar

3011 Bern

Die Bellevue Bar ist die erste American Bar der Schweiz. Seit 1913 treffen hier gewöhnliche Berner auf das Who's who der Schweizer und internationalen Politik. Die Karte bietet eine Reise durch die Cocktailgeschichte des 20. Jahrhunderts, sie ist gespickt mit ikonischen Cocktails mit modernem Touch.

Kochergasse 3–5	Drinks:	**45** | 50
+41 31 3204545	Ambiente:	**18** | 20
bellevue-palace.ch	Service:	**19** | 20
Kategorie: Hotelbar	Sortiment:	**9** | 10
	Gesamt:	91 | 100

Department 66

3011 Bern

Das Department 66, auch bekannt als «Institut für fortschrittliches Trinken», ist eine Berner Referenz für Cocktail-Enthusiasten. In alten Gemäuern werden Cocktailklassiker, Negroni-Variationen, Apéro-Drinks und viele weitere besondere Eigenkreationen aufgetischt, zusammen mit Funfacts über das Leben an der Bar.

Rathausgasse 66	Drinks:	**45** | 50
	Ambiente:	**18** | 20
department66.ch	Service:	**19** | 20
Kategorie: American Bar	Sortiment:	**8** | 10
	Gesamt:	90 | 100

Frohsinn

3011 Bern

Im Frohsinn trifft man sich nicht nur, um ausgiebig zu speisen, man kann auch einfach ein gediegenes Glas Wein geniessen. Die Auswahl ist fantastisch, mit vielen speziellen Trouvaillen. Der Fokus liegt auf nachhaltigen europäischen Weinen, viele stammen aus der Schweiz.
Schwerpunkt: Schweiz, Frankreich, international

Münstergasse 54	Weinangebot:	**47** | 50
+41 31 3280301	Service	**18** | 20
frohsinn-bern.ch	Essen	**18** | 20
Kategorie: Weinbar im Restaurant	Ambiente:	**8** | 10
	Gesamt:	91 | 100

Giardino Restaurant & Bar

3013 Bern

Das Herzstück des Giardino ist die offene Bar. Hier wird im zeitgenössischen und hellen Ambiente das Leben genossen, und das an jedem Tag des Jahres. Es gibt für jede Tageszeit das Passende zu trinken, vom Kaffee über den Apéro bis zum After-Dinner-Drink. Mixology-Fans sollten einen der Signature Drinks probieren.

Kornhausstrasse 3	Drinks:	**44** | 50
+41 31 3395265	Ambiente:	**18** | 20
kursaal-bern.ch	Service:	**19** | 20
Kategorie: Hotelbar	Sortiment:	**8** | 10
	Gesamt:	89 | 100

Gin König

3011 Bern

Im Gin König regiert natürlich der Wacholderbrand. Über 400 Flaschen davon stehen hier zur Auswahl, sie kommen aus aller Welt. Serviert werden die Gins mit diversen Mixern und Garnishes oder als Cocktailkreationen. Der Service ist sehr freundlich und freut sich, den Gästen etwas empfehlen zu können.

Kochergasse 1	Drinks:	**43** I 50
+41 31 8192020	Ambiente:	**17** I 20
ginkönig.ch	Service:	**18** I 20
Kategorie: American Bar	Sortiment:	**9** I 10
	Gesamt:	87 I 100

Klösterli Weincafé

3013 Bern

Im historischen Haus am Klösterlistutz werden seit dem 18. Jahrhundert Gäste verpflegt. Es gibt biodynamisch produzierte Weine und eine einfache, regionale Küche. Die Gäste nehmen im minimalistisch eingerichteten Gastraum oder auf der grosszügigen Terrasse Platz.
Schwerpunkt: Schweiz, biodynamische Weine, Europa

Klösterlistutz 16	Weinangebot:	**45** I 50
+41 31 3501000	Service	**18** I 20
kloesterlibern.ch	Essen	**18** I 20
Kategorie: Weinbistro	Ambiente:	**9** I 10
	Gesamt:	90 I 100

Kornhauskeller Bar

3011 Bern

Fast schon sakrale Anmut strahlt der Kornhauskeller mit seinen bemalten Gewölbedecken und dem schönen Fischgrätparkett aus. Serviert wird eine grosse Auswahl an verschiedenen Drinks, von Signature Cocktails über Longdrinks aus ausgesuchten Spirituosen bis zu Bier und Wein wird kein Wunsch der Gäste offengelassen.

Kornhausplatz 18	Drinks:	**45** I 50
+41 31 3277272	Ambiente:	**20** I 20
kornhaus-bern.ch	Service:	**18** I 20
Kategorie: Restaurantbar	Sortiment:	**8** I 10
	Gesamt:	91 I 100

Kreissaal Bar

3011 Bern

Der Kreissaal lebt Barkultur. Ob klassisch kräftig oder frisch, frech und modern, die Cocktails schmecken hervorragend und entziehen sich dem Zeitgeist. Hier wird nicht nach Trends gelebt, sondern es wird das serviert, was gut ist. So wurde aus dieser Bar ein fast schon legendärer Teil des Berner Nachtlebens.

Brunngasshalde 63	Drinks:	**45** I 50
+41 31 3125000	Ambiente:	**18** I 20
kreissaal.be	Service:	**19** I 20
Kategorie: Loungebar	Sortiment:	**8** I 10
	Gesamt:	90 I 100

Kurt&Kurt

3011 Bern

Hier gibt es eine riesige Auswahl an Gins und Whisk(e)ys sowie fantastische Cocktails und schmackhafte Snacks. Und das nicht einmal fünf Minuten vom Berner Hauptbahnhof entfernt. Ob Aperitif, Digestif, Cocktailklassiker oder spezieller Signature Drink, Liebhaber von Cocktails und Spirituosen haben hier viel zu entdecken.

Aarberger Gasse 28	Drinks:	**45** | 50
+41 31 3827777	Ambiente:	**19** | 20
kurtundkurt.ch	Service:	**18** | 20
Kategorie: American Bar	Sortiment:	**9** | 10
	Gesamt:	91 | 100

La passion du vin

3011 Bern

«Aus Liebe zum Wein» lautet das Motto hier. In dieser Vinothek werden über 500 edle Tropfen angeboten, die alle auch in der Weinbar bestellt werden können. Dazu gibt es Salametti und Schinken aus den Marken, piemontesische Grissini und knackigen Berner «Märitsalat».
Schwerpunkt: Europa

Schauplatzgasse 27	Weinangebot:	**46** | 50
+41 31 3127040	Service	**18** | 20
passionduvin.ch	Essen	**19** | 20
Kategorie: Weinbar in Vinothek	Ambiente:	**8** | 10
	Gesamt:	91 | 100

Lobby Lounge Bar Schweizerhof

3001 Bern

Die Lounge des Hotels Schweizerhof ist ein beliebter Treffpunkt für Einheimische und Hotelgäste. Hier kommt man bei einem Apéro, einfachen Abendessen – etwa das legendäre Clubsandwich – oder After-Dinner-Drink ins Gespräch. Für einen besonders intimen Austausch zwischen Zigarren-Aficionados gibt es ein Fumoir.

Bahnhofplatz 11	Drinks:	**44** | 50
+41 31 3268080	Ambiente:	**17** | 20
schweizerhofbern.com	Service:	**18** | 20
Kategorie: Hotelbar	Sortiment:	**8** | 10
	Gesamt:	87 | 100

Più im Kornhaus

3011 Bern

Kosmopolitische Atmosphäre, köstliche italienische Kleinigkeiten und ausgesuchte Weine gibt es in der Più-Weinbar im Kornhaus. Da sie an die Bindella Vinoteca angehängt ist, ist die Weinauswahl fantastisch, man sucht im Laden eine Flasche aus und geniesst sie am Tisch.
Schwerpunkt: Italien

Kornhausplatz 18	Weinangebot:	**47** | 50
+41 31 3277270	Service	**18** | 20
piu-ristorante.ch	Essen	**19** | 20
Kategorie: Weinbar im Restaurant	Ambiente:	**9** | 10
	Gesamt:	93 | 100

Taube

3011 Bern

In der Taube bewirtet das freundliche Barteam seine Gäste so, als wären sie Freunde. Im gemütlichen, kleinen Lokal in der Altstadt werden mit viel Leidenschaft Cocktails gemixt. Abenteuerlustige Gäste sollten unbedingt eine der kreativen Eigenkreationen probieren, es gibt allerdings auch Klassiker zu bestellen.

Rathausgasse 50	Drinks: **45** | 50
+41 31 5561650	Ambiente: **18** | 20
dietaube.ch	Service: **19** | 20
Kategorie: Loungebar	Sortiment: **8** | 10
	Gesamt: 90 | 100

Trallala

8008 Bern

Dieses Bistro hat einen etablierten Naturwein-Import im Rücken und deswegen ein hervorragendes Weinangebot von relativ klassisch bis ausgefallen. Dazu gibt's einfache Gerichte zum Teilen, viele sind vegetarisch oder vegan. Es werden nur Zutaten in Bio-Qualität verwendet.
Schwerpunkt: Europa, Raw/Natural Wine

Holligerplatz 1	Weinangebot: **47** | 50
+41 31 3180818	Service **18** | 20
trallala-weine.ch	Essen **19** | 20
Kategorie: Weinbistro	Ambiente: **8** | 10
	Gesamt: 92 | 100

Turbo Lama

3014 Bern

Ausgefallener Name – besonderes Konzept. Das Turbo Lama ist eine urbane Afterwork-Bar in Wankdorf. Hier geniesst man den Feierabend mit tollen Cocktailkreationen. Viele davon werden mit Mezcal oder Tequila gemixt, es gibt allerdings auch klassische Cocktails, Spritz und Longdrinks. Dazu werden feine Pinsas gereicht.

Hilfikerstrasse 4	Drinks: **45** | 50
+41 31 3310091	Ambiente: **18** | 20
turbolama.ch	Service: **18** | 20
Kategorie: Loungebar	Sortiment: **8** | 10
	Gesamt: 89 | 100

Sauvage

2502 Biel

Das Sauvage ist wild und geradlinig. Hier wird mit Respekt für Natur, Mensch und Umwelt gearbeitet. Das zeigt sich in der Weinkarte, auf der nur Naturweine aus Europa angeführt sind, aber auch bei den feinen Snacks, die alle aus lokalen Zutaten zubereitet werden.
Schwerpunkt: biodynamische Weine, Raw/Natural Wine

Zentralstrasse 19	Weinangebot: **46** | 50
+41 32 5101066	Service **18** | 20
sauvage-biel.ch	Essen **19** | 20
Kategorie: Weinbistro	Ambiente: **9** | 10
	Gesamt: 92 | 100

Le Grand Bellevue Bar 🍸🍸🍸

3780 Gstaad

Die Bar im Le Grand Bellevue besticht mit besonderem Interieur, wie etwa dem 17,5 Meter langen Chesterfield-Sofa. Es steht den Gästen von morgens bis abends zur Verfügung, von der Kaffeepause über den leichten Mittagslunch bis zum Apéro und Afterdinner-Drink bekommt man hier immer etwas Gutes zu trinken und essen.

Untergstaadstrasse 17	Drinks:	**46** I 50
+41 33 7480000	Ambiente:	**19** I 20
bellevue-gstaad.ch	Service:	**19** I 20
Kategorie: Hotelbar	Sortiment:	**9** I 10
	Gesamt:	93 I 100

Victoria Bar 🍸🍸🍸

3800 Interlaken

In der Victoria Bar mit grosser Terrasse lässt man sich von der Sonne kitzeln, vom Blick auf die Berge blenden und vom Barteam verwöhnen. Letzteres serviert raffinierte Drinks und Cocktails, ausgesuchte Weine und erlesene Spirituosen aus aller Welt. Dazu gibt es einfaches Comfort Food und ein anregendes Ambiente.

Höheweg 41	Drinks:	**46** I 50
+41 33 8282602	Ambiente:	**18** I 20
victoria-jungfrau.ch	Service:	**20** I 20
Kategorie: Restaurantbar	Sortiment:	**8** I 10
	Gesamt:	92 I 100

One Million Stars 🍸🍸

3778 Schönried

Eine Million Sterne oder vielmehr eine Million Swarovski-Kristalle wurden in dieser Bar verarbeitet. In diesem in wechselnden Farben funkelnden und glitzernden Ambiente geniesst man Cocktails, erlesene Destillate, feine Weine und sanfte Pianoklänge, die live gespielt werden. Dazu gibt es köstliche Snacks.

Dorfstrasse 46	Drinks:	**43** I 50
+41 33 7480430	Ambiente:	**19** I 20
ermitage.ch	Service:	**18** I 20
Kategorie: Hotelbar	Sortiment:	**8** I 10
	Gesamt:	88 I 100

Eden Bistro-Bar 🍸🍸

3700 Spiez

Hier geniesst man im eleganten und doch entspannten Ambiente die Aussicht über den Thunersee und das schöne Umland. Neben ausgesuchten Weinen gibt es eine Auswahl an guten klassischen Cocktails und ein paar Signature Drinks. Auch wer keinen Alkohol mag oder trinken möchte, findet hier etwas nach seinem Geschmack.

Seestrasse 58	Drinks:	**43** I 50
+41 33 6559900	Ambiente:	**18** I 20
eden-spiez.ch	Service:	**18** I 20
Kategorie: Hotelbar	Sortiment:	**8** I 10
	Gesamt:	87 I 100

Atelier Classic Bar 🍸🍸🍸🍸 — 3600 Thun

Mit schummrigem Licht, eleganter Atmosphäre und einer grossartigen Auswahl an Destillaten ist dies eine klassische Bar wie aus dem Bilderbuch. Geschäftsführer Ivan Urech schafft mit seinem Team ausgeglichene Cocktails der Extraklasse von kreativ bis klassisch. Es gibt auch fantastische alkoholfreie Optionen.

Rathausplatz 3	Drinks:	**48** I 50
+41 33 2237567	Ambiente:	**19** I 20
bar-atelier.ch	Service:	**19** I 20
Kategorie: American Bar	Sortiment:	**9** I 10
	Gesamt:	95 I 100

Enoteca Italia 🍷🍷 — 3600 Thun

Ein Besuch in dieser Vinothek ist ein Kurzausflug nach Italien, denn es werden feine Weine und Delikatessen aus dem Bel Paese verkauft. Jeden Donnerstag- und Freitagabend wird man zudem mit italienischer Küche verwöhnt, am Samstag gibt es den «Aperitivo Giro d'Italia».
Schwerpunkt: Italien

Hofstettenstrasse 15	Weinangebot:	**44** I 50
+41 33 2224448	Service	**19** I 20
enotecaitalia.ch	Essen	**18** I 20
Kategorie: Weinbar in Vinothek	Ambiente:	**8** I 10
	Gesamt:	89 I 100

Galerie Boutique Bar 🍸🍸🍸 — 3600 Thun

In einem kosmopolitischen und eleganten Ambiente werden hier hervorragende Drinks serviert. Auf der Karte findet man kreative Cocktails, Klassiker und moderne Interpretationen von klassischen Cocktails. Im oberen Teil der Bar gibt es zudem eine permanente Kunstausstellung, mit der lokale Künstler gefördert werden.

Obere Hauptgasse 74	Drinks:	**46** I 50
+41 33 2235555	Ambiente:	**18** I 20
galerie-boutiquebar.ch	Service:	**19** I 20
Kategorie: Loungebar	Sortiment:	**9** I 10
	Gesamt:	92 I 100

On the Rocks

3823 Wengen

Ob einfach so, nach einer Wanderung oder als Après-Ski-Location, diese Bar besucht man immer gerne. Hier wird man von einem freundlichen Team bedient, das sich alle Mühe gibt, für jeden Gast den perfekten Cocktail zu finden. Weil keine Snacks angeboten werden, dürfen die Gäste selbst etwas zu Knabbern mitbringen.

Dorfstrasse	Drinks:	**43** | 50
+41 79 9047868	Ambiente:	**17** | 20
ontherockswengen.com	Service:	**19** | 20
Kategorie: American Bar	Sortiment:	**8** | 10
	Gesamt:	87 | 100

FREIBURG

Crapule Club

1700 Freiburg

Im Crapule Club gibt es einige der besten Cocktails in Freiburg. Wer Rätsel mag, sollte die Option «Le Défi du Crapule» wählen, dann bekommt er eine spannende Cocktail-Überraschung, deren Namen er erraten muss. Es gibt allerdings auch viele «gewöhnliche» Cocktails, die allesamt kreativ und hervorragend zubereitet werden.

Grand-Places 14	Drinks:	**46** | 50
+41 26 3215000	Ambiente:	**19** | 20
crapuleclub.ch	Service:	**18** | 20
Kategorie: Club	Sortiment:	**9** | 10
	Gesamt:	92 | 100

Jo.

1700 Freiburg

In dieser gemütlichen Bar gibt es innovative Cocktails, köstliches Barfood aus lokalen Zutaten und den passenden Wein für jeden Geschmack. Im gut gefüllten Weinkeller findet man Naturweine neben konventionell produzierten Tropfen – Hauptsache, sie schmecken!
Schwerpunkt: Raw/Natural Wine, Europa

Rue du Criblet 11	Weinangebot:	**45** | 50
+41 26 3410201	Service	**19** | 20
jobardequartier.ch	Essen	**18** | 20
Kategorie: Weinbistro	Ambiente:	**8** | 10
	Gesamt:	90 | 100

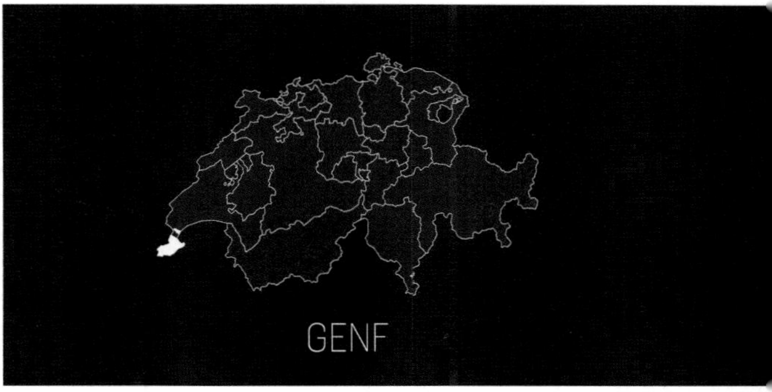

Albertine's ♀♀♀ 1201 Genf

Das Hotel Beau Rivage steht in Genf für zeitlose Eleganz. Dazu passt auch die Hotelbar Albertine's, die in diesem Punkt kaum zu schlagen ist. Zeitgenössisch ist der aufmerksame und zuvorkommende Service, aber auch die Auswahl an kreativen und klassischen Cocktails und fantastischen Spirits aus aller Welt.

Quai du Mont-Blanc 13	Drinks:	**46** | 50
+41 22 7166940	Ambiente:	**19** | 20
beau-rivage.com	Service:	**19** | 20
Kategorie: Hotelbar	Sortiment:	**9** | 10
	Gesamt:	93 | 100

Arthur's rivegauche ♀♀ 1204 Genf

In der szenigen Bar des Restaurants Arthur's rivegauche geniesst man nicht nur eine moderne mediterrane Küche, sondern auch fantastische Cocktails und ausgesuchte Weine. Gelegen ist das Lokal direkt an der Rhône, bei schönem Wetter sollte man sich daher unbedingt einen Platz auf der Terrasse am Wasser sichern.

Rue du Rhône 7	Drinks:	**44** | 50
+41 22 8103260	Ambiente:	**19** | 20
arthurs.ch	Service:	**18** | 20
Kategorie: Restaurantbar	Sortiment:	**7** | 10
	Gesamt:	88 | 100

Au Coin du Bar ♀♀♀ 1207 Genf

Im Coin du Bar fühlt man sich schnell wohl. Zu köstlicher Bistroküche wird eine schöne Auswahl an Weinen ausgeschenkt, die vornehmlich aus Frankreich stammen. Überhaupt fühlt sich das Konzept zwischen Bar und Restaurant sehr französisch an, es ist très charmant!
Schwerpunkt: Frankreich

Rue François-Versonnex 17	Weinangebot:	**46** | 50
+41 22 7863819	Service	**18** | 20
	Essen	**19** | 20
Kategorie: Weinbistro	Ambiente:	**8** | 10
	Gesamt:	91 | 100

Bambou Speakeasy

1201 Genf

Durch eine Schranktür im Restaurant Piaf erreicht man das Speakeasy Bambou. Zu einer grossen Bandbreite an Musik von analogen Tonträgern wird eine ebenso spannende Auswahl an Cocktails serviert. Zudem gibt es eine gute Selektion an Destillaten, wobei der Fokus auf raren Cognacs und Armagnacs liegt.

Rue de Monthoux 62 +41 22 9010202 chezpiaf.ch **Kategorie: American Bar**	Drinks: **47** I 50 Ambiente: **19** I 20 Service: **19** I 20 Sortiment: **9** I 10
	Gesamt: 94 I 100

Bleu Nuit

1205 Genf

Dieses Bistro ist eine sogenannte «cave à manger», also eine Weinbar, in der es auch etwas Gutes zu essen gibt. Man fokussiert sich hier auf Naturweine und mediterrane Küche. Durch eine Kühlschranktür in der Wand gelangt man übrigens in eine versteckte Cocktailbar.
Schwerpunkt: Frankreich, ökologischer Anbau

Rue du Vieux-Billard 4 +41 22 3283444 **Kategorie: Weinbistro**	Weinangebot: **46** I 50 Service **18** I 20 Essen **19** I 20 Ambiente: **8** I 10
	Gesamt: 91 I 100

Boca

1206 Genf

Das Boca hat ein spezielles Konzept: Es gibt hier köstliche Bocatas, spanische Sandwiches, dazu feine Weine. Das Besondere dabei ist, dass die Karte fast ausschliesslich auf Champagner fokussiert ist, die alle von kleinen, handwerklich arbeitenden Produzenten stammen.
Schwerpunkt: Champagner, ökologischer Anbau

Plateau-de-Champel 32 +41 22 3463305 boca.ch **Kategorie: Weinbistro**	Weinangebot: **45** I 50 Service **18** I 20 Essen **18** I 20 Ambiente: **8** I 10
	Gesamt: 89 I 100

Bombar

1205 Genf

Die Bombar ist eine Naturweinbar mit exzellenter Küche. Serviert werden kleine Gerichte aus hervorragenden Zutaten, dazu ausgesuchte Weine aus Europa. Das Ambiente ist jung und unkompliziert, im Sommer stehen die Tische eng beieinander auf dem Platz vor dem Lokal.
Schwerpunkt: Frankreich

Place des Augustins 3 +41 22 3299111 bombar.ch **Kategorie: Weinbistro**	Weinangebot: **47** I 50 Service **18** I 20 Essen **19** I 20 Ambiente: **9** I 10
	Gesamt: 93 I 100

Café de la Bourse 🍷🍷🍷

1204 Genf

In dieser ungezwungenen Bistro-Bar im Zentrum von Genf gibt es eine fantastische Weinauswahl mit vielen Tropfen aus natürlicher Produktion. Dazu werden kleine Happen serviert, zubereitet aus marktfrischen Zutaten, die vornehmlich aus der Region stammen.
Schwerpunkt: Frankreich, Raw/Natural Wine

Rue du Stand 56	Weinangebot: **46** | 50
+41 22 7383333	Service **18** | 20
	Essen **18** | 20
Kategorie: Weinbistro	Ambiente: **8** | 10
	Gesamt: 90 | 100

Chez Bacchus 🍷🍷🍷

1204 Genf

Das Chez Bacchus ist an die Vinothek Caveau de Bacchus und den Spirituosenhandel Bacchus Spirits angebunden. Deswegen ist das Angebot hier grossartig: Neben köstlichen kalten und warmen Gerichten gibt es über 800 Weine, jeden Tag sind ganze 40 davon im Offenausschank.
Schwerpunkt: Frankreich

Cours de Rive 7	Weinangebot: **46** | 50
+41 22 3124172	Service **18** | 20
caveaudebacchus.ch	Essen **19** | 20
Kategorie: Weinbar in Vinothek	Ambiente: **8** | 10
	Gesamt: 91 | 100

Coin Coin 🍸🍸

1205 Genf

In dieser gemütlichen Bar könnte man problemlos den ganzen Tag verbringen. Morgens gibt es Kaffee und Frühstück, mittags kleine Teller und am Abend saisonale Cocktails. Die Auswahl ist dabei nicht riesig, aber die Drinks werden sorgfältig aus besten Produkten gemixt. Zusätzlich gibt es feine Snacks, Weine und Bier.

Boulevard Carl-Vogt 63	Drinks: **45** | 50
+41 22 4368888	Ambiente: **18** | 20
coincoin.ch	Service: **19** | 20
Kategorie: American Bar	Sortiment: **7** | 10
	Gesamt: 89 | 100

L'Apothicaire 🍸🍸🍸

1204 Genf

Diese beliebte Bar im Plainpalais ist immer gut gefüllt. Aus gutem Grund, denn auf der Karte gibt es fantastische Cocktails, viele davon mit japanischen Whiskys. Neben den Signature Drinks mixen die Barkeeper auf Anfrage auch Klassiker oder kreieren einen neuen, auf den Geschmack des Gasts zugeschnittenen Cocktail.

Boulevard Georges-Favon 16	Drinks: **45** | 50
+41 22 3281510	Ambiente: **18** | 20
apothicairecocktailclub.ch	Service: **18** | 20
Kategorie: American Bar	Sortiment: **9** | 10
	Gesamt: 90 | 100

La Distillerie Bar

1205 Genf

Wie es der Name vermuten lässt, ist die Distillerie nicht nur eine Bar, sondern auch eine Brennerei. Hier werden aus vornehmlich eigenen Spirits hervorragende, kreative Cocktails gezaubert. Die Auswahl ist nicht gross, aber die Drinks decken jeden Geschmack ab. Zusätzlich kann man Naturweine und feine Snacks bestellen.

Boulevard Carl-Vogt 77	Drinks:	**47** | 50
+41 22 5599983	Ambiente:	**19** | 20
bar-ladistillerie.ch	Service:	**19** | 20
Kategorie: American Bar	Sortiment:	**8** | 10
	Gesamt:	93 | 100

La Réplique

1201 Genf

Ob vor oder nach einem Theaterbesuch oder einfach so, der Besuch in der Réplique lohnt sich immer – besonders im Sommer dank grosser Terrasse. Es gibt eine schöne Auswahl an Naturweinen, feine und unkomplizierte Bistrogerichte und gute Drinks.

Schwerpunkt: international

Rue du Temple 5	Weinangebot:	**45** | 50
+41 22 9082020	Service	**18** | 20
saintgervais.ch	Essen	**18** | 20
Kategorie: Restaurantbar	Ambiente:	**8** | 10
	Gesamt:	89 | 100

La Tenuta

1204 Genf

Im Tenuta gibt es eine grosse Auswahl an Wein, Champagner, Spirituosen und Zigarren zu kaufen. Alles, was in den Regalen steht, kann aber auch vor Ort konsumiert werden. Das sind alleine beim Wein rund 500 Positionen, man hat hier also wahrlich die Qual der Wahl.

Schwerpunkt: Frankreich, Schweiz

Rue de l'Arquebuse 12	Weinangebot:	**45** | 50
+41 22 5596868	Service	**18** | 20
latenuta.ch	Essen	**18** | 20
Kategorie: Weinbar im Restaurant	Ambiente:	**8** | 10
	Gesamt:	89 | 100

Le Bar des Bergues

1201 Genf

Ein Besuch hier ist eine kleine Reise in die Vergangenheit. Die Einrichtung im Stil der Belle Époque, die klassischen Cocktails und der traditionelle Service tragen maßgeblich dazu bei. Manchmal merkt man aber doch, dass man sich im 21. Jahrhundert befindet, etwa wenn man einen der tollen Signature Drinks bestellt.

Quai des Bergues 33	Drinks:	**45** | 50
+41 22 9087110	Ambiente:	**19** | 20
fourseasons.com	Service:	**18** | 20
Kategorie: Hotelbar	Sortiment:	**8** | 10
	Gesamt:	90 | 100

Le Blanc Valet 🍷🍷🍷

1207 Genf

In dieser Bar im Zentrum von Genf gibt es neben köstlichem Barfood eine beeindruckende Auswahl an Naturweinen. Selbst gesuchte Raritäten werden hier zu einem fairen Preis angeboten. Der Besuch in Gruppen lohnt sich besonders, denn es gibt tolle Magnumflaschen.
Schwerpunkt: Schweiz, Frankreich

Rue Henri-Blanvalet 11	Weinangebot: **47** | 50
+41 79 2286871	Service **18** | 20
blancvalet.com	Essen **18** | 20
Kategorie: Weinbistro	Ambiente: **8** | 10
	Gesamt: 91 | 100

Le Rouge et le Blanc 🍷🍷🍷

1201 Genf

Im Le Rouge et le Blanc gibt es nicht nur eine wunderbare Auswahl an (Natur-)Weinen, sondern auch eine Reihe an spannenden Events. Hier trifft man sich etwa für Degustationen, bezaubernde Auftritte lokaler Entertainer und um gemeinsam Austern zu schlürfen.
Schwerpunkt: Raw/Natural Wine, biodynamische Weine

Quai des Bergues 27	Weinangebot: **47** | 50
+41 22 7311550	Service **19** | 20
lerougeblanc.ch	Essen **18** | 20
Kategorie: Weinbistro	Ambiente: **8** | 10
	Gesamt: 92 | 100

Le Verre à Monique 🍸🍸🍸

1205 Genf

Seit Jahren gehört diese Bar zu den besten der Stadt. Serviert werden fantastische Signature Cocktails und Klassiker. Die Karte ist nicht nach Spirituosen oder Drink-Kategorien unterteilt, sondern nach Geschmack der Cocktails, etwa «Salt & Brine» oder «Rich Fruit». So wird die Suche nach dem passenden Drink einfach.

Rue des Savoises 19	Drinks: **47** | 50
+41 22 3202307	Ambiente: **19** | 20
verreamonique.ch	Service: **19** | 20
Kategorie: American Bar	Sortiment: **8** | 10
	Gesamt: 93 | 100

Leopard Bar 🍸🍸🍸

1201 Genf

Die Leopard Bar ist einer der besten Orte, um in Genf luxuriöse Barkultur zu geniessen. Im eleganten Interieur werden hier fantastische kreative und klassische Cocktails gemixt. Der Signature Drink des Hauses, «Dom Louis XIII», ist Extravaganz pur: Er besteht aus Dom Pérignon Champagner und Louis XIII Cognac.

Quai du Mont-Blanc 17	Drinks: **45** | 50
+41 22 9065537	Ambiente: **19** | 20
hoteldangleterre.ch	Service: **19** | 20
Kategorie: Hotelbar	Sortiment: **8** | 10
	Gesamt: 91 | 100

Les Nations

1209 Genf

In der Bar Les Nations gibt es Ledersessel, eine Bibliothek, an kühlen Abenden brennt im Kamin ein Feuer. Hier fühlt man sich wie in einem New Yorker Privatklub aus längst vergangenen Tagen. Serviert werden demnach auch viele klassische und klassisch inspirierte Cocktails sowie ausgesuchte Spirituosen und Weine.

Chemin du Petit-Saconnex 7	Drinks:	**46** | 50
+41 22 9193315	Ambiente:	**18** | 20
geneva.intercontinental.com	Service:	**19** | 20
Kategorie: Hotelbar	Sortiment:	**8** | 10
	Gesamt:	91 | 100

Little Eminente Barrel

1207 Genf

Die karibisch anmutende Einrichtung verrät es bereits beim Eintreten der Bar: Hier dreht sich alles um Rum. Es gibt eine Riesenauswahl an Zuckerrohrdestillaten. Getrunken werden sie pur oder zu hervorragenden Cocktails verarbeitet. Wer keinen Rum mag, kommt trotzdem auf seine Kosten, es gibt auch andere Spirituosen.

Rue du Lac 15	Drinks:	**46** | 50
+41 22 7007340	Ambiente:	**18** | 20
littlebarrel.ch	Service:	**19** | 20
Kategorie: American Bar	Sortiment:	**9** | 10
	Gesamt:	92 | 100

Marius

1205 Genf

Diese ehemalige Metzgerei funktioniert schon seit Jahren als Weinbar. 2023 hat das Team der gegenüberliegenden Bombar das Lokal übernommen und das Konzept sanft angepasst. Es gibt ausgewählte Naturweine und eine kleine Auswahl an köstlichen, unkomplizierten Speisen.
Schwerpunkt: Raw/Natural Wine, Frankreich

Place des Augustins 9	Weinangebot:	**46** | 50
+41 22 3206239	Service	**18** | 20
	Essen	**18** | 20
Kategorie: Weinbistro	Ambiente:	**9** | 10
	Gesamt:	91 | 100

Mi Food Mi Raisin

1207 Genf

In diesem modernen Bistro mit Bar gibt es eine grossartige Auswahl an Naturweinen. Die Mehrheit davon stammt aus Frankreich, sie werden zu unglaublich fairen Preisen angeboten. Im Restaurant nebenan wird dazu eine köstliche, kreative Saisonküche serviert.
Schwerpunkt: Raw/Natural Wine, Schweiz, Frankreich

Chemin Neuf 4	Weinangebot:	**46** | 50
+41 22 7005870	Service	**18** | 20
mifoodmiraisin.com	Essen	**19** | 20
Kategorie: Weinbistro	Ambiente:	**7** | 10
	Gesamt:	90 | 100

MO Bar 🍸🍸🍸🍸

1201 Genf

Frisch renoviert erscheint die Bar des Mandarin Oriental Geneva in neuem, besonders elegantem Glanz. Es gibt eine exquisite Auswahl an Cocktails und Mocktails, entworfen vom bekannten Mixologist Christophe Pinto. Seine Inspiration fand er in der Seidenstrasse, die Drinks brillieren durch fernöstliche Komponenten.

Quai Turrettini 1	Drinks:	**48** I 50
+41 22 9090000	Ambiente:	**19** I 20
mandarinoriental.com	Service:	**19** I 20
Kategorie: Hotelbar	Sortiment:	**9** I 10
	Gesamt:	95 I 100

Sauvage 🍸🍸

1205 Genf

In dieser Bar im Viertel Plainpalais kann man nicht nur vorzüglich essen, es gibt auch eine tolle Auswahl an Aperitifs, Digestifs, Cocktails und Longdrinks. Die Basis dafür bilden auserlesene Spirituosen aus aller Welt, sie werden mit viel Fantasie und Fachwissen zu spannenden Signature Drinks vermischt.

Rue Dancet 5	Drinks:	**45** I 50
+41 22 3140233	Ambiente:	**19** I 20
sauvagegeneve.ch	Service:	**18** I 20
Kategorie: American Bar	Sortiment:	**7** I 10
	Gesamt:	89 I 100

Soulwines 🍷🍷🍷

1204 Genf

Im Soulwines wird eine wunderbare Auswahl an Wein angeboten. Viele davon kommen aus der Schweiz, ergänzt wird die Karte durch einige französische Tropfen, Wermut und klassische Cocktails. Dazu werden feine Plättli, Rillettes und verschiedene Antipasti aufgetischt.
Schwerpunkt: Schweiz

Grand-Rue 24	Weinangebot:	**46** I 50
+41 21 8883909	Service	**18** I 20
soulwines.ch	Essen	**18** I 20
Kategorie: Weinbar in Vinothek	Ambiente:	**8** I 10
	Gesamt:	90 I 100

Uva 🍷🍷

1201 Genf

Das Uva strahlt dank holzverkleideter Wände einen gemütlichen Chalet-Charme aus, ist aber gleichzeitig topmodern. Auf der Karte gibt es feine Tropfen aus allen Ecken der Schweiz, besonders viele davon aus dem Kanton Genf. Dazu werden einfache Knabbereien gereicht.
Schwerpunkt: Schweiz

Rue des Etuves 1	Weinangebot:	**44** I 50
+41 22 9010985	Service	**19** I 20
uva-geneve.com	Essen	**18** I 20
Kategorie: Klassische Weinbar	Ambiente:	**8** I 10
	Gesamt:	89 I 100

GRAUBÜNDEN

Tschuggen Bar

7050 Arosa

Hier sitzt man in bequemen Sesseln, es brennt ein Feuer im Kamin, und der Pianist spielt seine Stücke. Die Atmosphäre ist gesellig, das Angebot hervorragend. Von Softdrinks über Wein, Spirituosen, klassische Cocktails und Mocktails bis zu Eigenkreationen mit Pfiff gibt es hier für jeden Geschmack etwas.

Tschuggentorweg 1
+41 81 3789999
tschuggen.ch
Kategorie: Hotelbar

Drinks:	**45**	50
Ambiente:	**18**	20
Service:	**19**	20
Sortiment:	**9**	10
Gesamt:	91	100

Werkstatt Chur

7000 Chur

Die Werkstatt ist eine Churer Institution, wo sich seit Jahren Jung und Alt treffen, um zusammen ein abwechslungsreiches kulturelles Programm zu geniessen und dazu ein Glas oder auch mehrere zu trinken. Auf der Karte gibt es alles, was man dazu braucht: Softdrinks, Bier und Wein, aber auch gute saisonale Cocktails.

Untere Gasse 9
+41 81 5254246
werkstattchur.ch
Kategorie: Restaurantbar

Drinks:	**45**	50
Ambiente:	**18**	20
Service:	**18**	20
Sortiment:	**8**	10
Gesamt:	89	100

Gianottis

7504 Pontresina

Gianottis Wilderei hat schon einige wilde Herzen erobert. Es gibt eine grosse Auswahl an edlen Tropfen aus Europa, von denen viele aus der Schweiz stammen. Dazu werden Plättli mit bestem Bündner Trockenfleisch und ausgesuchten Schweizer Käsespezialitäten serviert.
Schwerpunkt: Rotwein

Via Maistra 140
+41 81 8427090
gianottis.ch
Kategorie: Weinbar im Restaurant

Weinangebot:	**46**	50
Service	**19**	20
Essen	**18**	20
Ambiente:	**9**	10
Gesamt:	92	100

Kronenhof Bar & Lobby

7504 Pontresina

Die Bar im Hotel Kronenhof leuchtet in wunderbar kräftigen Blau- und Rottönen. Besonders beliebt ist der Afternoon Tea mit erlesenen Teesorten, zudem gibt es ausgesuchte Spirituosen und edle Weine. Das Team hinter der Bar mixt hervorragende Cocktails und beherrscht sowohl Klassiker als auch Signature Drinks.

Via Maistra 130	Drinks:	**44** I 50
+41 81 8303030	Ambiente:	**19** I 20
kronenhof.com	Service:	**19** I 20
Kategorie: Hotelbar	Sortiment:	**9** I 10
	Gesamt:	91 I 100

Donatz Wine Bar

7503 Samedan

Die Donatz Wine Bar gehört zu den besten des Landes. Für das Weinangebot alleine lohnt sich ein Ausflug ins schöne Samedan. Ganze 550 Positionen gibt es auf der Karte, von ausgesuchten Raritäten bis zu preiswerten Trouvaillen – darunter auch einige aus Graubünden.
Schwerpunkt: Schweiz, international

Plazzet 15	Weinangebot:	**48** I 50
+41 81 8524666	Service	**19** I 20
hoteldonatz.ch	Essen	**18** I 20
Kategorie: Klassische Weinbar	Ambiente:	**9** I 10
	Gesamt:	94 I 100

Anton's Bar

7500 St. Moritz

Die zeitlos-elegante Bar des legendären Suvretta House St. Moritz wurde nach dem Hotelgründer Anton Sebastian Bon benannt. Ob ein edles Glas Wein, ein kostbarer Digestif, ein Signature Drink – darunter sind auch einige ohne Alkohol – oder ein klassischer Cocktail, es gibt hier alles, was das Geniesserherz begehrt.

Via Chasellas 1	Drinks:	**46** I 50
+41 81 8363636	Ambiente:	**18** I 20
suvrettahouse.ch	Service:	**19** I 20
Kategorie: Hotelbar	Sortiment:	**9** I 10
	Gesamt:	92 I 100

Devil's Place

7500 St. Moritz

Das Devil's Place ist ein Paradies für Whisk(e)y-Liebhaber. Über 2500 verschiedene Sorten stehen hier zur Auswahl, von grossen Klassikern bis zu grossen Raritäten findet man alles, was das Herz begehrt. In der Smoker's Lounge kann man dazu edle Zigarren rauchen, von denen es eine ebenfalls grandiose Selektion gibt!

Via Dimlej 6	Drinks:	**45** I 50
+41 81 8366000	Ambiente:	**18** I 20
waldhaus-am-see.ch	Service:	**19** I 20
Kategorie: Hotelbar	Sortiment:	**10** I 10
	Gesamt:	92 I 100

Kempinski Bar 🍸🍸🍸

7500 St. Moritz

Die Bar ist das Herzstück des legendären Grand Hôtel des Bains Kempinski. Hier treffen sich die Gäste auf ein Glas Wein, eine edle Spirituose oder einen Cocktail. Die Bartender lassen sich für ihre Kreationen von der Natur des Engadins inspirieren – sie schmecken wie ein Spaziergang durch den Nationalpark.

Via Mezdi 27
+41 81 8383057
kempinski.com
Kategorie: Hotelbar

Drinks:	**45** | 50
Ambiente:	**19** | 20
Service:	**18** | 20
Sortiment:	**9** | 10
Gesamt:	91 | 100

N/5 – The Bar 🍸🍸🍸

7500 St. Moritz

Das neuste Luxushotel in St. Moritz heisst Grace La Margna. Es zieht junge und schöne Menschen aus aller Welt an, die sich gerne in der Bar des Hauses treffen. Im Angebot sind klassische und zeitgenössische Cocktails, die sich als Gesprächseinstieg anbieten. Denn die Bar N/5 will seine Gäste miteinander verbinden.

Via Serlas 5
+41 81 8322210
gracehotels.com
Kategorie: Hotelbar

Drinks:	**46** | 50
Ambiente:	**18** | 20
Service:	**18** | 20
Sortiment:	**9** | 10
Gesamt:	91 | 100

Natascha Wagner-Berger

St. Moritz Sky Bar 🍸🍸🍸

7500 St. Moritz

Wunderbar ist die Aussicht aus der Sky Bar auf den See, die Berge und natürlich den Himmel. Sie befindet sich als krönendes Element auf dem Dach des neuen Art Boutique Hotel Monopol. Im Angebot sind fantastische Cocktails, die es sowohl kreativ als auch klassisch gibt, und die grösste Bierauswahl im Engadin.

Via Maistra 17
+41 81 8370404
monopol.ch
Kategorie: Loungebar

Drinks:	**45** | 50
Ambiente:	**18** | 20
Service:	**18** | 20
Sortiment:	**9** | 10
Gesamt:	90 | 100

Sunny Bar

7500 St. Moritz

Der englische Koch Tom Booton serviert hier moderne Pub-Gerichte aus britischen und Schweizer Zutaten. Es ist ein neues Kapitel in der Geschichte der Sunny Bar, Wintertreffpunkt der Cresta-Runners. Neben wärmenden, unkomplizierten Gerichten gibt es eine aussergewöhnliche Getränkekarte mit vielen Bierspezialitäten.

Via Veglia 18
+41 81 8368704
kulm.com
Kategorie: Restaurantbar

Drinks:	**43** | 50
Ambiente:	**19** | 20
Service:	**18** | 20
Sortiment:	**7** | 10
Gesamt:	87 | 100

Castell Rote Bar

7524 Zuoz

Diese atmosphärische Bar wurde von der Künstlerin Pipilotti Rist und der Zürcher Architektin Gabrielle Hächler entworfen. Sie ist der Treffpunkt in Zuoz für Kunstaffine und Geniesser der feinen Dinge des Lebens. Es gibt von morgens bis spätabends das Passende, vom Kaffee über den leichten Lunch bis zum Afterdinner-Drink.

Via Castell 50
+41 81 8515253
hotelcastell.ch
Kategorie: Hotelbar

Drinks:	**44** | 50
Ambiente:	**19** | 20
Service:	**18** | 20
Sortiment:	**8** | 10
Gesamt:	89 | 100

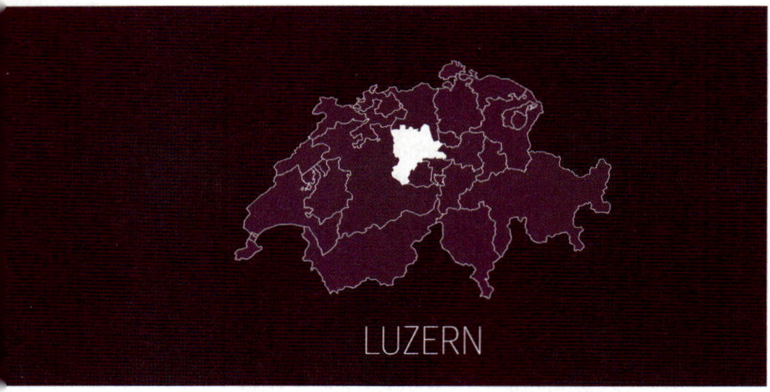

Alpineum 🍸🍸 — 6006 Luzern

Ein junges und sympathisches Team hat das zentral gelegene «Alpi» vor ein paar Jahren übernommen und tischt seither von morgens bis abends Comfort Food aus aller Welt und köstliche Snacks auf. Dazu gibt's guten Kaffee, kreative Drinks mit und ohne Alkohol, eine gute, kleine Weinauswahl und ausgesuchte Bierspezialitäten.

Denkmalstrasse 11
+41 77 4249098
alpineum.lu
Kategorie: Restaurantbar

Drinks:	**42** | 50
Ambiente:	**18** | 20
Service:	**18** | 20
Sortiment:	**8** | 10
Gesamt:	86 | 100

American Bar Château Gütsch 🍸🍸🍸 — 6003 Luzern

Seit Jahren ist die American Bar im Hotel Château Gütsch ein Treffpunkt für Liebhaber der guten und schönen Dinge des Lebens. Hier trifft man sich, geniesst einen der exzellenten Cocktails des Hauses, den hervorragenden Service, das kosmopolitisch anmutende Ambiente und natürlich die weltberühmte Aussicht über Luzern.

Kanonenstrasse
+41 41 2891414
chateau-guetsch.ch
Kategorie: Hotelbar

Drinks:	**47** | 50
Ambiente:	**19** | 20
Service:	**19** | 20
Sortiment:	**9** | 10
Gesamt:	94 | 100

Bar Capitol ῼῼῼ

6003 Luzern

Seit 2006 findet man Tim Michel hinter dem Tresen der Bar Capitol. Zusammen mit seinem Team steht er für herzliche Gastfreundschaft und hervorragende Mixology. Es gibt eine schöne Auswahl an Klassikern sowie spannenden Neukreationen, und wem das noch nicht reicht, der lässt sich etwas von ausserhalb der Karte empfehlen.

Zentralstrasse 45a	Drinks:	**46** I 50
+41 41 2109636	Ambiente:	**18** I 20
barcapitol.ch	Service:	**19** I 20
Kategorie: Loungebar	Sortiment:	**9** I 10
	Gesamt:	92 I 100

Beach Club

6002 Luzern

Bei schönem Wetter ist ein Besuch im Montana Beach Club praktisch Pflicht. Über den Dächern der Stadt mit wunderbarem Blick auf den See werden hier köstliche Snacks, ausgesuchte Weine und hervorragende Cocktails serviert. Dank der frischen Brise und der von Palmen gesäumten Terrasse fühlt man sich wie am Mittelmeer.

Adligenswilerstrasse 22	Drinks:	**44** I 50
+41 41 4190000	Ambiente:	**18** I 20
hotel-montana.ch	Service:	**17** I 20
Kategorie: Hotelbar	Sortiment:	**8** I 10
	Gesamt:	87 I 100

CAAA by Pietro Catalano

6006 Luzern

Die Eröffnung des Restaurants CAAA schlug grosse Wellen in der Fine-Dining-Szene. Die dazugehörige Bar ist allerdings mindestens so innovativ. Ob zum Aperitif vor dem besonderen Dinner oder einfach so, ein Besuch, um die speziellen Cocktailkreationen von Barchef Rafael Alardo Girbes zu probieren, lohnt sich immer.

Haldenstrasse 19	Drinks:	**49** I 50
+41 76 7679983	Ambiente:	**19** I 20
pietrocatalano.ch	Service:	**19** I 20
Kategorie: Restaurantbar	Sortiment:	**8** I 10
	Gesamt:	95 I 100

Das weisse Schaf

6003 Luzern

Bereits seit 2005 werden hier hervorragende Cocktails gemixt, dank kürzlicher Renovierung erscheint die Bar aber zeitgenössisch-elegant und kosmopolitisch. Willkommen sind sowohl weisse als auch schwarze Schafe. Es gibt Cocktails abseits des Mainstreams, wer möchte, kann aber auch alte Klassiker bestellen.

Frankenstrasse 2	Drinks:	**45** I 50
+41 78 8680677	Ambiente:	**19** I 20
dasweisseschaf.ch	Service:	**18** I 20
Kategorie: Club	Sortiment:	**8** I 10
	Gesamt:	90 I 100

Des Balances

6004 Luzern

Das Hotel des Balances ist mit seinem eleganten Interieur und der Lage in der Altstadt direkt an der Reuss ein beliebter Treffpunkt für Hotelgäste und Externe zugleich. Zusammen geniessen sie hier eine angenehme Atmosphäre, perfekt gemixte Cocktails, ausgesuchte Tropfen und Live-Pianomusik vom Konzertflügel.

Weinmarkt	Drinks:	44 | 50
+41 41 4182828	Ambiente:	18 | 20
balances.ch	Service:	18 | 20
Kategorie: Hotelbar	Sortiment:	9 | 10
	Gesamt:	89 | 100

Glou Glou

6003 Luzern

Im Glou Glou gibt es Weine abseits des Mainstreams zu entdecken. Viele davon stammen aus natürlicher Produktion, einige sind aus der Schweiz. Im kleinen Bistro oder auf der grosszügigen Terrasse kommt man zudem in den Genuss einer innovativen und köstlichen Saisonküche.
Schwerpunkt: Schweiz, Frankreich

Waldstätterstrasse 7	Weinangebot:	45 | 50
+41 79 5106124	Service	18 | 20
glouglou-luzern.ch	Essen	19 | 20
Kategorie: Weinbistro	Ambiente:	9 | 10
	Gesamt:	91 | 100

Hanky Panky

6003 Luzern

Die Hanky Panky Bar & Lounge wurde 2023 mit dem Ziel eröffnet, die Atmosphäre der Goldenen Zwanzigerjahre nach Luzern zu bringen. Bei dem Thema macht es Sinn, dass der Fokus bei den Drinks auf den Klassikern liegt. Es gibt aber auch einige spannende Signature Cocktails, und der Champagner fliesst in Strömen.

Sempacher Strasse 16	Drinks:	46 | 50
+41 41 2112626	Ambiente:	18 | 20
hanky-panky.ch	Service:	18 | 20
Kategorie: American Bar	Sortiment:	8 | 10
	Gesamt:	90 | 100

Kaspar

6003 Luzern

Das Kaspar ist ein Treffpunkt für Gross und Klein. Tagsüber toben sich die Kinder auf dem Spielplatz aus, während die Eltern Kaffee trinken oder an einem Glas Wein nippen. Später geniesst man einen gepflegten Apéro, es gibt eine gute Auswahl an Cocktails und Spirituosen, um den Tag elegant ausklingen zu lassen.

Hirschmattstrasse 24	Drinks:	44 | 50
+41 41 2111166	Ambiente:	18 | 20
kaspar-luzern.ch	Service:	18 | 20
Kategorie: American Bar	Sortiment:	9 | 10
	Gesamt:	89 | 100

La Bonne Cave 🍷🍷🍷

6004 Luzern

In der Weinhandlung La Bonne Cave Luzern hat man Zugriff auf eine ganze Reihe von besonderen Tropfen. Diese kann man zum Mitnehmen kaufen oder gleich vor Ort entkorken. Die Auswahl ist breit gestreut, so findet bestimmt jeder Gast etwas nach seinem Geschmack.
Schwerpunkt: Schweiz, Italien, international

Rathausquai 1	Weinangebot: **46** I 50
+41 41 4104516	Service **18** I 20
labonnecave.ch	Essen **18** I 20
Kategorie: Klassische Weinbar	Ambiente: **9** I 10
	Gesamt: 91 I 100

Louis Bar 🍸🍸

6002 Luzern

Die Louis Bar ist ein beliebter Treffpunkt in Luzern. Man geniesst zusammen mit Freunden, Familie oder auch mit einem Date das elegante Ambiente, die sanften Klänge der Pianomusik und die perfekt gemixten Cocktails. Besonders bei Whisk(e)y-Aficionados hat die Bar mit ihren über 130 Single Malts einen exzellenten Ruf.

Adligenswilerstrasse 22	Drinks: **44** I 50
+41 41 4190000	Ambiente: **18** I 20
hotel-montana.ch	Service: **18** I 20
Kategorie: Hotelbar	Sortiment: **9** I 10
	Gesamt: 89 I 100

National Bar 🍸🍸🍸

6006 Luzern

In der wohl schönsten Bar von Luzern kann man sich verwöhnen lassen. Hier treffen Hotelgäste auf Einheimische, zusammen trinkt man ausgesuchte Weine, Spirituosen aus aller Welt und von Experten gemixte Cocktails und Mocktails. Neben Getränken und köstlichen Snacks gibt es eine gute Auswahl an Zigarren.

Haldenstrasse 4	Drinks: **46** I 50
+41 41 4190909	Ambiente: **19** I 20
grandhotel-national.com	Service: **18** I 20
Kategorie: Hotelbar	Sortiment: **9** I 10
	Gesamt: 92 I 100

Opus 🍷🍷🍷

6003 Luzern

Im Opus schlagen die Herzen der Weinfans höher. Mit mediterranem Ambiente und direkt an der Reuss gelegen gibt es hier eine exzellente Auswahl an Weinen aus Europa und Übersee. Jeden Tag werden 20 davon offen ausgeschenkt. Da ist für jeden Gast etwas Passendes dabei!
Schwerpunkt: Europa, international

Bahnhofstrasse 16	Weinangebot: **47** I 50
+41 41 2264141	Service **18** I 20
restaurant-opus.ch	Essen **17** I 20
Kategorie: Weinbar im Restaurant	Ambiente: **9** I 10
	Gesamt: 91 I 100

Penthouse Roof Top Bar 🍸🍸

6002 Luzern

Im obersten Stock des Hotels Astoria schwebt man hoch über den Dächern der «Stadt der Lichter» und geniesst die Aussicht bis zu den Bergen. Das Angebot ist vielfältig, es gibt von fantastischen Cocktails über alkoholfreie Optionen bis zu ausgesuchten Weinen und Spirituosen alles, was man sich wünscht.

Pilatusstrasse 29	Drinks:	**44** | 50
+41 41 2268888	Ambiente:	**19** | 20
penthouse-luzern.ch	Service:	**18** | 20
Kategorie: Hotelbar	Sortiment:	**8** | 10
	Gesamt:	89 | 100

Schweizerhof Bar 🍸🍸

6002 Luzern

Wer eine elegante klassische Bar im Zentrum von Zürich sucht, ist hier an der richtigen Adresse. Es gibt ausgezeichnete Drinks, darunter viele Cocktailklassiker und erlesene Weine. Dazu geniesst man die lockere Atmosphäre. Oft kommt man beim Besuch der Schweizerhof Bar zudem in den Genuss von Livemusik.

Schweizerhofquai 3	Drinks:	**44** | 50
+41 41 4100410	Ambiente:	**18** | 20
schweizerhof-luzern.ch	Service:	**19** | 20
Kategorie: Hotelbar	Sortiment:	**8** | 10
	Gesamt:	89 | 100

Seebar 🍸🍸

6005 Luzern

Direkt am Ufer des Vierwaldstättersees und mit herrlicher Aussicht lädt die Seebar im KKL zum Verweilen ein. Im Fokus stehen Schweizer Destillate und alkoholfreie Alternativen. Man kann sich hier ganz wunderbar durch die nationale Spirituosenlandschaft probieren. Dazu gibt es Bar- und Soulfood-Klassiker.

Europaplatz 1	Drinks:	**44** | 50
+41 41 2267308	Ambiente:	**18** | 20
seebar-luzern.ch	Service:	**17** | 20
Kategorie: Loungebar	Sortiment:	**8** | 10
	Gesamt:	87 | 100

Storchen Weinbar 🍷🍷🍷

6004 Luzern

In diesem traditionsreichen Betrieb in der Luzerner Innenstadt treffen sich Menschen aller Couleur, um zusammen Wein und feine Tapas zu geniessen. Der Keller ist hervorragend ausgestattet, zudem gibt es auch immer eine gute Selektion edler Tropfen im Offenausschank.

Schwerpunkt: international, Spanien, Italien

Kornmarkt 9	Weinangebot:	**47** | 50
+41 41 4106020	Service	**19** | 20
storchen-weinbar.ch	Essen	**18** | 20
Kategorie: Weinbistro	Ambiente:	**8** | 10
	Gesamt:	92 | 100

bestbars.ch

Suite Smallplates & Cocktails 6003 Luzern

Hier kann man dank wunderbarer Aussicht über die Stadt, den See und die Berge den Alltag einen Moment loslassen und die Zeit vergessen. Serviert werden im speziellen Ambiente ausgefallene Drinks und klassische Cocktails – darunter auch einige «low calorie»-Optionen. Dazu gibt es elegante Sounds und feine Speisen.

Pilatusstrasse 1
+41 41 2102131
suite-rooftop.ch
Kategorie: Loungebar

Drinks:	**44** I 50
Ambiente:	**19** I 20
Service:	**18** I 20
Sortiment:	**8** I 10
Gesamt:	89 I 100

Verlinde Bar im Park Hotel 6354 Vitznau

Mit über 200 Flaschen gibt es in der Verlinde Bar eine der besten Selektionen von raren Armagnacs und Cognacs des Landes. Liebhaber dieser gereiften Weinbrände kommen hier also voll und ganz auf ihre Kosten. Das Designkonzept spiegelt mit seinen Onyx-Elementen die bernstein- und karamellfarbenen Flascheninhalte wieder.

Seestrasse 18
+41 41 3996060
parkhotel-vitznau.ch
Kategorie: Hotelbar

Drinks:	**44** I 50
Ambiente:	**19** I 20
Service:	**19** I 20
Sortiment:	**9** I 10
Gesamt:	91 I 100

NIDWALDEN

Lakeview Bar 🍸🍸🍸🍸 — 6363 Obbürgen

Fantastisch sind Bar und Zigarrenlounge im legendären Bürgenstock Resort. Beide sind auch für externe Gäste geöffnet, die hier in den Genuss von seltenen Spirituosen, ausgesuchten Tropfen und Signature Cocktails kommen. Diese sind hervorragend, sie werden von den erfahrenen Barkeepern mit modernsten Methoden kreiert.

Bürgenstock 17
+41 41 6126400
burgenstockresort.com
Kategorie: Loungebar

Drinks:	**47** I 50
Ambiente:	**19** I 20
Service:	**19** I 20
Sortiment:	**10** I 10
Gesamt:	95 I 100

OBWALDEN

The Palace Bar 🍸🍸🍸 — 6390 Engelberg

In der Palace Bar wurde Geschichte geschrieben: Wichtige Verträge wurden unterschrieben, politische Ziele definiert und Rekorde verkündet. Auch heute noch ist dieser Ort etwas Besonderes, man lauscht dem Kaminfeuer und den Klavierklängen und trinkt dabei einen exklusiven Cocktail oder eine ausgesuchte Spirituose.

Dorfstrasse 40
+41 41 6397575
kempinski.com
Kategorie: Hotelbar

Drinks:	**46** I 50
Ambiente:	**19** I 20
Service:	**19** I 20
Sortiment:	**9** I 10
Gesamt:	93 I 100

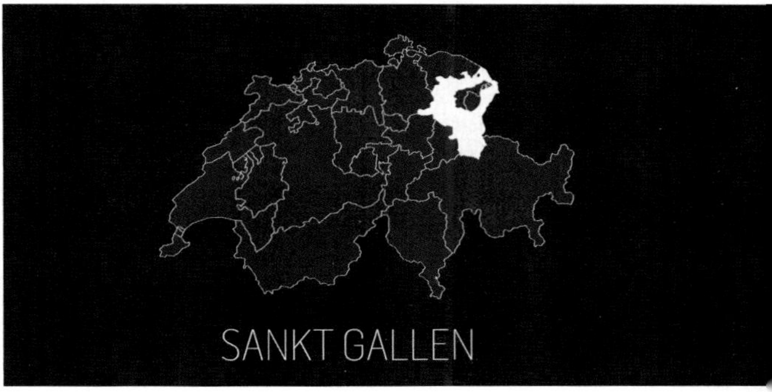

Golden Wave Bar

7310 Bad Ragaz

Die Golden Wave Bar ist der Ort für Gin-Liebhaber in der Südostschweiz. Über 140 verschiedene Flaschen sind im Angebot, und das zu fairen Preisen – da gibt es für jeden Geschmack das Passende. Sie werden mit Tonics gemischt, zu Cocktails verarbeitet oder auch einfach pur serviert. Manchmal gibt es zudem Livemusik.

Hans-Albrecht-Strasse 5
+41 81 3033939
casinoragaz.ch
Kategorie: Loungebar

Drinks:	**43** | 50
Ambiente:	**18** | 20
Service:	**19** | 20
Sortiment:	**9** | 10
Gesamt:	89 | 100

Hof Bar

7310 Bad Ragaz

In einer eleganten und kosmopolitischen Atmosphäre schlürfen hier Menschen aus aller Welt köstliche Cocktailkreationen, ausgesuchte Weine und edle Spirituosen. An kühlen Tagen brennt das Kaminfeuer, bei schönem Wetter geniesst man auf der Terrasse eine wunderbare Aussicht auf die umliegende Bergwelt.

Bernhard-Simon-Strasse 2
+41 81 3033030
resortragaz.ch
Kategorie: Hotelbar

Drinks:	**44** | 50
Ambiente:	**18** | 20
Service:	**19** | 20
Sortiment:	**9** | 10
Gesamt:	90 | 100

verve by sven

7310 Bad Ragaz

In der verve-by-sven-Bar trifft klassische Barkultur auf ausgezeichnete Spirituosen und alpine Produkte. Es fliesst viel Selbstgemachtes in die Cocktails ein, zudem gibt es ansprechende alkoholfreie Optionen. Das Ambiente ist elegant und der Service hervorragend, man verbringt gerne ein paar Stunden hier.

Bernhard-Simon-Strasse 1
+41 81 3033035
resortragaz.ch
Kategorie: Hotelbar

Drinks:	**46** | 50
Ambiente:	**19** | 20
Service:	**19** | 20
Sortiment:	**9** | 10
Gesamt:	93 | 100

Analog

9000 St. Gallen

In der Analog-Bar kommen Audiophile, Oenophile und Liebhaber guter Drinks gleichsam auf ihre Kosten. Tagsüber ist das Lokal ein Plattenladen mit Specialty Coffee, abends verwandelt es sich in eine Listening Bar mit kreativen Cocktails und Naturweinen erster Güte. Die Musik dazu kommt natürlich von analogen Tonträgern.

Engelgasse 8
+41 71 5547827
discogs.com
Kategorie: Loungebar

Drinks:	**43** | 50
Ambiente:	**17** | 20
Service:	**18** | 20
Sortiment:	**8** | 10
Gesamt:	86 | 100

Einstein Bar

9000 St. Gallen

Das Ambiente dieser eleganten Bar in Sankt Gallen könnte man am besten mit «englischer Clubstil» umschreiben. In dieser kosmopolitischen Atmosphäre treffen sich Menschen aller Couleur, um einen ausgeglichenen Cocktail, einen ausgesuchten Wein oder einen der über hundert Whisk(e)ys auf der Karte zu bestellen.

Berneggstrasse 2
+41 71 2275520
einstein.ch
Kategorie: Hotelbar

Drinks:	**47** | 50
Ambiente:	**19** | 20
Service:	**19** | 20
Sortiment:	**9** | 10
Gesamt:	94 | 100

Maverick's Bar

9000 St. Gallen

In der Maverick's Bar stehen die Cocktails im Rampenlicht. Hier werden die Drinks inszeniert – von bittersüssen Dramen bis zu spritzigen Komödien steht auf der Karte alles, was man sich wünschen kann. Die Bartender sind gleichzeitig Entertainer, so steht einem erfüllten Abend nichts im Wege. Also, Vorhang auf!

Augustinergasse 19

mavericks-bar.ch
Kategorie: Loungebar

Drinks:	45 | 50
Ambiente:	18 | 20
Service:	18 | 20
Sortiment:	9 | 10
Gesamt:	90 | 100

Soho

9000 St. Gallen

Wenn man nicht wüsste, dass man sich in der St. Galler Innenstadt befindet, könnte man im Soho glatt meinen, man sei in New York gelandet. Im gediegenen Ambiente geniesst man den ersten Espresso des Tages oder den letzten Drink vor dem Nachhauseweg. Hier vorbeizukommen, lohnt sich zu jeder Tages- und Nachtzeit.

Löwengasse 1
+41 71 2234242
soho-switzerland.ch
Kategorie: American Bar

Drinks:	44 | 50
Ambiente:	18 | 20
Service:	17 | 20
Sortiment:	9 | 10
Gesamt:	88 | 100

Freischütz

9500 Wil

Seit zwanzig Jahren wird hier authentische italienische Gastfreundschaft gelebt. Es gibt mit viel Amore aus besten Zutaten zubereitete Spezialitäten aus dem Bel Paese. Dazu werden Weine aus der eigenen Vinothek ausgeschenkt, die aus allen Regionen Italiens kommen.
Schwerpunkt: Italien

Marktgasse 51
+41 71 9111756
vinothek-wil.ch
Kategorie: Klassische Weinbar

Weinangebot:	45 | 50
Service	18 | 20
Essen	19 | 20
Ambiente:	8 | 10
Gesamt:	90 | 100

SCHAFFHAUSEN

Güterhof Bar

8200 Schaffhausen

Die schöne Bar ist das Zentrum des eleganten Güterhofs. Hier geniesst man im stylishen Ambiente einen Afterwork-Drink, einen Absacker oder einen Apéro am Wochenende. Von November bis März gibt es freitags und samstags dazu musikalische Unterhaltung, aber auch sonst ist das Lokal immer einen Besuch wert!

Freier Platz 10
+41 52 6304040
gueterhof.ch
Kategorie: Restaurantbar

Drinks:	**43** I 50
Ambiente:	**19** I 20
Service:	**18** I 20
Sortiment:	**7** I 10
Gesamt:	87 I 100

Schwyzerhof Bar 🍸🍸🍸 6403 Küssnacht am Rigi

Die Schwyzerhof Bar ist der Hotspot für Cocktails in Küssnacht. Ein leidenschaftliches, junges Team mixt hier aus besten Zutaten hervorragende Drinks. Dabei kommt die Kreativität der Barmänner und -frauen oft zum Vorschein. Es gibt auf der Karte aber auch gute Longdrinks, feine Weine und köstliche Gerichte zum Teilen.

Bahnhofstrasse 27
+41 41 5592919
schwyzerhofbar.ch
Kategorie: American Bar

Drinks:	**46** | 50
Ambiente:	**18** | 20
Service:	**18** | 20
Sortiment:	**9** | 10
Gesamt:	91 | 100

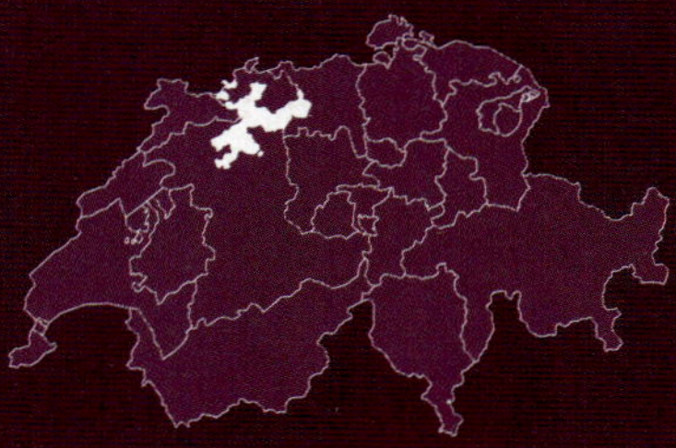

Fabian von UnwerthPhotography&Arts

Vini al Grappolo 🍷🍷🍷

4500 Solothurn

Das Al Grappolo ist der Ort für Wein und feine Küche in Solothurn. Entkorkt werden erlesene Weine aus Italien, serviert wird dazu gehobene mediterrane Küche. Man kann aber auch einfach auf ein Glas vorbeikommen, ein paar Antipasti bestellen und la Dolce Vita geniessen.
Schwerpunkt: Italien

Prisongasse 4
+41 32 6235545
algrappolo.ch
Kategorie: Weinbar im Restaurant

Weinangebot:	**45** | 50
Service	**18** | 20
Essen	**18** | 20
Ambiente:	**9** | 10
Gesamt:	**90** | 100

Zum Türk 🍸🍸

4500 Solothurn

In einem schönen Altstadthaus werden in gemütlich-eleganter Atmosphäre von einem leidenschaftlichen Team hervorragende Cocktails gemixt. In der Bar Zum Türk sind alle willkommen, von der jungen Studentin über den Cocktail-Liebhaber bis zum «Büezer», der nach einem langen Tag für ein Feierabendbier vorbeikommt.

Schaalgasse 11
+41 32 6225000
zumtuerk.ch
Kategorie: Loungebar

Drinks:	**45** | 50
Ambiente:	**18** | 20
Service:	**18** | 20
Sortiment:	**8** | 10
Gesamt:	**89** | 100

Eden Bar

6612 Ascona

Die Eden Bar im Hotel Eden Roc hat ihren Namen verdient. Romantische Stimmung, Blick auf den See, viel schöner kann man einen Apéro nicht geniessen. Ob moderne Signature Drinks mit Honig vom Partnerbetrieb, florale Cocktails oder gesunde Kreationen ohne Zucker und Alkohol, die Auswahl ist ebenso gross wie grossartig!

Via Albarelle 16 +41 91 7857171 edenroc.ch **Kategorie: Hotelbar**	Drinks: **46** | 50 Ambiente: **19** | 20 Service: **18** | 20 Sortiment: **9** | 10
	Gesamt: 92 | 100

La Fontana

6600 Locarno

Neben dem beliebten Fontana Ristorante befindet sich die gleichnamige Bar, deren Besuch ebenfalls sehr zu empfehlen ist – und nicht nur für einen Apéro vor dem Dinner nebenan. Auf der Karte stehen fantastische klassische und kreative Cocktails sowie erlesene Spirituosen. Zudem gibt es eine hervorragende Weinauswahl.

Via ai Monti della Trinità 44 +41 91 7560079 lafontana-locarno.com **Kategorie: Restaurantbar**	Drinks: **43** | 50 Ambiente: **18** | 20 Service: **18** | 20 Sortiment: **9** | 10
	Gesamt: 88 | 100

Indipendenza

6900 Lugano

Musik von Vintage-Schallplatten und eine einfache, aber köstliche mediterrane Küche mit japanischen Einflüssen treffen hier aufeinander. Dazu gibt es eine gute Auswahl an Naturweinen verschiedener Provenienzen. Das Ambiente ist unkompliziert und die Stimmung angeregt.
Schwerpunkt: Italien

Piazza dell'Indipendenza 11 +41 91 9677878 shakermaker-group.ch **Kategorie: Weinbistro**	Weinangebot: **45** | 50 Service: **19** | 20 Essen: **19** | 20 Ambiente: **8** | 10
	Gesamt: 91 | 100

Pinard

6900 Lugano

Diese charmante kleine Bar etwas abseits der Touristenströme lockt mit einer kleinen, aber feinen Auswahl an Gerichten und einem nicht ganz so kleinen und sehr feinen Weinangebot. Es gibt Tropfen aus natürlicher und konventioneller Produktion – etwas für alle.

Schwerpunkt: international, Italien

Piazza Molino Nuovo 5
+41 91 9210459
barpinard.ch
Kategorie: Klassische Weinbar

Weinangebot:	**46** I 50
Service	**18** I 20
Essen	**18** I 20
Ambiente:	**8** I 10
Gesamt:	90 I 100

Principe Bar

6900 Lugano

Die Bar Principe mit ihrer schönen Terrasse ist das Herzstück des eleganten Hotels Villa Principe Leopoldo. Zu regelmässiger Livemusik werden exklusive Cocktails, edle Spirituosen und feine Bistrogerichte serviert. Das Team hinter der Bar kennt sich bestens aus und gibt gerne die passende Empfehlung ab.

Via Montalbano 5
+41 91 9858894
leopoldohotel.com
Kategorie: Hotelbar

Drinks:	**45** I 50
Ambiente:	**18** I 20
Service:	**19** I 20
Sortiment:	**9** I 10
Gesamt:	91 I 100

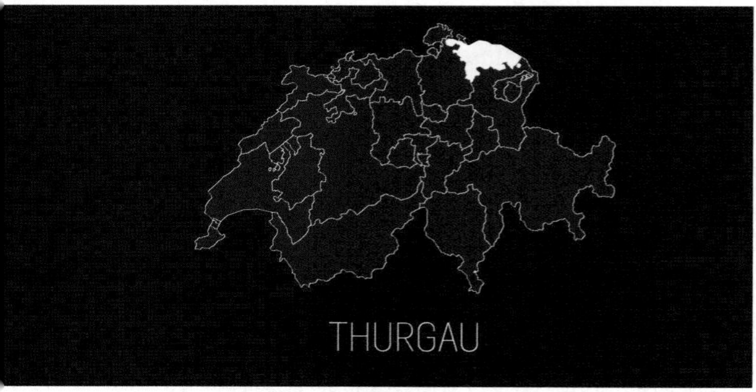

Die Bar am Seerhein

8274 Gottlieben

Die Bar des Hotels Porto Sofie lockt mit einem wunderbaren Ambiente, in dem historische Elemente auf moderne Möbel treffen. Ein erfahrenes Team serviert hier Signature Drinks und klassische Cocktails aus ausgesuchten Spirituosen, hergestellt mit viel handwerklichem Geschick. Dazu gibt es köstliche Barsnacks.

Am Schlosspark 9
+41 71 5446600
portosofie.ch
Kategorie: Hotelbar

Drinks:	**45** I 50
Ambiente:	**20** I 20
Service:	**18** I 20
Sortiment:	**8** I 10
Gesamt:	91 I 100

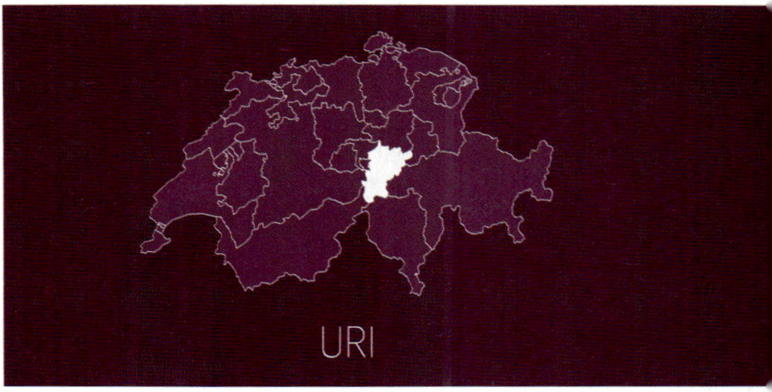

Chedi Bar & Living Room

6490 Andermatt

Im Kamin prasselt ein gemütliches Feuer, vom DJ-Pult klingen entspannende Melodien, dazu mixt das professionelle Barteam hervorragende Cocktails aus besten Zutaten. So relaxt man nach einem langen Tag in den Bergen oder auf der Piste perfekt. Die Bar ist mit allem ausgestattet, was das Mixology-Herz begehrt.

Gotthardstrasse 4
+41 41 8887488
thechediandermatt.com
Kategorie: Hotelbar

Drinks:	**47** | 50
Ambiente:	**19** | 20
Service:	**20** | 20
Sortiment:	**9** | 10
Gesamt:	95 | 100

La Bonne Cave

6490 Andermatt

Die Andermatter Location der Weinhandlung La Bonne Cave zieht ein illustres Publikum aus aller Welt an, da braucht es auch ein dementsprechend gutes Angebot. In der dazugehörigen Weinbar werden edle Tropfen genauso entkorkt wie lokale Trouvaillen. Sympathische Preisgestaltung.
Schwerpunkt: international, Schweiz, Italien

Ritomgasse 10
+41 41 8880732
labonnecave.ch
Kategorie: Klassische Weinbar

Weinangebot:	**46** | 50
Service	**18** | 20
Essen	**18** | 20
Ambiente:	**9** | 10
Gesamt:	91 | 100

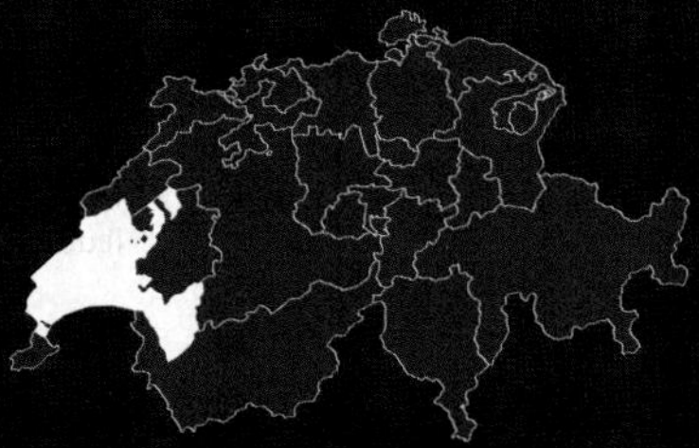

WAADT

Bar Gala 🍷🍷

1003 Lausanne

Im ehemaligen Café du Pont ist neues Leben eingezogen. Es gibt hier jetzt eine wunderbare Auswahl an spannenden Naturweinen, dazu werden kleine Gerichte aus marktfrischen Produkten gereicht. Im Zentrum steht dabei Pasta, die immer al dente aus der Küche kommt.
Schwerpunkt: Raw/Natural Wine

Rue du Petit-Saint-Jean 7	Weinangebot:	**45** | 50
+41 21 3115270	Service	**18** | 20
bargalalausanne.com	Essen	**18** | 20
Kategorie: Weinbistro	Ambiente:	**8** | 10
	Gesamt:	89 | 100

BAR im Beau-Rivage Palace 🍸🍸🍸

1006 Lausanne

Das Hotel Beau-Rivage Palace ist legendär, genauso wie seine BAR. Auf der Karte stehen klassische Cocktails, oft mit einem Twist, und spannende Eigenkreationen, wie etwa der «Charlie Chaplin», der dem berühmtesten Gast des Hauses gewidmet wurde. Die Auswahl der Spirituosen ist ebenfalls hervorragend.

Place du Port 17–19	Drinks:	**46** | 50
+41 21 6133395	Ambiente:	**19** | 20
brp.ch	Service:	**19** | 20
Kategorie: Hotelbar	Sortiment:	**9** | 10
	Gesamt:	93 | 100

Cipriano 🍷🍷

1003 Lausanne

Inmitten des «Flon», wie die Einheimischen die Lausanner Innenstadt nennen, geniesst man hier eine Pause vom hektischen Alltag. Im Cipriano gibt es alles, was man dafür braucht: köstliches Essen, feine Cocktails und eine schöne Auswahl an Weinen aus Europa.
Schwerpunkt: Südeuropa

Rue du Port-Franc 11	Weinangebot:	**44** | 50
+41 21 5330015	Service	**18** | 20
cipriano-bar.ch	Essen	**18** | 20
Kategorie: Weinbistro	Ambiente:	**9** | 10
	Gesamt:	89 | 100

Le Vestibule ꞮꞮꞮ

1005 Lausanne

Dieses Lokal ist ein Hoch auf die Speakeasys, die während der Prohibition in den USA entstanden. In gemütlicher Wohnzimmeratmosphäre werden hier klassische Cocktails und kreative Neuinterpretationen serviert. Das Angebot wechselt regelmässig, so können auch eingefleischte Vestibule-Fans immer etwas Neues entdecken.

Rue Cité-Devant 4
+41 21 5152939
le-vestibule.ch
Kategorie: American Bar

Drinks:	**47** | 50
Ambiente:	**17** | 20
Service:	**19** | 20
Sortiment:	**8** | 10
Gesamt:	91 | 100

Funky Claude's Bar ꞮꞮꞮ

1820 Montreux

Funky Claude's Bar im legendären Hotel Fairmont Le Montreux Palace ist der Treffpunkt in Montreux für Liebhaber von guten Cocktails und Livemusik. An vielen Abenden spielt eine Liveband, dazu werden klassische und kreative, manchmal sogar etwas verrückte Drinks gemixt. Das Barfood ist ebenfalls hervorragend.

Avenue Claude-Nobs 2
+41 21 9621400
fairmont.com
Kategorie: Hotelbar

Drinks:	**46** | 50
Ambiente:	**18** | 20
Service:	**18** | 20
Sortiment:	**9** | 10
Gesamt:	91 | 100

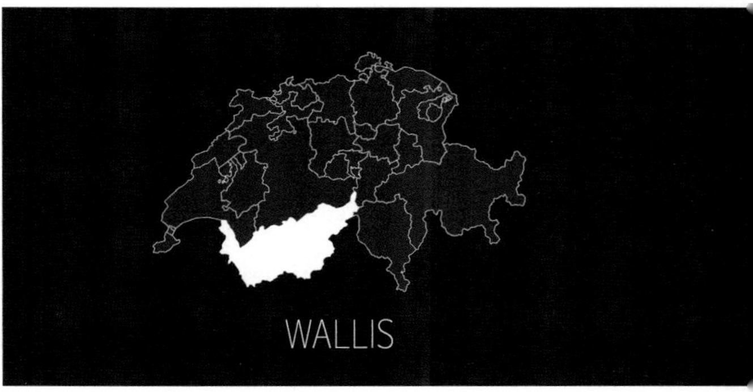

W Living Room ꞮꞮ

1936 Verbier

Im W Living Room herrscht eine gemütliche und verspielte Atmosphäre, in der kreative Cocktails und entspanntes Barfood serviert werden. Die pulsierenden Rhythmen vom DJ-Pult sorgen für eine angeregte Stimmung, das knisternde Feuer im Kamin für Wärme. Alternativ gibt es eine Terrasse mit wunderbarer Aussicht.

Rue de Médran 70
+41 27 4728888
wverbier.ch
Kategorie: Loungebar

Drinks:	**44** | 50
Ambiente:	**19** | 20
Service:	**18** | 20
Sortiment:	**8** | 10
Gesamt:	89 | 100

Felsenkeller 🍷🍷🍷

6300 Zug

Mit über 500 Positionen ist das Weinangebot im Felsenkeller grandios. In der eigenen Backstube werden dazu Snacks zubereitet, zusätzliche Gerichte darf man bei den Nachbarbetrieben bestellen und hier zu einem edlen Glas Wein verspeisen. Food Sharing wird ermutigt.
Schwerpunkt: Frankreich, Schweiz

Kolinplatz 8	Weinangebot:	**46** | 50
+41 41 7103050	Service	**19** | 20
felsenkeller.ch	Essen	**17** | 20
Kategorie: Weinbar im Restaurant	Ambiente:	**8** | 10
	Gesamt:	90 | 100

Platzhirsch 🍷🍷

6300 Zug

Im Platzhirsch wählt man aus über 180 Weinen aus ganz Europa den passenden aus. Dabei hilft zum Glück das äusserst kompetente Team. Hat man den richtigen Tropfen gefunden, bestellt man am besten dazu etwas Feines zum Knabbern, es gibt immer einige kalte und warme Gerichte.
Schwerpunkt: international, Europa

Zeughausgasse 10	Weinangebot:	**44** | 50
+41 41 7102727	Service	**18** | 20
platzhirschzug.ch	Essen	**17** | 20
Kategorie: Klassische Weinbar	Ambiente:	**8** | 10
	Gesamt:	87 | 100

Skylounge Bar 🍸🍸

6300 Zug

Für einen so schönen Ausblick über das Zuger Land muss man sonst auf Berge steigen. In die Skylounge kommt man mit dem Lift und wird oben auch noch mit einer wunderbaren Auswahl an Cocktails, Longdrinks, Spirituosen und Wein belohnt. Wer trotz des einfachen Aufstiegs hungrig ist, bestellt einen der köstlichen Snacks.

General-Guisan-Strasse 6	Drinks:	**43** | 50
+41 41 7090570	Ambiente:	**18** | 20
uptown-gastro.ch	Service:	**18** | 20
Kategorie: Loungebar	Sortiment:	**8** | 10
	Gesamt:	87 | 100

More

8608 Bubikon

Dass Golfen durstig macht, weiss man in der More Bar neben dem Golfplatz Bubikon natürlich. Deswegen ist das Angebot an edlen Weinen, ausgesuchten Spirituosen und Cocktails auch besonders gut. Wer auf dem Golfplatz noch nicht alle Gespräche oder Geschäfte abschliessen konnte, tut dies hier oder in der Cigar Lounge.

Kämmoos 3
+41 55 2433111
more-bar.ch
Kategorie: American Bar

Drinks:	**44** | 50
Ambiente:	**18** | 20
Service:	**17** | 20
Sortiment:	**9** | 10
Gesamt:	88 | 100

Viniviva

8600 Dübendorf

Bei Viniviva liegt der Fokus auf Winzern mit Seele und den Weinen, die diese herstellen. Im Sortiment findet man daher Flaschen kleiner Produzenten, die ihre Weine mit nur minimaler Intervention entstehen lassen. Das resultiert in Tropfen mit eigener Persönlichkeit.
Schwerpunkt: international, Raw/Natural Wine

Oberdorfstrasse 113
+41 44 8207979
viniviva.ch
Kategorie: Klassische Weinbar

Weinangebot:	**48** | 50
Service	**19** | 20
Essen	**18** | 20
Ambiente:	**8** | 10
Gesamt:	93 | 100

Thalvie

8800 Thalwil

Das Thalvie ist eine der schönsten Locations am Zürichsee, mit grosser Terrasse, Park im Grünen und eleganter Art-déco-Einrichtung. Auf der Karte findet man alles, was das Geniesserherz begehrt: feine Weine, gut gemixte Cocktails, kreative Drinks, erfrischende alkoholfreie Varianten und auserlesene Tees.

Im Park 2 +41 44 5784455 thalvie.cafe **Kategorie: American Bar**	Drinks: **43** I 50 Ambiente: **19** I 20 Service: **18** I 20 Sortiment: **8** I 10
	Gesamt: 88 I 100

Blaser's

8610 Uster

Markus Blaser bietet in seinem Café mit Weinbar für jeden Geschmack das Richtige. Ob Frühstück, Lunch oder Tapas, Kaffee von Henauer oder ausgesuchte Weine aus der Schweiz und Europa von der Vinothek Hofer, man merkt, dass da jemand mit Leidenschaft am Werk ist.
Schwerpunkt: Italien

Zentralstrasse 2 +41 44 5434045 blasers-cafe-weinbar.ch **Kategorie: Weinbistro**	Weinangebot: **44** I 50 Service **17** I 20 Essen **18** I 20 Ambiente: **8** I 10
	Gesamt: 87 I 100

Bloom

8400 Winterthur

Im Bloom, der Restaurantbar des Hotels Park trifft sich die Welt – oder zumindest ganz Winterthur. Hier trinkt man zusammen kreative Cocktailkreationen, verschiedene sonstige Drinks oder auch einfach nur ein ausgesuchtes Glas Wein. Dabei geniesst man die besondere Park-Atmosphäre mit Blick ins Grüne.

Stadthausstrasse 4 +41 52 2650365 phwin.ch **Kategorie: Restaurantbar**	Drinks: **43** I 50 Ambiente: **18** I 20 Service: **18** I 20 Sortiment: **8** I 10
	Gesamt: 87 I 100

Boilerroom

8400 Winterthur

Im ehemaligen Kesselhaus des Industrieareals Sulzer trifft man heute Familie und Freunde auf entspannte Abende voller Drinks und Snacks. Auf der Karte gibt es von Cocktails über Longdrinks bis zu Bier und Wein alles, was das Herz begehrt, dazu werden köstliche Happen wie Burger, Nachos und Wraps serviert.

Zürcher Strasse 1 +41 52 2033149 boilerroom.ch **Kategorie: Restaurantbar**	Drinks: **41** I 50 Ambiente: **17** I 20 Service: **17** I 20 Sortiment: **8** I 10
	Gesamt: 83 I 100

Wein-Punkt 🍷🍷🍷

8400 Winterthur

Dass hinter dem Wein-Punkt viel Liebe für Wein steckt, merkt man sofort beim Betreten des Lokals. Das grosse Regal gleich neben dem Eingang ist mit besonderen Trouvaillen gefüllt, im Offenausschank gibt es auch viel Neues zu entdecken. Dazu werden ausgesuchte Snacks serviert.
Schwerpunkt: Raw/Natural Wine

Stadthausstrasse 53	Weinangebot: **45** I 50
+41 52 2125252	Service **18** I 20
wein-punkt.ch	Essen **18** I 20
Kategorie: Klassische Weinbar	Ambiente: **9** I 10
	Gesamt: 90 I 100

169 West 🍷🍷🍷

8003 Zürich

Das bereits sieben Jahre bestehende 169 West gehört zu den ersten Naturweinbars der Stadt. Auf der fantastischen Karte findet man manchmal Raritäten und ältere Flaschen. Das Team hinter dem gemütlichen Lokal gibt sich alle Mühe, immer wieder Neuentdeckungen vorzustellen.
Schwerpunkt: Raw/Natural Wine, Frankreich

Weststrasse 169	Weinangebot: **47** I 50
+41 44 4610033	Service **18** I 20
169west.ch	Essen **17** I 20
Kategorie: Klassische Weinbar	Ambiente: **9** I 10
	Gesamt: 91 I 100

ACID 🍷🍷

8004 Zürich

Kleine Bar mit Specialty Coffee, Snacks bis spät in die Nacht und süffigen hausgemachten Drinks. Aber nicht nur das: Das Angebot wird durch eine kleine, aber feine Auswahl an Naturweinen erweitert. Unkompliziertes, urbanes Ambiente an der Ausgehmeile Langstrasse.
Schwerpunkt: Raw/Natural Wine

Langstrasse 67	Weinangebot: **43** I 50
+41 44 2910517	Service **18** I 20
	Essen **17** I 20
Kategorie: Klassische Weinbar	Ambiente: **8** I 10
	Gesamt: 86 I 100

Andorra Bar 🍸🍸

8001 Zürich

Die Andorra Bar ist ein entspanntes Hide-away im Niederdorf. Aus den Lautsprechern tönt seelenvoller Blues und Jazz, die Barkeeper mixen konzentriert kreative und klassische Cocktails, die Gäste unterhalten sich angeregt, während der umfunktionierte Flugzeugpropeller an der Decke gemütlich seine Runden dreht.

Münstergasse 20	Drinks: **43** I 50
+41 79 3130082	Ambiente: **18** I 20
andorra.ch	Service: **19** I 20
Kategorie: American Bar	Sortiment: **8** I 10
	Gesamt: 88 I 100

Atelier Bar 🍸🍸

8001 Zürich

Dieter Meier hat diese Bar mitten im Zürcher Finanzzentrum ins Leben gerufen. Auf der Karte findet man daher die Weine und das Fleisch seines argentinischen Unternehmens «Ojo de Agua» sowie einige feine Tropfen von Partnerbetrieben. Es gibt aber auch Kaffee und kreative Cocktails mit und ohne Alkohol.

Talacker 16	Drinks:	**43** | 50
+41 44 2100809	Ambiente:	**18** | 20
atelierbar.ch	Service:	**18** | 20
Kategorie: Loungebar	Sortiment:	**9** | 10
	Gesamt:	88 | 100

Aura 🍸🍸

8001 Zürich

Mitten im Zentrum von Zürich gelegen, gibt es im Aura neben Fleisch vom 800 Grad heissen Grill auch eine elegante Bar mit einer fantastischen Auswahl an Drinks und Weinen. Wer dazu eine Zigarre rauchen möchte, kann das dank integriertem Fumoir. Anschliessend wird im hauseigenen Club bis spät gefeiert.

Bleicherweg 5	Drinks:	**44** | 50
+41 44 4481144	Ambiente:	**19** | 20
aura-zurich.ch	Service:	**17** | 20
Kategorie: Restaurantbar	Sortiment:	**8** | 10
	Gesamt:	88 | 100

Bar 45 🍸🍸🍸

8001 Zürich

Die Bar im Erdgeschoss des UBS-Gebäudes ist nicht nur bei Bänkern beliebt. Denn hier gibt es morgens guten Kaffee all'Italiana mit frischem Gebäck, mittags warme Panini und ab 18 Uhr Aperitivo mit mediterranen Köstlichkeiten, dazu kreative Cocktails, feine Weine und auch sonst alles, was das Herz in einer Bar begehrt.

Bahnhofstrasse 45	Drinks:	**45** | 50
	Ambiente:	**19** | 20
bar45.ch	Service:	**17** | 20
Kategorie: American Bar	Sortiment:	**9** | 10
	Gesamt:	90 | 100

Bar 63 🍸🍸🍸

8004 Zürich

Die Bar 63 ist ein Paradies für Rum-Liebhaber: Über 60 davon werden hier serviert. Es gibt sie pur oder als Zutat in kreativen Cocktails. Die Karte wechselt regelmässig, enthält aber auch immer Klassiker. Wer kein großer Fan von Rum ist, kann aus einer Vielfalt anderer Getränke wählen – sogar für Abstinenzler ist die Auswahl gut.

Rolandstrasse 19	Drinks:	**47** | 50
+41 44 2417583	Ambiente:	**18** | 20
bar63.ch	Service:	**19** | 20
Kategorie: American Bar	Sortiment:	**9** | 10
	Gesamt:	93 | 100

Bar am Wasser 🍸🍸🍸🍸

8001 Zürich

Die Bar am Wasser zählt seit ihrer Eröffnung zu den besten der Stadt. Gastgeber Dirk Häny bietet hier ein innovatives Konzept mit Cocktailmenüs, die ähnlich wie in einem Fine-Dining-Restaurant in verschiedenen Gängen serviert werden. Natürlich kann man aber auch zum Apéro oder Digestif vorbeikommen.

Stadthausquai 1
+41 44 5278001
baramwasser.ch
Kategorie: Loungebar

Drinks:	**49** I 50
Ambiente:	**20** I 20
Service:	**19** I 20
Sortiment:	**9** I 10
Gesamt:	97 I 100

Bar Sacchi 🍸🍸🍸

8003 Zürich

Bei Sacchi trifft sich ganz Zürich zum Apéro oder Absacker. Weil die Bar selbst klein ist, nimmt man dafür auch bei kühlen Temperaturen draussen Platz – die Kälte wird gerne in Kauf genommen, denn im Gegenzug bekommt man fantastische Cocktailkreationen, ausgesuchte Naturweine und eine angeregte Stimmung.

Bertastrasse 1

sacchi.bar
Kategorie: American Bar

Drinks:	**46** I 50
Ambiente:	**19** I 20
Service:	**18** I 20
Sortiment:	**9** I 10
Gesamt:	92 I 100

Barchetta 🍸🍸🍸

8001 Zürich

Hier geniesst man Kaffee und Croissants, ein leichtes Mittagessen, einen Apéro oder einen Afterdinner-Drink von der ausgesuchten Barkarte. Die Barchetta liegt mitten in der Altstadt und hat eine Terrasse direkt am Wasser. So lässt es sich perfekt entspannen bei einer Zürcher Erkundungs- oder Shoppingtour.

Weinplatz 2
+41 44 2272727
storchen.ch
Kategorie: Hotelbar

Drinks:	**45** I 50
Ambiente:	**18** I 20
Service:	**19** I 20
Sortiment:	**9** I 10
Gesamt:	91 I 100

Barfly'z

8002 Zürich

Das Barfly'z wurde nach der Barflies-Gesellschaft benannt, die 1924 in der Harry's New York Bar in Paris gegründet wurde und viel für die Verbreitung von Cocktails tat. Der Fokus liegt hier auf Klassikern, es gibt aber genauso spannende Eigenkreationen. Man kann aber auch schon morgens zum Kaffee vorbeikommen.

Gotthardstrasse 21	Drinks:	**45** I 50
+41 44 2020011	Ambiente:	**18** I 20
barflyz.ch	Service:	**18** I 20
Kategorie: American Bar	Sortiment:	**9** I 10
	Gesamt:	90 I 100

BarMünster

8001 Zürich

In der Bar Münster geniesst man in gediegener Atmosphäre einen Apéro oder Afterdinner-Drink, und das mitten im Zürcher Stadtzentrum, gleich beim namensgebenden Münster. Über 100 Cocktails findet man auf der Karte, die Barmänner und -frauen kennen zudem noch viele weitere. Hier gibt es für jeden den passenden Drink.

Münstergasse 30	Drinks:	**46** I 50
+41 44 2616061	Ambiente:	**18** I 20
barmuenster.ch	Service:	**18** I 20
Kategorie: American Bar	Sortiment:	**8** I 10
	Gesamt:	90 I 100

Baur's

8001 Zürich

In der Bar des Baur's unweit von Zürichs Paradeplatz wird gerne Klassik mit Moderne gemischt. Auf der Karte findet man verschiedene Aperitif-Optionen aus aller Welt, erfrischende Highballs, Klassiker mit besonderem Twist und ausgesuchte Weine. Natürlich kann man aber auch einfach einen Gin Tonic oder Spritz bestellen.

Talstrasse 1	Drinks:	**44** I 50
+41 44 2205060	Ambiente:	**19** I 20
baurs-zurich.ch	Service:	**19** I 20
Kategorie: Restaurantbar	Sortiment:	**9** I 10
	Gesamt:	91 I 100

Brick

8004 Zürich

An zentraler Lage im Langstrassenquartier werden hier hervorragende Cocktails gemixt. Auf der Karte gibt es eine gute Mischung aus klassischen und modernen Kreationen, zubereitet von einem professionellen Team. Genossen werden sie in entspanntem, urbanem Ambiente mit Ziegelsteinwänden.

Langstrasse 21	Drinks:	**45** I 50
+41 44 2412000	Ambiente:	**18** I 20
brickbar.ch	Service:	**18** I 20
Kategorie: American Bar	Sortiment:	**8** I 10
	Gesamt:	89 I 100

Canvas Bar im The Dolder Grand

8032 Zürich

In der eleganten Canvas Bar im Hotel The Dolder Grand geniesst man den ganzen Tag hindurch köstliche Snacks, alkoholfreie Getränke, fantastische Cocktails, ausgesuchte Weine und Spirituosen von Weltformat. Dabei ist man umgeben von moderner Kunst, abends sorgt zudem ein DJ für die richtige musikalische Untermalung.

Kurhausstrasse 65
+41 44 4566000
thedoldergrand.com
Kategorie: Hotelbar

Drinks:	**48** I 50
Ambiente:	**20** I 20
Service:	**19** I 20
Sortiment:	**9** I 10
Gesamt:	96 I 100

Carlton

8001 Zürich

Diese Bar ist nicht nur wegen der enormen Weinauswahl legendär, es gibt hier auch hervorragende Cocktails. Ein besonderes Augenmerk liegt auf Drinks auf Basis von Wermut und Champagner – man bleibt dem Weinthema also treu. Es gibt zudem viele klassische Cocktails aus handverlesenen Spirits, dazu köstliche Barsnacks.

Bahnhofstrasse 41
+41 44 2271919
carlton.ch
Kategorie: Restaurantbar

Drinks:	**45** I 50
Ambiente:	**19** I 20
Service:	**19** I 20
Sortiment:	**8** I 10
Gesamt:	91 I 100

Chez Smith

8045 Zürich

Im neuen Treffpunkt im Trendquartier Binz beginnt man mit einem Apéro mit ein paar Tapas, der Abend ufert aber schnell in ein ausgiebiges Dinner aus. Die Weinauswahl im Chez Smith ist dank eigener Weinhandlung phänomenal – es stehen 1600 Etiketten zur Auswahl!
Schwerpunkt: Schweiz, international

Grubenstrasse 27
+41 43 3330453
smithanddeluma.ch
Kategorie: Weinbar im Restaurant

Weinangebot:	**48** I 50
Service	**18** I 20
Essen	**18** I 20
Ambiente:	**8** I 10
Gesamt:	92 I 100

Choupette

8002 Zürich

Der neue Stern am Zürcher Barhimmel wurde nach Karl Lagerfelds geliebter Katze benannt. Im Bar-Teil des Choupette wird man mit hauseigenen Cocktailkreationen verwöhnt, während nebenan im Restaurant köstliche moderne Brasserieküche serviert wird. Das Ambiente ist kosmopolitisch und elegant, aber sehr entspannt.

Tessiner Platz 9
+41 79 5353474
choupette.zuerich
Kategorie: Restaurantbar

Drinks:	**45** I 50
Ambiente:	**19** I 20
Service:	**18** I 20
Sortiment:	**8** I 10
Gesamt:	90 I 100

Cinchona

8004 Zürich

Während in vielen anderen Cocktailbars Highballs eine untergeordnete Rolle spielen, werden sie hier ins Zentrum der Aufmerksamkeit gerückt. Es gibt sie mit verschiedenen Destillaten und in allen möglichen Geschmacksprofilen von süss über bitter bis zu erfrischend sauer – so finden alle ein passendes Getränk.

Langstrasse 150	Drinks:	**46** I 50
+41 44 57650004	Ambiente:	**18** I 20
cinchona.bar	Service:	**18** I 20
Kategorie: Hotelbar	Sortiment:	**9** I 10
	Gesamt:	91 I 100

Clouds Bar

8005 Zürich

Dank der Location im obersten Stock des ikonischen Zürcher Hochhauses Prime Tower hat man in der Clouds Bar eine wunderbare Aussicht über die Stadt. Zur Vervollständigung des Erlebnisses zaubert das professionelle Barteam komplexe Cocktails und erfrischende Drinks in die Gläser, dazu gibt es köstliche Barsnacks.

Maagplatz 5	Drinks:	**46** I 50
+41 44 4043000	Ambiente:	**20** I 20
clouds.ch	Service:	**18** I 20
Kategorie: Restaurantbar	Sortiment:	**9** I 10
	Gesamt:	93 I 100

Coco Grill & Bar

8001 Zürich

Das Coco liegt etwas versteckt gleich beim Paradeplatz. Auf der Karte stehen verschiedene Drinks, Cocktails und Spirituosen, dazu gibt es eine besondere Weinauswahl, die Naturweine und Klassiker verbindet. Leider gibt es den schönen Garten nicht mehr, der Besuch lohnt sich dank des guten Angebots aber weiterhin.

Bleicherweg 1a	Drinks:	**44** I 50
+41 44 2119898	Ambiente:	**17** I 20
restaurant-coco.ch	Service:	**18** I 20
Kategorie: Restaurantbar	Sortiment:	**9** I 10
	Gesamt:	88 I 100

Coin Coin

8004 Zürich

Das Coin Coin ist ein Art-Café mit viel Kunst, stilvoller Einrichtung und einem markanten roten Bartresen. Morgens gibt es Specialty Coffee, zum Apéro gute Drinks und ausgesuchte Weine. Zudem bekommt man den ganzen Tag über köstliche Snacks und kleine Gerichte.
Schwerpunkt: international

Ernst-Nobs-Platz 1	Weinangebot:	**43** I 50
	Service	**18** I 20
linktr.ee	Essen	**19** I 20
Kategorie: Weinbistro	Ambiente:	**9** I 10
	Gesamt:	89 I 100

COR 🍷🍷🍷

8003 Zürich

Das COR ist Köchin Zizi Hattabs Hommage an ihre katalanische Heimat. Es gibt hier im legeren Ambiente eine sehr gute Auswahl an Weinen aus biologischer und natürlicher Produktion, dazu Pintxos und Tapas. Diese kommen zwar traditionell daher, sind aber komplett vegan.
Schwerpunkt: Schweiz, Frankreich, Spanien

Weststrasse 112	Weinangebot: **46** | 50
+41 44 5481033	Service **19** | 20
corwineandpintxos.com	Essen **19** | 20
Kategorie: Weinbistro	Ambiente: **8** | 10
	Gesamt: 92 | 100

Cranberry Bar 🍸🍸🍸

8001 Zürich

Seit 1997 trifft sich das queere Zürich in der mitten im Stadtzentrum gelegenen Cranberry Bar auf Drinks, Dates und Gespräche. Ein loyales Barteam führt das Lokal, mixt hervorragende Cocktails und sorgt für die passende Unterhaltung. Immer wieder gibt es auch thematische Events wie Drag-Wettbewerbe oder Tanznächte.

Metzgergasse 3	Drinks: **46** | 50
+41 44 2612772	Ambiente: **17** | 20
cranberry.ch	Service: **18** | 20
Kategorie: American Bar	Sortiment: **9** | 10
	Gesamt: 90 | 100

D-Vino Bahnhofstrasse 🍷🍷

8001 Zürich

Das D-Vino bei der Bahnhofstrasse ist ideal für eine Shoppingpause oder einen gepflegten Apéro. Es gibt eine grosse Auswahl an europäischen Weinen, viele davon sind auch im Offenausschank erhältlich. Für den kleinen Hunger werden zudem köstliche Snacks angeboten.
Schwerpunkt: Schweiz, Frankreich

Schützengasse 12	Weinangebot: **45** | 50
+41 44 4034860	Service **18** | 20
d-vino.ch	Essen **17** | 20
Kategorie: Weinbistro	Ambiente: **8** | 10
	Gesamt: 88 | 100

D-Vino Seefeld 🍷🍷

8008 Zürich

Im D-Vino im Seefeld trifft man sich zum entspannten Apéro unter Arbeitskollegen oder Freunden. Die Weinauswahl ist gross, auch wer glasweise bestellen möchte, hat die Qual der Wahl. Ab einer Bestellung von vier Dezilitern wird übrigens jede Flasche geöffnet.
Schwerpunkt: Schweiz, Frankreich

Seefeldstrasse 113	Weinangebot: **45** | 50
+41 44 3833001	Service **18** | 20
d-vino.ch	Essen **17** | 20
Kategorie: Weinbistro	Ambiente: **8** | 10
	Gesamt: 88 | 100

Dr. Zhivago Bar

8001 Zürich

Die Dr. Zhivago Bar unweit der Bahnhofstrasse gleicht ein bisschen einem modernen Labor. In einer eleganten Chromstahlatmosphäre werden innovative Signature Cocktails kreiert, die man auch auf der Terrasse geniessen kann. Besonders ist, dass die Destillate dafür aus eigener biologischer Produktion stammen.

Bärengasse 29
+41 44 22212626
drzhivago.com
Kategorie: Loungebar

Drinks: **47** | 50
Ambiente: **19** | 20
Service: **18** | 20
Sortiment: **8** | 10
Gesamt: 92 | 100

Eden Kitchen & Bar

8008 Zürich

Die Karte der Eden Bar hat einen eleganten und minimalistischen Ansatz. Man findet darauf neu interpretierte klassische Cocktails, gemixt aus besten Komponenten, die teilweise hausgemacht sind. Zu den Drinks werden köstliche Barsnacks serviert. Abends sorgen Live-DJs zusätzlich für grossartige Stimmung.

Utoquai 45
+41 44 2662525
lareserve-zurich.com
Kategorie: Hotelbar

Drinks: **46** | 50
Ambiente: **19** | 20
Service: **19** | 20
Sortiment: **9** | 10
Gesamt: 93 | 100

El Lokal

8001 Zürich

Seit Jahren trifft sich ganz Zürich im El Lokal. Zentral in der Nähe des Hauptbahnhofs und an der Sihl gelegen, gibt es hier nicht nur eine grosse Auswahl an guten Drinks, es finden auch regelmässig Konzerte und andere Events statt. Die Stimmung ist entspannt und etwas alternativ, was auch die Einrichtung widerspiegelt.

Gessnerallee 11
+41 43 3448750
ellokal.ch
Kategorie: American Bar

Drinks: **42** | 50
Ambiente: **18** | 20
Service: **18** | 20
Sortiment: **7** | 10
Gesamt: 85 | 100

Exer Bar

8004 Zürich

Hier geniesst man am Montag und Dienstag exzellentes Fried Chicken. Von Mittwoch bis Samstag gibt es Timos köstliches Essen, inspiriert von klassischem Barfood. Dazu serviert Paulina Bastian – Falstaff-Bartender des Jahres 2024 – Signature Drinks und klassische Cocktails, auf Wunsch passend zum gewählten Gericht.

Tellstrasse 10
+41 44 2425212
exerbar.ch
Kategorie: Restaurantbar

Drinks: **47** | 50
Ambiente: **18** | 20
Service: **19** | 20
Sortiment: **8** | 10
Gesamt: 92 | 100

Felix 🍸🍸🍸

8003 Zürich

In der kleinen, aber feinen Felix-Bar bietet ein geübtes Team kreative Cocktails an, die aus besten Zutaten perfekt gemixt werden. Hier treffen sich Stadtfüchse, Geniesser und Nachtschwärmer. Wem es nicht reicht, nur Gast zu sein, besucht einen der angebotenen Cocktailkurse und wird selbst zum Mixology-Experten.

Kalkbreitestrasse 8	Drinks:	**46** | 50
+41 44 5451813	Ambiente:	**18** | 20
felix-zuerich.ch	Service:	**18** | 20
Kategorie: Loungebar	Sortiment:	**9** | 10
	Gesamt:	91 | 100

Franzos 🍸🍸

8001 Zürich

Im Franzos könnte man sich fühlen, als wäre man in Paris, wäre da nicht die Limmat gleich vor der Haustür. Von morgens bis abends gibt es das Passende, angefangen mit Kaffee und Frühstück. Mittags wird Einfaches aufgetischt, ab dem Apéro fliessen dann grosse Mengen an Wein, französischen Aperitifs und guten Cocktails.

Limmatquai 138	Drinks:	**42** | 50
+41 44 5424633	Ambiente:	**18** | 20
franzos.ch	Service:	**18** | 20
Kategorie: Restaurantbar	Sortiment:	**7** | 10
	Gesamt:	85 | 100

Frisk Fisk 🍷🍷🍷

8001 Zürich

Das Frisk Fisk ist als Marke für erlesenen Räucherlachs und als Fischrestaurant bekannt, funktioniert allerdings auch als Weinbar. Ab 14 Uhr kann man hier auf ein Glas Naturwein vorbeikommen – die Auswahl ist exzellent –, dazu gibt es köstliche Snacks im nordischen Stil.
Schwerpunkt: international, Raw/Natural Wine

Niederdorfstrasse 31	Weinangebot:	**46** | 50
+41 44 5216006	Service	**19** | 20
friskfisk.ch	Essen	**18** | 20
Kategorie: Weinbistro	Ambiente:	**8** | 10
	Gesamt:	91 | 100

Gamper Bar 🍷🍷🍷

8004 Zürich

Die Gamper Bar ist ein beliebter Treffpunkt für die Weinliebhaber der Stadt. Die Auswahl ist gut kuratiert, der Fokus liegt auf Naturweinen aus Europa, zusätzlich werden viele Likörweine und ein paar Drinks angeboten. Auch die Barsnacks dazu können sich sehen lassen.
Schwerpunkt: international, Frankreich, Champagner

Dienerstrasse 75	Weinangebot:	**47** | 50
+41 43 2437878	Service	**18** | 20
gamper-bar.ch	Essen	**18** | 20
Kategorie: Klassische Weinbar	Ambiente:	**9** | 10
	Gesamt:	92 | 100

Eduard Meltzer

George Bar & Grill 🍸🍸🍸

8001 Zürich

Über den Dächern der Stadt befindet sich das George Bar & Grill. Im stilvollen Gastraum mit gemütlicher Lounge oder auf der Terrasse mit toller Aussicht werden fantastische Signature Cocktails serviert. Es gibt aber auch Klassiker und eine schöne Weinauswahl – besonders bei den Champagnern sind gute Tropfen dabei.

Sihlstrasse 50
+41 44 4445060
george-grill.ch
Kategorie: Restaurantbar

Drinks:	**46** I 50
Ambiente:	**19** I 20
Service:	**19** I 20
Sortiment:	**9** I 10
Gesamt:	93 I 100

Heisswein 🍷🍷🍷

8005 Zürich

Das Heisswein gehört zu den besten Neueröffnungen der Stadt. Andrea Rothenberger bietet einige spannende Naturweine im Offenausschank an, die Flaschen wählt der Gast selbst im Kühlschrank aus. Samuel Envall Utbult kocht dazu einfache und köstliche Saisongerichte.
Schwerpunkt: Raw/Natural Wine

Konradstrasse 40

heisswein.ch
Kategorie: Weinbistro

Weinangebot:	**45** I 50
Service	**18** I 20
Essen	**19** I 20
Ambiente:	**8** I 10
Gesamt:	90 I 100

Hundertwein 🍷🍷

8001 Zürich

Das Hundertwein ist nach dem Künstler Hundertwasser benannt und ist wie dieser unkonventionell, verspielt, fantasievoll und individualistisch. Auf der Karte gibt es neben Charcuterie und Käse natürlich Wein, und zwar hundert Flaschen aus nachhaltiger Produktion.
Schwerpunkt: Schweiz, international, Jahrgangstiefe

Neumarkt 5
+41 44 2440290
neumarkt-zuerich.ch
Kategorie: Klassische Weinbar

Weinangebot:	**46** I 50
Service	**17** I 20
Essen	**17** I 20
Ambiente:	**9** I 10
Gesamt:	89 I 100

Igniv 🍸🍸🍸🍸

8001 Zürich

Die Igniv-Bar gehört ohne Zweifel zu den besten der Stadt. Barkeeperin Sarah Madritsch vermischt hier klassische Cocktailkultur mit Einflüssen aus ihrer Heimat Bangkok und sonstigen Geschmäckern aus aller Welt. Die resultierenden Drinks sind hervorragend! Zusätzlich gibt es eine fantastische Champagnerauswahl.

Marktgasse 17	Drinks:	**49** I 50
+41 44 2661010	Ambiente:	**19** I 20
marktgassehotel.ch	Service:	**19** I 20
Kategorie: Hotelbar	Sortiment:	**9** I 10
	Gesamt:	96 I 100

Iris Bar 🍸🍸🍸

8058 Zürich

Im Hyatt Regency Hotel im Zürcher Flughafen verbirgt sich ein wahres Bijou. Der Tresen der Iris Bar wurde aus Edelsteinen gebaut und ist ein Eyecatcher. Aber auch die Cocktails sind Weltklasse! Sie werden von einem erfahrenen Barteam aus besten Zutaten gemixt, dabei kommt viel Selbstgemachtes zum Einsatz.

The Circle 41	Drinks:	**47** I 50
+41 44 5924900	Ambiente:	**19** I 20
hyattrestaurants.com	Service:	**19** I 20
Kategorie: Hotelbar	Sortiment:	**8** I 10
	Gesamt:	93 I 100

James Joyce 🍸🍸🍸

8001 Zürich

Wie ein Kurzausflug nach Irland ist ein Besuch in der James-Joyce-Bar. Zu Gerichten wie Hamburger, Fish and Chips und dem typischen Pub-Curry wird Wein serviert oder klassisch Bier – darunter natürlich auch Guinness. Die Barcrew weiss aber auch, wie man Cocktails mixt und den richtigen Whisk(e)y empfiehlt.

Pelikanstrasse 8	Drinks:	**43** I 50
+41 44 2211828	Ambiente:	**19** I 20
jamesjoyce.ch	Service:	**19** I 20
Kategorie: American Bar	Sortiment:	**9** I 10
	Gesamt:	90 I 100

Josef 🍸🍸

8005 Zürich

Im legendären Zürcher Josef gibt es nicht nur köstliche Sharing Plates, es lohnt sich auch, für die exzellente Wein- und Cocktailauswahl vorbeizukommen. Dabei sitzt man im geschäftigen Bar-Teil, bestellt eventuell zum Drink noch einen oder zwei kleine Teller und wird sich bewusst, wie gut man es doch im Leben hat.

Gasometerstrasse 24	Drinks:	**44** I 50
+41 44 2716595	Ambiente:	**18** I 20
josef.ch	Service:	**19** I 20
Kategorie: Restaurantbar	Sortiment:	**8** I 10
	Gesamt:	89 I 100

Jules Verne Panoramabar 🍸🍸🍸

8001 Zürich

Wer wie ein Charakter in einem Jules Vernes Buch versucht, sich den Sternen zu nähern, sollte die nach ihm benannte Bar besuchen. Im gleichen Turm wie die Sternwarte Urania gelegen, geniesst man hier die Aussicht, trinkt dazu einen Martini oder ein Glas Champagner und bestellt sich einen Teller Austern.

Uraniastrasse 9	Drinks:	**47** I 50
+41 43 8886667	Ambiente:	**19** I 20
jules-verne.ch	Service:	**19** I 20
Kategorie: Klassische Weinbar	Sortiment:	**9** I 10
	Gesamt:	94 I 100

Kasheme 🍸🍸

8005 Zürich

Die Kasheme steht als «Listening Bar» für ausgesuchte Drinks und ein kuratiertes Musikprogramm. In der gemütlichen Bar legen DJs Vinylplatten von Samba über Jazz bis House auf, dazu mixt ein fleissiges Barteam Cocktails vom Feinsten. Auf der Karte stehen die meisten Klassiker und ein paar Signature Drinks.

Neugasse 56	Drinks:	**44** I 50
+41 44 2726608	Ambiente:	**18** I 20
kasheme.com	Service:	**18** I 20
Kategorie: Loungebar	Sortiment:	**8** I 10
	Gesamt:	88 I 100

Konrad 🍸🍸

8001 Zürich

Mitten im lebhaften Zentrum Zürichs, unweit des Bahnhofs befindet sich diese kleine, gemütliche Bar mit Terrasse. Morgens gibt es ausgesuchten Kaffee, abends werden hervorragende Cocktails serviert. Das Barteam beherrscht alle Register, von kreativ und speziell bis zu klassisch gibt es für jeden Geschmack das Passende.

Lintheschergasse 23	Drinks:	**45** I 50
+41 44 2110815	Ambiente:	**18** I 20
konrad.bar	Service:	**18** I 20
Kategorie: Loungebar	Sortiment:	**8** I 10
	Gesamt:	89 I 100

Kronenhalle Bar 🍸🍸🍸🍸

8001 Zürich

Die Kronenhalle Bar ist legendär. Schon allein der Einrichtung wegen, denn hier hängen an den Wänden Bilder von Miró, Klee und Picasso. Die Leuchten wurden von Diego Giacometti eigens für den Ort entworfen. Aber auch die Spirituosen und nicht zuletzt die Cocktails gehören zu den besten, die man in Zürich bekommt.

Rämistrasse 4	Drinks:	**49** I 50
+41 44 2629911	Ambiente:	**20** I 20
kronenhalle.com	Service:	**19** I 20
Kategorie: Restaurantbar	Sortiment:	**10** I 10
	Gesamt:	98 I 100

Kunsthaus Bar 🍷🍷

8001 Zürich

Die Bar des Kunsthausneubaus von Chipperfield Architects hat Leben auf den Heimplatz gebracht. Im stilvollen Ambiente suchen die Gäste aus einem Angebot an kreativen Drinks und ausgesuchten Weinen das Passende aus. Dazu gibt es leckere kleine Snacks und Gerichte.
Schwerpunkt: Schweiz, international

Heimplatz 5	Weinangebot: **44** I 50
+41 44 2538730	Service **18** I 20
kunsthausbar.ch	Essen **18** I 20
Kategorie: Klassische Weinbar	Ambiente: **9** I 10
	Gesamt: 89 I 100

La Catedral 🍸🍸🍸

8003 Zürich

In dieser Kathedrale im hippen Kreis drei wird der Gott «Mezcal» angebetet. Es gibt eine riesige Auswahl des Agavendestillats, dazu hervorragende Cocktails – übrigens auch aus anderen Spirits –, Naturweine aus der Heimat und köstliche mexikanische Snacks. Die Einrichtung ist tatsächlich einer Kirche nachempfunden.

Birmensdorfer Strasse 83	Drinks: **46** I 50
+41 79 1990997	Ambiente: **19** I 20
lacatedral.ch	Service: **18** I 20
Kategorie: American Bar	Sortiment: **9** I 10
	Gesamt: 92 I 100

Late Bloomers 🍸🍸🍸

8004 Zürich

Das Late Bloomers wurde von drei erfahrenen griechischen Barkeepern gegründet, die mediterrane Gastfreundschaft in den Zürcher «Chreis Cheib» bringen. Unweit der Langstrasse servieren sie innovative Cocktails, von denen viele mit Aromen aus der Heimat versehen sind, sie schmecken etwa nach Mastix, Machlepi oder Baklava.

Dienerstrasse 20	Drinks: **47** I 50
	Ambiente: **18** I 20
latebloomersthebar.com	Service: **19** I 20
Kategorie: American Bar	Sortiment: **8** I 10
	Gesamt: 92 I 100

Le Hall 🍸🍸🍸🍸

8001 Zürich

Schon Alfred Nobel und Bertha von Suttner schätzten die elegante Wohnzimmeratmosphäre der Le Hall Bar und Lobby. Bis heute trifft sich hier ganz Zürich zum Afternoon Tea oder gepflegten Apéro. Die Weinauswahl ist fantastisch, genauso wie die dazu servierten Snacks.
Schwerpunkt: international

Talstrasse 1	Weinangebot:	**49** I 50
+41 44 2205020	Service	**19** I 20
bauraulac.ch	Essen	**18** I 20
Kategorie: Weinbar im Restaurant	Ambiente:	**9** I 10
	Gesamt:	95 I 100

Légère 🍸🍸

8003 Zürich

Im Légère trifft sich ein vornehmlich junges Publikum, um das regelmässig wechselnde Food-Angebot, die Auswahl an (Natur-)Weinen und die hervorragenden Cocktails zu geniessen. Das Ambiente ist modern und unkompliziert, die Drinks schmecken hervorragend und sind kreativ – ein Geheimtipp am Rand des Kreis 3.

Badener Strasse 281	Drinks:	**44** I 50
+41 44 5543314	Ambiente:	**18** I 20
legerezurich.ch	Service:	**18** I 20
Kategorie: Loungebar	Sortiment:	**8** I 10
	Gesamt:	88 I 100

Lenox Bar 🍸🍸🍸

8006 Zürich

Diese Bar mitten in Zürich hat richtiges Grossstadtflair. Die Barkeeper mixen hervorragende Drinks aus frischen Säften, besten Spirituosen und Likören und einem Schuss Kreativität. Dazu werden köstliche Gerichte mit einem Touch New York serviert. In der Smokers' Lounge werden fantastische Zigarren und Whisk(e)ys angeboten.

Neumühlequai 42	Drinks:	**46** I 50
+41 44 3607324	Ambiente:	**18** I 20
lenoxbar.ch	Service:	**18** I 20
Kategorie: Hotelbar	Sortiment:	**9** I 10
	Gesamt:	91 I 100

Loft Five Bar 🍸🍸

8004 Zürich

Die Loft Five Bar ist der Treffpunkt in der Europaallee. Ob vor oder nach einer Reise, auf einen Apéro nach einem langen Arbeitstag oder am Wochenende auf stundenlange Gespräche, hier trifft sich ganz Zürich, schlürft kreative Cocktails und isst köstliche Barsnacks. Das Ambiente ist modern und kosmopolitisch.

Europaallee 15	Drinks:	**44** I 50
+41 44 7555050	Ambiente:	**18** I 20
loftfive.ch	Service:	**17** I 20
Kategorie: Loungebar	Sortiment:	**9** I 10
	Gesamt:	88 I 100

Lupo

8004 Zürich

Im Lupo gibt es neben einer einfachen und schmackhaften italienischen Küche eine gute Auswahl an kreativen und ausgeglichenen Cocktail-Eigenkreationen – auch ohne Alkohol. Der Service ist sympathisch und unkompliziert, die Kundschaft ist vornehmlich jung und hip. Zusätzlich stehen im Keller viele tolle Weinflaschen.

Badener Strasse 155	Drinks: **46** | 50
	Ambiente: **18** | 20
lupo.bar	Service: **18** | 20
Kategorie: Restaurantbar	Sortiment: **8** | 10
	Gesamt: **90** | 100

Manuel's

8001 Zürich

Auf drei Stockwerken breitet sich dieses Fachgeschäft für Kaffee, Rum und Zigarren aus. Das Schönste daran ist, dass diese besonderen Produkte gleich vor Ort verkostet werden können. Denn das Manuel's ist auch eine Bar mit Fumoir, in der Rum pur und in Form von Cocktails serviert wird. So kommen karibische Gefühle auf.

Löwenstrasse 12	Drinks: **46** | 50
+41 44 5452140	Ambiente: **18** | 20
manuels.ch	Service: **19** | 20
Kategorie: Loungebar	Sortiment: **9** | 10
	Gesamt: **92** | 100

Martel am Bellevue

8001 Zürich

Diese Weinhandlung ist für ihre fantastische Auswahl an feinen Weinen bekannt. Im grossen Laden am Bellevue kann man aber nicht nur einkaufen: Im Genusspunkt werden edle Tropfen glasweise eingeschenkt, dazu gibt es Plättli mit Schweizer Käse- und Fleischspezialitäten.
Schwerpunkt: international

Rämistrasse 14	Weinangebot: **49** | 50
+41 44 2120046	Service **19** | 20
martel.ch	Essen **16** | 20
Kategorie: Weinbar in Vinothek	Ambiente: **9** | 10
	Gesamt: **93** | 100

Marvelous

8005 Zürich

Zuerst war der Holztresen. Dieser stammt aus dem Jahr 1930 und bildet das Zentrum der Bar im komplett erfundenen Hotel Rivington & Sons. Genauso kreativ wie bei der Namensgebung ist man beim Entwerfen der Cocktails, die mit den Jahreszeiten wechseln. Man darf aber auch Klassiker bestellen, oder einfach ein Bier.

Prime Tower, Hardstrasse 201	Drinks: **48** | 50
+41 43 3669082	Ambiente: **18** | 20
hotelrivingtonandsons.ch	Service: **18** | 20
Kategorie: American Bar	Sortiment: **9** | 10
	Gesamt: **93** | 100

Mehrspur

8005 Zürich

Hier wird mehrspurig gefahren. Während sich eigentlich alles um die Musik dreht – unter anderem sammeln Studierende der Kunsthochschule hier erste Auftrittserfahrungen –, gibt es getränketechnisch ebenfalls ein gutes Angebot. Es werden klassische Drinks gemixt, man kann aber auch einfach ein Bier oder Glas Wein bestellen.

Förrlibuckstrasse 109
+41 43 4465076
mehrspur.ch
Kategorie: Loungebar

Drinks:	**43** | 50
Ambiente:	**18** | 20
Service:	**17** | 20
Sortiment:	**8** | 10
Gesamt:	86 | 100

Meierei

8044 Zürich

Die Meierei neben der Weinhandlung Weingarage besucht man schon allein wegen des herzlichen und familiären Ambientes gerne. Dass es auch noch eine grossartige Auswahl an Bioweinen gibt, ist fast ein Bonus. Dazu werden feine Snacks und ein einfaches Tagesmenü serviert.
Schwerpunkt: international

Spyristrasse 9
+41 44 3631000
cafebarmeierei.ch
Kategorie: Weinbistro

Weinangebot:	**45** | 50
Service	**19** | 20
Essen	**18** | 20
Ambiente:	**8** | 10
Gesamt:	90 | 100

Metropol

8001 Zürich

In diesem wunderbaren historischen Gebäude im Stadtzentrum gibt es neben einem modernen japanischen Restaurant auch eine Café-Bar. Serviert werden edle Weine – die Champagnerauswahl ist fantastisch – sowie ausgesuchte Destillate und kreative sowie klassische Cocktails in verschiedenen Geschmacksprofilen.

Fraumünsterstrasse 12
+41 44 2005900
metropol-restaurant.ch
Kategorie: Restaurantbar

Drinks:	**44** | 50
Ambiente:	**19** | 20
Service:	**17** | 20
Sortiment:	**9** | 10
Gesamt:	89 | 100

Mövenpick Wein-Bar

8001 Zürich

In der Mövenpick Bar finden Weinliebhaber alles, was ihr Herz begehrt, von edlen Raritäten bis zu spannenden Neuentdeckungen. Wer sich bei der grossartigen Auswahl nicht entscheiden kann, lässt sich von Markus Rösch und Team beraten, sie empfehlen gerne das Passende.
Schwerpunkt: international

Nüschelerstrasse 1
+41 44 2119139
moevenpick-wein.com
Kategorie: Klassische Weinbar

Weinangebot:	**49** | 50
Service	**18** | 20
Essen	**18** | 20
Ambiente:	**9** | 10
Gesamt:	94 | 100

Nachtflug

8001 Zürich

Im Herzen der Altstadt befindet sich diese charmante Cocktailbar. Seit 2001 werden hier hervorragende Drinks gemixt. Das Konzept für Einrichtung und Getränkeangebot wird mit «klassisch – ohne viel Tamtam» zusammengefasst. Genau das wird geboten: gute Cocktails aus erstklassigen Zutaten, ohne unnötige Schnörkel.

Stüssihofstatt 4
+41 78 3078757
nachtflug.ch
Kategorie: Loungebar

Drinks:	**44** | 50
Ambiente:	**18** | 20
Service:	**17** | 20
Sortiment:	**8** | 10
Gesamt:	87 | 100

Nebu – Creative Bar

8055 Zürich

Hier bekommt man zwar gute Cocktails, aber das ist nicht, was das Nebu zur Creative Bar macht. Während man an einem köstlichen Signature Drink oder einem Glas Wein nippt, bemalt man Keramik nach eigenen Vorstellungen. Die Kunststücke können dann nach ein paar Tagen fertig glasiert und gebrannt geholt werden.

Birmensdorfer Strasse 308
+41 44 5567255
nebu.bar
Kategorie: Loungebar

Drinks:	**43** | 50
Ambiente:	**19** | 20
Service:	**19** | 20
Sortiment:	**7** | 10
Gesamt:	88 | 100

no idea

8008 Zürich

Das no idea ist die wohl innovativste der Stadt. Hier wird mit Konzepten gespielt, die Gäste werden bewusst herausgefordert, dann aber mit fantastischen Cocktails belohnt. Im hauseigenen Labor werden Gerüche und Aromen destilliert und neu zusammengesetzt, so entstehen Drinks, wie es sie sonst nirgends gibt.

Dufourstrasse 43
+41 44 2610404
noideabar.com
Kategorie: American Bar

Drinks:	**47** | 50
Ambiente:	**19** | 20
Service:	**18** | 20
Sortiment:	**7** | 10
Gesamt:	91 | 100

Odeon

8001 Zürich

Im Odeon trafen sich früher Künstler, Intellektuelle und Angehörige der Zürcher Bohème. Heute ist das Publikum zwar anders, das Ambiente des Lokals ist aber gleich geblieben. Zu trinken gibt es alles, was das Herz begehrt: klassische und kreative Drinks, Mocktails, Bier, ausgesuchte Weine sowie Aperitifs und Digestifs.

Limmatquai 2
+41 44 2511650
odeon.ch
Kategorie: Restaurantbar

Drinks:	**43** | 50
Ambiente:	**19** | 20
Service:	**18** | 20
Sortiment:	**8** | 10
Gesamt:	88 | 100

Ojo de Agua – Weinkontor

8001 Zürich

In Dieter Meiers Weinkontor werden die Produkte seiner Unternehmen in den Fokus gerückt. Es gibt das Fleisch seiner argentinischen Rinderherden – als Tatar, Roastbeef oder Entrecôte Double – und seine nachhaltigen Weine aus Ibiza, Mendoza, Patagonien und Salta.
Schwerpunkt: Argentinien

Oetenbachgasse 13
+41 44 2104700
ojodeagua.global
Kategorie: Weinbar im Restaurant

Weinangebot:	**43** | 50
Service	**17** | 20
Essen	**18** | 20
Ambiente:	**9** | 10
Gesamt:	87 | 100

Old Crow

8001 Zürich

Die Old-Crow-Bar ist eine Legende, sie ist bis weit über die Zürcher Stadtgrenzen hinaus bekannt. Hier werden nicht nur exzellente Cocktails serviert, es gibt eine Whisk(e)yauswahl, die auch die grössten Sammler beeindruckt. Zudem findet man über 1000 weitere Spirituosen aus aller Welt, darunter viel Rares und Ausgesuchtes.

Schwanengasse 4
+41 43 2335335
oldcrow.ch
Kategorie: American Bar

Drinks:	**49** | 50
Ambiente:	**19** | 20
Service:	**19** | 20
Sortiment:	**10** | 10
Gesamt:	97 | 100

Onyx Bar

8002 Zürich

Die Onyx Bar wurde nach dem Stein benannt, der sie verschönert. Das ganze Farbschema harmoniert mit dem besonderen Tresen. In diesem eleganten Ambiente werden von einem jungen und ambitionierten Barteam exzellente Cocktails gemixt – Klassiker sind genauso vertreten wie spannende Eigenkreationen.

Beethovenstrasse 21
+41 43 8831234
hyatt.com
Kategorie: Hotelbar

Drinks:	**46** | 50
Ambiente:	**18** | 20
Service:	**18** | 20
Sortiment:	**9** | 10
Gesamt:	91 | 100

Più Vino

8004 Zürich

An zentraler Lage in Zürich, neben Hauptbahnhof und Europaallee, wird im Più Vino italienischer Aperitivo vom Feinsten serviert. Es gibt Drinks und feine Tropfen aus Italien, aber auch Deutschland und Frankreich, dazu Köstlichkeiten mit südländischem Touch.
Schwerpunkt: Italien

Kasernenstrasse 95
+41 44 2423322
piu-ristorante.ch
Kategorie: Klassische Weinbar

Weinangebot:	**46** | 50
Service	**18** | 20
Essen	**18** | 20
Ambiente:	**8** | 10
Gesamt:	90 | 100

Plaza Bar

8004 Zürich

Die Plaza Bar neben dem gleichnamigen Club ist schon lange ein beliebter Treffpunkt in der Stadt. Es finden verschiedene Partys statt, oft gibt es Livemusik. Die stylishe Einrichtung besteht aus bunt gemusterten Tapeten und farbigen Möbeln. Ebenfalls farbenfroh sind die Cocktails, die hier aufgetischt werden – und schmackhaft sowieso.

Badener Strasse 109	Drinks:	**43** | 50
+41 44 5429099	Ambiente:	**18** | 20
plaza-zurich.ch	Service:	**19** | 20
Kategorie: American Bar	Sortiment:	**8** | 10
	Gesamt:	88 | 100

Raygrodski

8003 Zürich

Am belebten Brupbacherplatz werden im Raygrodski hervorragende Cocktails serviert. Das Ambiente ist unkompliziert und jung, bei schönem Wetter sitzt man am besten draussen und geniesst eine der speziellen Eigenkreationen oder einen perfekt zubereiteten Klassiker. Dazu gibt es italienisch angehauchte Snacks.

Sihlfeldstrasse 49	Drinks:	**47** | 50
+41 44 2414949	Ambiente:	**18** | 20
raygrodski.ch	Service:	**19** | 20
Kategorie: Loungebar	Sortiment:	**9** | 10
	Gesamt:	93 | 100

Riviera

8008 Zürich

In dieser gepflegten Weinbar wird man nach allen Regeln der Kunst auf italienische Weise verwöhnt. Im Restaurant gibt es zeitgenössische Küche. In der Enoteca, die auch über eine Terrasse verfügt, werden edle Tropfen entkorkt, die nicht nur aus Italien stammen.

Schwerpunkt: Italien, international

Dufourstrasse 161	Weinangebot:	**48** | 50
+41 44 4220426	Service	**19** | 20
enoteca-riviera.ch	Essen	**19** | 20
Kategorie: Weinbar im Restaurant	Ambiente:	**9** | 10
	Gesamt:	95 | 100

Roof Garden

8001 Zürich

Diese elegante Location über den Dächern von Zürich bietet eine schöne Auswahl an Apéro-Optionen. Hier entspannt man sich nach einem Shoppingtrip oder einem langen Arbeitstag perfekt. Das Barteam kreiert paradiesische Cocktails mit und ohne Alkohol, passend zum Ambiente des verwunschenen Roof Garden.

Schweizergasse 11	Drinks:	**45** | 50
+41 44 5217777	Ambiente:	**19** | 20
roofgarden.ch	Service:	**18** | 20
Kategorie: Restaurantbar	Sortiment:	**8** | 10
	Gesamt:	90 | 100

Rooftop Bar 8001 Zürich

Hier bekommt die Cocktailkultur eine stilsichere Plattform. Man befindet sich im kosmopolitischen Ambiente hoch über den Dächern von Zürich und geniesst besondere Drinks aus besten Zutaten. Dazu lässt man die Aussicht auf sich wirken und die Gedanken in die Ferne schweifen. Der perfekte Ort für einen Sundowner!

Bahnhofstrasse 74	Drinks:	44 I 50
+41 44 4000555	Ambiente:	19 I 20
ooo-zh.ch	Service:	18 I 20
Kategorie: Restaurantbar	Sortiment:	8 I 10
	Gesamt:	89 I 100

Sablier 8058 Zürich

In dieser eleganten Bar im Circle beim Flughafen Zürich geniesst man französisches Savoir-vivre. Die Karte birgt eine gute Mischung aus modernen Signature Cocktails, klassischen Drinks, Aperitifs, edlen Weinen und handverlesenen Spirituosen aus aller Welt. Dazu feine Häppchen wie Austern oder Beef Tatar.

The Circle 23	Drinks:	45 I 50
+41 44 5219999	Ambiente:	18 I 20
sablier.ch	Service:	18 I 20
Kategorie: Restaurantbar	Sortiment:	8 I 10
	Gesamt:	89 I 100

Soul 8001 Zürich

Obwohl sich das Soul mitten in Zürich befindet, gilt diese Bar noch als Geheimtipp. In urbanem Ambiente gibt es schon morgens exzellenten Kaffee und hausgemachtes Gebäck, erstklassige Cocktails und ausgesuchte Weine aus aller Welt. Beliebt ist der Brunch am Wochenende.
Schwerpunkt: international

Limmatquai 94	Weinangebot:	43 I 50
+41 44 5991366	Service	19 I 20
soulzuerich.ch	Essen	17 I 20
Kategorie: Weinbistro	Ambiente:	8 I 10
	Gesamt:	87 I 100

Spitz 8001 Zürich

Die Cocktailbar des Spitz beim Landesmuseum orientiert sich an alten Klassikern, schafft aber durch den Einsatz von modernen Zutaten und Techniken etwas Neues. Es gibt saisonal wechselnde Signature Cocktails genauso wie klassische Drinks. Auch Whisk(e)y-Fans kommen hier auf ihre Kosten: Über 250 davon werden angeboten.

Museumstrasse 2	Drinks:	47 I 50
+41 44 2219477	Ambiente:	19 I 20
restaurantspitz.ch	Service:	17 I 20
Kategorie: Loungebar	Sortiment:	9 I 10
	Gesamt:	92 I 100

Stubä

8004 Zürich

In der Stubä kann man sich zurücklehnen und geniessen. Die Bar im Partyviertel ist bei Gastronomen nach der Arbeit ebenso beliebt wie beim gewöhnlichen Partyvolk. Vielleicht liegt es an den köstlichen Steak-Sandwiches, vielleicht aber auch an der tollen Auswahl an gut gemachten Drinks von klassisch bis innovativ.

Brauerstrasse 42	Drinks:	**44** I 50
+41 79 2058448	Ambiente:	**18** I 20
stube.me	Service:	**19** I 20
Kategorie: American Bar	Sortiment:	**8** I 10
	Gesamt:	89 I 100

Südhang Austernbar

8005 Zürich

Das Sortiment der Vinothek Südhang ist grossartig. Davon profitieren auch die Besucher der hauseigenen Austernbar. Man schnappt sich eine Flasche und trinkt sie zu köstlichen Austern, Sardinen oder Ceviche. Alternativ gibt es aber auch tolle Gläser im Offenausschank.
Schwerpunkt: Frankreich

Limmatstrasse 231	Weinangebot:	**46** I 50
+41 44 2624848	Service	**18** I 20
austernbar.ch	Essen	**18** I 20
Kategorie: Weinbistro	Ambiente:	**8** I 10
	Gesamt:	90 I 100

Südhang in Oerlikon

8050 Zürich

In der Vinothek und Bar Südhang in Oerlikon gibt es Weine abseits des Mainstreams, aber auch Biere und Spirituosen. Alle Flaschen im Regal können direkt vor Ort getrunken werden. Mittags werden feine Tagesgerichte aufgetischt, abends bestellt man einfachere Häppchen.
Schwerpunkt: Frankreich

Wallisellenstrasse 6	Weinangebot:	**46** I 50
+41 44 2424848	Service	**18** I 20
suedhang.com	Essen	**16** I 20
Kategorie: Weinbar in Vinothek	Ambiente:	**8** I 10
	Gesamt:	88 I 100

Tales Bar

8001 Zürich

Die Tales Bar ist die Bar der Bartender, diese treffen sich hier nämlich gerne auf dem Heimweg. Das spricht für die Qualität der Drinks in dieser Bar. Es gibt sowohl perfekt ausgeführte Cocktailklassiker als auch spannende Signature Drinks. Die Auswahl an Spirituosen dürfte sogar anspruchsvolle Gäste glücklich machen.

Selnaustrasse 29	Drinks:	**48** I 50
+41 77 5096274	Ambiente:	**19** I 20
tales-bar.ch	Service:	**19** I 20
Kategorie: American Bar	Sortiment:	**9** I 10
	Gesamt:	95 I 100

Terrasse 🍸🍸

8001 Zürich

Die Bar des Restaurants Terrasse ist der perfekte Treffpunkt in der Zürcher Innenstadt. Die Gäste können zwischen der stylishen River Bar mit Terrasse zum Fluss und der Hyde Bar mit eleganter Lounge auswählen. In beiden gibt es eine sehr gut sortierte Karte mit hervorragenden Cocktails, feinen Weinen und köstlichen Barsnacks.

Limmatquai 3	Drinks:	**44** | 50
+41 44 2511074	Ambiente:	**19** | 20
terrasse-zuerich.ch	Service:	**18** | 20
Kategorie: Restaurantbar	Sortiment:	**8** | 10
	Gesamt:	89 | 100

Tina Bar 🍸🍸🍸

8001 Zürich

Die Tina Bar ist eine Zürcher Institution. Sie liegt im Niederdorf im ersten Stock über der Brasserie Louis und dient als Fumoir und Cocktailbar. Es gibt Klassiker und Eigenkreationen, die Drinks sind alle perfekt gemixt. Auch bei den Spirits hat man die Qual der Wahl, man findet sicher etwas zur Zigarre Passendes.

Niederdorfstrasse 10	Drinks:	**45** | 50
+41 44 2507680	Ambiente:	**19** | 20
brasserie-louis.ch	Service:	**18** | 20
Kategorie: Loungebar	Sortiment:	**9** | 10
	Gesamt:	91 | 100

Tipsy Tiger 🍸🍸🍸

8004 Zürich

«From the Lab to the Tab» – die Cocktails im Tipsy Tiger werden in Batches hergestellt und ab Zapfhahn serviert. So geht es schnell, die Drinks sind konsistent und kühl. Im Speakeasy Dry Club im oberen Stock geht es exklusiver zu und her, dort werden die Cocktails frisch gemixt und zu Fine Food serviert.

Langstrasse 133	Drinks:	**47** | 50
+41 44 3201333	Ambiente:	**19** | 20
tipsytiger.ch	Service:	**18** | 20
Kategorie: Loungebar	Sortiment:	**8** | 10
	Gesamt:	92 | 100

Venice Bar 🍸🍸

8005 Zürich

Die Venice Bar ist die neuste Rooftop-Bar der Stadt. Sie thront in einer modernen Glaskonstruktion auf dem Schiffbau. Hier geniesst man über den Dächern von Zürichs Industriequartier die wunderbare Aussicht, angeregte Stimmung, ausgesuchte Weine und erlesene Cocktails, die von professionellen Bartendern gemixt werden.

Schiffbauplatz	Drinks:	**45** | 50
+41 79 4271791	Ambiente:	**18** | 20
venicebar.ch	Service:	**18** | 20
Kategorie: American Bar	Sortiment:	**8** | 10
	Gesamt:	89 | 100

Waiana Tiki Bar

8001 Zürich

Mit der Eröffnung des Waiana hat Zürich endlich eine eigene Tiki-Bar bekommen. Im historischen Altstadthaus zur Reblaube werden heute exotische Cocktails gemixt und in den typischen Tiki-Bechern serviert. Auch die Einrichtung beinhaltet jede Menge «polynesischen» Kitsch, wie es sich für ein solches Lokal gehört.

Glockengasse 7	Drinks: **46** | 50
+41 78 2086235	Ambiente: **18** | 20
waianatiki.ch	Service: **19** | 20
Kategorie: Loungebar	Sortiment: **8** | 10
	Gesamt: 91 | 100

Weinstube by Stef

8001 Zürich

Die Weinschenke im Hotel Hirschen heisst jetzt Weinstube by Stef. Auf Stef Wiesers Weinkarte findet man Schweizer Tropfen, aber auch solche von etwas weiter her. Dazu gibt es «währschafte» Küche aus besten Produkten. Schön ist auch die Dachterrasse mit Aussicht.

Schwerpunkt: Deutschland

Hirschengasse 6	Weinangebot: **43** | 50
+41 43 2683333	Service **18** | 20
weinstube-zuerich.ch	Essen **19** | 20
Kategorie: Klassische Weinbar	Ambiente: **9** | 10
	Gesamt: 89 | 100

Widder Bar im Widder Hotel

8001 Zürich

In einem stilvoll renovierten Raum in der Altstadt befindet sich eine der besten Bars Zürichs. Auf der umfangreichen Karte trifft Modernes auf Traditionelles, die kreativen Signature Cocktails sind genauso perfekt gemixt wie die Klassiker. Zusätzlich gibt es eine grossartige Spirituosenauswahl und köstliche Snacks.

Rennweg 7	Drinks: **48** | 50
+41 44 2242526	Ambiente: **19** | 20
widderhotel.com	Service: **19** | 20
Kategorie: Hotelbar	Sortiment: **10** | 10
	Gesamt: 96 | 100

YAMAS

8004 Zürich

Das YAMAS ist die erste griechische Weinbar der Schweiz. Hier wird mediterrane Gastfreundschaft gelebt, es gibt köstliche Meze, die mit viel Liebe zubereitet wurden. Dazu werden ausgesuchte Weine aus Griechenland serviert sowie typische Spirituosen wie Ouzo und Masticha.

Schwerpunkt: Griechenland

Lagerstrasse 48	Weinangebot: **44** | 50
+41 44 5010020	Service **19** | 20
yamas.ch	Essen **18** | 20
Kategorie: Weinbar im Restaurant	Ambiente: **8** | 10
	Gesamt: 89 | 100

BARS NACH NAME

DEUTSCHLAND

#

A

B

C

D

O

P

Q

R

U

V

W

T

falstaff

Falstaff Verlags-GmbH
Schottenring 2–6, A-1010 Wien
T: +43 1 9042141
falstaff.com